Frère Roger

Gründer von Taizé

Yves Chiron

Frère Roger Gründer von Taizé

Eine Biografie

Verlag Friedrich Pustet

Die französische Originalausgabe erschien 2008 bei Editions Perrin, Paris
Übersetzung und Durchsicht: Christiane Steffens-Dhaussy

Bibliografische Information der Deutschen Nationalbibliothek

Die Deutsche Nationalbibliothek verzeichnet diese Publikation
in der Deutschen Nationalbibliografie; detaillierte bibliografische Angaben
sind im Internet über http://dnb.d-nb.de abrufbar.

www.pustet.de

ISBN 978-3-7917-2200-9

Umschlaggestaltung: Heike Jörss, Regensburg
Satz: Vollnhals Fotosatz, Neustadt a. d. Donau
Druck und Bindung: Friedrich Pustet, Regensburg
Printed in Germany 2009

Inhalt

„Allmählich reifte in mir die Überzeugung,
dass es darauf ankam,
eine Gemeinschaft ins Leben zu rufen, eine Gemeinschaft von Männern,
die entschlossen sind, ihr ganzes Leben zu geben, und die versuchen,
sich stets zu verstehen und zu versöhnen.
Eine Gemeinschaft,
in der es im Letzten um die Güte des Herzens und die Einfachheit geht.“

Frère Roger

Statt eines Vorworts

Zwei deutsche Kirchenverantwortliche verschiedener Konfession äußerten sich in jüngster Zeit über Frère Roger, sein Leben und sein Werk. Ihre Gedanken seien der deutschen Ausgabe dieser Bografie vorangestellt, deren Quellen vornehmlich aus der Westschweiz und aus Frankreich stammen.

Predigt des Ratsvorsitzenden der Evangelischen Kirche in Deutschland, Bischof Dr. Wolfgang Huber, bei der „Nacht der Lichter" im Berliner Dom am 19. November 2006

Jesus sagte: Euch, die ihr mir zuhört, sage ich: Liebt eure Feinde; tut denen Gutes, die euch hassen. Segnet die, die euch verfluchen; betet für die, die euch misshandeln. Dem, der dich auf die eine Wange schlägt, halt auch die andere hin, und dem, der dir den Mantel wegnimmt, lass auch das Hemd. Gib jedem, der dich bittet; und wenn dir jemand etwas wegnimmt, verlang es nicht zurück. Was ihr von anderen erwartet, das tut ebenso auch ihnen. (Lukas 6,27–31)

Was ihr von anderen erwartet, das tut ihnen auch, sagt Jesus. Zu unserem christlichen Glauben gehört es, der Erwartung an den anderen durch das eigene Tun zuvorzukommen. Diese zuvorkommende Liebe macht die Anmut unseres Glaubens aus. Wir können den ersten Schritt auf den andern zugehen; denn Gott hat den ersten Schritt schon längst getan – in Jesus Christus, von dem wir bekennen: Jesus Christus gestern und heute und derselbe auch in Ewigkeit.

Es gibt einige Orte, an denen mir diese Schönheit unseres Glaubens besonders eindringlich entgegengetreten ist. Südafrika gehört dazu, wo ich Erzbischof *Desmond Tutu*, *Wolfram Kistner* und andere während der Zeit des Kampfes gegen die Apartheid beobachten konnte. Auch das Mitleiden mit den Unterdrückten ließ keinen Hass in ihnen aufsteigen. Sie kamen den Unterdrückern mit einem Verhalten entgegen, das schon vorwegnahm, was man auch von ihnen erwartete: dass jedem Menschen, jedem Kind Gottes die Würde auch zuerkannt wird, die Gott ihm geschenkt hat.

Taizé ist auch ein solcher Ort. In besonders leuchtender und einleuchtender Weise ist mir diese zuvorkommende Liebe nach dem erschütternden Angriff auf das Leben von Frère Roger entgegengetreten. Dass die Liebe, zu der Gott in Christus uns befähigt, auch die Attentäterin einschloss, war das bestimmende geistliche Erlebnis, das ich aus der Begegnung mit Taizé und mit dem neuen Prior, *Frère Aloi*, damals in den Tagen der Trauer mitgenommen habe. Dieses Erlebnis wird mir unvergesslich bleiben. Es wird mein Verhältnis zur Gemeinschaft von Taizé immer mitbestimmen.

Dietrich Bonhoeffer gehört für mich zu den Menschen, an denen mir der Geist der Bergpredigt immer wieder entgegengetreten ist – er, der für die Gewaltlosigkeit eintrat, den Blick von unten einschärfte und uns dazu ermutigt, von unserer Freiheit einen verantwortlichen Gebrauch zu machen. In diesem Jahr haben wir immer wieder an den 100. Geburtstag dieses christlichen Märtyrers gedacht: Was ihr von anderen erwartet, das tut ihnen ebenso.

Wie wäre es, wenn auch das ökumenische Verhältnis unserer Kirchen zueinander von diesem Geist der zuvorkommenden Liebe bestimmt wäre? Dann würde weder der Geist der Vereinnahmung noch der Geist der Abgrenzung bestimmend sein. Dann würden der Geist der Liebe und der Geist der Freiheit auch in der Gemeinschaft von Christen unterschiedlicher Konfession die Schritte lenken. Wir würden die Konfessionskirchen, in denen wir zu Hause sind, gern als Heimat annehmen, aber auch die Heimat der anderen achten. Wir würden das Profil der eigenen Kirche schätzen, uns auf unserem Glaubensweg aber auch von den Glaubenserfahrungen anderer ermutigen lassen. Wir würden uns fragen, was wir selbst zu einem besseren ökumenischen Miteinander beitragen können – und nicht nur, was wir von anderen fordern. Was wäre, so will ich fragen, der nächste Schritt auf dem Weg zu einer eucharistischen Gemeinschaft zwischen unseren Kirchen, wenn wir unser ökumenisches Miteinander unter dieses Gebot Jesu stellen würden: Was ihr von anderen erwartet, das tut ebenso auch ihnen.

Es gibt immer wieder auch ökumenische Kränkungen, gewiss. Aber warum sollte man die Weisungen Jesu nicht beherzt auf sie anwenden: Wenn man einen schmerzlichen Schlag auf die eine Backe bekommt, wird man beherzt auch von den eigenen Schmerzen reden und erklären, warum man sie auf sich nimmt. Wenn jemand einen auf die eigene Blöße hinweist, wird man diese Blöße nicht wegreden, sondern vor Gott und den Menschen einräumen. Denn unsere Kirchen sind alle nur irdische Gefäße; wir sehen immer nur wie durch einen Spiegel. Wenn uns der Weg der Ökumene auch lang wird, werden wir doch Gott unbeirrt um die Kraft bitten, ihn weiter zu gehen – vielleicht sogar weiter und ausdauernder, als manche erwarten.

Der Ruf Jesu gilt uns in all unserer Verschiedenheit gemeinsam. Zuvorkommende Liebe macht die Verschiedenheit zwischen uns nicht nur erträglich, sondern wendet sie zum Reichtum. Wir brauchen einander, als einzelne, aber auch als Kirchen. Allein ist jeder von uns nur ein Bruchstück. Ganz können wir nur zusammen mit anderen werden. Das gilt auch für die Kirchen. Unsere Kirchen brauchen einander, um in ihrer Bruchstückhaftigkeit als Kirchen ganz zu werden.

Wir alle, die das ökumenische Zeugnis von Taizé ermutigt und inspiriert hat, werden das Licht der zuvorkommenden Liebe weiter tragen, auch in unserem ökumenischen Handeln. Die Lieder aus Taizé werden nicht verstummen. Eine Kerze des Gebets wird immer brennen. Die Sehnsucht nach der Einheit der Kirchen lebt ungebrochen fort. Auch das Leben von *Frère Roger*, dem evangelischen Pastor und ökumenischen Prior, lässt sich von niemand vereinnahmen. Es gehört Gott allein. Gott wollen auch wir unsere zuvorkommende Liebe widmen. Was ihr von anderen erwartet, das tut ebenso auch ihnen. Amen.

Interview des Präsidenten des Päpstlichen Rates zur Förderung der Einheit der Christen, Walter Kardinal Kasper, für den Osservatore Romano vom 15./16. August 2008

Drei Jahre sind nach dem tragischen Tod Frère Rogers, des Gründers von Taizé, vergangen. Sie haben den Beerdigungsgottesdienst geleitet. Wer war er für Sie?

Der tragische Tod Frère Rogers ist mir sehr nahe gegangen. Ich war beim Weltjugendtag in Köln, als wir vom Tod des Priors von Taizé erfuhren, der einer Gewalttat zum Opfer gefallen war. Sein Tod erinnerte mich an die Worte des Propheten Jesaja über den Gottesknecht: „Er wurde misshandelt und erniedrigte sich; aber er tat seinen Mund nicht auf, wie ein Lamm, das man zum Schlachten führt, und wie ein Schaf angesichts seiner Scherer." (Jes 53,7). Während seines ganzen Lebens folgte Frère Roger dem Weg des Lammes: durch seine Sanftmut und seine Demut, durch seine Weigerung, sich in irgendeiner Weise hervor zu tun, durch seine Entscheidung, nichts Schlechtes über andere zu sagen, durch sein Verlangen, im eigenen Herzen die Schmerzen und Hoffnungen der Menschheit zu tragen. Wenige Menschen unserer Generation haben mit solcher Lauterkeit das sanfte und demütige Gesicht Jesu Christi verkörpert. In einer für die Kirche und den christlichen Glauben turbulenten Zeit war Frère Roger eine von vielen anerkannte Quelle der Hoffnung, mich selbst eingeschlossen. Als Theologieprofessor und dann als Bischof von Rottenburg-Stuttgart, habe ich stets Jugendliche ermutigt, während des Sommers einen kurzen Aufenthalt in Taizé einzulegen. Ich sah, wie sehr ihnen ein solcher Aufenthalt bei Frère Roger und der Communauté half, das Wort Gottes besser kennen zu lernen und daraus zu leben, in der Freude und der Einfachheit. Dies alles spürte ich noch stärker, als ich bei seiner Beerdigung in der großen Kirche der Versöhnung in Taizé der Liturgie vorstand.

Was ist in ihren Augen der besondere Beitrag Frère Rogers und der Communauté de Taizé zur Ökumene?

Die Einheit der Christen war gewiss eines der tiefsten Anliegen des Priors von Taizé, wie umgekehrt die Spaltung der Christen für ihn eine schiere Quelle des Schmerzes und des Bedauerns war. Frère Roger war ein Mensch der Gemeinschaft, der jede Form von Antagonismus oder Rivalität zwischen Personen oder Gemeinschaften nur schwer ertrug. Wenn er über die Einheit der Christen und über seine Begegnungen mit Vertretern der verschiedenen christlichen Traditionen sprach, verrieten sein Blick und seine Stimme, mit welcher Intensität an Nächstenliebe und Hoffnung er sich danach sehnte, dass „alle eins seien". Die Suche nach der Einheit war für ihn stets richtungsweisend, auch bei ganz praktischen alltäglichen Entscheidungen: freudig jede Maßnahme aufgreifen, die die Christen verschiedener Traditionen annähern könnte, jedes Wort oder jede Geste vermeiden, die die Versöhnung verzögern könnte. Diese Unterscheidung betrieb er mit einer Sorgfalt, die an Ängstlichkeit grenzte. Bei dieser Suche nach der Einheit war Frère Roger jedoch weder gehetzt noch hastig. Er wusste um die Geduld Gottes in der Heilsgeschichte und der Geschichte der Kirche. Niemals hätte er Schritte unternommen, die für die Kirchen unannehmbar gewesen wären, niemals hätte er Jugendliche aufgerufen, sich von ihren Pfarrern loszusagen. Ihm lag eher an einer tief gehenden als an einer schnellen Entwicklung der ökumenischen Bewegung. Er war überzeugt, dass nur eine Ökumene, die sich am Wort Gottes und an der Feier der Eucharistie, am Gebet und an der Kontemplation nährt, in der Lage ist, die Christen in der von Jesus gewollten Einheit zusammenzuführen. Auf diesem Gebiet der geistlichen Ökumene möchte ich den wichtigen Beitrag Frère Rogers und der Communauté de Taizé ansiedeln.

Frère Roger hat seinen ökumenischen Weg oft als eine „innere Versöhnung des Glaubens seiner Ursprünge mit dem Geheimnis des katholischen Glaubens, ohne mit irgend jemandem zu brechen" beschrieben. Diese Wegbeschreibung entgeht den üblichen Kategorien. Nach seinem Tod hat die Communauté de Taizé Gerüchte über einen geheimen Übertritt zum Katholizismus dementiert. Die Gerüchte waren unter anderem entstanden, weil zu sehen war, wie Frère Roger beim Beerdigungsgottesdienst Papst Johannes-Pauls II. aus der Hand Kardinal Ratzingers die Kommunion empfing. Was soll man von der Ausdrucksweise halten, Frère Roger sei „formell" katholisch geworden?

Frère Roger stammte aus einer evangelisch-reformierten Familie, hatte ein Theologiestudium absolviert und war in der reformierten Tradition Pfarrer geworden. Wenn er von dem „Glauben seiner Ursprünge" sprach, bezog er sich dabei auf dieses ansehnliche Ganze von Religionsunterricht, Frömmigkeit, theologischer Ausbildung und christlichem Zeugnis, das er in der reformierten Tradition empfangen hatte. Er teilte dieses Erbe mit allen seinen Brüdern und Schwestern evangelischer Zugehörigkeit, mit denen er sich stets tief verbunden fühlte. Seit seinen jungen Jahren als Pfarrer war Frère Roger allerdings gleichermaßen bestrebt, seinen Glauben und sein geistliches Leben aus den Quellen anderer christlicher Traditionen zu speisen und überschritt aus diesem Grund gewisse konfessionelle Grenzen. Sein Wunsch, einer monastischen Berufung zu folgen und in dieser Absicht eine neue monastische Gemeinschaft mit Christen der Reformation ins Leben zu rufen, gab von dieser Suche bereits beredt Zeugnis.

Im Lauf der Jahre wurde der Glaube des Priors von Taizé zunehmend durch das Glaubenserbe der Katholischen Kirche bereichert. Nach seiner eigenen Aussage verstand er bestimmte Gegebenheiten des Glaubens gerade in Bezug auf das Geheimnis des katholischen Glaubens, wie die Rolle der Jungfrau Maria in der Heilsgeschichte, die Realpräsenz Christi in den eucharistischen Gaben und das apostolische Dienstamt in der Kirche, einschließlich des Dienstamts an der Einheit, das der Bischof von Rom ausübt. Als Antwort darauf hat die Katholische Kirche zugestimmt, dass er die Eucharistie empfängt, wie er es jeden Morgen in der großen Kirche von Taizé getan hat. Frère Roger hat die Kommunion ebenfalls mehrere Male aus der Hand Papst Johannes-Pauls II. empfangen, der ihm seit der Zeit des Zweiten Vatikanischen Konzils freundschaftlich verbunden war und über seinen Werdegang im katholischen Glauben gut Bescheid wusste. In diesem Sinn lag nichts Geheimes oder Verborgenes in der Haltung der Katholischen Kirche, weder in Taizé noch in Rom. Während des Beerdigungsgottesdienstes Johannes-Pauls II. hat Kardinal Ratzinger lediglich wiederholt, was bereits vor ihm, zur Zeit des verstorbenen Papstes, im Petersdom praktiziert wurde. An der Geste des Kardinals war nichts Neues oder Ausgeklügeltes.

Bei einer Ansprache vor Papst Johannes Paul II. im Petersdom anlässlich des Europäischen Jugendtreffens 1980 in Rom beschrieb der Prior von Taizé seinen Weg und seine Identität als Christ mit den Worten: „Ich fand meine Identität als Christ darin, in mir den Glauben meiner Ursprünge mit dem Geheimnis des katholischen Glaubens zu versöhnen, ohne mit irgend jemandem zu brechen." Frère Roger wollte tatsächlich niemals mit „irgend jemandem" brechen, aus Motiven, die wesentlich mit seinem Verlangen nach Einheit und mit der ökumenischen Berufung der Communauté de Taizé verbunden waren. Aus diesem Grund zog er vor, Begriffe wie „Übertritt" oder „formeller" Beitritt nicht zur Bezeichnung seiner Gemeinschaft mit der Katholischen Kirche zu verwenden. In seinem Bewusstsein war er in das Geheimnis des katholischen Glaubens eingetreten als jemand, der weiter wächst, ohne „aufgeben" oder mit dem „brechen" zu müssen, was er vorher empfangen und gelebt hatte. Man könnte lange über die Bedeutung mancher theologischer oder kanonischer Begriffe diskutieren. Aus Achtung vor dem Glaubensweg Frère Rogers wäre es gleichwohl angebrachter, nicht Kategorien auf ihn anzuwenden, die er selbst als seiner Erfahrung unangemessen ansah und die ihm die Katholische Kirche im Übrigen niemals auferlegen wollte. Auch hier sollten uns die eigenen Worte Frère Rogers genügen.

Sehen Sie Verbindungen zwischen der ökumenischen Berufung von Taizé und dem Pilgerweg Zehntausender Jugendlicher in dieses kleine burgundische Dorf? Haben ihrer Meinung nach die Jugendlichen ein Gespür für die sichtbare Einheit der Christen?

Meiner Meinung nach ist die Tatsache, dass jedes Jahr tausende Jugendliche weiterhin den Weg auf den kleinen Hügel von Taizé finden, wirklich eine Gabe des Heiligen Geistes an die Kirche von heute. Für viele von ihnen stellt Taizé den ersten und maßgeblichen Ort dar, an dem sie Jugendlichen anderer Kirchen und kirchlichen Gemeinschaften begegnen können. Ich freue mich außerordentlich darüber, dass die Jugendlichen, die jedes Jahr die Zelte und die Großzelte von Taizé füllen, aus verschiedenen Ländern West- und Osteuropas, manche von anderen Erdteilen kommen, dass sie zu verschiedenen Gemeinden evangelischer, katholischer und orthodoxer Tradition gehören und dass sie oft von ihren eigenen Pfarrern begleitet werden. Zahlreiche Jugendliche, die in Taizé eintreffen, kommen aus Ländern, die oft in jüngster Vergangenheit einen Bürgerkrieg oder innere gewaltsame Auseinandersetzungen hinter sich haben. Andere kommen aus Gegenden, die mehrere Jahrzehnte hindurch unter dem Joch einer materialistischen Ideologie gelitten haben. Wieder andere, die vielleicht die Mehrheit bilden, leben in Gesellschaften, die tief durch Säkularisierung und religiöse Gleichgültigkeit geprägt sind. In Taizé entdecken sie während der Gebetszeiten und bei den Bibelarbeiten von neuem die Gabe der Gemeinschaft und der Freundschaft, die nur das Evangelium Jesu Christi anbieten kann. Im Hören auf das Wort Gottes entdecken sie ebenfalls wieder neu den einzigartigen Reichtum, der ihnen durch das Sakrament der Taufe geschenkt wurde. Ja, ich glaube, dass viele Jugendliche sich bewusst werden, was bei der Einheit der Christen eigentlich auf dem Spiel steht. Sie wissen, wie sehr die Bürde der Spaltungen immer noch das Zeugnis der Christen und den Aufbau einer neuen Gesellschaft belasten kann. In Taizé finden sie so etwas wie ein „Gleichnis der Gemeinschaft", das hilft, über die Bruchstellen der Vergangenheit hinauszugehen und den Blick auf eine Zukunft in Gemeinschaft und Freundschaft zu richten. Nach der Rückkehr hilft ihnen diese Erfahrung zu Hause, in ihrem Lebensbereich Gebets- und Gesprächsgruppen zu bilden, um diese Sehnsucht nach der Einheit am Leben zu erhalten.

Bevor Sie den Vorsitz des Päpstlichen Rates für die Einheit der Christen übernahmen, waren sie Bischof von Rottenburg-Stuttgart und haben als solcher 1996 ein Europäisches Jugendtreffen zu Gast gehabt, das von der Communauté de Taizé durchgeführt wurde. Was bringen diese Jugendtreffen dem Leben der Kirchen?

Dieses Treffen war tatsächlich ein Augenblick großer Freude und tiefer geistlicher Intensität für das Bistum und vor allem für die Pfarreien, die die Jugendlichen aus verschiedenen Ländern aufgenommen haben. Diese Treffen scheinen mir für das Leben der Kirche äußerst wichtig. Viele Jugendliche leben – wie ich bereits sagte – in säkularisierten Gesellschaften. Sie finden nur schwer Weggefährten im Glauben, im christlichen Leben. Räume, in denen man den Glauben vertiefen und feiern kann, in Freude und Unbeschwertheit, sind selten. Den Ortskirchen fällt es manchmal schwer, die Jugendlichen auf ihrem geistlichen Weg eingehend zu begleiten. Hier antworten die großen Treffen, wie die, die die Communauté de Taizé organisiert, auf ein echtes pastorales Bedürfnis. Das christliche Leben bedarf gewiss der Stille und der Einsamkeit, wie Jesus sagte: „Schließ die Tür zu und bete zu deinem Vater, der im Verborgenen da ist“ (Mt 6,6). Aber es bedarf gleichermaßen des Miteinander Teilens, der Begegnung und des Austauschs. Das christliche Leben wird nicht in der Vereinzelung geführt, im Gegenteil. Durch die Taufe gehören wir zum selben und einzigen Leib des auferstandenen Christus. Der Geist ist die Seele und der Atem, die diesen Leib beleben; er lässt ihn in der Heiligkeit wachsen. Die Evangelien sprechen im Übrigen regelmäßig von einer großen Menge von Menschen, die oft von sehr weit gekommen waren, um Jesus zu sehen, ihm zuzuhören und um von ihm geheilt zu werden. Die großen Treffen heute bewegen sich in eben dieser Dynamik. Sie ermöglichen den Jugendlichen, das Geheimnis der Kirche als Gemeinschaft tiefer zu begreifen, gemeinsam auf das Wort Jesu zu hören und ihm Vertrauen zu schenken.

Papst Johannes XXIII. bezeichnete Taizé als „Kleinen Frühling“. Frère Roger sagte seinerseits, Papst Johannes XXIII. sei der Mensch gewesen, der ihn am meisten geprägt hat. Warum haben ihrer Meinung nach der Papst, der die Eingebung des Zweiten Vatikanischen Konzils hatte, und der Gründer von Taizé einander so sehr geschätzt?

So oft ich Frère Roger begegnete, sprach er zu mir ausführlich über seine Freundschaft mit Papst Johannes XXIII. und dann mit Papst Paul VI. und Papst Johannes-Paul II. Er erzählte mir, stets voll Dankbarkeit und mit tiefer Freude, von den zahlreichen Begegnungen und Gesprächen, die er im Lauf der Jahre mit ihnen gehabt hat. Einerseits fühlte sich der Prior von Taizé den Bischöfen von Rom sehr nahe bei ihrem Bemühen, die Kirche Christi auf die Wege der geistlichen Erneuerung, der Einheit der Christen, des Dienstes an den Armen und des Zeugnisses vom Evangelium zu führen. Andererseits wusste er, dass sie ihn tief verstanden und auf seinem eigenen geistlichen Weg und bei der Orientierung, die die junge Communauté de Taizé nahm, unterstützten. Das Bewusstsein, in Einklang mit der Auffassung des Bischofs von Rom zu handeln, war für ihn eine Art Kompass bei allem, was er unternahm. Niemals hätte er absichtlich eine Initiative gegen die Meinung oder den Willen des Bischofs von Rom auf den Weg gebracht. Diese vertrauensvolle Beziehung besteht im Übrigen heute mit Papst Benedikt XVI. weiter, der beim Tod des Gründers von Taizé zu Herzen gehende Worte fand und der jedes Jahr Frère Alois in Privataudienz empfängt. Woher rührte diese wechselseitige Hochschätzung zwischen Frère Roger und den aufeinander folgenden Bischöfen von Rom? Sie wurzelte sicherlich im Menschlichen, in der reichen Persönlichkeit der betroffenen Menschen. Letztlich würde ich sagen, dass sie vom Heiligen Geist kam, der mit einer Zunge spricht bei dem, was er zur gleichen Zeit verschiedenen Personen für das Wohlergehen der einzigen Kirche Christi eingibt. Wenn der Geist spricht, begreifen alle dieselbe Botschaft, jeder in seiner eigenen Sprache. Der eigentliche Erzeuger von Verständnis und Brüderlichkeit unter den Jüngern Christi ist er, der Geist der Gemeinschaft.

Frère Alois, der Nachfolger von Frère Roger, ist ein guter Bekannter von Ihnen. Wie sehen Sie die Zukunft der Communauté de Taizé?

Obwohl ich ihm schon vorher begegnet bin, lernte ich Frère Alois vor allem seit Frère Rogers Tod näher kennen. Einige Jahre vor seinem Tod hatte Frère Roger mir anvertraut, dass für seine Nachfolge alles vorgesehen sei, für den Tag, an dem sich dies als notwendig erweisen würde. Er war glücklich über die Aussicht, dass Frère Alois seinen Dienst übernehmen würde. Wer hätte sich vorstellen können, dass sich diese Nachfolge innerhalb einer einzigen Nacht, nach einer unerhörten Gewalttat vollziehen würde? Seither erstaunt mich die andauernde Stetigkeit im Leben der Gemeinschaft von Taizé und bei den Jugendtreffen. Liturgie, Gebet und Gastfreundschaft gehen im selben Geist weiter, wie ein Gesang, der nie unterbrochen wurde. Dies ist bezeichnend, nicht nur für die Person des neuen Priors, sondern auch und vor allem für die menschliche und geistliche Reife der ganzen Gemeinschaft von Taizé. In ihrer Gesamtheit hat die Communauté das Charisma Frère Rogers geerbt, das sie weiterhin lebt und ausstrahlt. Weil ich die Personen kenne, habe ich tiefes Vertrauen in die Zukunft der Communauté de Taizé und in ihren Einsatz für die Einheit der Christen. Dieses Vertrauen kommt mir in gleicher Weise durch den Heiligen Geist zu, der Charismen nicht weckt, um sie bei der ersten Gelegenheit wieder aufzugeben. Der Geist Gottes, der stets neu ist, wirkt in der Fortdauer einer Berufung und eines Auftrags. Er wird der Communauté helfen, ihre Berufung zu leben und weiterzuentwickeln, in der Treue zu dem Beispiel, das Frère Roger ihr hinterlassen hat. Generationen vergehen, das Charisma bleibt, weil es Gabe und Werk des Geistes ist. Ich möchte abschließend Frère Alois und der ganzen Communauté de Taizé erneut meiner hohen Wertschätzung für ihre Freundschaft, ihr Gebetsleben und ihre Sehnsucht nach Einheit versichern. Dank ihrer bleibt uns das sanftmütige Gesicht Frère Rogers vertraut.

Einleitung

Am 16. August 2005 war Frère Roger beim Abendgebet in der Kirche der Versöhnung von mehreren Tausend Jugendlichen umgeben. Gleichwohl gelang es einer jüngeren rumänischen Frau, sich ihm zu nähern und ihn mit einem Messer zweimal in den Hals zu stechen. Sie schrie auf; Blut sickerte in das weiße Gebetsgewand des Priors. Kurze Zeit später verschied der Gründer von Taizé.

Der Mann, der innerhalb der Kirche und darüber hinaus in ganz Europa die Versöhnung symbolisierte, starb durch einen Mord wie auch andere Männer des Friedens im 20. Jahrhundert, etwa *Mahatma Gandhi* oder *Martin Luther King*. Weiter reicht die Analogie allerdings nicht: Gandhi und King fielen unter den Schüssen von Fanatikern, Frère Roger starb als Opfer einer Geisteskranken, der kein Prozess gemacht werden konnte.

In jene Kirche der Versöhnung kommen seit vier Jahrzehnten Millionen Jugendliche aus der ganzen Welt, angezogen von einer Communauté, deren Prior, eine charismatische Gestalt, einen außergewöhnlichen Lebensweg zurückgelegt hat. Auch hohe Kirchenverantwortliche – wie 1986 Papst Johannes Paul II. – waren nach Taizé gekommen. Einander unbekannte Menschen, alle auf der Suche kommen sich hier ohne Aufhebens nahe. Die Beziehung des französischen Präsidenten, François Mitterrand, zu Taizé blieb lange unbekannt. Er kam gern am Tag nach seiner Solutré-„Wallfahrt" nach Taizé, ein unauffälliger jährlicher Besuch, den er auch nach seiner Wahl beibehielt. Er hatte eine Vorliebe für diesen Ort, die Stille in der Kirche und die Gespräche mit Frère Roger. „Ich habe ihn gern, er tut mir gut", sagte er.[1] Diese Worte könnten auch von *Hubert Beuve-Méry* stammen, der ebenfalls kein praktizierender Christ war. Der Gründer und Direktor von *Le Monde* entdeckte Taizé 1958. Er blieb dem Ort sein Leben lang verbunden und kehrte oft dorthin zurück, um Zwiesprache mit Frère Roger zu halten, der ihm zum Freund, ja zum Vertrauten geworden war.

Der Name „Taizé" ist weltweit bekannt. Die „Gesänge von Taizé" wurden in viele Sprachen übersetzt. Die „Treffen von Taizé" auf dem burgundischen Hügel oder in einer Metropole am Jahresende ziehen Zehntausende Jugendliche aller Nationalitäten an. Taizé fasziniert. Menschen in Kirche und Gesellschaft spüren sein Geheimnis, das Geheimnis seines Erfolgs und seines charismatischen Gründers.

Die Geschichte der Communauté zeigt seit ihrem Anfang im Jahr 1940 die außerordentliche Fähigkeit Frère Rogers, Menschen anzuziehen und gegebene Verhältnisse zu verändern. Taizé war in den Jahren 1940 bis 1942, als Frère Roger nahezu allein dort lebte, Zufluchtsort für Flüchtlinge und Juden. Ab 1944 bis zum Zweiten Vatikanischen Konzil war es ein Brennpunkt des Ökumenismus, der Versuch eines im Protestantismus verankerten Gemeinschaftslebens, und zugleich ein für alle Kirchen offener Ort auf der Suche nach einer versöhnten, „universalen" Kirche. Schließlich wurden Taizé und sein Gründer „in die Welt hineingeworfen" – besser gesagt, haben sie sich selbst darauf eingelassen: ein beachtlicher Schritt in das Licht der Öffentlichkeit. Er fiel zeitlich zusammen mit der Einweihung der Kirche der Versöhnung, die auf dem Hügel von Taizé errichtet worden war, und der Teilnahme Frère Rogers und Frère Max' am Zweiten Vatikanischen Konzil.

Die Begeisterung der französischen wie der europäischen Jugendlichen für Taizé ist ein Phänomen, das Mitte der 1960er Jahre auftrat und dessen Ausmaße dazu führten, Taizé mit einem „christlichen Woodstock" zu vergleichen. Das „Konzil der Jugend" im Jahr 1974 traf auf ein so starkes Echo, dass es in der Folge die „Europäischen Jugendtreffen" und einen „Pilgerweg des Vertrauens auf der Erde" hervorbrachte. Die Communauté war nun gezwungen, Wege zur Begleitung der Jugend zu finden. Zehntausende Jugendliche versammelten sich jeweils am Jahresende um Frère Roger in Paris, Barcelona, Warschau, Prag und vielen anderen Städten. Seit den späten 1980er Jahren, nach dem Ende der kommunistischen Regime in Mittel- und Osteuropa, trug Taizé maßgeblich dazu bei, die jungen Europäer aus Ost und West zu versöhnen.

Trotz der geradezu mythischen Dimension von Taizé ist die markante Gestalt des Gründers – Roger Schutz, später Frère Roger (1915–2005) – in vieler Hinsicht verkannt geblieben. Die französische Philosophin *Marguerite Lena*, eine feinsinnige, wohlwollende Beobachterin von Taizé, räumt ein, dass sich schon zu Lebzeiten des Gründers eine Art „Legende"[2] gebildet hat.

Die hier vorgelegte erste ausführliche Biografie Frère Rogers möchte sich davon abheben und seine Person in ihren geschichtlichen Zusammenhang stellen. Die Aufgabe war nicht leicht, weil in Taizé weder Geschichtsschreibung noch Archive gepflegt werden und man dort von jeher eine gewisse Vorliebe für Verschwiegenheit und Zurückhaltung hat. Man legt keinen Wert darauf – wie dies auch für viele Ordenshäuser und Kongregationen gilt –, Fügungen, die die eigene Geschichte prägen, zu Markte zu tragen. „Lebendes kann man nicht sezieren", meinte Frère Charles-Eugène, der in den 1970er Jahren mit der Medienarbeit der Communauté beauftragt war. Frère Roger fand in seinem Tagebuch einmal strenge Worte über einen Autor, der sich als kritisch und allzu neugierig erwies: „Manches, was über uns geschrieben wird, lässt einen nicht gleichgültig. Beim Verfasser einer der schärfsten Äußerungen zeigt sich bei einem Besuch eine kleine Inquisitorenseele. Einer von jenen, die sich an ihren Opfern weiden."[3]

Und dennoch: Auf seltsam paradoxe Weise, hat Frère Roger nicht ohne Vorbedacht und Zurückhaltung in seinem Tagebuch viel von sich preisgegeben. In seine Schriften sind durchweg Erinnerungen an einzelne Vorfälle und Menschen, auch Anekdoten eingestreut, bei deren Schilderung er sich virtuos der Kunst der Auslassung und der Anspielung bedient. Er gibt nur wenige Namen preis, lässt vieles unbestimmt oder unausgesprochen, wahrt das Geheimnis. „Jemand ist aus Rom gekommen", schreibt er einmal – und verschweigt, dass es sich um Kardinal *Jan Willebrands* handelt, der beauftragt war, eine Vereinbarung zwischen der Communauté de Taizé und dem Heiligen Stuhl zu treffen. Ein einziges Mal nur erwähnt Roger den Namen *Peter Rutishauser*, ohne ihn als Psychoanalytiker vorzustellen oder die häufigen Gespräche zu erwähnen, die er während der Zeit seiner Niedergeschlagenheit mit ihm führte.

Die Begegnungen Frère Rogers und Frère Max' mit Pius XII. und anderen hochgestellten römischen Persönlichkeiten im Jahr 1949 wurden erst 1960 in der Öffentlichkeit bekannt.[4]

Den Werdegang seines Großvaters mütterlicherseits – katholischer Seminarist bis zum Subdiakonat, anschließend christkatholischer Priester, dann zum reformierten Pfarrer ordiniert – hat Frère Roger niemals erwähnt, und dies gilt für Taizé bis heute.

Man lehnte es ab, die eigene Geschichte zu verbreiten, weil man nicht wollte, dass Taizé durch Worte, Daten und Erörterungen festgelegt wird. „Das Wesentliche", bekannte Frère Roger eines Tages als Fazit seines Lebens, „war der innere Kampf um eine tägliche Neuschöpfung." Eine Neuschöpfung, die sich in einem heute verbreiteten Begriff fassen lässt, der „Dynamik des Vorläufigen". Wenn man das Leben des Gründers von Taizé Schritt für Schritt nachzeichnet, tritt diese Dynamik immer und überall hervor. Man erkennt sie an den Veränderungen in seinem Erscheinungsbild: In der ersten Zeit der Communauté bis in die 1950er Jahre trägt er eine Art Matrosenjacke aus graublauer Baumwolle. In den 1960er Jahren, zur Zeit der ökumenischen Begegnungen zwischen katholischen Priestern, evangelischen Pfarrern und Bischöfen, zu denen er nach Taizé einlud, ist er oft in einen dunklen Anzug mit weißem Hemd und schwarzer Krawatte gekleidet. Danach, während der viel ungezwungeneren Phase des „Konzils der Jugend", entscheidet er sich, im Pullover aufzutreten. Als *Mutter Teresa* ihm dies 1976 nahelegt, trägt er schließlich in der Öffentlichkeit fast nur noch das weiße Gewand, das auch das Gebetsgewand der Brüder ist. Auf diese Weise wird er insbesondere bei den großen Gebetsversammlungen zu einer leicht erkennbaren Gestalt.[5]

Mit den Umstellungen im Erscheinungsbild gehen die Änderungen seines Namenszugs einher: Zunächst „Roger Schutz, Prior von Taizé", dann „F. Roger, Prior von Taizé", ab 1971 schließlich einfach „Frère Roger, Taizé". Sein Wille zur Vereinfachung ging noch weiter. Dem Verzicht auf den Titel „Prior" war gegen Ende der 1950er Jahre zunächst der Verzicht auf bestimmte Funktionen eines ordinierten Pfarrers vorausgegangen. Nur noch wenige Zeitgenossen haben erlebt, wie Frère Roger einen Gottesdienst mit oder ohne Abendmahl hielt.

Wir machten es uns bei der Annäherung an Frère Roger zum obersten Grundsatz, die Wahrheit dieses außergewöhnlichen Lebenswegs nicht zu entstellen. Um die verschiedenen Abschnitte seines Lebens nachzuzeichnen, konnten wir neben seinem Tagebuch, in dem es oft zwischen den Zeilen zu lesen galt, auf weitere Quellen zurückgreifen, auf die Berichte von verschiedenen Familienmitgliedern (zum Beispiel auch von *Marie Strugala*, die Mutter Teresa ihm als Kleinkind anvertraut hatte), von Brüdern oder vormaligen Brüdern, von katholischen, evangelischem oder orthodoxen Freunden, die Augenzeugen seines Lebens waren. Zahlreiche kirchliche, öffentliche oder private Archive in Frankreich und der Schweiz erwiesen sich als sehr ergiebig, voller Überraschungen und wertvoller Unterlagen.

Am Schluss dieser Annäherung zeigt sich das Leben eines Gottesmannes, der Zeit seines Lebens „Mauern überspringen" wollte: die Mauern der konfessionellen Spaltungen, Mauern, die die Generationen voneinander trennen, und auch die eigenen inneren Mauern. Frère Roger war ein Grenzgänger. Als Schweizer ließ er sich in Frankreich nieder. Als Calvinist gründete er die erste evangelische Mönchsgemeinschaft auf französischem Boden. Er war Pfarrersohn und Pfarrer, ging aber über den Protestantismus hinaus. „Er ist förmlich katholisch", soll 2005 Walter Kardinal Kasper, der Vorsitzende des Päpstlichen Rates für die Einheit der Christen, zum Lyoner Erzbischof Kardinal *Philippe Babarin* gesagt haben, als dieser ihn nach der konfessionellen Zugehörigkeit Frère Rogers fragte.[6] Frère Rogers Leitgedanke war, zu helfen und zusammenzufügen. In den Jahren 1940 bis 1942 beschützte er politische Flüchtlinge und Juden; 1945 und 1946 kümmerte er sich in zwei bei Taizé eingerichteten Lagern um deutsche Kriegsgefangene; in den Jahren 1950 bis 1960 stand er an der Spitze des ökumenischen Dialogs. Schon 1966 ahnt er eine radikale Protestwelle der Jugend Europas voraus und deutete sie als brennende Forderung, mit ihren eigenen Fragen gehört zu werden. In den verbleibenden Lebensjahrzehnten setzte er seine Vorstellungen von der Begleitung Jugendlicher in die Tat um.

Frère Rogers Leben und Wirken ist Teil der Kirchengeschichte, der Geschichte Europas überhaupt. Es ist kein Zufall, dass ihm in den Jahren zwischen 1980 und 1990 mehrere große europäische Preise zuerkannt wurden. Die Gesellschaft und die politische Welt erkannten in ihm einen Brückenbauer unter der Jugend der Welt und einen Versöhner.

Die Kirchen sahen ihn als einen Menschen, der Andere zusammenführte. Sie konnten ihn sich nicht fern halten und standen mit ihm in einem manchmal schroffen und beschwerlichen Dialog. Taizé, evangelischen Ursprungs, näherte sich dem Katholizismus und bewegte sich doch auch in die andere Richtung. Es hat den Protestantismus wie die katholische Kirche beeinflusst.

Frère Roger von Taizé – wie *Franz von Assisi* oder Mutter Teresa von Kalkutta: ein Mensch, ein Ort, beide unlösbar verbunden.

1. Kapitel

Priesterenkel – Pfarrersohn

Roger Schutz[1] wurde 1915 in Provence, einem kleinen Dorf im Schweizer Jura, geboren. Sein Vater war evangelischer Pfarrer; er hatte aber auch katholische Vorfahren.

Nach dem Zweiten Weltkrieg hatte seine Großmutter mütterlicherseits, *Marie-Louise Marsauche*, „Versöhnung im Sinn" und begann „aus einer alten evangelischen Familie stammend (...) in die katholische Kirche zu gehen".[2] Diese „Versöhnung im eigenen Inneren" prägte den jungen Roger für immer und er wiederholte oft, dass der Lebenslauf seiner Großmutter mütterlicherseits seinen eigenen ökumenischen Weg gebahnt habe. Ganz so einfach liegen die Dinge freilich nicht. Denn Marie-Louises Mann, *Louis Marsauche*, war in einer katholischen Familie aufgewachsen, Seminarist und christkatholischer Pfarrer bevor er Evangelisch-Reformierter Pfarrer wurde. Frère Roger kam nie auf den wechselhaften Lebensweg seines Großvaters Marsauche zu sprechen. Er trägt jedoch dazu bei, den Gründer von Taizé besser zu begreifen.

Großvater Louis Marsauche

Familien mit dem Namen Marsauche, sämtlich katholisch, findet man ab dem 17. Jahrhundert in mehreren burgundischen Dörfern, etwa in Merry-la-Vallée, in Poily-sur-Toulon, in Guerchy (wo ein Marsauche unter Ludwig XIII. Pfarrer war). Als sich Roger Schutz später in Taizé auf burgundischer Erde niederließ, knüpfte er also an weit zurückreichende Wurzeln seiner Mutter an.

Im 19. Jahrhundert ließ sich ein gewisser *Jean-Baptiste Marsauche* in Alès, der Hauptstadt der Cevennen, nieder. Der Urgroßvater Frère Rogers war Stellmacher. Warum es ihn in das französische Departement Gard verschlagen hat, ist nicht bekannt, ebenso wenig die Umstände seiner Hochzeit mit *Marie-Cécile Palliès*. Am 10. Dezember 1846 erblickte ein Junge das Licht der Welt, der den Vornamen Louis Hippolyt erhielt. Jean-Baptiste stellte das Kind am 11. Dezember 1846 in Begleitung zweier Zeugen im Rathaus vor, um es ins Geburtsregister eintragen zu lassen. Das standesamtliche Register in Alès beweist, dass Jean-Baptiste kaum des Schreibens kundig war. Bei der Unterschrift auf der Geburtsurkunde seines Sohnes verschrieb er sich beim eigenen Familiennamen. Er schrieb „Marsanche" statt „Marsauche"; sein Sohn war später gezwungen, am Rand eine Berichtigung anzubringen.[3]

Einige Jahre später zog die Familie nach Burgund. *Louis Hippolyte Marsauche* – Frère Rogers künftiger Großvater – trat 1866 in das Seminar von Sens ein. Am 14. November 1869 wurde er zum Subdiakon geweiht, was die Verpflichtung zum zölibatären Leben einschloss. Im folgenden Jahr verließ er das Seminar, weil er das Dogma von der Unfehlbarkeit des Papstes ablehnte, das am 18. Juli 1870 beim Ersten Vatikanischen Konzil in der Dogmatischen Konstitution *Pastor Aeternus* verkündet worden war.

Dieses war Gegenstand heftiger Diskussionen unter den beim Konzil versammelten Theologen und Bischöfen. Bei der Schlussabstimmung zogen es an die sechzig Bischöfe vor, Rom eher zu verlassen, als das neue Dogma annehmen zu müssen. In mehreren Ländern trennten sich in der Folge verschiedene Persönlichkeiten von der katholischen Kirche. Maßgeblicher Anführer der Gegenbewegung war der deutsche Theologe und Geschichtswissenschaftler *Ignaz Döllinger.* In Deutschland, Österreich, der Schweiz und darüber hinaus schlossen sich die Gegner in eigenen Kirchengemeinden zusammen. Man beschloss, auf Bischöfe der jansenistischen Bewegung zurückzugreifen, die sich im 18. Jahrhundert von Rom getrennt hatte, um eigene Priester weihen zu können. Die Auflehnung gegen das Dogma führte zur Abspaltung der sogenannten Christ- oder Altkatholiken.

In Frankreich blieb die altkatholische Bewegung immer sehr begrenzt. Eine ihrer herausragenden Gestalten war *Abbé Michaux*. Louis Marsauche nahm mit ihm Kontakt auf, nachdem er das Seminar von Sens verlassen hatte. Die Bewegung konnte sich in Frankreich jedoch nicht lange halten. Manche ihrer Kleriker ließen sich in Belgien nieder, andere in der Schweiz, wo die Bewegung bedeutender und besser organisiert war. Dort wurde sie als „Christkatholische Kirche" (diese Bezeichnung führt sie in der Schweiz bis heute) gegründet. 1873 ließ sich Abbé Michaux in der Schweiz nieder. Louis Marsauche folgte ihm und engagierte sich in den Anfängen der Christkatholischen Kirche. Im Mai 1874 fungierte er, obwohl er noch nicht Priester war, als Vikar in der Kirchengemeinde von Noirmont im Berner Jura, die von ihm geleitet wurde. Einige Monate später, im September, wurde er durch *Joseph Hubert Reinkens*, den ersten altkatholischen Bischof in Deutschland, zum Priester geweiht. Die Weihe fand in Bonn statt. Pfarrer Marsauche feierte seine erste Messe in Biel, im Kanton Bern, und wurde dort im Mai 1876 zum Pfarrer ernannt. Die Schweizer Christkatholische Kirche gab sich 1875 eine Verfassung, die Priestern erlaubte, zu heiraten. 1876 wählte sie *Edouard Herzog* zu ihrem ersten Bischof.

Zu dieser Zeit lernte Pfarrer Marsauche die Delachaux kennen (zur damaligen Zeit oft La Chaux geschrieben), eine alte evangelische Familie, die aus Locle in der Nähe der Westschweizer Kantonshauptstadt Neuenburg stammte. Frère Roger erwähnt einen seiner Urgroßväter, *Albert Delachaux*, einen Uhrenfabrikanten, der eine Verkaufsniederlassung in Boston hatte. Die Amerikareisen dieses Vorfahren, der jung starb, faszinierten den jungen Roger: „Seit der Kindheit", sagte er, „waren die Vereinigten Staaten für mich ein Land, von dem ich träumte." *Marie-Louise Delachaux*, Tochter dieses kühnen Uhrmachers, heiratete Louis Marsauche im Mai 1878. Die Trauung wurde in der christkatholischen Kirchengemeinde von Saint-Imier im Kanton Bern durch Pfarrer Mirlin vorgenommen. Fünf Kinder gingen aus der Ehe hervor: Berthe, Amélie (Rogers Mutter), René, Louis (der Pfarrer wurde) und Albert.

1880 verließ Pfarrer Marsauche die Christkatholische Kirche und schloss sich der Evangelisch-Reformierten an. Geschah dies unter dem Einfluss seiner Frau? In einem kurzen biografischen Abriss, der nach seinem Tod erschien, heißt es schlicht: „Er erkannte rasch, dass sich die christkatholischen Auffassungen auf die Dauer zwischen dem römischen Ultramodernismus und dem evangelischen Protestantismus nicht durchhalten ließen und schloss sich offen Letzterem an."[4]

Nichtsdestoweniger brach Louis Marsauche nicht völlig mit dem christkatholischen Milieu. Er blieb lebenslang besonders mit *Louis Sterlin* verbunden, einem ehemaligen katholischen Priester aus Frankreich, der in Genf Christkatholischer Pfarrer geworden war. 1905 war Louis Marsauche Trauzeuge bei der Hochzeit von dessen Tochter; 1912 stand er der Beerdigungsfeier seines alten Freundes in Plainville vor.

Nachdem er zuerst vom Katholizismus zum Christkatholizismus übergetreten war, vertrat Louis Marsauche nun also den Protestantismus. Er war bereits über 30 Jahre alt, zögerte aber nicht, das Theologiestudium an der Akademie von Neuenburg wieder aufzunehmen, wo er im Mai 1882 zum Pfarrer ordiniert wurde. Er übte sein Amt 13 Jahre lang in Peseux aus, dann kehrte er nach Frankreich zurück, wo er eine Stelle als Pfarrer in Saint-Just-en-Chaussée in der Oise erhielt und im November 1912 starb.

Man kann sich ein vollständiges Bild von Rogers Großvater mütterlicherseits erst machen, wenn man die Tätigkeiten berücksichtigt, denen er sich neben seinen pastoralen Ämtern widmete. 1889 veröffentlichte er zwei Broschüren über die internationale Arbeitsgesetzgebung. Im folgenden Jahr erschien eine umfangreiche Untersuchung über Aufbau und Arbeitsweise der Schweizer Eidgenossenschaft.[5] Louis Marsauche wollte damit die bundesstaatliche Verfassung der Schweiz in der französischen Öffentlichkeit bekannt machen und legte dar, „dass eine gewisse verwaltungsmäßige, nicht politische, Dezentralisierung zu den Bedingungen für die Lebensfähigkeit und Zukunft der französischen Republik zählt." Nachdem er 1895 nach Frankreich zurückgekehrt war, veröffentlichte er ein Werk über die Geschichte des Protestantismus in Montdidier, einer etwa 15 Kilometer von Saint-Just-en-Chaussée entfernten Kleinstadt. Eine, wie er sagte, so „ruhmreiche" wie „traurige" Episode der Evangelisch-Reformierten Kirche in Frankreich. Dieses Fazit ist ein interessanter Hinweis darauf, dass Louis Marsauche bereits ökumenische Überlegungen anstellte, die man bei seinem Enkel wiederfindet. Die 1902 erschienene Arbeit über Montdidier fiel zeitlich mit der Ausarbeitung der antiklerikalen Gesetze zusammen, die in Frankreich drei Jahre später zur Trennung von Staat und Kirche führten.[6] Louis Marsauche sah in dieser Bedrängnis eine Gelegenheit für die katholische Kirche, sich zu läutern und sich dem Protestantismus zu nähern: „Heute hat die römische Kirche nicht mehr mit der evangelischen Kirche zu kämpfen, sondern mit dem Geist der modernen Gesellschaft, mit den Gesetzen und Verfassungen der Staaten. Sie entfremdet sich nicht nur die aufgeschlossenen Geister, die ehrlich auf religiöse Wahrheit aus sind. (...) Die Stunde der Demut und Buße naht. Vielleicht wird sich die römische Kirche in ihrer Not oder angesichts des Schauspiels einer glaubenslosen Gesellschaft ihrem ehemaligen Opfer zuwenden, der evangelischen Kirche, die ihre Kraft und die Lauterkeit ihrer Wege und Ziele unter Beweis gestellt hat. Dann werden sich die Kirche der Vergangenheit und die Kirche der Zukunft, werden sich der Priester und der Pfarrer umarmen, um die geläuterte Kirche ihrer wahren Bestimmung zuzuführen."[7]

Denselben Willen zur Überwindung konfessioneller Identitäten und einer gemeinsamen Läuterung findet man bei der ökumenischen Ausrichtung seines Enkels. Frère Roger erwähnt nirgendwo seinen Großvater Marsauche, der 1912, drei Jahre vor seiner Geburt gestorben war. Dieser hat aber unbestreitbar Geist und Tat des Gründers von Taizé geprägt.

Pfarrersohn

Nicht nur mütterlicherseits, auch von Seiten des Vaters war Roger Enkel eines streng gläubigen Christen. Sein Vater *Charles Schutz* war am 31. März 1877 in Bachs, im Kanton Zürich, geboren worden. Er hatte ebenfalls an der Neuenburger Akademie Theologie studiert, möglicherweise auch an der evangelischen theologischen Fakultät in Paris. Die Archivalien enthalten keinen genauen Vermerk über einen Übertritt an diese Fakultät.

Um 1900 kam Charles Schutz in Paris mit Familie Marsauche in Kontakt. Während einer Festlichkeit fand er Gefallen an Amélie, einer der Töchter, die drei Jahre jünger war als er. Zu ihrer großen Überraschung eröffnete der Vater Amélie einige Zeit später, dass sie den jungen Charles

Schutz heiraten würde, dem sie nur einmal begegnet war. „Arrangierte", angebahnte Vermählungen waren zur damaligen Zeit nicht selten.

Amélie Marsauches Leidenschaft waren Musik und Gesang. Ihre Tante, *Caroline Delachaux*, Schülerin des großen Pianisten *Hans von Bülow*, hatte ihr Examen als Meisterschülerin in Anwesenheit *Franz Liszts* in Weimar abgelegt. Amélie erhielt vor ihrer Heirat „eine sehr gründliches Gesangsausbildung am Pariser Konservatorium". Frère Roger wusste, dass seine Mutter als Solistin bei Konzerten aufgetreten war, die der französische Komponist *Vincent d'Indy* dirigierte. Nachdem sie mit einem künftigen Pfarrer vermählt worden war, musste sie auf ihre Karriere als Sängerin verzichten. Sie folgte ihrem Mann in die Schweiz.

Charles Schutz bestand den mündlichen Teil seiner Abschlussarbeit über die „Quellen der ersten zwölf Kapitel der Apostelgeschichte" am 12. Mai 1902 an der Neuenburger Theologischen Fakultät. Drei Tage später wurde er zum Pfarrer ordiniert, und zwar für die Nationalkirche, was eigens zu erwähnen ist.

In der Evangelisch-Reformierten Kirche der Westschweiz war es 1845 zu einer vollständigen Spaltung gekommen zwischen den Mitgliedern, die auf der Seite der waadtländischen Regierung standen – sie bildeten die *Nationale Evangelisch-Reformierte Kirche* – und jenen, die die Oberaufsicht des Staates ablehnten und deren Amtsträger abberufen wurden bzw. selbst ihr Amt niederlegten.[8] Dabei entstanden vom Staat unabhängige Kirchengemeinden. Mit Unterstützung von Pfarrer *Alexandre Vinet*, seit langem ein Vordenker der Trennung von Kirche und Staat, bildeten diese 1847 die *Freie Evangelische Kirche.*

Das Nebeneinander zweier Reformierter Kirchen im Kanton Waadt währte über ein Jahrhundert, bis zu ihrer Wiederversöhnung im Jahr 1966. Der Kanton hatte „nationale" und „freie" Kirchengemeinden und auch zwei theologische Fakultäten, von denen die eine zur Nationalkirche, die andere zur Freien Evangelischen Kirche gehörte und die beide in Lausanne angesiedelt waren. Charles Schutz blieb sein Leben lang Pfarrer der Nationalkirche, obwohl sein Sohn Roger an der Theologischen Fakultät der Freien Evangelischen Kirche studierte.

Pfarrer Schutz versah seinen Dienst zunächst in Frankreich: 1902 in Brive und 1903 in Treignac, im Departement Corrèze. Dort wurde am 1. Dezember 1903 die erste Tochter Andrée geboren. 1904 kehrte Familie Schutz in die Schweiz zurück. Charles wurde zunächst Pfarrer zur Aushilfe in Thierrens, einem kleinen Dorf nördlich von Lausanne, dann Pfarrer in Ressudens, einer Kirchengemeinde unweit des Neuenburger Sees im Schweizer Jura.

Die Familie bezog das dortige Pfarrhaus, ein großes Anwesen aus dem 18. Jahrhundert. Im Kanton Waadt sind die Pfarrhäuser Kantonseigentum, die Fensterläden daher stets in den Kantonsfarben grün und weiß gestrichen.

Ein altes Kantonsgesetz verlangte, dass die Pfarrhäuser mindestens sieben Zimmer für die große Familie eines Pfarrers haben mussten.

Charles Schutz hatte neun Kinder. Nach Andrée kamen in Ressudens vier weitere zur Welt. Die Bücher der Kirchengemeinde geben genau Auskunft. Das zweite Kind, Renée Eugénie, wurde am 24. April 1905 geboren und sechs Monate später, am 1. Oktober, getauft. In den reformatorischen Kirchen taufte man seinerzeit die Kinder nicht gleich in den Tagen nach der Geburt, wie es in der katholischen Kirche üblich war. Es folgten 1906 ein Junge mit dem Vornamen Charles wie sein Vater – er wurde im vertrauten Kreis Charly genannt – und zwei Mädchen, 1908 Marie-Louise und 1909 Lily Madeleine.

Im April 1911 erfuhr Pfarrer Schutz, dass die Kirchengemeinde von Provence am Neuenburger See vakant war. Er bewarb sich. Die Kirchengemeindenversammlung, die sich aus den höhergestellten Mitgliedern der Nationalkirche zusammensetzte, entschied sich mit 55 von 68 Stimmen für Pfarrer Schutz, der daraufhin am 2. Juni 1911 durch den Staatsrat ernannt wurde. Im folgenden Monat ließ sich der Pfarrer in Provence nieder, wo der Gründer von Taizé geboren werden sollte.

Provence liegt auf 770 m Höhe über dem Neuenburger See. Die Winter dort waren rau. Zahlreiche Quellen speisen die über das ganze Dorf verstreuten Brunnen. Mit 3179 ha gehörte die Gemeinde zu den ausgedehntesten im Bezirk; zwei Drittel der Oberfläche bestanden aus Wald und Weideland. Das Dorf und seine Weiler zählten in den letzten Jahrzehnten des 19. Jahrhunderts bis zu tausend Einwohner, danach ging die Bevölkerung, im Rahmen der zunehmenden Landflucht zurück. Als Familie Schutz 1911 nach Provence kam, zählte die Gemeinde an die siebenhundert Einwohner; als sie den Ort 1927 verließ, waren es kaum mehr als fünfhundert.

Das Dorf verfügte seit 1904 über elektrischen Strom. Es hatte einen kleinen Gasthof. Die Frauen klöppelten, einige Männer bauten Uhren im Nebenerwerb. Hauptsächliche Einnahmequelle war die Landwirtschaft. Die meisten Wohnhäuser waren Bauernhöfe mit einem Stadel und einem Stall. Neben dem Pfarrhaus befand sich eine Schmiede, und ihm gegenüber eine Stellmacherei. Der Gründer von Taizé verbrachte seine Kindheit in einer Welt, die dem Rhythmus der Natur und der Feldarbeit folgte. Sein älterer Bruder wurde später Landwirt. Als Roger 1940 für die Communauté, die ihm vorschwebte, ein Haus suchte, lag ihm daran, dass in unmittelbarer Nähe eine Landwirtschaft aufgebaut werden könne.

Das Pfarrhaus mitten im Dorf, in das Familie Schutz einzog, war ein stattliches zweistöckiges Haus mit einem geräumigen Speicher, den die Kinder über alles liebten. Hinter dem Haus erstreckt sich bis heute ein großer, mit Obstbäumen bepflanzter Garten, der mit einer Terrasse endet.

In der Ferne liegt der Neuenburger See wie ein berggesäumter Spiegel. Bis zum Alter von zwölf Jahren hatte Frère Roger täglich diese „weite Aussicht“ vor Augen.

Die evangelische Kirche war 1706 erbaut und 1905 vollständig restauriert worden. Von außen kennzeichnet der Glockenturm das Bauwerk deutlich als Gotteshaus, der Innenraum ist dagegen von einer Nüchternheit und Kargheit, die den Kirchenbesucher unvermittelt „Gott allein“ gegenüberstellt: ein großer Betsaal, dem jede bildliche Darstellung fehlt. Es gibt wie in allen Evangelisch-Reformierten Kirchen weder eine Marien- noch eine Heiligenstatue. Als einzige Zierde sind für alle gut einsehbare kurze Bibelworte an die Wände gemalt, die den Glauben und das Gebet der Gläubigen stärken sollen – „Dein Wort ist Wahrheit“, „Fasse Mut, er ruft dich“, „Gott ist Liebe“, „Der Gerechte lebt aus dem Glauben“. Alles atmet den Geist der Reformierten Kirche: Die Verehrung gilt Gott und sonst niemand, das Heil wird nur durch den Glauben geschenkt.

Zur damaligen Zeit bestand der Gottesdienst, der am Sonntag und an den Festtagen gehalten wurde, im Wesentlichen aus einer Bibellesung, der Predigt des Pfarrers, einigen Gebeten und Gesängen. In Provence wurde das Wort Gottes aus einer mächtigen Folianten-Bibel aus dem 18. Jahrhundert vorgelesen, die heute noch an ihrem Platz liegt. Die Predigt wurde von einer Holzkanzel mit Schalldeckel gehalten, die vorne in der Mitte steht, den Bänken der Gläubigen gegenüber. Die Orgel befindet sich auf einer Holzempore. Das Abendmahl fand selten statt. In der Ordnung, die damals in Kraft war, heißt es: „Das Heilige Abendmahl wird zu vier Zeiten im Jahreskreis öffentlich gefeiert: am Weihnachtstag und dem vorhergehenden Sonntag, am Karfreitag und am Ostertag, am Pfingsttag und am vorhergehenden Sonntag und an den beiden ersten Septembersonntagen.“[9] Das wegen seiner Seltenheit umso feierlichere Abendmahl wurde in Provence um einen langen, schmalen Tisch aus schwarzem Marmor begangen, der heute durch einen Holztisch ersetzt ist.

Eine glückliche Kindheit

Zu den fünf ersten Schutz-Kindern kamen in Provence vier weitere hinzu: drei Töchter – Yvonne, Noémie, Geneviève – und ein neuntes und letztes Kind: Roger, geboren am 12. Mai 1915, laut Geburtsschein um 19.15 Uhr. Als zweiten Vornamen erhielt er den seines Großvaters väterlicherseits, Ulrich, und als dritten den seines Großvaters mütterlicherseits, Louis.

Später wird sich Frère Roger an die frühlingshaften Morgenstunden seiner Geburtstage erinnern: „Den 12. Mai besang ich in meiner Kindheit. Ich rief durchs Haus, von oben bis unten: ‚Heute ist mein Festtag, der schönste

Tag des Jahres!‘ Ich sah im Garten nach, ob sich die Pfingstrose über Nacht geöffnet hatte.“[10] Und er verstand sich heimlich auf einen kleinen Kniff: Damit sich die Pfingstrose auch pünktlich am Morgen seines Geburtstags öffnete, half er etwas nach und bog die schützenden Blütenblätter auf, bis sie die Blütenkrone freigaben. Nähe zur Natur, Spiele im großen Garten, Spaziergänge über die Wiesen und durch den nahen Wald prägten seine Kindheit. „Das Leben im Garten war voll Poesie. Ich verfolgte mit Vorliebe die Jahreszeiten“, bekannte er später. Bis zum Ende seines Lebens hielt er an der engen Verbundenheit mit der Natur fest, an den Spaziergängen, vorzugsweise am Morgen, und an einer ländlichen Umgebung. In Provence gab es vor allem Holzwirtschaft: Der Wald lieferte Baumaterial für Häuser und Möbel. Frère Roger erinnerte sich: „Das Holz weckt in mir die Träume meiner Kindheit im Jura. In allen armen Häusern des Dorfes glänzte mit Lappen poliertes Kiefernholz.“

In seinem Zimmer in Taizé stehen später auf einem Fußboden aus Kiefernbohlen ein schlichter runder Tisch und eine kleine Bank, beide ebenfalls aus Kiefer. So war die Kindheit nicht aus der Welt: „Eine Stunde, rund wie der Tisch“, schrieb er weiter. „Eine Stunde, in der sich alles zusammenfügt. Zwischen den Stunden der Kindheit und denen von heute gibt es keinen Bruch. Die einen zehren von den anderen.“[11]

Aus seinen jungen Jahren hatte sich Frère Roger ein feines Gespür für Ästhetik bewahrt. Selbst in den Elendsvierteln Afrikas oder Asiens, in denen er von Zeit zu Zeit einige Tage oder Wochen wohnte, bemühte er sich, einen Hauch von Schönheit zu hinterlassen: eine Ikone, einige Lichter oder einen farbigen Stoff, einfach gehaltene Kleinigkeiten. Die Vorliebe für schöne Dinge rührte aus der Kindheit: „Bei Tisch waren wir immer zahlreich. Als ich vier oder fünf Jahre alt war, ermutigte mich eine meiner sieben Schwestern, Blumen im Garten zu pflücken und sie als Gebinde auf den Tisch zu stellen. Seit jener Zeit ist es mir ein Bedürfnis, alles in der Schlichtheit der Schöpfung so zu gestalten, dass das Haus schön wird.“[12]

Rogers Großmutter mütterlicherseits, Marie-Louise Marsauche, spielte „eine herausragende Rolle“. Sie war seit 1912 Witwe und traf 1919 zum ersten Mal nach dem Krieg in Provence ein. Das vierjährige Kind Roger behielt dies in unvergesslicher Erinnerung: „Völlig erschöpft verlor sie beim Betreten unseres Hauses das Bewusstsein. Man trug sie in einer roten Decke hinein. Ich sehe diese Szene vor mir, als wäre sie eben geschehen.“[13] Zu Beginn des Ersten Weltkrieges hatte sie im Departement Oise so lange wie möglich und auch noch unter Beschuss Flüchtlinge bei sich aufgenommen. Nach dem Krieg begann Marie-Louise Marsauche, in die katholische Kirche zu gehen, im „Sinn von Versöhnung“ zwischen den Christen, die sich während des Krieges gegenseitig getötet hatten. „Der Schock saß tief, und etwas Unumkehrbares geschah“, sagte Frère Roger später, wenn er auf diese

Episode zu sprechen kam. „Ihre beiden Gesten, die am meisten Leidgeprüften aufnehmen und zu einer Versöhnung im eigenen Innern gelangen, haben mich später fürs ganze Leben geprägt. Die Intuition meiner Großmutter muss mir von Kindheit an eine katholische Seele gegeben haben."[14]

Er bewunderte an seiner Großmutter Marsauche auch ihre menschlichen Vorzüge: „Ich liebte ihre heitere Würde. (...) Diese Frau war für mich der Inbegriff weiblichen Verstehens."[15] Sie starb 1921 im Haus der Familie in Provence. Als Frère Roger sich 20 Jahre später nach Taizé ging, ließ er das Bett, in dem sie gestorben war, nachkommen und schlief selbst darin. Und „er ließ für das Appartement der Communauté in Paris eine getreue Nachbildung anfertigen", wie ein früherer Bruder verriet.[16]

Die Eltern

Frère Roger kam oft auf seine Mutter zu sprechen, zumeist mit kurzen Bemerkungen in seinen Büchern. Er erwähnte stets ihre Sanftmut, ihre Güte und ihren Sinn für Eintracht. Viel seltener sprach er über seinen Vater, der streng, autoritär und puritanisch war. Die beiden ganz unterschiedlichen Menschen ließen ihm eine „zweifache" Erziehung angedeihen, die sich nicht widersprach, sondern ergänzte.

„Meine Mutter", schrieb er, „bleibt für mich eine Zeugin der Freude und der Güte des Herzens. Von Kindheit an hatte sie sich in wohlwollender Güte gegen jedermann geübt: In ihrer Familie lehnte man es ab, einen anderen durch ein Wort ins Lächerliche zu ziehen oder ein hartes Urteil über ihn zu fällen. Sie schenkte ihren eigenen Kindern rückhaltlos Vertrauen. Ein Leben lang bleibt diese unersetzliche Gabe, selbst wenn wir uns in Not und Leid in Frage stellen und unsere Begrenztheit erfahren. ‚Du kannst Vertrauen in dich haben', das wollte meine Mutter jedem ihrer neun Kinder vermitteln."[17]

„Vertrauen" machte Frère Roger zum Leitwort seiner Botschaft. Es gehört zu den Begriffen, denen man in seinen Schriften am häufigsten begegnet. Von seiner Mutter erbte er auch eine tiefe Feinfühligkeit. Sie meinte einmal: „Als er noch ein kleines Kind war, sagte ich mir: Mein Sohn wird im Leben viel durchmachen, weil er zu feinfühlig ist."[18] In seinem großen Zimmer in Taizé standen auf dem Kaminsims, ihm stets vor Augen, Fotografien seiner Mutter und seiner Großmutter mütterlicherseits.

Die Kindheit des jungen Roger war freilich nicht nur durch die mütterliche Milde und Freude geprägt. Sein Vater zeigte sich streng und wortkarg. „Er war ein ziemlich zurückhaltender Mann. Er sprach nicht mehr als nötig, aber wenn er etwas sagte, hörte man auf ihn."[19] Die wenigen Fotografien zeigen einen Mann unscheinbaren Aussehens, stets im Anzug, etwas eingezwängt in seinen steifen Hemdkragen. Seine Familie hatte einen wirtschaftlichen Bankrott erlebt, der ihn tief gezeichnet hatte. Darum herrschten im Haushalt von Rogers Eltern eine vielleicht übertriebene Ängstlichkeit und Sparsamkeit. Einer seiner Enkel erinnert sich, dass der Pfarrer „streng, aber gerecht“[20] war. Er strafte nie grundlos und züchtigte den Schuldigen bisweilen handfest. Aber sobald die Verfehlung gebüßt war, war sie vergessen. Der Prior von Taizé sprach mit leiseren Tönen über die väterliche Strenge, die von der mütterlichen Milde abstach: „In meiner Kindheit hörte ich meinen Vater mir sagen: ‚Früher war ich schwach, mit dir werde ich streng sein.‘ Diese Worte versetzten mich in abgrundtiefes Grübeln. Warum handelte er aus Reaktion?“[21]

Der junge Roger litt auch darunter, dass er mit seinem neun Jahre älteren Bruder Charly verglichen wurde. Dieser war lange der einzige Junge in der Familie und genoss die besondere Aufmerksamkeit seines Vaters, während Roger, der Kleinste und Jüngste, von seiner Mutter bevorzugt wurde. Die beiden Brüder verstanden sich lange nicht besonders gut. Ihre Interessen waren zu unterschiedlich. Als Erwachsene hielten sie einen gewissen Abstand voneinander. Charly hatte sich als Landwirt im Departement Franche-Comté niedergelassen und kam nur selten nach Taizé. Frère Roger gab in den achtziger Jahren den Anstoß zur Annäherung der beiden Brüder.

Auf die väterliche Strenge antwortete der Junge mit einem Gehorsam, von dem man nicht sagen kann, ob er kindlicher Ehrfurcht oder schlichter Unterwerfung geschuldet war. „Niemals“, schrieb Roger später, „lehnte ich mich gegen seine Ansichten auf, ich erhob auch nicht Einspruch. Schweigen zu bewahren verlangte manchmal eine unwahrscheinliche Anstrengung, mit dem Eindruck am Ende der Kräfte zu sein. Später begriff ich es: Auch dabei formte ich mich. (...) Ich erinnere mich nicht daran, meinem Vater jemals widersprochen zu haben.“[22] „Er ähnelte Calvin“, sagte einer seiner Enkel über den Pfarrer. Seine todernste Erscheinung verband sich mit einer ausgeprägten Unerbittlichkeit.

Schutz hatte bei den Gemeindeverantwortlichen erreicht, dass der Verkauf von Branntweingetränken im einzigen Gasthof des Dorfes verboten wurde, was ihm einige Feindseligkeiten eintrug. Er duldete weder Müßiggang noch Träumereien. „Wie oft habe ich in meiner Kindheit die Worte gehört: ‚Sitz nicht untätig herum. Spiele oder arbeite, aber tu etwas.‘ Gehorsam suchte ich nach einer Beschäftigung.“[23] Selbst ein rauer Winter war kein Vorwand für Stubenhockerei: „Jeden Tag schickte man mich dick eingemummt in den unter dem Frost schlummernden Garten. Sobald der Schnee zu schmelzen begann, versuchte ich die allerersten Zeichen aufbrechenden Frühlings wahrzunehmen...“

Die väterliche Strenge fand der junge Roger auch in der Herkunftsfamilie seines Vaters vor: „Die Ferien, die ich bei meiner Großmutter väterlicherseits zubrachte, waren die ersten Aufenthalte fern von zuhause. Mit unbeschreiblichem Entzücken fuhr ich hin. Dort verbrachte ich Stunden damit, meiner Großmutter zuzuhören. (...) Schon nach wenigen Tagen begann ich mich aber zu langweilen. Gerne wäre ich nachhause zurückgekehrt, um wieder das vertraute Heim, die vertrauten Bäume zu sehen. Meine Tante, die bei meiner Großmutter lebte, trug viel zu diesem Überdruss bei. Sie verbrachte ihre Zeit damit, meine Erziehung zu verbessern. ‚Man legt die Finger nicht auf die Klinge des Messers. Man hält die Hände am Rand des Tisches, nicht weiter drinnen. Man legt seine Hände nicht auf die Knie.‘ Meine Tante schien mir dadurch meine Eltern zu verurteilen. Sie fand, mein Vater habe einen sehr einfachen Geschmack und meine Mutter kümmere sich mehr um die Musik als um ihre neun Kinder. Alle fürchteten die Bemerkungen dieser Tante. Deshalb war es immer das jüngste Kind, dass man in den Ferien zu ihr schickte!“[24]

Eine Familie mit neun Kindern durchzubringen ist mühsam. Dies bekam Roger sehr bald zu spüren: „Schon in frühester Kindheit haben mich die schweren Sorgen meiner Eltern geprägt. Ich empfand mit ihnen und litt darunter. Ich entdeckte den Ernst des Lebens, eine große Familie, einen Vater im Kampf mit den täglichen Sorgen.“ Die Empfänglichkeit für die Sorgen seiner Eltern führten ihn zu einer Art Rückzug auf sich selbst, nicht aus Ichsucht, sondern in einer gewissen Eigenbrötelei, die lange andauerte. Frère Roger beschrieb sie einmal selbst: „Damals nahm ich die Gewohnheit an, meine eigenen Schwierigkeiten zu verschweigen, um meine Eltern nicht noch zusätzlich zu belasten. Auch heute noch fürchte ich, die Brüder mit meinen Sorgen zu beschweren; daher bewahre ich oft ein Schweigen, das sie wahrscheinlich bedrückt.“[25]

Bereits in der Kindheit entdeckte Roger auch die Armut anderer und „die Freude, etwas zu schenken“: „Im Alter von sechs oder sieben Jahren rührte mich die Armut mancher Dorfbewohner tief. Unter ihnen war insbesondere eine alte Frau; eine meiner Schwestern und ich halfen ihr bei einem Umzug. Dabei stellten wir fest, dass sie außer ihrem Bett nichts weiter besaß als einen Kinderwagen, den wir auf der abschüssigen Straße von einem Haus zum andern schoben.“[26] Daraufhin pflegte der junge Roger während der Adventszeit im Dorfladen kleine Geschenke zu kaufen, sie sorgfältig zu verpacken und an Weihnachten unter die ärmsten Familien im Dorf zu verteilen.

Jahre des Reifens

Der Literatur und der Musik wurde in der Familie viel Zeit gewidmet. Von ihrem abgebrochenen Musikstudium hatte sich Amélie Schutz die Leidenschaft für den Gesang bewahrt. „Es gab keinen Tag, an dem sie nicht ihre

Stimme bildete. Es war ihr inniger Wunsch, dass sich dabei die Seele entfalten konnte. Hier schöpfte sie heitere Unbeschwertheit. Als Kind hörte ich sie oft abends singen, wenn ich bei angelehnter Tür in meinem Zimmer lag."[27] Im Haus standen drei Klaviere. Alle Töchter der Familie hatten bei Tante Caroline Delachaux Musikunterricht. Bei den Sonntagsgottesdiensten begleiteten sie oder ihre Mutter die Gesänge auf der Orgel. Rogers Schwester Geneviève studierte später Musik. Sie wollte Professorin werden und stand vor dem Examen, als Roger sie in den vierziger Jahren bat, nach Taizé zu kommen und der Communauté zu helfen. Daraufhin verzichtete sie auf ihre Karriere, nahm aber ihr Klavier nach Taizé mit.

Der junge Roger „hörte gern Schallplatten von Chopin und Bach; die Musik von Tschaikowsky bewegte ihn besonders. Um diesen Komponisten zu hören, holte er sich das Grammofon und versteckte sich an einem Platz, wo ihn niemand stören konnte. ‚Als Kind weinte ich manchmal vom Anfang bis zum Ende der Schallplatte in einem fort.'"[28]

Die Leidenschaft für die klassische Musik bewahrte sich Roger bis ans Lebensende. In seinem Zimmer in Taizé stand ein Plattenspieler. Gerne lud er den einen oder anderen Bruder ein, mit ihm ein Musikstück anzuhören. „Er schätzte die fröhliche Barockmusik, vor allem Bach", berichtet Marie-Sonaly, heute Marie Strugala.[29]

Auch die Lektüre nahm bei den Schutz einen wichtigen Platz ein. Rogers älteste Schwester Andrée, „die Lachlustige, die Verwegene", brachte ihm Lesen und Schreiben bei. Oft versammelte Schwester Lily die Jüngsten im väterlichen Arbeitszimmer und las ihnen „ein paar Geschichten von Balzac" oder aus anderen Büchern vor. Die Mutter las den Kindern Auszüge aus dem Buch „Port-Royal" des geistlichen Schriftstellers *Charles-Augustin Sainte-Beuve* vor. Die Leseleidenschaft ergriff Roger in ganz jungen Jahren und ließ ihn bis zum Lebensende nicht mehr los: „Als ich etwa acht Jahre alt war, holte ich vom Dachboden alle schön gebundenen Bücher, darunter die Enzyklopädie von Diderot. Meine Mutter befürchtete, ich würde in meinem Zimmer eine Bibliothek von alten, verstaubten Büchern aufstellen. Mein Vater beruhigte sie: ‚Lass ihn, eine glückliche Kindheit prägt das ganze Leben.'"[30]

Roger begann schon in jungen Jahren zu schreiben. Zunächst entstanden Gedichte, die er seiner Schwester Lily diktierte. Als Heranwachsender führte er Tagebuch. In seiner Jugend träumte er eine Weile davon, Schriftsteller zu werden, und versuchte sein Erstlingswerk bei einem renommierten Pariser Verlag unterzubringen.

Die Lektüre der Geschichte von *Port-Royal* wurde zu einem Schlüsselerlebnis in der geistlichen Bildung des elf- oder zwölfjährigen Roger: Er erfuhr, dass es religiöses Gemeinschaftsleben gab. Das Kloster *Port-Royal*, südwestlich von Versailles im Chevreuse-Tal gelegen, war im 17. Jahrhundert eine „Brutstätte“ des Jansenismus und hatte eine große Ausstrahlung. Nach den ersten Verurteilungen des Jansenismus durch den Heiligen Stuhl führte der „Widerstand“ *Port-Royals* zu immer schärferen Strafen. Sainte-Beuve meinte: „Theologisch war Port-Royal von größtem Wert. In seiner grundlegenden Ausrichtung (...) war es buchstäblich eine Art ‚Reformation‘ in Frankreich, der ausdrückliche Versuch, zur Heiligkeit der Urkirche zurückzukehren, ohne die Einheit zu zerbrechen, der enge Weg einer äußerst strengen Lebensführung und zudem der Versuch, die Heilige Schrift und die Schriften der Kirchenväter auf Französisch zu verwenden. Es war das erklärte Vorhaben, Wissenschaft, Verstand und Gnade wiederherzustellen und zu bewahren.“

Der Protestantismus interessierte sich für das „Abenteuer“ *Port-Royals* und des Jansenismus, die für Strenge, Widerstand gegen Rom und einen hohen geistlichen Anspruch standen. Den jungen Roger faszinierte indes vor allem das Leben der dazugehörigen Ordensfrauen, ihr Bemühen um eine anspruchsvolle Spiritualität und ihre Entschlossenheit, sich notfalls auch mit den kirchlichen und politischen Amtsträgern anzulegen. „Wir kamen jeden Tag zusammen, und es wurde vorgelesen, und häufig nahmen wir uns wieder einmal die Anfänge von Port-Royal vor“, sagte er später. „Wir haben sie so oft gelesen, dass ich den Eindruck hatte, sie auswendig zu können, so tief hatte ich die Geschichte in mich aufgenommen. Ich sagte mir: Wie unerhört ist doch ein gemeinsames Leben, es ist ein Gleichnis, das etwas vom Reich Gottes Gestalt annehmen lässt! Mich interessierte nicht der Jansenismus, sondern die Gemeinschaft jener paar Frauen.“[31]

Viel später nahm Roger sie zum Vorbild: „Wenn einige wenige Frauen, die auf eine gemeinsame Berufung eine klare Antwort gaben und ihr Leben um Christi willen hingaben, das Evangelium so stark ausstrahlen konnten, warum sollte dies nicht auch einigen Männern möglich sein, die sich in einer Gemeinschaft vereinen?“[32] Die Entdeckung *Port-Royals* löste bei Roger irgendwann die Frage nach einem Leben in Gemeinschaft aus. Sie ließ ihn nie mehr los, reifte freilich nur langsam und nicht ohne leidvolle Erfahrungen.

Die Heilige Schrift, die Roger nach evangelischer Tradition früh zu lesen begann, nährte allmählich seinen Glauben an die „wirkliche Gegenwart“ Christi in der Eucharistie: „Da ich von Kind auf mit der Heiligen Schrift vertraut war, verglich ich die zwei Worte ‚Wo zwei oder drei in meinem Namen versammelt sind, da bin ich mitten unter ihnen‘ und ‚Das ist mein Leib; das ist mein Blut‘. Ich sagte mir: Wenn ich mit ein paar Christen versammelt bin, dann ist er gegenwärtig. Er hat es versprochen, und ich glaube ihm aufs Wort. Wenn ich aber das Brot und den Wein der Eucharistie empfange, dann handelt es sich um eine andere Gegenwart, die mich mit dem auferstandenen Christus vereinigt. Welchen Sinn sollte dieses Mahl sonst haben? Wenn Christus sagt: ‚Das ist mein Leib', dann spricht er von einer ganz anderen Gegenwart als von jener geistigen, die er dem zwei oder drei in seinem Namen versammelten Gläubigen versprochen hat."[33]

Da seine Eltern oftmals Missionare oder Pfarrer aus fernen Ländern einluden, erhielt Roger sehr früh eine Vorstellung von der universalen Kirche. Einmal war eine junge Missionarin aus Sambesi in der Familie Schutz zu Gast. „Sie beeindruckte mich." Im folgenden Jahr – er war fünf Jahre alt – besuchte die Familie den Predigtgottesdienst eines südafrikanischen Pfarrers. Dieser „Gottesmann" segnete jedes einzelne der neun Kinder und faszinierte den jungen Roger. Frau Schutz behauptete seinerzeit: „In Europa erlischt der Glaube, aber es werden Afrikaner kommen und uns das Evangelium in seiner ersten Frische zurückbringen."[34]

Katholische Kirchen übten schon auf das Kind eine große Anziehungskraft aus. „Als ich fünf Jahre alt war", erinnerte sich Frère Roger, „verbrachte ich zusammen mit meinen Schwestern einen Sonntag auf dem Land, in der Gegend von Estavayer. Am späten Nachmittag, als wir wieder zu dem Anlegeplatz zurückkehrten, von dem aus wir über den See zurückfahren wollten, betraten wir unterwegs eine katholische Kirche. Darin war es schon ganz dämmerig. Das Licht vor dem Tabernakel, das zugleich ein Gemälde der Gottesmutter beleuchtete, ist mir als unverrückbares Bild im Gedächtnis geblieben."[35]

Ein weiteres Vorkommnis prägte ihn: „Einen der tiefen Eindrücke vom Gebet erhielt ich in einer katholischen Kirche. Wir befanden uns mit meinen Eltern bei einem Onkel. Die katholische Kirche stand auf der gegenüberliegenden Straßenseite. Eines Tages stehe ich früh auf, geh hinüber und nehme an der Messe teil. Meine Familie, die mich nicht in meinem Zimmer findet, sucht mich vergeblich. Bei meiner Rückkehr sitzen sie am Frühstückstisch. Ich erkläre den Grund meiner Abwesenheit. Mein Onkel macht aus seiner Unzufriedenheit keinen Hehl. Meine Eltern schweigen; ihnen scheint seine Reaktion nicht zu behagen."[36]

Es war Roger damals sicher nicht bekannt, dass sein Vater, als er seinen Dienst noch in Provence versah, mit dem katholischen Bischof von Lausanne, Genf und Freiburg *Marius Bessan*, der in Freiburg residierte, Verbindung aufgenommen hatte. Beide wechselten 1926 mehrere Briefe. Pfarrer Schutz verfasste eine Arbeit über die waadtländische Nationalkirche und wollte Einzelheiten über das Verfahren zur Ernennung von Pfarrern in der Katholischen Kirche in Erfahrung bringen. Der Bischof antwortete ihm liebenswürdig und ausführlich. Im Lauf dieses Briefwechsels schrieb Pfarrer Schutz dem katholischen Bischof, dass er in seiner Kindheit und Jugend mehrfach Gelegenheit gehabt habe, im Wallis einige katholische Landpfarrer kennen zu lernen: „Ich bewahre die Erinnerung an glückliche, heiter gestimmte Männer." Der junge Roger war also nicht der erste in der Familie, der Interesse für die Katholische Kirche zeigte. In den Jahren 1925 bis 1927 – der Bub war etwa 10 Jahre alt –, hörte man im Familienkreis die Rundfunkübertragung der Fastenpredigten, die der Oratorianer *R. P. Sanson* in Notre Dame von Paris hielt, „Die Stimme Pfarrer Sansons war wie die eines Propheten, der in unserem Jura zu uns sprach.“[37]

Das Jahr 1927 brachte für die Familie Schutz mehrere Veränderungen. Charly kehrte der Schweiz den Rücken und ließ sich unweit der Grenze in Blamont, in der Gegend von Montbéliard, nieder. Ihn zog es zu einem Leben in der freien Natur und zur Landwirtschaft; an Büchern und an der Musik, die die meisten seiner Schwestern und seinen jungen Bruder begeisterten, lag ihm nichts. In Blamont fand er Arbeit auf einem Bauernhof. 1928 heiratete er Suzanne, die Tochter der Familie, die ihm vier Kinder gebar.

Im selben Jahr verließen Pfarrer Schutz und seine Familie Provence. Die Pfarrstelle von Oron-la-Ville auf der anderen Seite des Neuenburger Sees war vakant. Es handelte sich um eine viel bedeutendere Stelle als die in Provence, weil neun weitere Gemeinden und Weiler dazugehörten. Die Versammlung der Gläubigen wählte Charles Schutz einstimmig und schon im ersten Durchgang mit 111 Stimmen.

Die offizielle Amtseinführung des Pfarrers fand im Oktober 1927 in Anwesenheit der weltlichen Amtsträger statt. Eine Lokalzeitung berichtete über das Ereignis: „Der Festzug der Würdenträger zog um zehn Uhr in die schlicht geschmückte Kirche ein: der Präfekt, der installierende und der installierte Pfarrer, die Delegierten des Bezirksrats, ein Kantonsabgeordneter, der Kirchengemeinderat und der Rat der Kirchenpfleger aus den zehn Gemeinden, die zur Kirchengemeinde gehören, der sich um die materiellen Fragen der Kirche kümmert. Der Gottesdienst war ausgedehnt, aber feierlich.“ Nach den Reden und Gesängen in der Kirche ließ der Rat der Kirchenpfleger den zivilen und religiösen Würdenträgern ein „vorzügliches Abendessen“ auftischen.

Der Pfarrer war eine Amtsperson, die von allen geachtet wurde. Seine Kinder hatten manchmal das Gefühl, abseits zu stehen. Frère Roger schrieb: „Wie viele andere Pfarrerskinder erinnere ich mich gut, was es bedeutet, als Kind Situationen zu erleben, bei denen man sich ausgeschlossen fühlt, wo man wie durch die Zugehörigkeit zu einer ‚Kaste‘ gebrandmarkt ist.“[38] Die Kirche von Oron besaß eine klangvolle Walcker-Orgel, die 50 Jahre zuvor von *Adolphe Gaïffe*, einem mit *Victor Hugo* befreundeten Schriftsteller, gestiftet worden war. Frau Schutz und ihre Töchter spielten sie abwechselnd bei den Gottesdiensten.

Für den Schulbeginn 1928 wurde Roger an der Höheren Schule von Moudon angemeldet, einer etwa zwanzig Kilometer von Oron entfernten malerischen Kleinstadt. Die bis heute bestehende Schule ist ein stattliches, langes dreistöckiges Gebäude, mit ausladendem Dach und einer großen Uhr am eleganten Glockenturm. Roger wurde bei einer gewissen Familie Bioley in Pension gegeben, die katholisch war. Rogers Eltern hätten die Möglichkeit gehabt, ihren Sohn in einer evangelischen Familie unterzubringen. Sie entschieden sich schließlich für die katholische Familie, weil *Edith Bioley* Witwe war, vier Kinder zu versorgen hatte und ihr die Pension zusätzliche Einkünfte bescherte.

Dort verbrachte Roger, der die Welt der Katholiken nur von außen kannte, für ihn entscheidende Jahre. Er teilte das alltägliche Leben seiner Gastgeber und stellte später fest, dass er durch den Kontakt mit ihnen „den katholischen Glauben von innen her kennen gelernt" habe.[39] So begingen die Bioleys unter anderem ein Fest, das in der Evangelisch-Reformierten Kirche nicht gefeiert wurde: Epiphanie, Erscheinung des Herrn, die Anbetung des Jesuskindes durch die drei Weisen. Roger führte es später in Taizé ein.

In jener Zeit begann für den Jungen eine Phase von Zweifel und „Glaubenszerrüttung", die sieben oder acht Jahre dauern sollte. Ein Professor an der höheren Schule in Moudon, den er sehr bewunderte, hatte seine Glaubensvorstellungen „durcheinandergebracht". Es war *Eugène Ducret* (1866–1946), der Mathematik, Naturwissenschaften und Technisches Zeichnen unterrichtete. Er hatte 1893 promoviert und verbrachte sein ganzes Berufsleben in Moudon. Die einzige von ihm veröffentlichte Arbeit behandelt die Entwicklung einer bestimmten Fischart. Professor Ducret war Verfechter der Evolutionstheorie Darwins. Diese für den Heranwachsenden neue Weltsicht brachte den Glauben an den einen Gott, Schöpfer der Welt und des Universums, den er von seinen Eltern empfangen hatte, ins Wanken. War die religiöse Krise, in die er daraufhin geriet, nur dem Einfluss des Professors geschuldet? War sie nicht auch, wie *Ivan Restropo* zu Recht anmerkt, auch „eine Verweigerungshaltung"[40] gegen seinen Vater, dessen puritanische Einstellung, dessen Art und Weise, den christlichen Glauben zu verkörpern? Frère Roger schrieb später darüber: „Ich zog nicht eigentlich in Zweifel, dass es Gott gibt. Ich zweifelte vielmehr an der Möglichkeit, in Gemeinschaft mit ihm zu leben. Ich wollte vollkommen redlich sein und wagte es manchmal nicht einmal mehr zu beten. Wer beten will, dachte ich, muss Gott erkannt haben."[41]

Der Heranwachsende verschloss sich in dieser „langen Periode von Ungläubigkeit", wie er sie nannte, jedoch nicht. Er führte lange Gespräche mit Frau Bioley. Sein Aufenthalt in dieser Familie hat den „Schock" noch verstärkt, den ihm seine Großmutter mit ihrer Nähe zu den Katholiken versetzt hatte: „Wie konnten diese beiden Familien, meine eigene und die, bei der ich in Pension war, im Glauben gespalten sein, wo doch auf der einen wie auf der anderen Seite äußerste Ehrlichkeit Gott gegenüber herrschte?"[42]

Edith Bioleys Eucharistiefrömmigkeit beeindruckte ihn tief; sie sollte später den Schlussstein bei seiner eigenen Suche nach Gemeinschaft mit der Katholischen Kirche bilden. Die Gespräche mit ihr verhalfen dem jungen Roger zwar nicht zu einem gelassenen und vertrauensvollen Glauben; ihre Häufigkeit beweist aber, dass er sich nicht in einen Agnostizismus einschloss und dass die Zweifel seine Sehnsucht nach Erkenntnis nur verstärkten.

Als Roger 16 Jahre alt wurde, kam für ihn die Zeit, in der man zum ersten Mal das Abendmahl empfing. In der Römisch-Katholischen Kirche war die Erstkommunion seit dem Pontifikat *Pius X.* auf das sechste oder siebte Lebensjahr vorverlegt worden. In der Evangelisch-Reformierten Kirche war die Feier des Abendsmahls damals selten, und der erste Empfang fand sehr spät und erst nach einer eingehenden religiösen Unterweisung statt. Nach der Sonntagschule für die Kinder und dem Gottesdienst für die Jugend ab zwölf Jahren musste der Heranwachsende ab dem 14. Lebensjahr zwei Jahre lang die Christenlehre besuchen. Dann bekam er am Palmsonntag mit 16 Jahren das Abendmahl gereicht.

Der Gottesdienst fand in der Kirche von Oron statt und wurde von Pfarrer Schutz geleitet. Roger versuchte angesichts seines ungefestigten Glaubens dem äußerst feierlich gestalteten ersten Empfang des Abendsmahls zu entkommen. Er wollte nicht heucheln, wagte es aber auch nicht, den Eltern seine innere Verwirrung mitzuteilen. Schließlich erzählte er davon einer seiner Schwestern, die ihm riet, dem Vater unverblümt seine Lage auseinander zu setzen. Es wurde ein heikles Gespräch. Roger legte seine Schwierigkeiten dar und flehte den Vater an, den Empfang des Heiligen Abendmahls für ihn wenigstens um ein Jahr zu verschieben, damit er Zeit gewönne, seine Überzeugungen zu klären. Pfarrer Schutz zeigte sich unerbittlich: „Er konnte nicht auf sich sitzen lassen, dass sein eigener Sohn sich einer Verpflichtung entziehe, die keiner sonst ablehnte.“[43]

Später und noch in seinen letzten Schriften betont Frère Roger, wie nötig es sei, wieder Vertrauen bei Menschen zu wecken, die „in ihrer Kindheit oder Jugend Demütigungen erlitten“ haben. Er erwähnt dabei keinen bestimmten Vorfall, aber der Leser ahnt, dass er selbst in eine solche Lage gekommen war, „verletzt“ und „gedemütigt“ durch väterliche Strenge und das erzwungene Abendmahl.

Er empfing es am Palmsonntag 1931. Seinerzeit gab der Pfarrer, bevor er das Abendmahl reichte, jedem Neuling ein Bibelwort als Losung auf den Weg mit. Auf Roger fiel ein Satz aus dem Buch der Offenbarung: „Sei getreu bis in den Tod, und ich werde dir die Krone des Lebens geben.“[44]

2. Kapitel

Auf der Suche

Jahre der Krankheit

Einige Wochen vor Ende des Schuljahres 1930/31 musste Roger vom Unterricht befreit werden. Man vermutete, er sei an Grippe erkrankt.[1] Die Krankheit zog sich hin und machte eine längere Ruhezeit nötig, so dass er bei Schuljahresbeginn den Unterricht nicht wieder aufnehmen konnte. Er lernte zuhause unter Anleitung seines Vaters und wurde zu einem Fernkurs zur Vorbereitung auf das Abitur angemeldet.

Im Juli 1932 notiert sein Vater: Wieder „hält ihn eine gefährliche Rippenfellentzündung von seinen Studien ab und schwächt ihn sehr." Roger war schwer krank. Vor ihm war ein Urgroßvater mütterlicherseits, der Uhrenfabrikant Albert Delachaux, noch keine 40 Jahre alt an Lungentuberkulose gestorben; seine beiden Söhne waren derselben Krankheit erlegen. Die Eltern fürchteten, ein Krankenhausaufenthalt, bei dem ihn schwerer erkrankte Patienten weiter anstecken könnten, würde seinen Zustand nur verschlimmern. Sie entschieden, ihn zuhause zu pflegen. Im Winter 1932 konnte er wieder zusammen mit seinem Vater lernen und absolvierte ein zweites Schuljahr in der Familie.

Nachdem seine Gesundheit wiederhergestellt schien, meldeten ihn die Eltern für das kommende Schuljahr am Genfer Gymnasium an. Roger sollte bei seiner Schwester Renée wohnen, die in Genf verheiratet war. Am ersten Schultag im September 1933 verschlechterte sich ganz plötzlich sein Zustand wieder. Roger musste in Oron bleiben. Er bekannte später, dass die damaligen Rückfälle zu schlimmsten Befürchtungen Anlass gegeben hatten. Die schweren körperlichen Plagen verhalfen dem Heranwachsenden wohl zu früher Reife. Die Zeit der Zurückgezogenheit und erzwungenen Ruhe bot ihm überdies Gelegenheit, viel zu lesen. Womit sollte er sich sonst die Zeit vertreiben? Er griff mit Vorliebe zu Werken klassischer oder zeitgenössischer Literatur, vor allem zu Autoren wie André Gide.

Mit der Zeit besserte sich sein Zustand, und der Arzt erlaubte ihm Spaziergänge in der frischen Luft. Nun war er fast täglich oft zwei, drei Stunden unterwegs. Bis in die späten Jahre fand Roger Freude an Wanderungen über Land oder durch Wälder. In der Umgebung von Taizé durchstreifte er allein oder in Begleitung Wiesen und Wälder am liebsten in den frühen Morgenstunden. Diese einsamen Wanderungen in Oron waren für ihn Gelegenheit zu innerer Einkehr. Kam er davon zurück, pflegte er seine Gedanken in ein Heft einzutragen. Roger nahm diese Gewohnheit später wieder auf und veröffentlichte ab 1971 mehrere Jahre hindurch Auszüge aus seinen Tagebuchaufzeichnungen. Auf den Wanderungen fielen manche Entscheidungen: „In meiner Jugend – zu einer Zeit also, da Europa von so vielen Spannungen zerrissen war – ließ mir eine Frage keine Ruhe: Warum diese Gegensätze, diese unwiderruflichen Urteile unter den Menschen, ja sogar unter den Christen? Und ich fragte mich: Gibt es auf unserer Erde einen Weg, auf dem man dahin gelangt, von einem andern alles zu verstehen? Es kam ein Tag, den ich datieren kann, an einem Ort, den ich beschreiben könnte, wo ich im gedämpften Licht eines Spätsommerabends, als sich die Schatten über die Landschaft senkten, einen Entschluss fasste. Ich sagte mir: Wenn es diesen Weg gibt, dann fange bei dir selber an und mache es dir, dir selber, zur Aufgabe, bei jedem Menschen alles zu verstehen. An jenem Tag war ich überzeugt, dieser Entschluss würde bis zum Tod gelten: (...) mehr danach zu trachten, alles zu verstehen, als selber verstanden zu werden."[2]

Dies war keine plötzliche *Metanoia*, keine unvermittelte Kehrtwende, sondern Ergebnis geistlichen Reifens, allmählicher Bewusstwerdung: „Wie ein Blitz durchstreifte mich manchmal eine Ahnung: Eines Tages sollte ich um Christi und des Evangeliums willen viel aufs Spiel setzen, sollte ich mich auf einen Weg begeben, den ich noch längst nicht erkannte. Damals begriff ich, dass es, um voll Vertrauen seinen Weg zu gehen, nötig ist, sich an einige schlichte Wirklichkeiten des Evangeliums zu halten, auf die man jeder Zeit zurückkommen kann. Auf den langen Wanderungen sagte ich mir immer wieder: ‚Die Einsamkeit lieben und die Vereinzelung verabscheuen.' Dann kamen mir unwiderstehlich einige andere Worte in den Sinn: ‚Überlasse dich ihm ganz' ... ‚In allem die innere Stille, den Frieden des Herzens' ... ‚In der Freude, der Einfachheit und der Barmherzigkeit leben' ..."[3]

Zweifel und Niedergeschlagenheit blieben auch jetzt nicht aus. Sein Vater beschrieb ihn: „In seiner inneren Verfasstheit gibt es Höhen und Tiefen; Roger muss oft ermutigt werden; er durchlebt – und das ist begreiflich bei einem jungen Mann, der so jäh durch eine Krankheit in der Fortführung seiner Studien unterbrochen wurde – jene schreckliche Krise der Jugend von heute, die sich überflüssig vorkommt; ist die Krise vorüber, bricht er aber mit neuem Schwung auf."[4] Manche vermuten, dass er Ende der sechziger, Anfang der siebziger Jahre auch in Taizé längere Zeit unter Niedergeschlagenheit litt.[5]

Nach der langen Krankheit und den unterbrochenen Studien gelang dem jungen Mann mühsam die innere Wiederherstellung und Stabilität. Er träumte nun von einer literarischen Karriere.

Das vernichtete Manuskript

Mit 20 Jahren verfasste Roger Schutz ein Werk mit dem Titel *Evolution d'une jeunesse puritaine* (Entwicklung einer puritanischen Jugend), im Grunde eine Zusammenstellung früherer Aufzeichnungen und Überlegungen. Es ist lediglich bekannt – Roger hat das Manuskript vernichtet[6] –, dass es sich um einen Essay handelte, in dem er das Milieu seiner Familie, die strenge, puritanische Erziehung und seine inneren Qualen, solange bestimmte Gewissheiten wie ausgelöscht waren, schilderte. Später schrieb er: „In ganz jungen Jahren, als sich die Alternative auftrat, war mir aufs Klarste bewusst: entweder Schriftsteller – und zugleich Bauer – werden und mich vor allem mit dem Federhalter äußern; oder Wege dafür zu ebnen, ein ‚Gleichnis der Gemeinschaft' ins Leben zu rufen. Eine Wahl musste getroffen werden."[7] Wie so oft belässt es der spätere Prior von Taizé bei Andeutungen. „Eine Wahl musste getroffen werden" heißt im Klartext: „Ich hatte keine Wahl". Er versuchte, sein Manuskript zu veröffentlichen und wollte es selbst einem Verleger anvertrauen. In Paris wohnte eine seiner Tanten, die mit dem Literaten *Walter Schinz* verheiratet war. Über ihn hoffte er in die literarischen Kreise eingeführt zu werden. Unter dem Vorwand, den Verwandten einen Besuch abzustatten, und ohne seinem Vater etwas über das Manuskript zu verraten, fuhr Roger im Frühjahr 1936 nach Paris.

Walter Schinz nahm sich seines Neffens umsichtig an und ermutigte ihn, *André Gide* aufzusuchen, der für seine Aufgeschlossenheit jungen Autoren gegenüber bekannt war. Im „Tagebuch", das Gide veröffentlichte, kann man nachlesen, dass er manchmal Anfänger empfing oder mit ihnen korrespondierte. Er hatte 1909 die *Nouvelle Revue Française* (*NRF*) gegründet, die sich zur renommiertesten Pariser Literaturzeitschrift entwickelte. Eine gleichnamige Buchreihe bei den *Editions Gallimard* wurde ihr zur Seite gestellt. Roger konnte aus einem weiteren Grund damit rechnen, Aufmerksamkeit zu wecken: Gide stammte aus einer evangelischen Familie und hatte mit *Si le grain ne meurt* (Wenn das Samenkorn nicht stirbt) ebenfalls ein Buch über seine Jugendzeit geschrieben.

Es gelang Roger, André Gide telefonisch zu erreichen und einen Termin zu bekommen. Zwei Stunden wartete er vergeblich auf den Meister. *Jean Paulhan*, der zum Lektorat der *NRF* gehörte, erkundigte sich, wie Roger später berichtete, nach dem Grund seines Besuches und empfing ihn. Paulhan war damals zwar weniger bekannt als Gide, aber in der Welt der französischen Literatur ein einflussreicher Mann. „Es war ein offenes Geheimnis", verrät ein Kenner des Hauses, „dass er allein über die Auswahl der Manuskripte entschied; er galt als Graue Eminenz, die im Hintergrund die Fäden zog. Ein junger Autor träumte davon, von ihm etwas ermutigt zu werden und möglichst eine Empfehlung, eine Unterstützung zu erhalten, die ihm den Eintritt in die Welt der Literaten und vielleicht sogar Zukunftsaussichten eröffneten. Freilich musste man erst einmal an den Mann herankommen, der von etwas Mysteriösem umgeben war und sich selbst damit umgab. Seine Urteile fielen in den Augen vieler spontan, plötzlich und überraschend."[8]

Jean Paulhan behielt das Manuskript und versprach, dem Autor zu schreiben, sobald er es gelesen habe. Nach der Rückkehr wartete Roger bei seinen Eltern sehnlich auf einen Brief. Nach einem Monat erhielt er sein Manuskript mit einer Bewertung zurück. Sie war nicht vernichtend, Paulhan sagte zu, das Manuskript zu veröffentlichen. Allerdings stellte er die Bedingung, dass das Ende vollständig umgeschrieben werden müsse. Roger dachte zwei Tage lang nach: „Ich bin während dieser Tage viel gelaufen. Es war Sommer, und ich wanderte von jeher gern. Dann, am Abend des zweiten Tages, sagte ich mir: Ein Text wie dieser lässt sich nicht umschreiben, die Antwort, die ich von Jean Paulhan erhalten habe, ist ein klares Zeichen, dass es einen anderen Weg einzuschlagen gilt, dass es eher darum geht, etwas mit Menschen zu bewirken als durch Schriftstellerei. So stand ich auf dem Weg, der vor mir lag, auf einmal vor der inneren Entscheidung, eine Gemeinschaft, ein Gleichnis der Gemeinschaft ins Leben zu rufen."[9] Er antwortete Paulhan: „Mein Manuskript ist ein geschlossenes Ganzes, es ist unmöglich, es zu überarbeiten." Hochtrabende, stolze Antwort eines jungen, allzu selbstsicheren Autors oder starrköpfige Weigerung, Zugeständnisse zu machen? Lange noch fragte sich Roger: „Warum war ich nicht imstande, das Ende des Textes umzuschreiben (...)? Woher nahm ich die Überzeugung, mein Manuskript sei ein geschlossenes Ganzes, das sich nicht umarbeiten lasse? Es war das Ergebnis des Kampfes und der Entdeckungen meiner frühen Jugend."[10] Roger versuchte nicht, das damit abgelehnte Manuskript einem anderen Pariser oder Schweizer Verleger anzubieten. Später, in Taizé, verbrannte er es mit anderen Unterlagen jener Zeit. „Hätte mich André Gide empfangen, wäre die Angelegenheit vielleicht anders verlaufen. Ich hätte sicher eingewilligt, mein Manuskript leicht zu verändern, und vielleicht hätte ihm das Manuskript auch so zugesagt, wie es war..."[11]

Sicher hätte sein Leben eine andere Wendung genommen. Aus Enttäuschung ließ er die literarische Karriere fahren. Er entschied sich, „lieber zusammen mit Menschen schöpferisch zu sein als durch Schreiben". Dies hat sich freilich nicht ganz bewahrheitet. Roger hat nie vollkommen darauf verzichtet zu schreiben. In seinen später erschienenen Büchern findet man ab 1968 Passagen, in denen der Prior von Taizé seiner poetischen Feder freien Lauf lässt und auf literarische Weise besticht. Und es ist, als nähme der Leser an der Befreiung einer unterdrückten Sehnsucht teil.

Student der Theologie

Im Herbst 1936 trat Roger in die Freie Theologische Fakultät von Lausanne ein. Das ist erstaunlich, weil er zu jener Zeit noch voller Glaubenszweifel war. Gab er dem Wunsch seines Vaters nach? Die Theorie der „sozialen Fortpflanzung" trifft auf die Familie Schutz weitgehend zu: Drei der sieben Töchter der Familie haben sich mit Pfarrern verheiratet. Pfarrer Schutz scheint jedoch vor allem darauf gehofft zu haben, dass sich durch das Studium der Theologie und der Heiligen Schrift der Glaube und die Überzeugungen seines Sohnes festigten. Der junge Mann lehnte sich nicht auf: „Ich dachte an Theologie nicht im Hinblick auf den Dienst in einer Gemeinde", erläuterte er später, „daran dachte ich keine einzige Minute. Es ging mir darum, mich in die zeitgenössische Gedankenwelt der Christen einzuarbeiten."[12] Dieses Studium erwies sich schließlich als der einzig mögliche Weg. „Nach einer heilsamen inneren Krise", hielt Charles Schutz damals fest, habe sich sein Sohn „berufen gefühlt, Studien in Theologie zu betreiben."[13]

Der Kanton Waadt besaß zwei evangelische theologische Fakultäten. Die ältere, die Theologische Fakultät in Lausanne, deren 400. Gründungstag damals bevorstand, war der Nationalkirche verbunden und zahlenmäßig die größere. Die andere, die sogenannte Freie Theologische Fakultät war 1847 ebenfalls in Lausanne errichtet worden, nachdem sich die Freie Evangelische Kirche von der Nationalkirche abgespalten hatte.

Obwohl er Pfarrer der Nationalkirche war, schrieb Charles Schutz seinen Sohn in die Freie Fakultät ein. Es gibt vermutlich zwei Gründe für diese auf den ersten Blick überraschende Entscheidung. Zum einen hatte Roger kein Abitur. Mit einer Zulassungsprüfung konnte man in die theologische Fakultät der Freien Evangelischen Kirche aufgenommen werden. Zum anderen genoss sie einen besseren Ruf, es hieß, die Lehrtätigkeit habe höheres Niveau.

Bereits im Juni 1935 hatte Pfarrer Schutz mit Professor *Philippe Bridel*, dem Dekan der Freien Fakultät, Verbindung aufgenommen, um die Zulassung seines Sohnes zu erreichen. Es wurde vereinbart, dass dieser zum ersten Studienjahr angenommen würde, wenn er die Zulassungsprüfung bestehe. Wie die Archive der Fakultät belegen, musste Roger bei der Aufnahme des Studienbetriebs im folgenden Oktober allerdings ausscheiden, weil er bei der schriftlichen Prüfung in Latein nicht den erforderlichen Durchschnitt erreicht hatte. Er hatte das Studienjahr 1936/37 abzuwarten,

Ein beliebter Onkel; Oron-la-Ville, 1933

bis er sich wieder bewerben konnte, und erzielte diesmal in allen Fächern die erforderliche Note. Im Oktober 1936 begann Roger, 21 Jahre alt, mit dem üblichen Zyklus: vier Studienjahre mit einer Abschlussarbeit, der sogenannten „Lizenzarbeit". Das Studium war gebührenfrei, die Familien jedoch eingeladen, etwas zu „spenden". Dem kam Pfarrer Schutz nach.

Die nicht sehr zahlreichen Studenten kamen zumeist aus dem Kanton Waadt, aber auch aus anderen Kantonen und vereinzelt aus dem Ausland. Es waren kaum Mädchen darunter. Im Studienjahr 1936–1937 gab es nur 21 Studenten, darunter acht Neulinge. Jedes Jahr benannten die Studenten aus ihren Reihen einen „Konsul". Diese nichtoffizielle Funktion hatte eine wichtige Bedeutung. In jenem Jahr wurde *Louis Rumpf*, Student im vierten Studienjahr, benannt. Er beschrieb seine Aufgabe so: „Nirgendwo in den Statuten, die unsere Beziehungen mit den Professoren festlegten, tauchte diese Bezeichnung auf. Dies hinderte denjenigen, der die Funktion bekleidete, freilich nicht daran, diese ernst zu nehmen, bei der Vorbereitung der Gottesdienste, der Ausflüge oder anderer Unternehmungen. Die Studenten kamen aus unterschiedlichen Milieus, und so war es nicht überflüssig, dass jemand den Zusammenhalt stärkte und dabei ihren Gewohnheiten Rechnung trug. Bei Roger Schutz galt dies umso mehr, als er gar nicht Kind einer Familie der liberalen Richtung war." Er erinnert sich daran, dass sein Umgang mit Roger anfänglich „ziemlich von literarischen Interessen getra-

Roger im Alter von 20 Jahren

gen" war. Rumpf war in jenem Jahr einer der Verantwortlichen in der Redaktion der Studentenzeitung „Unter den Zedern". Der Neuankömmling brachte dort sehr schnell seine Mitarbeit ein und leitete die Zeitung selbst, als er im dritten Studienjahr war.

Unter seinen Kommilitonen im ersten Jahr fällt der Name *Jean-Jacques Allmen* auf, der zwei Jahre jünger als Roger war. Er stammte aus Neuenburg und wurde zu einem der großen Theologen der Reformierten Kirche. Er hinterließ ein umfangreiches Werk zur Ekklesiologie und Liturgie und war auch im ökumenischen Dialog sehr engagiert.

Rogers Studienbeginn fiel mit der Feier des 400. Jahres der Reformation im Waadtland zusammen. Die Veranstaltungen und Feierlichkeiten wurden von einem Jubiläumskomitee vorbereitet, das Vertreter der Nationalkirche und der Freien Evangelischen Kirche einbezog. Sekretär des Komitees war *Jean Meyhoffer*, Synodalpräsident der Freien Waadtländischen Kirche und Professor an der Freien Fakultät. Am 27. September 1936 wurde ein „Tag der Jugend" durchgeführt. Am Sonntag, den 4. Oktober, wurde ein feierlicher Gottesdienst in der Kathedrale gehalten, während in allen Kirchen des Kantons ein Schreiben verlesen wurde mit einer Hymne auf die „Wahrheiten, die von jeher die frommen Herzen geleitet haben: das Heil durch den Glauben, die Autorität der Bibel, das inwendige Zeugnis des Heiligen Geistes, alleinige und wahrhaftige Garanten unserer Gemeinschaft mit dem Retter Jesus Christus, jener Gemeinschaft, von der die Zukunft unserer Seelen, unseres Volkes und das Heil der Welt abhängen."

An der Freien Fakultät wurden von acht bis zwölf Uhr vormittags Vorlesungen gehalten, die Nachmittage waren frei zum persönlichen Studium. Neben einer Vorlesung „Französischer Aufsatz" und einem Grammatikkurs in Hebräisch standen die theologischen Fächer im Vordergrund: Kenntnis des Alten Testaments, Einführung in das Neue Testament, Ausgewählte Schriften des Neuen Testaments, Katechetik, Liturgik, Homiletische Übungen, Theologische Enzyklopädie (eine Vorlesung über bedeutende Theologen). Dazu kamen Vorlesungen über Alte Kirchengeschichte, Philosophische Lektüre und Geschichte der Philosophie. Die Prüfungen erfolgten jeweils im Frühjahr und im Juli durch Teilexamina in sechs oder sieben Fächern sowie durch vier bis fünf schriftliche Hausarbeiten im Jahr, die unter der Leitung eines Professors erstellt wurden. Roger erzielte während seines ersten Studienjahres lobenswerte Noten, mit Ausnahme der Note im Teilexamen über „Einführung in das Neue Testament", die wohl unglücklich zustande kam.

Der Unterricht spiegelte im Grunde die verschiedenen theologischen Tendenzen des damaligen Protestantismus wieder. „Die Professoren waren mehrheitlich liberal und modernistisch", erinnerte sich Frère Roger, „und ich empfand das Bedürfnis nach etwas Soliderem als den ausschließlichen Bezug auf die persönliche Erfahrung. Auf der anderen Seite standen die Barthianer, die mir zu strikt, nachgerade ‚doktrinär' erschienen. Man pendelte von einem Extrem zum anderen. Es muss sich wohl um schlechte Barthianer gehandelt haben..."[14] Die liberale Richtung, ein Erbe von Theologen wie Schleiermacher und Harnack, räumte den dogmatischen Formeln nur einen bedingten Wert ein und stellte den Menschen, seine Vernunft und seine Erfahrung in die Mitte der christlichen Lehre. In den liberalen Theologien wurde deshalb die Bibel recht frei ausgelegt und die wissenschaftliche und intellektuelle Entwicklung der Zeit fest im Auge behalten. Die „barthianische" Richtung war viel jünger. *Karl Barth* (1886–1968), in Basel geboren, hatte begonnen, als Antwort auf die liberale Theologie ein umfangreiches Werk, die „Dogmatik", zu veröffentlichen. Er behauptete darin den Vorrang der Transzendenz Gottes und die vollkommene Erkenntnis des Glaubens allein aus der Offenbarung. Rogers kritischer Blick auf den Unterricht verrät einen hohen geistlichen Anspruch. Nach einem Jahr an der Fakultät erschien es ihm unnütz, das Studium dort fortzusetzen: „Das zarte Erwachen des Glaubens, dass ich wahrzunehmen meinte, und mein Nachdenken über diesen Glauben gingen nicht zusammen. Der Text des [Straßburger Reformators] *Martin Bucer*, den ich studiert hatte, brachte auch keinen Umschwung. Ich konnte nicht einmal ein richtiges Gebet formulieren.“[15]

Im Sommer 1937 brachte ihm eine geistliche Erfahrung indes die Befreiung beziehungsweise die Bestätigung, derer er bedurfte. Eine seiner Schwestern, Lily, die schwanger war, erkrankte schwer. Man fürchtete um ihr Leben. Ihr Mann gehörte zu einer religiösen Splittergruppe und wollte keinen Arzt rufen lassen. Roger hatte zu dieser Schwester eine ganz besondere Zuneigung. Er war bereit, alles Erdenkliche für sie zu tun. Später gestand er: „Ich fühlte ein tiefes Bedürfnis zu beten. Und es scheint mir, als hätte ich zum ersten Mal von Herzen gebetet. Seit Jahren konnte ich lediglich immer wieder einen Vers aus Psalm 26 wiederholen: ‚Ich suche dein Angesicht, Herr. Verbirg nicht dein Gesicht vor mir!‘ Dieses Gebet sprach ich immer wieder, während ich mich in einem Raum unweit des Zimmers meiner Schwester aufhielt. Dieses Mal hatte ich den Eindruck, dass mein Gebet ‚ankam‘. Meine Schwester wurde auf völlig unverhoffte Weise wieder gesund.“[16] Das Ereignis beschloss eine lange Phase des Zweifels. Von da an nahm das Gebet in Rogers Leben einen wichtigen Platz ein. Und er gab sein Theologiestudium nicht auf.

Im zweiten Studienjahr standen neue Vorlesungen auf dem Programm, darunter Geschichte Israels, Kirchengeschichte des 14. und 15. Jahrhunderts und Dogmatik. Trotz weniger guter Ergebnisse im Teilexamen über die Lehre der Kirche im Juli 1938 und im Teilexamen über Dogmatik war der Student Roger nicht mittelmäßig. Seine Noten waren in den anderen Fächern wesentlich besser. Er gab seine Hausarbeiten zu den vorgesehenen Terminen ab. Seine Vorliebe galt dem Studium der Heiligen Schrift.[17]

Das dritte Jahr war für ihn in verschiedener Hinsicht bereichernd. Seit der Wiederaufnahme des Studienbetriebs war Roger mit der Redaktion von „Unter den Zedern“, dem „Studentenblatt der theologischen Fakultät der Waadtländer Kirche“ beauftragt. Die bescheidene Zeitschrift, die an sich monatlich erscheinen sollte, kam fünf oder sechsmal im Jahr heraus: zehn bis zwanzig großformatige Seiten, auf einem Vervielfältigungsapparat hergestellt, mit Klammerheftung und einer bedruckten Titelseite. Hier betätigte sich Roger Schutz zum ersten Mal als Autor.

Sein erstes „Editorial“ verrät seine verschiedenen Anliegen.[18] „Vor allem“, schreibt er, „ein echter Angehöriger unserer Schule bleiben“, d. h. sich einen studentenhaft-aufgeschlossenen Geist bewahren. Aber auch, gemäß dem Aufruf, der in der ersten Ausgabe der Zeitschrift 1933 stand, einen „vereinten Kampf“ führen „für das Gute, für unsern Meister Jesus Christus“. „Das Christentum wird bei uns und um uns herum bekämpft, sei es in den roten und den schwarzen Diktaturen oder in den Demokratien.“ Mit Demokratie ist hier nicht das politische System, sondern der

„Laizismus" gemeint. Der junge Roger verabreicht das Heilmittel: „Das Reich Jesu Christi aufbauen." Hinter dem traditionellen Ausdruck steht die lateinische Formel *Ut regnet* (Damit Sein Reich komme), die einmal zu den Grundlagen der „Regel von Taizé" gehören wird. In der nächsten Ausgabe stellt der junge Redakteur Überlegungen über „die Ursachen des Defizits der Kirche" an. Defizit ist hier in seiner doppelten Bedeutung zu nehmen, erklärt er. Es gibt die Auswirkungen der „derzeitigen wirtschaftlichen Flaute", aber vor allem fehlt es der Kirche an „Menschen voll Glauben". Und er zeichnet eine Art Idealgestalt eines Pfarrers: Menschen, die „materiellen Verzicht" auf sich nehmen („einschließlich den einer Heirat, wenn die Mittel fehlen, eine Familie zu ernähren"), „Menschen, kraftvoll und bedeutend, überzeugt von dem, was sie zu sagen haben".[19] Diese Vorstellungen von einem Pfarrer als Leitgestalt – die der Prior von Taizé später ohne Abstriche verkörperte – löste einen Meinungsstreit aus, der sich in den nächsten Ausgaben der Zeitschrift niederschlug.

Der Traum von einer Gemeinschaft von Brüdern beschäftigte schon die Gedanken des jungen Theologiestudenten. Während des Winters 1938/39 las er die Regeln und aufgezeichneten Konstitutionen der großen Ordensgründer wie etwa *Benedikts von Nursia, Franz' von Assisi, Ignatius' von Loyola* und anderen.

Zu jener Zeit entdeckte Roger das monastische Leben. Einer seiner beiden Schwager nahm ihn eines Sommerabends in die Kartause von Valsainte im Kanton Freiburg mit. Das Leben der Männer, die sich dort ganz der Stille, Einsamkeit und Kontemplation widmeten, beeindruckte ihn tief. Der Schwager, der ihn begleitete, berichtete, dass Roger sich nach dem Verlassen des Klosters erschüttert auf einem Baumstumpf setzte und lange Zeit still verharrte. Roger kehrte zwei oder drei Mal nach Valsainte zurück, nicht mehr als Besucher, sondern um dort Zeiten der Einkehr zu halten, allein oder mit dem einen oder anderen seiner Kommilitonen.

An der Straßburger Fakultät

Im Mai 1938 bat Roger um die Genehmigung, das dritte Studienjahr an der evangelischen Theologischen Fakultät von Paris zu absolvieren, was von der Fakultät in Lausanne unter bestimmten Auflagen bewilligt wurde. Aus unbekannten Gründen, kam es nicht dazu. Er blieb also für das erste Semester des dritten Studienjahres in Lausanne und wurde auf seine Bitte hin für das zweite Semester an der Protestantisch-Theologischen Fakultät von Straßburg zugelassen. Diese Fakultät war in der Zwischenkriegszeit noch von einer liberalen Richtung geprägt (in der Linie von *Albrecht Ritschl*), hatte sich aber auch den neuen Strömungen in der Exegese und der

Philosophie geöffnet. *Oscar Cullmann*, der bis 1938 in Straßburg lehrte, bevor er an die Fakultät in Basel ging, hatte zum Studium der Heiligen Schrift die „Formgeschichte" eingeführt. Die Fakultät hatte internationalen Ruf und zählte seinerzeit mehr ausländische als französische Studenten. Roger ging es vermutlich darum, das protestantische Milieu in Frankreich, dem Ursprungsland seiner Mutter, kennen zu lernen.

Nach der Münchner Konferenz und der Besetzung des Sudetenlands durch Hitler im September 1938 wurde die Kriegsdrohung ernst. Die Fakultät hatte bereits ihre Archive eingepackt, um sie beim ersten Alarm in Sicherheit zu bringen. Die deutsche Besetzung von Böhmen und Mähren im März 1939 stellte einen weiteren Schritt zum Krieg dar. Im folgenden Monat – Roger war eben in die Fakultät aufgenommen worden –, „erhielt jeder Professor einen versiegelten Umschlag, der nur im Fall des Krieges mit Deutschland geöffnet werden sollte".[20] Die Vorlesungen gingen weiter, aber mit jedem Tag wuchs die Unruhe.

In Straßburg war es nicht außergewöhnlich, dass sich Studenten während des Studienjahres immatrikulierten. Nach Roger, der am 21. April 1939 eintraf, schrieben sich noch ein Slowake und ein weiterer Schweizer ein. Alle wohnten im „Stift", dem damaligen evangelischen Seminar am Quai Saint-Thomas, wo es noch heute ist. Die ausländischen Studenten hatten keine Kosten für die Pension zu entrichten. Das Stift war mehr als nur ein Wohnheim. Sein Vorsteher, *Théodore Preiss*, achtete auf die geistliche Bildung und das religiöse Leben der Studenten. Jeden Morgen leitete er den Gottesdienst vor dem Frühstück, das die Studenten zusammen einnahmen, und hielt ebenfalls täglich einen so genannten „Bibelkurs", eine kommentierte Lektüre des Neuen Testaments. Für Roger bedeutete das im Stift verbrachte Trimester eine erste Erfahrung engeren gemeinsamen Lebens. Die Gespräche mit seinen Kameraden, insbesondere im „Stifts-Café", brachten ihn stärker mit anders gearteten Vorstellungen von christlichem Glauben und Leben in Berührung. Er stieß auf Seiten des Protestantismus, die ihm in der Schweizer Heimat verborgen geblieben waren.

Zur selben Zeit las er in den Erinnerungen des Pfarrers und Professors für praktische Theologie an der Freien Protestantischen Fakultät in Paris *Wilfred Monod* (1867–1943) und lernte die von ihm 1923 gegründete Bewegung *Les Veilleurs* (Die Wächter) kennen. Monod, der aus einer sehr bekannten evangelischen Familie stammte, war ein glänzender Prediger und zugleich ein Pionier der Ökumene und des „sozialen Christentums". Der protestantische „Dritte Orden" – Monod legte auf die Anführungszeichen wert – war keine feste Lebensgemeinschaft, sondern eine Bruderschaft auf geistlicher Ebene, die Christen jeden Alters und Standes, Männer und Frauen, Pfarrer oder Laien verband. Man konnte sich ihr nach einem zwölfmonatigen Noviziat als „Observant" anschließen. Wilfried Monod fasste ihre Grundsätze folgendermaßen zusammen: „Die Wächter nehmen sich vor, ihr Leben im Einklang mit dem Geist der Seligpreisungen zu führen: Freude, Einfachheit, Barmherzigkeit. Sie sind so Vorkämpfer des inneren Christentums (Freude), des tätigen Christentums (Einfachheit) und des allumfassenden Christentums (Barmherzigkeit)."[21]

Ihre Regel erlegt vier Verpflichtungen auf: „1. Zur Mitte des Tages die Seligpreisungen sprechen oder verlesen; 2. Den Freitag mit einer sei es noch so schlichten Ehrbezeugung (in Gedanken, schriftlich oder mündlich) vor dem Gekreuzigten heiligen; 3. Sonntags am Gemeindegottesdienst teilnehmen; 4. Seine Verpflichtung als Katechumene jeweils zu Jahresbeginn erneuern." Dreimal am Tag vereinen sich die Mitglieder geistlicher Weise bei einer Gebetszeit: beim „Offizium des Lichts" (morgens), beim „Offizium der Flamme" (mittags) und beim „Offizium des Duftes" (abends). Für diese Offizien gab es ein Gebetbuch; es war ökumenisch, weil darin Gebete von Thomas von Aquin wie von Luther, Auszüge aus dem katholischen Brevier wie aus dem Hugenotten-Psalter, Gedichte des Katholiken *Pierre Corneille* wie des englischen protestantischen Dichters *Alfred Tennyson* enthalten waren.

Es gab mehr als 400 französische und ausländische Mitglieder. Es ist nicht sicher, ob Roger beigetreten ist. Auf jeden Fall las er aufmerksam Wilfred Monods Buch. Einige Monate später behandelte er in einer Hausarbeit des vierten Studienjahres „Die Theorie über die Unbewegtheit Gottes von Herrn Wilfred Monod". Auch andere Aussagen des Pfarrers weckten sein Interesse: „Der zeitgenössische Protestantismus vernachlässigt immer noch zu sehr das Anliegen, das innere Leben durchzugestalten, ihm einen Rahmen zu geben, es in Zucht zu nehmen – unabdingbar für alle, die nicht über die Veranlagung eines Apostels oder eines Visionäres verfügen…"[22] Manche Intuitionen des Gründers der „Veilleurs" trafen sich mit seinen eigenen, insbesondere die Einsicht in die Notwendigkeit, dass der Protestantismus unbedingt zu einer „inneren Sammlung" finden müsse. „In den Städten", schrieb Pfarrer Monod, „müsste man Gemeinschaftshäuser für junge, noch unverheiratete Männer einrichten, die in und außerhalb der verschiedensten Beschäftigungen engagiert sind und in eine grundlegende Regel einwilligen, um ihr christliches Ideal zu festigen und sich gegen die Versuchung zu rüsten: morgens und abends ein gemeinsames Gebet für alle; gemeinsames Sprechen der Seligpreisungen nach dem Mittagessen. In gleicher Weise würden Gruppen für junge Frauen gebildet."[23] Roger inspirierte sich – neben anderen Quellen – unbestreitbar an dieser geistlichen Ausrichtung der „Veilleurs" und an einigen ihrer Statuten, am Triptychon „Freude – Einfachheit – Barmherzigkeit" und am Rhythmus der dreimal täglichen gemeinsamen Gebete.

Der junge Roger wurde auch durch den einen oder anderen seiner Straßburger Professoren beeinflusst. Zu ihnen zählte *Henri Strohl*, Professor für

Geschichte des Christentums und Dekan der Fakultät, der auf Luther spezialisiert war. 1922 hatte er seine Lizenziatsarbeit der „Religiösen Entwicklung Luthers bis 1515“ und 1924 seine Doktorarbeit der „Entfaltung des religiösen Gedankens bei Luther von 1515 bis 1520“ gewidmet. Vermutlich las Roger beide Arbeiten seines Professors und auch dessen 1933 veröffentlichte Biografie Luthers, sein Leben und seine Gedankenwelt. Später bezog Strohl sich auf einen Text des Reformators über die monastischen Gelübde, um damit die Entstehung einer evangelischen Lebensgemeinschaft zu rechtfertigen, und gab den Kommentar Luthers über das Magnifikat mit einem eigenen Vorwort heraus.

Ein anderer Professor, der Roger prägte, war *Jean-Daniel Benoît*, der Praktische Theologie lehrte, also alles, was das seelsorgliche Amt und das Leben der Kirchengemeinden wie auch die geistliche Begleitung betraf. Im Gegensatz zu zahlreichen anderen Protestanten verteidigte *Jean-Daniel Benoît* die Berechtigung geistlicher Begleitung, indem er ihre biblischen Grundlagen herausarbeitete, die ideologischen, aber auch die psychologischen Einwände dagegen untersuchte und daran erinnerte, dass ihre Anwendung zu Zeiten der großen Reformatoren nicht unbekannt war. Er erhellte auch die „wesentlichen Unterschiede“, die zwischen der katholischen und der evangelischen Praxis geistlicher Begleitung bestehen. Roger las dessen Werk, als es im folgenden Jahr veröffentlicht wurde, und bezog sich in seiner Abschlussarbeit ausdrücklich darauf.

Die Fakultät verpflichtete die Studenten, an Übungen für Sprecherziehung, Homiletik und Katechese teilzunehmen, etwas feierlichen Veranstaltungen, die sie auf ihre zukünftigen Aufgaben als Pfarrer vorbereiten sollten: „Am Freitagnachmittag kamen die Studenten, nachdem sie in der Oberstufe des Gymnasiums Religionsunterricht erteilt hatten, unter Leitung ihrer Professoren in der evangelischen Hauptkirche, der Thomaskirche, zusammen. Dort übergab jeder den Professoren das Manuskript seiner Predigt, und ein Student trug jeweils seine Predigt vor. Ein anderer hatte sich um die Liturgie zu kümmern. Dann begaben sich alle in den Bucer-Saal des protestantischen Seminars, wo die Kritik an der Predigt vorgenommen wurde.“[24]

Ein Beitrag, den Roger am Ende dieses dritten Studienjahres schrieb, lässt ahnen, dass er – 23 Jahre alt – Pfarrer werden wollte, für ihn etwas Erhabenes, Anspruchsvolles und Würdiges. „Der seelsorgliche Dienst“, schrieb er, „ist der des Hirten, der seine Schafe dem Räuber entreißt. Im Leben eines Pfarrers kann es nichts Leichtfertiges, nichts Bequemes geben. Angesichts des Elends und der erdrückenden Not muss er in aufrechter Haltung und Fürbitte leistend – darin liegt seine Rolle als Prophet – andere trösten und aufrichten – das ist seine Rolle als Hirt. Wenn ihn Leiden und Sorgen der Menschen überhaupt nicht mehr oder nur am Rande treffen, wenn er gar dem Hang zu Wohlbefinden, zu einem bequemen Lebensstil nachgibt, wenn er in den Sorgen um sich selbst aufgeht, sind das schlimme Anzeichen. Er soll vielmehr ohne Rast noch Ruhe die Ursache des Übels suchen, das wahrscheinlich geistlicher Natur ist." Roger schildert es plastisch: „Eine Versuchung kann ein gemütliches Leben im Pfarrhaus sein. Wer kontrolliert den Herrn Amtsträger, wenn er seine Sommernachmittage damit verbringt, Freunde zu empfangen oder hinter halb geschlossenen Fensterläden Zeitung zu lesen? Wo steckt bei solcher Seelsorge der Zeuge, der Märtyrer? Und wenn der Pfarrer, der doch die Berufung dazu empfangen hat, alles andere als ein Märtyrer ist, wer soll es denn dann sein?"[25]

Die Weltjugendkonferenz in Amsterdam

Das Universitätsjahr endete sorgenvoll. Im Mai 1939 unterzeichneten Hitler und Mussolini ihr Militärbündnis, eine augenfällige Vorbereitung zum Krieg. Im Elsass, das man im Konfliktfall für das erste Ziel eines deutschen Angriffs hielt, fühlte man sich bedroht. Die theologische Fakultät verlegte die Examina vor. Die Vorlesungen gingen in einer verängstigten Stimmung zu Ende. Professor Strohl berichtete: „Als wir uns voneinander verabschiedeten, waren wir in völliger Ungewissheit, wo oder wann wir uns wieder sehen würden."[26]

Roger verließ Straßburg und kehrte für einige Wochen zu seinen Eltern in die Schweiz zurück. Dann fuhr er nach Amsterdam, um an einem der ersten großen christlichen Ereignisse der Vorkriegszeit teilzunehmen, der Weltjugendkonferenz, die zusammen mit anderen Institutionen vom Weltbund christlicher Studenten organisiert wurde, dessen Sitz sich in Genf befand. Wie schon in anderen Fällen hatte das Leitungsteam des Weltbundes den Vorsteher des Straßburger Stifts Théodore Preiss gebeten, einige Studenten des protestantischen Seminars zu entsenden. So fuhr Roger nach Amsterdam, und zwar als Vertreter des Bundes der missionarischen Jugendvereinigungen, an dessen Veranstaltungen er bereits teilgenommen hatte.

Die Konferenz wurde am 24. Juli 1939 eröffnet. Bis zur letzten Minute befürchtete man, dass sie nicht stattfinden könne. 1500 Delegierte waren aus der ganzen Welt gekommen. Unter ihnen waren Reformierte, Lutheraner, aber auch Anglikaner und Orthodoxe; die Teilnahme von Vertretern katholischer Jugendbewegungen war für die katholische Kirche seinerzeit ausgeschlossen. Es gab keine deutsche Delegation – sämtliche christlichen Jugendorganisationen waren vom Nazi-Regime verboten worden. Zwei Dutzend deutsche Studenten waren dennoch als Einzelteilnehmer auf eigenes Risiko dabei. Die holländische Regierung gewährte der Versammlung offizielle Unterstützung. Der holländische Minister für Kultur lud zu einem

Empfang ins Rijksmuseum. Prinz Bernhard nahm mehrmals an den Versammlungen teil und Königin Wilhelmine sandte eine Grußbotschaft.

Willem Visser't Hooft, damals Präsident des Weltbundes, beschrieb die allgemeine Stimmung der Konferenz: „Man war sich vollkommen bewusst, dass die alte internationale Ordnung am Zusammenbrechen war. Niemand dachte, dass dies ein Grund dafür sein könne, beim Aufbau der Gemeinschaft unter Christen nachzulassen – im Gegenteil: In jener Stunde spürten wir, wie sehr es uns darum ging, der Wirklichkeit des Auftrags des Volkes Gottes in ihrer wahren Bedeutung inne zu werden. So machte das Gewicht der drohenden Katastrophe die Konferenz nicht überflüssig: Es gab ihr vielmehr höchsten Stellenwert."[27]

Die Feier von Gottesdiensten warf wie bei den vorhergehenden Weltkonferenzen unlösbare Probleme auf. Die Liturgien jeder Konfession waren zu unterschiedlich, als dass man sie zusammenlegen, und das Eucharistieverständnis zu widersprüchlich, als dass man allen im Lauf ein und desselben Gottesdienstes die Kommunion reichen konnte. So organisierte man verschiedene (reformierte, lutherische, anglikanische und orthodoxe) Abendsmahlsfeiern und Liturgien. Die meisten Delegierten nahmen an allen Gottesdiensten teil, obwohl sie nur bei ihrem eigenen die Kommunion empfangen konnten. Die Schlussbotschaft war trotz der sich eintrübenden internationalen Großwetterlage von Optimismus durchdrungen: „Die Nationen und die Völker der Welt trennen sich immer mehr, die Kirchen nähern sich immer mehr an (...). In Zeiten von Krieg, Konflikt oder Verfolgung werden wir dafür arbeiten, uns gegenseitig zu ermutigen und unsere christliche Einheit unversehrt zu bewahren."

Roger blieb mit mehreren Persönlichkeiten, die er in Amsterdam kennen gelernt hatte, in Verbindung, mit Visser't Hooft, mit dessen Sekretärin *Suzanne de Dietrich* und mit einem der Vorsitzenden der christlichen Studentenbewegung, dem Anglikaner *Oliver Tomkins*.

Bei seiner Rückkehr aus den Niederlanden erwartete ihn der Vorsitzende der Lausanner christlichen Studentenvereinigung am Bahnsteig und trug ihm ohne Umschweife an, zu Beginn des nächsten Studienjahres seine Nachfolge anzutreten. Der Vorschlag kam umso überraschender, als Roger in den drei Jahren, in denen er in Lausanne studiert hatte, nie dieser Vereinigung angehört hatte. Er hatte sie für einen eher uninteressanten gesellschaftlichen Club gehalten. Theologiestudenten waren darin kaum vertreten. Dennoch willigte er in die Kandidatur ein. Er sah das unerwartete Angebot vielleicht als eine Gelegenheit, sein Ideal gemeinsamen Lebens mit einem größeren Kreis von Studenten zu teilen.

3. Kapitel

Geburt einer Gemeinschaft

Im September 1939 folgte der deutsche Angriff auf Polen und die anschließende Kriegserklärung Englands und Frankreichs an Deutschland. Der Zweite Weltkrieg begann und führte in Europa zu einer neuen Lage, deren Erschütterungen auch die Familie Schutz erreichten. Zwei Monate vorher hatte der mittlerweile 62 Jahre alte Pfarrer Schutz seinen vorzeitigen Rücktritt eingereicht. Am 31. Oktober verließ die Familie Oron und zog in ein großes Haus in Presinge. Dieses Dorf in der Nähe von Genf, mit weniger als 300 Einwohnern, besaß keine evangelische, sondern nur eine katholische Kirche, was eine Besonderheit war. Es gab dort auch ein schönes Anwesen aus dem 18. Jahrhundert, die so genannte „Abtei", die bald Schauplatz der ersten Versammlungen und Einkehrtage wurde, die Roger abhielt.

Der ältere Bruder Charly, dienstverpflichtet beim Grenzschutz, zog mit seiner Frau und seinen vier Kindern zu den Eltern nach Presinge, ebenso Schwester Renée mit ihrem Mann *Erich Rehlberg* und den Kindern.

Roger arbeitete rührig im Haushalt des Anwesens, das auf einmal voll Menschen war, darunter acht Kinder. Nicht selten wurde der Tisch für fünfzehn oder zwanzig Personen gedeckt. Einer seiner Neffen, der damals neun Jahre alt war, erinnert sich, dass der zukünftige Gründer von Taizé die Dinge energisch in die Hand nahm: „Er sah sich als Oberhaupt, verteilte die Arbeiten und hatte die Jüngsten ganz schön im Griff."[1]

Die Straßburger Fakultät wurde bis auf Weiteres geschlossen. Roger kehrte deshalb für sein viertes Studienjahr an die Freie Theologische Fakultät von Lausanne zurück. Dadurch konnte er einen Teil der Woche in Presinge wohnen. Bei Beginn des Studienjahres im Oktober 1939 stellte er sich, wie versprochen, als Kandidat für den Vorsitz der Lausanner *Christlichen Studentenvereinigung* zur Verfügung und wurde gewählt. Er übte dieses Amt ein Jahr lang aus. Die gut strukturierte Organisation setzte sich aus einzelnen Gruppen zusammen, die sich an den verschiedenen Hochschulen der Stadt gebildet hatten.

Roger schlug vor, während des Studienjahres, in dem er den Vorsitz hatte, den Heidelberger Katechismus durchzuarbeiten. Dieses am weitest verbreitete Dokument des Reformierten Glaubens war 1562/63 verfasst worden. Es enthält 129 Fragen und Antworten, die nach drei großen Richtlinien des christlichen Lebens angeordnet sind: Sündenerkennntnis, Erlösung und Dankbarkeit. Roger organisierte außerdem zahlreiche Studentenbegegnungen und Einkehrtage. „Sie kamen nicht von ungefähr, diese Treffen von französisch-schweizerischen und französischen Studenten, die Wanderungen durch Felder und Wälder, die gemeinsamen Stunden bis spät in die Nacht, wo wir in langen Gesprächen ein gemeinsames Anliegen entdeckten, das uns allen sehr am Herzen lag: die Einsamkeit, die Vereinzelung, die uns nach dem Ende des Studiums drohte."[2] Sein Traum von einer Gemeinschaft mit anderen jungen Leuten begann Gestalt anzunehmen: „Es ging uns darum, mit einzelgängerischen Gepflogenheiten zu brechen und den Reichtum auszuschöpfen, den die Zusammenarbeit mit sich bringt – ja, ein gemeinsames Leben. (...) Es versuchen, eine Gemeinschaft zu bilden, die in der Welt lebt, eine Gemeinschaft in der jedes Mitglied durch seinen Glauben an Christus und die Einhaltung gewisser Regeln gebunden ist, das war der Ruf, der für einige von uns unwiderstehlich wurde."[3]

Die Idee einer solchen Gemeinschaft war bereits bei einer Reihe von Intellektuellen „in Umlauf". Der französische Philosoph *Emmanuel Mounier* – Roger hatte ihn später in Taizé zu Gast – rief eine „personalistische und gemeinschaftliche Revolution" aus, wie er eines seiner Bücher nannte, das 1935 erschien. Für den deutschen Soziologen *Ferdinand Tonnies* zeichnete sich, wie er im selben Jahr in einem Werk, das ein Klassiker werden sollte, darlegte, in den gegenwärtigen Gesellschaften ein grundlegendes Bedürfnis nach Gemeinschaften ab. Der Wirtschaftswissenschaftler *François Perroux*, leidenschaftlicher Vertreter einer Gestaltung des Marktes durch „Arbeitsgemeinschaft" und „Kooperation", rief 1941 die *Cahiers d'études communautaires* (Hefte für Gemeinschaftsstudien) ins Leben.

Das Entstehen geistlicher Gemeinschaften war in evangelisch geprägten Gegenden eng verbunden mit den Ereignissen des Krieges. Mit der Gemeinschaft von Iona, die ein schottischer Pfarrer 1938 gegründet hatte, gab es bereits eine Vorform dessen, was Roger vorschwebte: eine sesshafte Gemeinschaft, die in ihrem Umfeld einzelne Kreise anleitet und koordiniert. In Deutschland hatte der evangelische Pfarrer *Dietrich Bonhoeffer* zwischen 1935 und 1937 in Finkenwalde mit Theologiestudenten ein ähnliches Experiment begonnen. Sein Buch *Gemeinsames Leben* war 1939 erschienen und wurde seither immer wieder neu aufgelegt und übersetzt.

Die Gemeinschaft, die „Communauté", von der der junge Roger in den Jahren 1939/40 träumt und über die er allmählich mit den ernsthaftesten Studenten seiner Vereinigung spricht, hat noch keine festen Konturen, höchstens einige wohl überlegte geistliche Grundsätze, mit der Vorstellung einer „ganz franziskanisch" inspirierten Regel. Roger konnte sich eine „Gemeinschaft in der Welt" vorstellen, eine gleichzeitig „intellektuell" und „geistlich aufgeschlossene Gemeinschaft", deren Mitglieder in Abständen regelmäßig zusammenkommen, um gemeinsam zu beten, Studien zu betreiben und Einkehrtage zu halten. Den jungen Studenten beseelte eine feste Gewissheit: „Ich stand Gott gegenüber, und es war notwendig, etwas zu tun, das meine Kräfte überstieg. Gleich einer Intuition, die sich meiner bemächtigte – ich musste etwas tun, das meine Möglichkeiten überstieg und grenzenlosen Mut erforderte. Ich sagte mir: Ich werde es tun. Aber ich wusste nicht, worum es ging."[4]

In diese Zeit fällt eine wesentliche Begegnung. Roger hatte erfahren, dass im Weiler *Grandchamp* bei Neuenburg einige Jahre zuvor ein Haus eröffnet worden war, das allen offen stand, die dort einige Tage der Einkehr halten wollten. Die drei Frauen, die sich darum kümmerten, hatten noch kein Weiheversprechen abgelegt, führten aber ein Leben mit regelmäßigen Gebetszeiten und wurden bereits „Schwestern" genannt. Eine von ihnen, *Marguerite de Beaumont*, berichtete, dass im Frühjahr 1940 eines Tages Roger Schutz zu ihnen kam: „Ich stehe einem jungen Mann gegenüber, der 20 Jahre jünger ist als ich. Er heißt Roger. Er hat den Ruf erhalten, eine Gemeinschaft junger Männer ins Leben zu rufen. Er hat eben erfahren, dass wir hier ein gemeinsames Leben beginnen, und ist mit der Frage gekommen, ob er bei uns einige Tage im Gebet verbringen kann. Ich gebe ihm eine Zelle und wir achten peinlich darauf, uns während seines Aufenthalts ganz still zu verhalten."[5] Auf den ersten Besuch in Grandchamp folgten zahlreiche weitere und es entwickelt sich ein umfangreicher Briefwechsel. Die Gemeinschaft von Grandchamp und Rogers Communauté nahmen nebeneinander Form an.

Im Juni 1940 waren auf Frankreichs Straßen Millionen Menschen auf der Flucht vor den vorrückenden deutschen Truppen. Dieser Exodus erinnerte Roger an den von 1914, von dem ihm seine Großmutter so oft erzählt hatte. Er traf wie sie die Entscheidung, Menschen beizustehen, die in Not waren: „Ich wollte zunächst in gewisser Weise an mir selber Maß nehmen: Bin ich fähig, mitten in einer der derzeitigen großen Notlagen durchzuhalten? Ich wollte ein Haus finden, in dem ich Menschen aufnehmen konnte, die wegen des Krieges Zuflucht suchten, und wo eines Tages eine Gemeinschaft leben könnte."[6]

Im August 1940 brach er von Presinge auf, um in Frankreich ein großes Haus zu suchen, das zugleich eine Auffangstation für Flüchtlinge und Heimstätte seiner zukünftigen Gemeinschaft werden sollte. Das Anwesen musste ein genügend großes Grundstück haben, um mit Landwirtschaft den Lebensunterhalt der Mitglieder bestreiten zu können. Kaum war er mit dem Fahrrad losgefahren, stieß er in der freien, von den Deutschen unbesetzten Zone gleich in der Nähe von Frangy auf einen schönen Besitz mit einem großen Bauernhof. Zum Haus gehörte eine Kapelle, in der *Franz von Sales* eine Messe gefeiert hatte. Das Anwesen erschien ihm aber zu schön und zu stattlich. Und viel zu nahe an Presinge, an den Eltern. „Ich hatte Bedenken, meinen Verwandten und Bekannten allzu nahe zu sein, um meinen eigenen Weg finden zu können."[7]

Er fuhr bis Bourg-en-Bresse weiter, wo sein Onkel *Louis Marsauche* vorübergehend als Militärpfarrer stationiert war. Der Onkel nahm ihn für einige Tage auf und gab ihm den Hinweis, dass bei Bourg-en-Bresse, in Saint-Martin-du-Mont, ein großes Haus zum Verkauf stünde. Das Anwesen, das an einem Hang lag, war von hohen Bäumen umgeben; man hatte eine herrliche Aussicht. Roger verzichtete jedoch ein zweites Mal. Die Gegend erschien ihm zu wohlhabend, der Besitz zu prächtig. Sein ganzes Leben lang ließ er sich lieber durch schwierige Verhältnisse stimulieren, als zu bequemen Lösungen zu greifen.

Am 20. August erreichte Roger das Städtchen Cluny, nordöstlich von Mâcon. Von der berühmten Abtei waren nur noch wenige Spuren zu sehen, und die stattlichen Palais der Äbte waren längst in anderen Händen. Beim Notar erfuhr er, dass in einem zehn Kilometer entfernt liegenden Dorf namens Taizé ein großes Haus zum Verkauf angeboten würde. Noch am selben Tag fuhr er hin.

Taizé – fast ein Zufall

Taizé liegt auf einem Hügel über dem Tal der Grosne, einem Flüsschen, das von den Bergen des Mâconnais in die Saône fließt. Es war lange Zeit ein wohlhabendes Winzerdorf gewesen. In den achtziger Jahren des 19. Jahrhunderts zerstörte die Reblaus jedoch die meisten Weinberge; die folgende Landflucht ließ das Dorf auf 63 Bewohner schrumpfen. Taizé war eine „menschliche Wüste", wie Frère Roger später einräumte. Es gab kein Telefon, kein fließend Wasser und weder einen Laden noch ein Gasthaus. Die Straße war nicht asphaltiert. Der einzige Schmuck des Dorfes war eine hübsche kleine romanische Kirche aus dem 12. Jahrhundert, die einst zur Abtei von Cluny gehörte. Seit der Revolution gab es keinen Pfarrer mehr. Taizé war mit der Pfarrei des Nachbardorfs Ameugny zusammengelegt und dem Erzpriester von Saint-Gengoux-le-National, dem nächst größeren Ort unterstellt.

Das angebotene Haus, *Château* (Herrenhaus) oder (nach den Eigentümern, die in Lyon lebten) „Haus der Familie Brie" genannt, war das größte im Dorf: ein schöner, zweistöckiger Bau mit einer hohen Fassade, einem Glockentürmchen und sog. Ochsenaugen im Dach. Vom Landbesitz, der einst sehr umfangreich gewesen war, waren 14 Hektar Äcker, Wiesen und Wald sowie verschiedene Gebäude übrig geblieben: ein Stall, ein Stadel, ein

Das Dorf Taizé; Aufnahme aus den 40er Jahren, im Hintergrund das von Roger erworbene Herrenhaus

großer Schuppen und eine Weinpresse. Der Besitz stand bereits seit mehreren Jahren zum Verkauf, hatte aber trotz eines bescheidenen Verkaufspreises keinen Abnehmer gefunden.

Bevor er durch das Tor zum Haus ging, wurde Roger von *Henriette Ponceblanc*, einer Witwe aus dem Dorf, angesprochen. Im Gespräch erfuhr der junge Reisende, dass es im Dorf keine Gelegenheit gab, eine Mahlzeit einzunehmen. Sie lud ihn zum Mittagessen mit ihrer Tochter ein. Während der Mahlzeit sagte sie einen Satz, an den sich der Gründer von Taizé sein Leben lang erinnerte und den er oft erwähnte: „Bleiben Sie hier, wir sind so allein, so vereinsamt." „Das waren die entscheidenden Worte", pflegte er hinzuzufügen.

Bei seiner Rückkehr nach Presinge berichtete er dem Vater über die Reise und erwähnte die Bemerkung der Witwe. Sein Vater zögerte nicht: „Gott wendet sich durch die Armen an uns. Sie sprechen in seinem Namen. Wenn die alte Bäuerin so etwas zu dir gesagt hat, musst du dich in Taizé niederlassen."[8]

Wie sollte sein Sohn dort aber seinen Lebensunterhalt bestreiten? Wovon sollte er leben? Der Vater befürchtete, Roger könnte auf Zuwendungen anderer Menschen angewiesen sein und so seine Unabhängigkeit einbüßen. Noch auf seinem Sterbebett beschäftigte ihn diese Frage. Für Frère Roger wurde die väterliche Ermahnung zum Lebensmotto: „Die Brüder nehmen für sich selbst keine Gaben an." Der zukünftige Prior beabsichtigte, seine Bedürfnisse mit seiner Hände Arbeit zu decken. Die Communauté sollte eine Landwirtschaft betreiben, um den Lebensunterhalt zu sichern.

Ende August rief Roger in Lausanne drei Dutzend Freunde zusammen und eröffnete ihnen seine Entscheidung, ein Haus für die zukünftige Gemeinschaft zu kaufen. Sobald wie möglich würde in Taizé ein erstes Treffen stattfinden.

Roger brach wieder nach Frankreich auf, diesmal in Begleitung seines Bruders Charly, den der Vater beauftragt hatte, das Haus auf seine Eignung für das Vorhaben hin zu prüfen. Die beiden jungen Leute verbrachten drei oder vier Tage in Taizé. Charly konnte Rogers Pläne zwar nicht verstehen, befürwortete aber den Kauf und gab einige Ratschläge. Als es darum ging, den Kaufvertrag zu unterschreiben, versuchte der Notar Roger zu entmutigen. „Sie sind erst 25 Jahre alt und werden ihr ganzes Leben damit verbringen, die Gebäude, die in schlechtem Zustand sind, in Stand zu setzen." Roger zog sich in die nächste Kirche zurück, und dort – „entschied ich mich für Taizé". Es war am 8. September, dem Fest Mariä Geburt. An diesem Tag endete eine Novene der Hausbesitzerin für den Verkauf des Anwesens. Man rechnet eine solche Fügung gerne den Legenden zu, die alle Klöster um ihre Gründung zu bilden pflegen. Aber die Tatsache ist erhärtet.[9]

Frère Roger hat oft geschrieben, dass er das Anwesen in Taizé dank einer „bescheidenen Anleihe" kaufen konnte. In einem Beitrag im amerikanischen Time Magazin[10] hat er 1948 die Großzügigkeit einer „frommen französischen Kalvinistin" erwähnt, die „ihm angeboten hatte", das Anwesen, das er für seine zukünftige Gemeinschaft suchte, zu erwerben. In einem ausführlichen Artikel über die Anfänge in Taizé schrieb später einer der Brüder, Frère Max: „Wir hatten nicht die Mittel, ein solches Haus zu erwerben, aber es kam für uns, wie von der Vorsehung bestimmt, zum Kauf eines Herrenhauses in Burgund."[11] Die näheren Umstände bleiben ungeklärt.

Zunächst musste Roger sein Theologiestudium beenden. Im Oktober 1940 absolvierte er das letzte Teilexamen des vierten Studienjahres. Seine Aufzeichnungen belegen, dass er mit Fleiß sein Studium fortsetzte und es mit guten Ergebnissen in Dogmengeschichte, Theologie des Neuen Testaments und Moderner Theologie abschloss. Er war zwar nicht mehr Vorsitzender der Lausanner Christlichen Studentenvereinigung, blieb aber in enger Verbindung mit einigen ihrer Mitglieder.

Nachdem ein Haus für eine künftige Gemeinschaft gefunden worden war, konnte ein erstes Treffen dort in die Wege geleitet werden. Trotz der Reisebeschränkungen fand kurz vor Weihnachten 1940 in Taizé ein erstes „Kolloquium" statt. Diskussionsthema in großer Runde war „Das Verhältnis zwischen Glauben und Wissenschaft", über das dann einzeln oder in kleinen Gruppen weitergearbeitet wurde. Die gemeinsamen Gebete fanden in dem sehr bescheidenen Gebetsraum statt, den Roger eingerichtet hatte. Ein damaliger Besucher beschrieb ihn: „Ein einfaches Zimmer im Erdgeschoss, das es heute so nicht mehr gibt, darin als einziger Schmuck ein großes Kreuz, das vor einem mit einem Bettlaken verhängten Fenster stand, durch das ein wenig Tageslicht drang."[12] Der erste Schritt war getan.

Nachdem die Studenten abgereist waren, begann für Roger, der auf Dauer in Taizé bleiben wollte, ein einsames Leben. Er hatte eine Kuh und zwei Ziegen gekauft und begann einen Gemüsegarten anzulegen. „Ich sang stundenlang bei der Arbeit.", sagte er einmal, „darin schien mir Freude zu liegen: viel singen und dreimal am Tag beten. Vom ersten Tag an lernte ich, mit meinen Händen zu arbeiten. Unter anderem stellte ich fest, dass eine Kuh mehr Milch gibt, wenn man sie dreimal statt nur zweimal am Tag melkt."[13]

In der ersten Zeit seines Aufenthalts kümmerten sich einige alte „von Güte durchdrungene" Frauen des Dorfes fürsorglich um ihn. Eine prägte ihn tief: Marie Auboeuf, Mutter von zehn Kindern. Sie sei für ihn „wie eine Mutter gemäß dem Evangelium" gewesen. Sie brachte ihm zu essen und unterhielt sich mit ihm. Sie erzählte ihm, sie habe lange zuvor an einer fortschreitenden Hüftlähmung gelitten. Als sie eines Nachts in ihrem Zimmer gebetet habe, sei der ganze Raum „mit Licht erfüllt" worden und ihr „die Jungfrau Maria erschienen". Als sie sich am Morgen wusch, sei sie geheilt gewesen. Der Bericht beeindruckte Roger tief. Er blieb Marie Auboeuf sehr verbunden. „Sie verstand die Berufung, die ich zu leben versuchte, von innen heraus", sagte er, „das einsame Gebet dreimal am Tag." Sie war die Einzige. Viele verfolgten mit Misstrauen die Pläne des jungen evangelischen Schweizers, der noch kein Pfarrer war und schon genügend Geld aufgebracht hatte, um das größte Haus des Dorfes zu kaufen. Einige zeigten ihn 1942 wegen seines Einsatzes für Flüchtlinge bei den Behörden an.

Frère Roger berichtet in seinem Tagebuch auch: „Etwa 1947 erzählte mir eine Mutter, sie sei eines Tages, betend unterwegs, am Ausgang des Dorfes angekommen und habe dort in einer Erscheinung ein hoch aufgerichtetes Kreuz gesehen. Sie legte Wert darauf, den Ort genau anzugeben. Ihre Erzählung war mir etwas unbehaglich und ich sprach niemals darüber."[14] Als in Taizé die *Kirche der Versöhnung* gebaut wurde, fiel Frère Roger ein, dass sie genau an der Stelle stand, wo die Erscheinung stattgefunden hatte.

Einheit und Nächstenliebe

Die ökumenische Bewegung, die zwischen den beiden Weltkriegen in Gang gekommen war, wurde von den katholischen Würdenträgern mit Argwohn betrachtet. Papst *Pius XI.* hatte 1928 die Enzyklika *Mortalium animos* veröffentlicht, die die Teilnahme von Katholiken an Zusammenkünften untersagte, die von – wie es damals hieß – „Panchristen" durchgeführt werden. Damit waren jene gemeint, die „die christlichen Kirchen verbünden" wollten und der Auffassung waren, dass die „Einheit des Glaubens" noch nicht erreicht sei. Die einzig mögliche Einheit, befand der Papst, sei „die Rückkehr der Abtrünnigen in die einzige und wahre Kirche Christi [die Katholische Kirche], die sie zu ihrem Unglück verlassen hatten".

Auf diesem Hintergrund entwickelte sich in Frankreich eine „katholische Ökumene" mit einer doppelten Ausrichtung, für die zwei Namen standen: *Abbé Couturier* und *Yves Congar.*

Abbé Couturier wurde 1881 in Lyon geboren. Er wurde Professor am Collège „Institution des Chartreux" und widmete sich erst mit 52 Jahren dem Anliegen der Ökumene. Er führte die „Gebetswoche für die Einheit der Christen" in Frankreich ein, weil er der Ansicht war, dass eine Übereinstimmung in den Lehrmeinungen kurzfristig zwar unmöglich sei, Katholiken, Orthodoxe, Anglikaner und Protestanten jedoch zusammen und in derselben Meinung zusammen beten könnten: „Die Einheit der Herzen in der Nächstenliebe" könne und müsse „der Einheit der Seelen in der Wahrheit" vorausgehen.

Zur „geistlichen Ökumene" Abbé Couturiers gesellte sich ein anderer, mehr an Lehrfragen orientierter Vertreter katholischer Ökumene. 1937 veröffentlichte der in Paris lehrende Dominikaner Yves Congar sein Buch *Chrétiens désunis. Principes d'un „Oecumenisme" catholique* (Entzweite Christenheit. Prinzipien eines katholischen „Ökumenismus"), das als „ein erster Römisch-katholischer Versuch, eine Theologie der Ökumene zu entwickeln"[15] bezeichnet wurde. Congars Einfluss war beträchtlich, wenn auch seine bahnbrechenden Anschauungen erst sehr viel später von der Katholischen Kirche geteilt wurden. Auch Abbé Couturier hatte „weder Lehrstreitigkeiten noch deren wissenschaftliche Aufarbeitung verschmäht."[16] Seit 1937 hielt er mit einem Lyoner Priester jährlich viertägige Begegnungen zwischen evangelischen Pfarrern und katholischen Priestern ab. Als Ort der Zusammenkünfte hatten die Katholiken den Gästetrakt der Zisterzienserabtei Notre-Dame-des-Dombes im Departement Ain nördlich von Lyon vorgeschlagen. Von daher rührt der Name *Groupe des Dombes*, der diesen ökumenischen Begegnungen gegeben wurde. Sie werden, wenn auch anderenorts, bis heute fortgeführt.

Während seines letzten Studienjahres hatte Roger über den Genfer Pfarrer *Armand Payot* von Abbé Couturier erfahren: „Er hatte mir ihn als eine beeindruckende, hingabebereite, feinfühlige und gelassene Priestergestalt beschrieben." So suchte Roger von Taizé aus den betagten Priester in Lyon auf. Später sprach er oft von dieser ersten Begegnung mit dem Vorkämpfer der geistlichen Ökumene im Herbst 1940 in „einem armseligen Zimmer" des Karthäuser-Collège, „in dem sich Zeitungen, Broschüren und Heftchen stapelten", die zur Vorbereitung der Gebetswoche für die Einheit der Christen entstanden waren. Roger beeindruckte die „verblüffende, unerwartete Urteilskraft dieses Priesters, der den Protestantismus nie aus der Nähe kennen gelernt hatte". „Er kam auf das Leben in unseren Kirchengemeinden und auf unseren seelsorglichen Dienst zu sprechen. Es war, als habe er sich ein Leben lang intensiv mit den Hoffnungen und Schwierigkeiten der Kirchen der Reformation befasst."[17]

Der junge Protestant und der alte Priester hatten gemeinsame Bekannte. Abbé Couturier stand seit 1938 in Verbindung mit Wilfred Monod und bewunderte dessen Dritten Orden „Les Veilleurs" sehr. 1940 hatte ihn auch Marguerite de Beaumont besucht.

Roger erzählte Abbé Couturier von seinen Plänen eines gemeinschaftlichen Lebens und lud ihn nach Taizé ein. Abbé Couturier wurde ihm eine wertvolle Hilfe. Er führte Roger in die katholischen und evangelischen Kreise ein, die in Lyon der Ökumene aufgeschlossen gegenüberstanden und verbreitete sein Vorhaben mithilfe seiner umfangreichen Korrespondenz. Im Frühjahr 1941 erwähnt ein wöchentlich in Genf erscheinender ökumenischer Pressedienst, dem Abbé Couturier Rede und Antwort gestanden hatte, Rogers Gründung, ohne ihn namentlich zu erwähnen: „In Frankreich widmen sich eine gewisse Anzahl von Konventen und Klöstern dem Gebet und der Buße für die Sache der Einheit, und in Cluny hat sich vor kurzem ein Zentrum kontemplativen Lebens monastischer Inspiration gebildet, das aus jungen Protestanten besteht."[18] Es handelte sich um die erste öffentliche Erwähnung der Communauté de Taizé. Sie wurde noch einige Jahre mit Cluny in Verbindung gebracht.

Später äußerte sich Frère Roger einmal über die Anfänge in Taizé: „Bei unserer Berufung als Communauté ging es von jeher um zwei Anliegen: Ein inneres Leben im Gebet führen und Verantwortung übernehmen, um die Erde bewohnbarer zu machen. Das eine geht nicht ohne das andere."[19]

Roger zögerte nicht, sich immer wieder in verschiedener Weise dieser Herausforderung zu stellen. Ab 1940 gewährte er „Menschen auf der Flucht, Juden und Widerständlern" Zuflucht, nie mehr als zwei oder drei auf einmal. 1944 entstand eine Art Waisenhaus, dann wurden deutsche Kriegsgefangene betreut. In späterer Zeit wurden Hilfsmaßnahmen für die Dritte Welt durchgeführt und ließen sich Brüder als kleine Fraternitäten in benachteiligten Wohngebieten Europas und armen Ländern nieder.

Anlass für die ersten Aktivitäten mögen die Begegnungen mit *Kanonikus Dutroncy*, Pfarrer im nahegelegenen Dorf Saint-Gengoux-le-National, gewesen sein. Der Kanonikus war in seinem Dorf als Widerstandskämpfer bekannt. Er hatte junge Leute aufgenommen, die als Überläufer verfolgt wurden, und versteckte ab 1942 auch bewaffnete Widerständler. Es ist anzunehmen, dass er Roger bat, ihn zu unterstützen. Später notierte Frère Roger ohne dessen Namen zu erwähnen lediglich: „Er half politischen Flüchtlingen. (…) Ich war mit dem Fahrrad zu ihm gefahren, zusammen mit Emanuel Mounier, der in Taizé zu Besuch war. Wir waren beide gefesselt von der Persönlichkeit dieses Priesters, der verlassen an einem einsamen Ort lebte und dennoch alles Geschehen aufmerksam verfolgte."[20]

Zum französischen Philosophen Emmanuel Mounier, der sich am Widerstand beteiligte, schreibt der Gründer von Taizé wenig. Aus anderen Quellen ist bekannt, dass Mounier mit seiner Familie im September 1941 vierzehn Tage in der Nähe von Taizé verbrachte. Die Zeitschrift *Esprit*, die der Philosoph des Personalismus und des Kommunitarismus gegründet hatte, war gerade verboten worden; im Januar 1942 wurde er dann in Lyon verhaftet und inhaftiert. In diese Zeit voller Ungewissheit fällt die Begegnung zwischen ihm und Roger. An Themen für gemeinsame Gespräche fehlte es beiden gewiss nicht.

Manches Ersuchen um Hilfe erreicht Roger auch von „Freunden in Lyon", in erster Linie von Pfarrer *Roland de Pury*, der der Communauté von Anfang an sehr verbunden war. Er stammte aus Genf, hatte sich in Lyon niedergelassen und war vom Gedankengut Karl Barths geprägt. Ab Ende 1941 war er einer der Leiter der *Amitié chrétienne* (Christlicher Freundschaftsbund), einer Vereinigung, die unter der Schirmherrschaft des Lyoner Kardinal *Pierre-Marie Gerliers* und des damaligen Vorsitzenden des Protestantischen Kirchenbundes in Frankreich Pfarrer *Marc Boegner* entstanden war, um Juden zu Hilfe zu kommen. Roger war in Taizé ein Knotenpunkt dieses Netzes.

Auch ohne regelrechte Beweise kann man „annehmen, dass er zudem in Verbindung mit dem *CIMADE* (einem ökumenischen Komitee für Verfolgte) stand. Diese Organisation wurde 1939 auf Bitten Pfarrer Boegners durch *Madeleine Barot* geschaffen, um Menschen zu helfen, die sich aus Elsass-Lothringen abgesetzt hatten. Nach dem Waffenstillstand widmete sich das CIMADE den Juden in den Internierungslagern der freien Zone und unterhielt Schleusereinrichtungen ins Ausland.

Roger bat seine Schwester Geneviève um Unterstützung. „Da ich noch allein war, machte ich Geneviève, der jüngsten meiner sieben Schwestern, die als einzige unverheiratet war, den Vorschlag, nachzukommen und mir zu helfen. Wir hatten geringe Mittel. Da es kein fließendes Wasser gab, holten wir das Trinkwasser am Dorfbrunnen. Zur damaligen Zeit bekam man Lebensmittel nur auf Bezugsscheine; die konnte sich aber kein Flüchtling beschaffen. Die Mahlzeiten waren deshalb äußerst dürftig. Sie bestanden vor allem aus Suppen mit geröstetem Maismehl, das in der benachbarten Mühle billig zu bekommen war."[21] Dazu gab es die Milch der Kuh und der Ziegen, Gemüse aus dem Garten, Brennnesselsuppe und Schnecken, weil sich am Fuße des Hügels früher eine Schneckenzucht befunden hatte.

Georges Casalis, ein evangelischer Pfarrer, der sich während des Kriegs an den Aktivitäten des CIMADE beteiligt hatte, beschrieb die starke geistliche Erfahrung, die mit der Unterstützung der Flüchtlinge für viele Christen und Nichtchristen verbunden war: „Zunächst meinten wir Menschen in Not zu helfen, stattdessen entdeckten wir, dass sie es waren, die uns zur Hilfe kamen, indem sie uns durch ihre unabänderliche Anwesenheit und Erwartung zwangen, aus uns herauszugehen, aus unserem Komfort und unserer Feigheit, unserem Schweigen und unserem Mitläufertum; ihre Anwesenheit und ihr Leiden führten uns zum Leben zurück, zu einem offenen und hingegebenen Leben, zur Entdeckung des eigentlichen Sinns und Kerns unserer selbst: dem Anderen zu begegnen, dem, der uns von einer Todesart rettet, die schlimmer ist als alle anderen: dem egoistischen Rückzug auf sich selbst und der empfindungslosen Vereinzelung."[22]

Abbé Couturier hatte Roger versprochen, ihn zu besuchen. Dieser erwartete mit einer gewissen Ungeduld, dass der Priester eine Messe in der Kirche von Taizé halten würde, in der nur zwei bis drei Gottesdienste im Jahr stattfanden. Roger erhoffte sich von dieser Gelegenheit eine engere Beziehung zu den Dorfbewohnern. „Ich freue mich", schrieb er an den Abbé, „auf diesen Tag und auf die Gemeinschaft, die sich daraus mit meinen katholischen Brüdern in Taizé [den Dorfbewohnern] ergeben kann. Es ist schmerzlich, mitten unter dem ‚Volk der Gläubigen' zu leben und dennoch von ihm geschieden zu sein."[23]

Am 4. Juli 1941 traf Abbé Couturier mit seinem Mitarbeiter in Taizé ein, dem Maristenpater *Maurice Villain*, der ebenfalls ein treuer Freund der Communauté werden sollte. Pater Villain erinnert sich später an Roger als einen „jungen fünfundzwanzigjährigen Mann mit einem Kindergesicht und himmelblauen Augen". Mit Erlaubnis des zuständigen Bischofs *Lucien Lebrun* von Autun wurde am nächsten Tag, einem Samstag, die sehnlich erwartete Messe gefeiert. Als Protestant nahm Roger im hinteren Teil der Kirche daran teil. Zu seiner großen Enttäuschung folgten lediglich einige wenige Frauen aus dem Dorf der Einladung. Die Gespräche während der beiden Tage drehten sich um die Ökumene und das gemeinschaftliche Leben. Abbé Couturier berichtete von anglikanischen Ordensgemeinschaften, die er 1937 und 1938 besucht hatte. Roger stellte seinem Besucher viele Fragen und legte ihm einen „Entwurf für eine Regel für den Alltag" vor, den der Abbé nach Lyon mitnahm, um ihn in den folgenden Tagen in Ruhe durchzusehen. Bei der Besichtigung des Anwesens, berichtet Pater Villain, „konnten wir zu unserer Überraschung jüdischen Flüchtlingen die Hand schütteln, denen der evangelische Pfarrer Zuflucht gewährte und die sich an Rodungsarbeiten beteiligten".

Abbé Couturier ermutigte Roger und bestärkte ihn in der Gewissheit, dass sein Vorhaben von Gott gesegnet sei: „Lassen Sie sich niemals unterkriegen", schrieb er ihm, „und gehen Sie dabei klug vor, denn ich bin der Überzeugung, dass die segnende Hand Gottes auf Ihnen liegt, damit große Dinge zu seiner Herrlichkeit geschehen, wenn sie bei Ihrer Antwort gelehrig, demütig und willfährig bleiben."[24] Als Roger drei Jahre später sein erstes Buch veröffentlichte, schickte er ihm ein Exemplar mit der Widmung: „Unserem lieben geistlichen Vater, Herrn Abbé Couturier". Zu dieser Wertschätzung fühlte er sich verpflichtet.

Die Communauté de Cluny

Zunächst nannte sich die Gemeinschaft „Communauté de Cluny". Die Bezeichnung taucht zum ersten Mal im Herbst 1941 in einem Schriftstück auf, das bereits eine Art Regel darstellt. Den Ort ihrer Entstehung mit „Haus Cluny" anzugeben, hatte zwar Renomée, war aber nicht ganz zutreffend, weil Cluny zehn Kilometer von Taizé entfernt liegt und zwischen der berühmten Abtei und dem Haus in Taizé keine historische Verbindung besteht, außer dass die Dorfkirche von Taizé mehrere Jahrhunderte hindurch zur Abtei Cluny gehörte. Später wurde die Anschrift in „Taizé-les-Cluny" geändert, schließlich blieb nur der Name „Taizé" übrig.

Eine Schrift, für die kein Verfasser genannt wird, trägt den bescheidenen Titel *Notes explicatives* (Erklärende Anmerkungen).[25] Nachdem zum genannten Zeitpunkt die Communauté de Cluny noch nicht existierte, muss Roger den Text verfasst haben. Es handelt sich um eine 18-seitige Broschüre in Kleinformat, die dank der Vermittlung Abbé Couturiers in Lyon erscheinen konnte. Nach einem kurzen allgemeinen „geschichtlichen Abriss", der weder eine Namens- noch eine Datumsangabe enthält, beschreibt die Broschüre das Projekt einer „Gemeinschaft, die in der Welt lebt", einer Gemeinschaft, „in der sich jedes Mitglied durch den Glauben an Christus und die Einhaltung gewisser Regeln bindet". Diese „Regeln" galten für die sogenannte *Grande Communauté* (Große Communauté), mithin für die Gruppe derer, die „in der Welt" lebten und sich dabei an eine gewisse innere Lebensordnung hielten. Sie waren also nicht für eine Gemeinschaft gedacht, deren Mitglieder sich ganz und dauerhaft Gott weihen. Diese gab es im Oktober 1941 in Taizé noch nicht.

Grundlage für die Communauté ist der lateinische Leitspruch: *Ora et labora ut regnet* (Betete und arbeitete, damit er herrscht), *Ora et labora* ist der Benediktusregel entnommen. Roger fügte *ut regnet* hinzu, um „das letzte Ziel des arbeitenden Christen zu benennen: Jesus Christus, den König". „Gebet und Arbeit", heißt es weiter, „stehen im Zeichen des Reiches Gottes. Sie geschehen im Blick auf die Herrschaft Christi." Es folgen die „Drei Regeln geistlicher Führung", die die Mitglieder der Communauté leiten sollen:

- Lass in deinem Tag Arbeit und Ruhe von Gottes Wort ihr Leben empfangen.
- Wahre in allem die innere Stille, um in Christus zu bleiben.
- Lass dich durchdringen vom Geist der Seligpreisungen: Freude, Barmherzigkeit, Einfachheit.

Die dritte Regel übernimmt wörtlich das Leitwort der „Veilleurs", ein Erbe, das in einer Fußnote ausdrücklich in Anspruch genommen wird: „Um uns mit den ‚Veilleurs' zu solidarisieren, haben wir unsere letzte Regel, die bereits ganz franziskanisch inspiriert war, neu gefasst und uns dabei nicht gescheut, deren Ausdrucksweise zu übernehmen, in der Hoffnung, uns in einem Punkt einer Tradition anzuschließen, die zwar neu ist, aber eine Antwort auf ein derzeitiges Bedürfnis der Kirche darstellt."

Diese drei Regeln unterstreichen die Bedeutung einer „geistlichen Disziplin", bei der „gewisse Zeiten" für das Gebet festgelegt sind, und der „inneren Stille" (wobei betont wird, es sei „darauf zu achten, dass die Stille nicht geistlos" sei). Es heißt ausdrücklich: „Freude, wie sie die christliche Freiheit und die Verheißungen des Evangeliums gewähren. Barmherzigkeit in einer Welt, in der der Hass immer mehr um sich greift. Einfachheit in der Lebensweise, in der inneren Haltung."

Roger las neben der Geschichte von Port-Royal weitere jansenistische Bücher. Am Beispiel von Port-Royal-des-Champs legt er dar, dass jeder Christ „Einkehr" halten sollte: „Einkehrtage sind ein Mittel, das zur Verfügung steht, um die innere Stille wiederzufinden, um einem allzu betriebsamen Leben die verlorene Ordnung zurückzugeben, um sich über die eigene Lage Klarheit zu verschaffen und sich einer tief greifenden Gewissensprüfung zu unterziehen."

Die Mitglieder einer künftigen Communauté sollen sich nicht nur dem Gebet und der Einkehr widmen, sondern auch an „Studiengruppen" teilnehmen, weil sie eine „Gemeinschaft intellektueller Christen" sein sollen. Es war vorgesehen, „Gruppen zu den verschiedenen vertretenen wissenschaftlichen Fächern zu bilden, die jeweils einen Studienleiter haben". Die intellektuelle Betätigung soll durch die Durchführung von Kolloquien und die Veröffentlichung von Zeitschriftenbeiträgen oder Büchern ausgebaut werden. Mitglied dieser Communauté wird man „nach einer Probezeit, die für manche einige Monate, für andere einige Jahre dauert". Jeder besiegelt seine Mitgliedschaft mit den Worten:

„In der Gewissheit, dass Gott mir durch Gnade gewährt, mich in die Communauté de Cluny einzugliedern, die als Bestandteil der Kirche verfasst ist, bekenne ich Jesus Christus, den Sohn Gottes und Messias, als den Einzigen, dem ich mich von nun an mit Leib und Gut zu weihen habe, als den Einzigen, für den ich mich entschieden habe, auf mich selbst zu verzichten, um Seinetwillen mein Leben zu verlieren, um es wiederzufinden.

Der Communauté gegenüber verpflichte ich mich, das Leitwort *Ora et labora ut regnet* und die drei Regeln, die sich daraus ableiten, in die Tat umzusetzen und die Grundsätze der Gemeinschaft anzuerkennen.

Den Mitgliedern der Communauté gegenüber verpflichte ich mich, keine Kritik zu äußern, außer unmittelbar gegenüber einem einzelnen Mitglied, dann aber unter vier Augen und von Nächstenliebe getragen."

Einem „Oberhaupt der Communauté" soll „hauptsächlich die Aufgabe zukommen, die Einheit der Communauté aufrechtzuerhalten". Der damit Beauftragte ist mit drei Vollmachten ausgestattet:

1. Er veranlasst das Nötige, um das gemeinschaftliche Leben auf der vorgegebenen Linie zu halten.
2. Er entscheidet in letzter Instanz über die Zulassung oder den Ausschluss von Mitgliedern.
3. Er bestimmt seinen Nachfolger.

Dieser Rang des „Oberhaupts" bleibt für Taizé charakteristisch, auch wenn sein Träger in der späteren Regel „Prior" genannt wird. Die ökumenische Ausrichtung, die zum Grundmuster von Taizé werden sollte, ist vorerst nur recht verhalten in einigen Zeilen ganz am Schluss angedeutet: „Wir möchten uns den Blick auf die Zerrissenheit des Leibes Christi bewahren, um Sauerteig der Unruhe für die Christen zu sein, die die Spaltung der universalen Kirche für normal ansehen. Unsere Communauté soll eine Heimstatt der Ökumene sein." Das „Haus Cluny", heißt es in der Broschüre weiter, ist der Mittelpunkt dieser Communauté, der „Sammelpunkt" aller, die Einkehrtage halten wollen. Roger weist daraufhin, dass es „offensteht" und meint scherzhaft: „‚Haus Cluny', nicht ‚Ruhestandsheim Cluny'" (im Französischen bedeutet *retraite* zugleich Einkehr und Ruhestand). Auf die Frage: „Werdet ihr in diesem Haus eine ständige Gemeinschaft einrichten?" antwortete er: „Die Frage ist derzeit zu brisant, als dass man Näheres dazu sagen könnte". Eine ständige Gemeinschaft existierte also noch nicht, war aber für die Zukunft nicht ausgeschlossen.

Diese „Erläuternden Anmerkungen" bildeten trotz der Schlichtheit des Titels einen grundlegenden Text. Abbé Couturier verschickte die Broschüre an seine zahlreichen Bekannten. Roger verteilte sie unter seinen Freunden und ehemaligen Mitstudenten an der Fakultät. Sie waren eine erste zusammenhängende Niederschrift seines Traums von einem gemeinsamen religiösen Leben. Sie bildeten die Charta der vorläufigen „Grande Communauté", die „in der Welt lebt". Da durch sie junge Leute anzogen wurden, die dasselbe religiöse Ideal wie Roger hatten, bereitete sich schon die Gründung einer ständigen Gemeinschaft vor.

Erste Gefährten

Wenn Frère Roger die erste Phase in Taizé von 1940 bis 1942 schilderte, konnte bisweilen der Eindruck entstehen, er habe sich damals ganz allein auf das Ordensleben eingelassen. Die Vorstellung vom „einsamen Gründer" bedarf der Korrektur. Schon damals trachtete Roger, Gefährten zu finden, die sein Ideal des gemeinsamen Lebens teilten. Der allererste war ein junger Rechtsanwalt aus Lyon. Roger sprach nur einmal und erst mehr als 25 Jahre später darüber, möglicherweise, weil damals vorübergehend seine Beziehung zu Abbé Couturier getrübt war. Der junge Mann verbrachte gerade einige Tage in Taizé, als Abbé Couturier zum ersten Mal zu Besuch kam. Nach seiner Rückkehr nach Lyon äußerte der Mann in seinen Briefen den Wunsch, mit Roger ein gemeinschaftliches Leben zu versuchen. Er wurde nun in Taizé erwartet, ließ aber eine lange Zeit verstreichen, ohne ein Lebenszeichen. Schließlich teilte er brieflich mit, auf das Experiment zu verzichten, sich stattdessen auf Anraten Abbé Couturiers zu verheiraten. Zunächst hielt Roger diesen Vorfall für eine Art von Verrat: „Es war für mich sehr schmerzlich; und lange Zeit blieb es ein völliges Rätsel, wie ein Mann wie Abbé Couturier, der sich der Sache der Ökumene verschrieben hatte, die einzige Berufung in Abrede stellen konnte, die ich gefunden hatte und die mir damals bitter nötig gewesen wäre. Ich habe über diese ungute Tatsache Schweigen bewahrt und sie innerlich als heilsam betrachtet. Daran änderten auch die verleumderischen Andeutungen nichts, die ein Jude mir gegenüber machte, der mir versicherte, dass Abbé Couturier ein Heuchler sei." Die Enttäuschung heilte zwar erst nach einigen Jahren, aber Roger nahm rasch wieder Verbindung mit Abbé Couturier auf. Es lag ihm stets daran, sich nach einem Bruch wieder zu versöhnen, gleich wer ihn herbeigeführt hatte, und sei es auch manchmal erst nach einiger Zeit.

Die ersten Gefährten fand Roger in der Schweiz, wo er zwischen 1940 und 1942 alle zwei Monate einige Tage verbrachte. Er nützte die Gelegenheit, sich mit Freunden und Studenten zu treffen, einer Gruppe, die sich seit 1939 gebildet hatte, und suchte ihr neue Freunde zuzuführen. So entstand allmählich die Grande Communauté. Treffpunkt war die Wohnung der Eltern Rogers in Genf. Im Lauf des Jahres 1941 hatten diese Presinge verlassen und waren in die Genfer Altstadt gezogen, in die *rue du Puits-Saint-Pierre* Haus Nr. 6, im Schatten der Kathedrale St. Peter. Sie bewohnten ein Stockwerk im reizvollen Haus *Tavel* aus dem Jahr 1334, dem ältesten Bauwerk der Stadt, in dem heute das Alt-Genfer Museum untergebracht ist. Familie Schutz verfügte über ein Dutzend Zimmer, die durch ein Treppenhaus getrennt waren. Roger konnte dort ohne weiteres die Mitglieder der Grande Communauté zu Gebeten und Gesprächen versammeln.

Die Nähe der Kathedrale ermöglichte ihm, eine enge Beziehung mit dem Pfarrer *Jean de Saussure* aufzubauen. Dieser entstammte einer berühmten Genfer Familie, aus der große Wissenschaftler und unzählige Pfarrer hervorgegangen waren. Er war Professor an der theologischen Fakultät in Genf; seine Predigten in der Kathedrale zogen sehr viele Menschen an und wurden im Rundfunk übertragen. 1930 hatte er das Buch „In der Schule Calvins" veröffentlicht, das in der evangelischen Theologie eine Phase der Erneuerung einleitete, weil es sich von der damals vorherrschenden liberalen Strömung abhob. Jean de Saussure war auch einer der wenigen Genfer Pfarrer, die die Aktivitäten der Gruppe „Kirche und Liturgie" ermutigten und Abbé Couturiers ökumenische Unternehmungen aus der Nähe mitverfolgten. Schon im Jahr 1941 wären einige Mitglieder der Grand Communauté wohl gerne nach Taizé mitgekommen, um dort ein gemeinsames Leben mit Roger zu führen. Dieser riet ihnen jedoch ab, weil er der Meinung war, ihr Entschluss sei noch nicht genügend gefestigt.

Max Thurian, der gelegentlich als Mitbegründer von Taizé aufgeführt wird, gehörte nicht zu ihnen. Der junge Theologiestudent an der Genfer Evangelischen Fakultät war im Dezember 1941 mit *Pierre Souverain*, einem Freund aus Kindertagen und Student an der Polytechnischen Bundesschule in Zürich, zu Einkehrtagen in Grandchamp. Während ihrer Jahre auf der Höheren Schule hatten Max, Pierre und fünf weitere Schulfreunde „eine Art Gebets- und Arbeitsgemeinschaft"[26] gebildet. In Grandchamp stieß Max auf eine Ausgabe der „Erläuternden Anmerkungen". Das Projekt faszinierte ihn. Er wollte den Verfasser kennen lernen. Sein erstes Gespräch mit Roger fand am 5. Januar 1942 in Genf statt: „Ich erwartete, einen alten, an Erfahrungen reichen Mann vorzufinden – stattdessen hatte ich einen Fünfundzwanzigjährigen vor mir, der mich herzlich an der Tür des Hauses empfing."

Die beiden jungen Männer teilten dasselbe Ideal eines ordensähnlichen gemeinsamen Lebens. Ihre Begegnung besiegelte eine lebenslange Freundschaft, die umso tiefer ging als sich beide als Persönlichkeiten und mit ihren Begabungen ergänzten. Obwohl sechs Jahre jünger, war Max für Roger eine Bereicherung. Manche bezeichneten ihn später sogar als den „Theologen" von Taizé. Seine in großer, fast kindlich hingemalter Handschrift verfassten Werke zeichnen sich durch Schlüssigkeit und Beweiskraft aus. Frère Rogers Bücher hingegen enthalten größtenteils Meditationen mit eingeschobenen Erinnerungen. Sie spielen mit dem vielschichtigen Sinn mancher Wörter – oder sind schlicht „zweideutig", wie Gegner behaupten.

Kirche und Liturgie

Anfang 1942 lernte Roger durch Max eine liturgische Bewegung kennen, die sich im Waadtland entwickelt hatte, die Bewegung *Église et Liturgie* (Kirche und Liturgie). Der Pfarrer von Berchen, *Richard Pasquier,* hatte sie als Fünfundzwanzigjähriger 1930 mit einigen Freunden ins Leben gerufen, um gewissen Tendenzen des reformierten Schweizer Protestantismus gegenzusteuern. „Die Wahl des Namens ‚Kirche und Liturgie'", erklärte er, „wurde uns von der damals herrschenden Lage und den Erfordernissen des Augenblicks auferlegt. Er war die Losung für eine dringend erforderliche Antwort auf eine ausgeprägte und beängstigende Lücke unseres reformierten Protestantismus. Im ersten Viertel unseres Jahrhunderts hatten sich dort durch die Hand in Hand gehenden Auswirkungen des Pietismus und theologischen Liberalismus der Sinn der Kirche, ja der Begriff Kirche selbst verflüchtigt. (...) Angesichts dieser Verhältnisse standen wir vor einer umfangreichen Aufgabe. Es ging um nichts weniger als um eine Reform der Reformierten Kirche und des Reformierten Gottesdienstes."[27]

Die Gruppe verbreitete ihr Gedankengut in einer Reihe von Heften, den *Cahiers.* 1931 erschien eine „Liturgie der Kommunion", wo ein „Kommunion-Gottesdienst (*Liturgie de communion*)" mit „Konsekration" und „Hochheben der Gaben", also katholisierenden Formen, vorgestellt wurde. Richard Pasquier stritt ab, eine „Blaupause" des römischen Ritus einführen zu wollen: „Unser Ziel war es, ‚ökumenisch' vorzugehen, das heißt die Gemeinschaft mit der universalen Kirche in ihren verschiedenen Zweigen wiederzufinden. (...) Wir wollten nicht zur Schwesterkirche zurückkehren, die die römische Kirche ist; sondern zur Mutterkirche, der ungeteilten Kirche der ersten Jahrhunderte, die allein wirklich den Namen ‚katholisch' und ‚ökumenisch' verdient."[28] Die Gruppe stellte fest, dass „die universale, sichtbare Kirche derzeit in drei Zweige aufgeteilt ist: den katholisch-orthodoxen Zweig, den katholisch-römischen Zweig und den katholisch-evangelischen Zweig".[29] Diese Sichtweise wurde längere Zeit auch von Roger und Max geteilt.

„Kirche und Liturgie" hatte auch ein *Office divin de l'Église universelle* (Göttliches Offizium der universalen Kirche, eine Art Stundenbuch) erarbeitet, eine Textsammlung für das tägliche Gebet, die sich am römischen Brevier, am Hugenotten-Psalter, am anglikanischen „Prayer Book" und an der orthodoxen Liturgie orientierte. Dieses Projekt hatte es Max besonders angetan. 1940 lernte er es noch im Erprobungszustand kennen. Er war davon so begeistert, dass er das maschinengeschriebene Exemplar, das er sich ausgeliehen hatte, mit der Hand abschrieb. Als er Roger Anfang 1942 kennenlernte, führte er ihn in Pfarrer Pasquiers Gruppe ein. Mit ihr stand die Gemeinschaft von Taizé zwei Jahrzehnte lang in engen Beziehungen.

Zur selben Zeit entdeckte Roger die Abtei Notre-Dame-des Dombes nordöstlich von Lyon. Abbé Couturier hatte ihn auf die dortigen Zisterzienser aufmerksam gemacht. Ohne Aufhebens war die Abtei zum Treffpunkt für ökumenische Begegnungen geworden. Roger weilte dort zu ersten Einkehrtagen, auf die im März 1942 weitere folgten. Er blieb mit der Abtei in enger Verbindung.

Im selben Jahr lernte Pierre Souverain, der sich tiefer auf ein Leben in Gemeinschaft einlassen wollte, seinerseits Roger kennen. Im Juli 1942 besuchte er ihn in Taizé, um erste Erfahrungen mit Gebet und Arbeit zu sammeln.

Im August besuchten Roger zwei seiner Vettern: *Pierre* und *Jacques Marsauche*, Söhne des Pfarrers Louis Marsauche. Pierre, ehemaliger Zögling der Militärschule Saint-Cyr und nun ein entlassener junger Offizier, war in geheimer Mission unterwegs. Er war im Begriff, sich nach Spanien und weiter nach Algerien abzusetzen, um sich den Freien Französischen Streitkräften anzuschließen. Die Vettern verbrachten zwei Wochen in Taizé.

Im September kam Max und nahm mit Roger an der Versammlung der *Groupe des Dombes* teil. Diese „interkonfessionelle Zelle“, die Abbé Couturier gegründet hatte, wagte einen weiteren Schritt. Bis dahin hatten die jährlichen Treffen vornehmlich Pfarrer aus der Deutschschweiz und französische Priester oder Ordensleute zusammengeführt. Dieses Mal sollten französischsprachige Schweizer Pfarrer Gesprächspartner der Katholiken sein. Abbé Couturier schrieb an Roger: „Wir werden insgesamt zwölf Personen sein, Katholiken und Protestanten... eine größere Zahl wäre der Anknüpfung freundschaftlicher Beziehungen abträglich. (...) Es gilt ein Thema auszusuchen und es sorgfältig und mit der gebotenen Behutsamkeit vorzubereiten... und viel dafür zu beten, dass man einander verstehen wird.“[30]

Die Begegnung fand vom 28. September bis 2. Oktober statt. Es waren schließlich siebzehn Teilnehmer. Auf protestantischer Seite waren die entschiedensten Strömungen der „Neuen theologischen Welle“ vertreten: Zu einem Neocalvinisten wie *Jean de Saussure* gesellten sich Barthianer wie *Roland de Pury* oder *Jacques de Senarclens*. Unter den Katholiken war neben Couturier und Maurice Villain der französische Theologe und Jesuitenpater *Henri de Lubac* zugegen, Verfasser des 1938 erschienenen Buchs *Catholicisme*, das als „programmatisch“ angesehen wurde. Der erste Kontakt zwischen de Lubac, Roger und Max führte zu einer dauerhaften gegenseitigen Wertschätzung.

Das vorbereitete Thema „Die Kirche nach dem Brief des Paulus an die Epheser“ gab Anlass zu lebhaftem Gedankenaustausch. Roger und Max schwiegen während der Debatten – sie waren noch zu jung und auch noch keine Pfarrer. Abbé Couturier schenkte ihnen ein römisch-katholisches Brevier. Er unterstützte „so zurückhaltend wie ausdauernd den ordensähnlichen, in seinen Augen ‚katholischen' Einschlag eines Plans, der sich vor seinen Augen von Monat zu Monat weiter entwickelte."[31] Ein früherer Abt von Les Dombes berichtet, dass die beiden jungen Leute eifrig Forschungen betrieben: „1942 war ich Novize, und es kam vor, dass zeitweise Bücher aus der Bibliothek des Noviziats verschwanden. Ich erfuhr, dass die Brüder von Taizé sie sich ausgeliehen hatten. Später erzählte man, dass sich Roger und Max im Speicher darin übten, die Stundengebete im Wechsel zu rezitieren, der eine am einen und der andere am anderen Ende des Raums..."[32]

Am 5. Oktober kehrten Roger und Max nach Taizé zurück, wo Pierre sie erwartete. Die Drei lebten mehrere Wochen eine Gemeinsamkeit, die aus handwerklicher Arbeit, gemeinsam eingenommenen Mahlzeiten und den dreimal täglichen Gebeten im kleinen Andachtsraum des Hauses bestand. Sie verwendeten das „Göttliche Offizium" von „Kirche und Liturgie".

Im Oktober 1942 reiste Max nach Genf zurück, um sein Theologiestudium fortzusetzen. Roger hatte den mündlichen Teil seine Lizenziatsarbeit noch nicht absolviert, die für den Pfarrdienst erforderlich war. Durch besondere Umstände gezwungen, Taizé zu verlassen, hatte er dazu allerdings bald Gelegenheit.

Im Genfer Exil

Die Flüchtlinge, die Roger und seine Schwester in Taizé aufnahmen, konnten bei allen Vorsichtsmaßnahmen nicht unbemerkt bleiben. Während des Sommers 1942 führten Denunzierungen bei den Behörden zu mehreren Überprüfungen durch die Gendarmerie oder die Polizei. Bevor Roger das Tor des großen Hauses öffnete, schickte er den oder die Flüchtlinge in das angrenzende Wäldchen. War die Gefahr vorüber, hängte er ein weißes Bettlaken aus dem Fenster, um ihnen zu bedeuten, dass sie zurückkehren konnten. Max erinnerte sich, dass er während seines Aufenthalts in Taizé bei einem überraschenden Besuch der Polizei durch ein Fenster das Weite suchen musste, weil seine Papiere nicht in Ordnung waren.

An einem Abend im Sommer 1942 – er berichtet diese Begebenheit an mehreren Stellen – wurde Roger, während er am Schreiben war, plötzlich von einer „Angst ergriffen, die mir die Kehle zuschnürte". Er wandte sich mit einem Gebet an Gott, „ohne es recht zu verstehen": „nimm mein Leben, wenn du es für gut hältst, aber ermögliche, dass weitergeht, was hier begonnen hat."[33]

Es wurde hie und da behauptet, dass Roger nach einer Hausdurchsuchung durch die Gestapo am 11. November 1942 „gezwungen war, Taizé zu verlassen" und „über die Grenze zu gehen".[34] In Wirklichkeit war er am 11. November bereits seit mehreren Wochen in Genf. Ein Verwandter,

General *Etienne-Honore Fillonneau*, hatte Roger und Geneviève in einem Brief mitgeteilt, dass sie „entdeckt" worden waren. Er riet ihnen dringend, keine Flüchtlinge mehr aufzunehmen und Taizé für eine Weile zu verlassen. Roger kehrte im Oktober in die Schweiz zurück, zusammen mit seiner Schwester und dem letzten Flüchtling, den sie aufgenommen hatten. Am 11. November wurde die bis dahin Freie Zone ebenfalls durch die Deutschen besetzt. Das Haus in Taizé wurde zweimal durchsucht. Als Roger einige Monate später zurückkehren und „das, was er begonnen hatte" fortsetzen wollte, rieten ihm seine Freunde und seine Familie ab. Das Risiko war zu groß. Noch 1944 wurden zwei seiner Freunde, Abbé Couturier und Pfarrer de Pury, von den Deutschen verhaftet.

Roger wollte den erzwungenen Aufenthalt in Genf nutzbringend verwenden und setzte alles daran, die junge *Communauté de Cluny* einer größeren Öffentlichkeit bekannt zu machen. Er hatte eine Darstellung ausgearbeitet, die für die Presse gedacht war. Anfang November 1942 veröffentlichten die beiden führenden protestantischen Wochenzeitungen der französischsprachigen Schweiz, *La vie protestante* in Genf und *Le Semeur vaudois* in Lausanne, einen ganzseitigen Artikel mit dem Titel „Eine Gemeinschaft protestantischer Intellektueller". Er war jeweils mit *Communauté de Cluny* gezeichnet und mit einem Foto bebildert, das das Haus der Communauté in Taizé zeigt. Darin heißt es, die Communauté sei „vor zwei Jahren" gegründet worden. Dies trifft zu, wenn man sich auf Rogers Ankunft in Taizé im August 1940 bezieht. Dann wird aber noch auf einen wesentlich früheren Beginn hingewiesen: „Vor etwa zehn Jahren entschlossen sich einige junge französisch-schweizerische und französische Studenten, eine Arbeitsgemeinschaft zu bilden." Diese Datierung verweist auf das Jahr 1932. Damals war Roger allerdings erst 17 Jahre alt und sicher noch nicht „entschlossen", eine Gemeinschaft zu bilden. Auch kann hier kaum von einem ähnlichen Versuch die Rede sein, den Max und Pierre noch in ihrer Schulzeit gemacht hatten. „Die Communauté", heißt es weiter „möchte in der Reformierten Kirche, nach deren Grundlagen und unter ihrer Autorität, tätig sein".[35]

(Die „Cluniazenser" bestanden immer noch einerseits aus „vorübergehenden" Mitgliedern, die nur an Einkehrtagen teilnahmen, andererseits aus ständigen, regulären. Letztere, die „sich entschieden, im Dienst an Gott in der Communauté oder in der Kirche zu leben", gingen die beiden „besonderen Verpflichtungen", Armut und Ehelosigkeit, ein, jedoch „nicht als ewige Gelübde; vielmehr steht es jedem frei, die Communauté zu verlassen, wenn Gott dies fordert.")

Anders als in den *Erläuternden Bemerkungen* vom Oktober 1941 lag bei dieser Darstellung der Akzent nun bereits auf einer ständigen, ordensähnlichen Communauté. Der Grande Communauté als „notwendige, ergänzende Lebensform" gilt nur noch ein einziger Absatz, während die Beschreibung der „regulären Communauté" über ein Drittel des Zeitungsartikels ausmacht. Die 1941 noch als Zukunftsvorstellung entworfene „ständige Gemeinschaft" wurde jetzt als ins Leben gerufen und als die eigentliche Triebkraft dargestellt: „Diese reguläre Communauté hat eine genau umschriebene Aufgabe: Sie bildet unter der Autorität des Rektors [neuer Name für „Oberhaupt"] den Kern der Grande Communauté, hält die Beziehungen unter den Mitgliedern aufrecht, leitet sie an, diese anhand der Regel zu vertiefen und hat Mitglieder und andere Intellektuelle zu mehr oder weniger langen Einkehrtagen zu Gast." Zum ersten Mal wird ein typischer „Cluniazensischer Tagesablauf" geschildert: „Nach dem Aufstehen kommt die Communauté zusammen, um kurz die Regel zu meditieren. Dann begibt sie sich zum Morgengebet (liturgischer Gottesdienst). Der gesamte Vormittag ist intellektueller Arbeit gewidmet. Am Nachmittag ist Freizeit bis vier Uhr. Danach wird die Arbeit wieder aufgenommen. Um halb sieben geht man zu einem stillen Abendgebet auseinander. Nach dem Abendessen, das ebenfalls in Stille eingenommen wird, weil so die brüderliche Gemeinschaft besser verwirklicht werden kann, geht der Abend ungezwungen mit Gesprächen, Lektüre, Singen, Musik... weiter. Vor der Bettruhe begibt sich die Communauté zum gemeinsamen Abendgebet."[36]

Diese Veröffentlichung in den beiden führenden evangelischen Zeitungen der französischen Schweiz fand die Aufmerksamkeit einer breiten Öffentlichkeit, während die bescheidene Broschüre von 1941 nur in den vertrauten Kreisen verteilt worden war. Sie löste im Genfer und Waadtländer Protestantismus sofort Diskussionen aus: Manche warfen den „Cluniazensern" vor, sie würden mit dem Versuch, das Mönchtum samt religiösen Gelübden wiedereinzuführen, „die Grundsätze der Reformation verraten".

Die Art der Veröffentlichung im November 1942 verrät ein gewisses Geschick, Informationen unter die Leute zu bringen, das sich während der ganzen Entstehungsgeschichte Taizés zeigen wird. Zwei Professoren, bei denen Max studiert hatte, ergriffen öffentlich das Wort, um die jungen Leute zu unterstützen. So schrieb in der anschließenden Woche *Franz J. Leenhardt*, Professor für Exegese an der Genfer Theologischen Fakultät, ebenfalls in *Le Semeur vaudois* und in *La vie protestante* einen bis auf den Titel gleichlautenden Beitrag zur Verteidigung der entstehenden Gemeinschaft: „Gefühlsbeladene Reaktionen überlagern hier vielfach nüchterne Überlegungen. Man stellt gerne katholisierende Tendenzen an den Pranger, und sobald der Begriff im Raum steht, ist die Sache entschieden. Geht es nicht um Gemeinschaftsleben, Ehelosigkeit, eine Regel? Schau mal einer an, heißt es, Konvente, monastische Gelübde, verdienstvolle Werke usw. sind wieder am Zug!" Er plädierte mit ausführlichen Zitaten aus dem Neuen Testament für die Berechtigung des gemeinsamen Lebens und einer Regel und schloss seinen Beitrag mit einer entschiedenen Befürwortung der Gemeinschaft: „Wenn wir sie [die *Communauté de Cluny*] in Gefahr sehen, so helfen wir ihr, der Gefahr zu entgehen. Es könnte ja sein, dass sie der Reformierten Kirche die von der Vorsehung gesandte Gelegenheit bietet, eine Lücke zu schließen." Zwei Tage später verteidigte auch Pfarrer de Saussure in einer Predigt in der Kathedrale St. Peter das Leben in einer Gemeinschaft im Allgemeinen und die Communauté de Cluny im Besonderen.

Diese Unterstützung durch die beiden Persönlichkeiten, die den Brüdern auch weiterhin gewogen blieben, erregte Aufsehen, blieb aber in der Waadtländer und Genfer Reformierten Kirche eine Randerscheinung. Schon der Name *Cluny* führte zu Missverständnissen, ja er konnte als Provokation erscheinen. *La vie protestante* hatte den Beitrag und darauf das Plädoyer Professor Leenhardts nicht ohne Vorbehalte angenommen und kam nun mit einem dritten Artikel zum Thema, in dem die „Cluniazenser" aufgefordert wurden, den Namen zu wechseln.[37] Erst nach mehreren Jahren setzte sich die Bezeichnung *Taizé* durch.

Roger musste bis Oktober 1944 in Genf bleiben. Er empfand die beiden Jahre als „regelrechtes Exil"[38]. Die *Communauté de Cluny* schien, kaum geboren, schon am Ende zu sein. Dennoch waren die Jahre in Genf keine Brachjahre. Roger schloss seine Lizenzarbeit in Theologie ab und die Große Communauté fand zu einer beständigeren Tätigkeit. Neben Gebetsversammlungen und regelmäßigen Gesprächen wurde ein jährliches, der Öffentlichkeit zugängliches Kolloquium zu einem vorbereiteten Thema durchgeführt.

Roger lag daran, dass auch die reguläre Communauté nach den ersten Schritten in Taizé in Genf weiter zusammenlebe. Während des Winters 1942/43 stellte sich ein vierter Gefährte ein: *Daniel de Montmollin*, ebenfalls Theologiestudent. So bald wie möglich begannen die Vier in einem Teil der großen Wohnung in der *rue du Puits-Saint-Pierre* eine Vorform des gemeinschaftlichen Lebens zu führen. Sie trugen einen Umhang und gingen um sieben Uhr zum Morgengebet in die Kathedrale. Unter anderem orientierten sie sich am anglikanischen *Prayer Book*. Rogers Schwester Genevieve spielte die Orgel. Oft kamen zum Gebet andere junge Leute auf dem Weg zur Arbeit. Es fand nicht im kahlen, nüchternen Hauptschiff statt, sondern in einer kleinen Seitenkapelle rechts vom Chor. Die Kapelle, zu Beginn des 15. Jahrhunderts im gotischen Flamboyant-Stil erbaut, verfügte über eine stattliche Orgel, reich gestaltete Glasfenster und ein schönes Holzgestühl. Sie wurde neben der Wohnung in der *rue du Puits-Saint-Pierre* zum Sammelpunkt der entstehenden Communauté.

Die Schwestern von Grandchamp, die ihr Haus während der Wintermonate schlossen, weilten ebenfalls in Genf und besuchten Vorlesungen der Theologischen Fakultät. Eine von ihnen berichtete über die geistliche

Nähe, die zwischen ihnen und den „Cluniazensern“ wuchs: „Wenn wir in Genf sind, gehen wir morgens um sieben in den Chor der Kathedrale St. Peter zum Gebet der Brüder. Der Beschließer bleibt eher reserviert: Junge Leute in Umhängen mit Kapuze, die sich zum Gebet auf den Boden knien und nach vorne beugen, lassen ihn nichts Gutes ahnen! (...) Sie kommen manchmal am Abend zu uns und beten mit uns in unserem kleinen Andachtsraum. Wir singen zusammen, oft den Psalm *Oh que c'est chose belle de louer le Seigneur* (Wie schön ist es, dem Herrn zu singen) oder einen anderen aus dem französisch-schweizerischen Psalmenbuch. Manchmal nehmen sie das Abendessen bei uns ein oder laden uns in ihr Haus ein. Wir leben in der schlichten Freude eines gemeinschaftlichen Lebens im Gebet.“[39]

Der Presbyterrat an der Kathedrale war über diese Gruppe, zu der kein ordinierter Pfarrer gehörte, nicht erbaut. Im Dezember 1942 fragte er beim Exekutivausschuss der Nationalkirche an, ob die *Communauté de Cluny* als „eine Gruppe Reformierter Protestanten oder als eine Sekte“ anzusehen sei. Die Pfarrerschaft antwortete, sie habe sich noch kein abschließendes Urteil über die Beschaffenheit der Gruppe gebildet, befürworte aber, die jungen Leute weiterhin für ein Probejahr in der Kathedrale beten zu lassen. Sie sprach sich auch dafür aus, dass die junge Communauté den Namen *Cluny* aufgebe, hielt es aber nicht für angebracht, „die jungen Männer zu entmutigen, die sich auf unsere Tradition berufen und von einem unverstellten Verlangen nach Vertiefung und Hingabe beseelt sind.“[40]

In Jean de Saussure hatten die „Cluniazenser“ in St. Peter einen Beschützer, einen „geistlichen Ratgeber“ und einen der wenigen Pfarrer in Genf, der der jungen Communauté wohlgesinnt war. Er war später auch Hausgeistlicher der *Communauté de Grandchamp*. 1949 wurde einer seiner Söhne, Eric, Bruder von Taizé.

Eine herausfordernde Examensarbeit

Mit 28 Jahren schloss Roger endlich sein Theologiestudium ab. Im Januar 1943 bestand er die drei Homiletischen Prüfungen. Die Predigt hat im reformierten Gottesdienst einen zentralen Stellenwert. Die zukünftigen Pfarrer mussten unter Beweis stellen, dass sie die verschiedenen Seiten der Homiletik beherrschten. Am 27. Januar hielt Roger eine Predigt über 1 Korinther 3,9, wo Paulus den Auftrag des kirchlichen Amtsträgers definiert: „Wir sind die Mitarbeiter Gottes; ihr seid das Feld, das Bauwerk Gottes“. Am Tag darauf hielt er eine Katechismusstunde über das Heilige Abendmahl. Am 30. Januar behandelte er schließlich in einer „biblischen Auslegung“ 1. Buch Mose 32,24–32, wo Jakob mit Gott „bis zum Morgenrot“ ringt, ihn besiegt und dazu zwingt, ihn zu segnen.

Roger war schüchtern und scheute sein ganzes Leben Situationen, wo er vor einem größeren Publikum oder einer Zuhörerschaft in Amt und Würden sprechen musste. Bei den Prüfungen erzielte er eine Gesamtnote, mit der er gerade noch bestand. Vermutlich war ihm die Prüfungskommission nicht gerade wohlgesinnt. Wenn sein Name auch nirgends genannt worden war – die in der Presse erschienenen Artikel und die sich daran anschließende Kontroverse hatten ihn ins Licht der Öffentlichkeit gerückt, war doch bekannt, dass er der „Gründer" der viel zitierten Communauté war. Und dabei war er noch nicht einmal Pfarrer. Einige Pfarrer und Professoren waren irritiert.

Am Nachmittag des 30. April 1943 absolvierte Roger den mündlichen Teil seiner Lizenziatsarbeit. Sie trug den Titel *L'idéal monastique jusqu'à saint Benoît (VIe siecle) et sa conformité avec l'Evangile* (Das monastische Ideal bis zum Heiligen Benedikt (6. Jahrhundert) und seine Übereinstimmung mit dem Evangelium)[41]. Die 230 maschinengeschriebene Seiten umfassende Arbeit stützt sich im Wesentlichen auf französische und vornehmlich katholische Quellen. Roger hatte die klassischen Werke zeitgenössischer benediktinischer Autoren gelesen und verwendet (*Dom Guéranger, Dom Mamion, Dom Delatte* und *Dom Hébrard*). Unter den protestantischen Autoren zitiert er einen Essay über das Mönchstum des liberalen Theologen *Adolf von Harnack* und verschiedene Werke *Alexandre Vinets*, eines der Gründer der Freien Kirche im Kanton Waadt.

Die Arbeit gliedert sich in drei gleiche Abschnitte:

1. Das Ideal mönchischen Lebens in der Zeit vor dem Mönchstum (bis zum 4. Jahrhundert)
2. Das Mönchsideal – Grundzüge seiner Umsetzung und das Evangelium
3. Kann man eine reguläre evangelische Gemeinschaft ins Leben rufen?

Der erste, geschichtliche Teil enthält früheren Untersuchungen gegenüber nichts Neues. Im zweiten, mehr auf Gegenstände der Lehre bezogenen Teil seiner Arbeit, stellt Roger dagegen eine beeindruckende Schlüssigkeit unter Beweis. Der dritte ist ein Plädoyer für das, was man „evangelisches Mönchstum" nennen könnte, wobei der Verfasser diesen Begriff vermeidet. Er verwendet aber manche Passagen der *Notes explicatives* von 1941 und der Zeitschriftenbeiträge von 1942.

Roger wollte herausarbeiten, „wie und warum Männer bzw. Frauen" in der Geschichte des Christentums „sich zu Gemeinschaften zusammengeschlossen haben", um ein „Ideal" zu erreichen, und „ob dieses Ideal in seinen Grundsätzen und in seiner Umsetzung mit den Normen des Evangeliums zu vereinbaren ist". Die Reformatoren hatten das Mönchstum abgeschafft, „weil sich in den Konventen alle Missbräuche häuften, die die Reformatoren bekämpften: Verdienst durch Werke, Werkfrömmigkeit". „Nach vier Jahrhunderten Reformation" stellt Roger die Frage: „Ist es nicht möglich, im gemeinschaftlichen Leben eine christliche Anleitung zu finden, um den einen oder anderen, der ein kirchliches Amt versieht, zu Christus zu führen und zu unterstützen? Ist es heute nicht möglich, das katholische gemeinschaftliche Leben auf evangelische Weise neu zu gestalten und auf diese Weise in unseren Kirchen wieder eine Form christlichen Lebens einzuführen, die bei zahlreichen Gläubigen einem berechtigten, tiefem Bedürfnis entspricht?" Diese Ausführungen haben umso größeres Gewicht, als sie sich, ohne dass dies namentlich erwähnt wird, auf das bereits begonnene Experiment des Zusammenlebens in einer Gemeinschaft beziehen. Der Verfasser wollte den Leser dazu bewegen, „den Wert bestimmter Methoden anzuerkennen, wenn diese dazu beitragen, das innere Leben des Christen zu stärken, das stets schwach und fortwährendem Auf und Ab unterworfen ist". Diese Methoden sind: „Regelmäßigkeit in den Zeiten für die Betrachtung der Schrift und für das Gebet, innere Stille, Gesang und Einhaltung bestimmter Regeln".

Im Übrigen stand Roger gewissen Verfahren und Behauptungen des traditionellen Mönchstums weiterhin kritisch gegenüber. Zunächst den Ewigen Gelübden: „Die Kirche maßt sich Rechte Gottes an und will eine Berufung samt den Verpflichtungen, die sie mit sich bringt, auf das ganze Leben ausdehnen, eine Berufung, deren Dauer nur von Dem festgelegt werden kann, der beruft." Dann stellt er „theologische Mängel" in gewissen Abschnitten der Benediktus-Regel fest, in denen „das Vertrauen auf die menschliche Stärke übertrieben und das Wesen des Heils ungenügend definiert" wird. Er unterscheidet das „Asketentum", das vom „Begriff von Verdienst durch die Werke" und von einem „dualistischen Gegeneinander von Materie und Geist" geprägt ist, von der wahren Askese, die eine „innere und äußere Disziplin ist, die sich der Christ im Glauben auferlegt". Er stellt „eine geregelte evangelische Gemeinschaft einer geregelten monastischen Gemeinschaft" gegenüber. Erstere sollte die besten Grundsätze der traditionellen monastischen Gemeinschaft wahren, sie jedoch „von dogmatischen Irrtümern, von Verdienst durch Werke, von den monastischen Gelübden und dem Sich-Einschließen" reinigen. „Erstes Ziel" einer geregelten evangelischen Gemeinschaft sei es, „Gemeinschaftshäuser" einzurichten, in denen die Gläubigen Einkehrtage halten und „innere Disziplin, neue Kräfte und den verlorenen Eifer im Gebet suchen" können. Diese „Gemeinschaftshäuser" würden durch „Mitglieder einer geregelten Gemeinschaft" geleitet und mit Leben erfüllt, die auch damit beauftragt wären, mit den ehemaligen Teilnehmern an den Einkehrtagen in geistlicher Verbindung zu bleiben. Diese würden in einem „Dritten Orden" zusammengefasst, „dessen geistliches Zentrum die Gemeinschaft ist" und ermutigt, in der Kirche „als Menschen, die unterwegs sind, Dienst zu tun, mit der Communauté als

Bezugspunkt". Sie würden als normale Berufung weiterhin „zu gewissen Zeiten beten und sich innerlich sammeln", insbesondere durch den Gesang, der „charakteristischster Ausdruck der Freude über das Heil" ist, die „innere Stille" bewahren und „Regeln geistlicher Leitung" einhalten.

Eine ganze Reihe von Merkmalen des künftigen Taizé (dauerhafte Gebetsgemeinschaft, der Stellenwert, der dem Gesang eingeräumt wird, die Erwähnung von „Menschen, die unterwegs sind" und als solche ihren Dienst tun, in überall auf der Welt eingerichteten Fraternitäten) sind in dieser Arbeit bereits im Keim enthalten. In einem Kernpunkt, der Ablehnung Ewiger Gelübde, wird der Gründer von Taizé in den kommenden Jahren seine Meinung freilich vollständig ändern.[42]

Roger bewertete die Einrichtung eines „geregelten Gemeinschaftslebens" sehr hoch: „Menschen, die am Rand der Kirche stehen, benötigen Bilder. Sie fragen danach, in welchen konkreten Formen die Christen die evangelische Vollkommenheit anstreben; sie brauchen Zeichen, sichtbare Verheißungen, die das Reich Gottes ahnen lassen."

Die Entschlossenheit und Kühnheit, die aus den letzten Zeilen seiner Arbeit sprechen, stellen eine Herausforderung dar: „Es geht darum, ob die gefühlsbetonte Reaktion gegen alles, das der Form nach an den Katholizismus erinnern kann, um jeden Preis die Oberhand behält oder ob die vorgebrachten Kritikpunkte wirklich auf die Treue zum Evangelium aufbauen. Es geht darum, ob die Kirche sich lieber an die überlieferten Formen hält und jeden neuen Beitrag aus Gleichgültigkeit oder Feindseligkeit zurückweist oder ob sie sich aufgeschlossen jeglichem Bemühen öffnet, das sich in ihrem Schoß entfalten und dort wachsen will, indem es Heimstätten schafft, die christliche Frömmigkeit und christlichen Eifer ausstrahlen."

Die beiden Mitglieder der Prüfungskommission, die Professoren *Jean Meyhoffer* und *Philippe Daulte*, hatten Roger vier Jahre lang als Student betreut und kannten seine Aktivitäten. Sie gaben gute Noten und auch die Auszeichnung „gut", weil sie erkannt hatten, dass die gewagten Vorstellungen des jungen Theologen sich nicht gegen die Reformierte Kirche richteten und er für eine innere Erneuerung im evangelischen Geist tätig sein wollte.

Karl Barth rechtfertigte zur selben Zeit die Existenz „besonderer Gemeinschaften in der Kirche". In einem veröffentlichten Vortrag sprach er von „einem gewissen Dienst am Glauben und an der Liebe, der ein ausgestaltetes gemeinsames Leben nötig macht" und räumte ein, dass „kein Haus dieser Art eine gewisse Verwandtschaft zu einem katholischen Konvent völlig vermeiden kann". Er erwähnte Taizé nicht namentlich, spielte aber darauf an: „(...) in England, und seit kurzem auch im französischen Protestantismus (...)".[43] Eine solche Erwähnung konnte die jungen Leute im Genfer Exil nur ermutigen.

Pfarrer ohne Anstellung

Ein gutes Jahr später wurde Roger offiziell evangelischer Pfarrer. Die lange Frist verdankt sich der Erledigung der üblichen verwaltungsmäßigen und kirchlichen Auflagen, die durch Rogers persönliche Umstände nicht erleichtert worden waren. Als Sohn eines Pfarrers der Nationalkirche hatte er sein Theologiestudium an der Fakultät der Freien Kirche absolviert. Die Gemeinschaft, die er gegründet hatte, war zwar erst im Ansatz vorhanden, hatte aber bereits Kontroversen ausgelöst und zu Vorbehalten geführt. Noch dazu hatte Roger sein Diplom in Lausanne erworben, wohnte vorübergehend in Genf und wollte in Frankreich Dienst tun, sobald es die Verhältnisse gestatteten.

Er wurde in der Neuenburger Kirche ordiniert, die die Herkunftskirche seines Vaters war und sich eben unter dem Namen Evangelisch-Reformierte Kirche des Kantons Neuenburg wiedervereint hatte, nachdem sie sich im 19. Jahrhundert in Nationalkirche und Freie Kirche aufgespaltet hatte. Zu ihrer Leitung war ein Synodalrat gewählt worden, dem Pfarrer *Marc Du Pasquier* vorstand. Er war ein guter Bekannter der Communauté de Grandchamp, die er durch Roger kennen gelernt hatte. Er willigte ein, den jungen Theologen der Kommission für die Ordination zu „empfehlen", die allein berechtigt war, Kandidaten für das Pfarramt „vorzuschlagen".

In Neuenburg archivierte Unterlagen ermöglichen es, die Etappen nachzuzeichnen, die nicht ohne verschiedene Hürden zu Rogers Ordination im Juli 1944 führten. Am 22. September 1943 sandte er sein Bewerbungsschreiben ab. Am 8. Oktober unterstützte Marc Du Pasquier „die Bitte dieses Kandidaten". Die Kommission wollte weitere Informationen einholen und wandte sich an die Pfarrer Meyhoffer und de Saussure. Beide „empfehlen lebhaft" den Kandidaten. Anfang 1944 erkannte die theologische Fakultät in Neuenburg die in Lausanne angenommene Abschlussarbeit in Theologie an. Daraufhin wurde Roger zu einem „ausführlichen Gespräch" vorgeladen. Der Kandidat wurde insbesondere darauf hingewiesen, „dass die Ordination, die ihm unsere Kirche unter Umständen gewährt, diese Kirche in keiner Weise verpflichtet, ihm in unserem Kanton eine Arbeitsstelle zu geben, sollte er dies eines Tages wünschen". Am 9. Februar wurde er wieder geladen, diesmal durch die Kommission für die Ordination, die vollständig versammelt war. Vor dieser recht beeindruckenden Versammlung musste Roger seine Fähigkeiten nachweisen. Er hatte eine Predigt zu halten und dann der Kommission Rede und Antwort zu stehen, für den Kandidaten „eine Gelegenheit, seine religiöse Bildung, seine Berufung und auch seine theologischen und kirchlichen Grundsätze darzulegen". Schließlich wurde seine Kandidatur angenommen und der Kirchensynode vorgeschlagen, die bei ihrer Versammlung am 7. Juni

Roger und zwei andere Kandidaten mit 139 zu 12 Stimmen zur „Ordination für das heilige Dienstamt" zuließ.

Der Gottesdienst fand am 16. Juli 1944 in der Neuenburger Kollegiatskirche unter der Leitung Pfarrer Du Pasquiers statt. Es war ein großes Ereignis. Ein Artikel, der in *La Vie protestante* erschien, betont, dass sich die Betätigung des neuen Pfarrers „klar von der herkömmlichen pastoralen Tätigkeit abhebt", und bezeichnet Roger als einen „originellen und tatkräftigen Erneuerer vormaliger Gebräuche"[44]. Der Berichterstatter erwähnt besonders die Innigkeit, die der Gottesdienst ausstrahlte, an dem außer der Familie des Ordinierten zahlreiche Freunde und Mitglieder der Communauté de Cluny teilnahmen. In derselben Kirche war 1882 Großvater Marsauche zum Pfarrer ordiniert worden. Er behauptet irrtümlich, dass die „junge Bruderschaft", die der neue Pfarrer gegründet habe, „seit zehn Jahren besteht".

In Genf ging das gemeinschaftliche Leben noch einige Monate weiter. Die vier Gefährten – Roger, Max, Pierre und Daniel – kamen, soweit es ihnen möglich war, weiterhin morgens zum Gebet in die Kathedrale, nahmen die Mahlzeiten gemeinsam ein und hatten abends oft Studenten, junge Arbeiter oder Gewerkschafter zu Gast. Häufig setzten die Gespräche sich bei Tisch fort.

Dass auch Gewerkschafter mit der sich bildenden Communauté in Berührung kamen, ist eine der Besonderheiten von Taizé: sein starkes Interesse an sozialen Fragen und die bewusste Bemühung um Verbindungen mit der Arbeitswelt. Bald verbreiteten einige Arbeiter, die in der Genfer Wohnung bei den „Cluniazensern" zu Gast waren, in einer öffentlichen Stellungnahme: „Unsere Gegnerschaft bzw. unsere Gleichgültigkeit der verbürgerlichten Kirche gegenüber ließen uns vor Kontakten mit Christen zurückscheuen. Deshalb waren wir bei unseren ersten Begegnungen mit der *Communauté de Cluny* voller Neugier und Skepsis. Während der Mahlzeiten und der Gespräche, die wir regelmäßig hatten, stellten wir jedoch fest, dass es Christen gibt, die alles miteinander teilen wollen. Dieser erste Punkt ließ unsere Skepsis schwinden. Und der Umstand, dass beide Seiten spürbar auf tiefgreifende soziale und wirtschaftliche Reformen drängen, hat uns einander noch näher gebracht. Erst viel später baten wir darum, etwas von den Wahrheiten des Glaubens zu erfahren und bemerkten, dass das auch etwas für uns war."[45] Roger und seine Gefährten verfassten für die Gewerkschafter eine Art vereinfachten Katechismus. 1944 lautete das Thema der jährlichen Versammlung der Grande Communauté: „Sozialer Realismus und christlicher Kommunismus", eine für die damalige Zeit gewagte Formulierung.

Eine große Gestalt der Genfer Gewerkschaftsarbeit zählte ebenfalls zu Rogers Bekannten: *Lucien Tronchet*, Generalsekretär der *Fédération Ouvrière du Bois et du Bâtiment* (Arbeiterbund Holz und Bau), der Freidenker-Kreisen nahestand. Er saß aufgrund seiner gewerkschaftlichen Tätigkeit mehrmals im Gefängnis, zuletzt 1941, weil er den Dienst in der Schweizer Armee verweigert hatte. Er steuerte für das von Roger Ende 1944 veröffentlichte Buch ein Vorwort bei. Darin ruft Tronchet dazu auf, tätig zu werden, Tatsachen zu schaffen: „Solange die den Kirchen angehörenden Christen im Alltag und insbesondere im Verhältnis zwischen Arbeitgebern und Arbeitnehmern keine gerechte Verteilung der Güter des gemeinsamen Produktionsprozesses vornehmen, ist es sinnlos, über die Rechristianisierung der Arbeitermassen zu schwadronieren." Ohne die *Communauté de Cluny* namentlich zu erwähnen, die er in der Wohnung in der rue du Puits-Saint-Pierre kennen gelernt hatte, räumte er ein: „Teamarbeit bzw. Aktionen kleinerer Gemeinschaften sind Formen, die sich durchsetzen werden, wo es darum geht, die modernen, kollektiv verfassten Gesellschaften zu beeinflussen und zu leiten." Er gab jedoch zu bedenken: „Freilich ist es nötig, dass diese Gruppen in ihrem Denken mutig genug sind, um vor ihren Zeitgenossen Wahrheiten auszusprechen, die klar auf der Hand liegen, und dass sie selbst so tief an sie glauben, dass sie sie auch in die Tat umsetzen können. Und zu diesen Wahrheiten gehört eine, die für das Heil der Welt wesentlich ist: die Abschaffung jeder Art von Eigentumsrechten, die es Menschen ermöglichen, aus anderen Menschen Gewinn zu schlagen."[46]

Der Gründer von Taizé äußerte und verhielt sich nie so radikal, ließ aber auch niemals in seinem sozialen Engagement nach.

4. Kapitel

Rückkehr nach Taizé

Dank einer „Dienstanweisung“, die der protestantische Politiker *André Philip*, Kommissar der Republik in der vorläufigen Regierung General de Gaulles, noch im Herbst 1944 ausgestellt hatte, konnte Roger mit Max, Pierre und später Daniel nach Taizé zurückkehren. Er war damals der einzige Pfarrer der Communauté: Max wurde 1946, Daniel 1949 ordiniert.

Das Haus in Taizé hatte in den zwei Jahren, in denen es unbewohnt war, einige Schäden davongetragen. Es galt, sich an die Arbeit zu machen. Rasch entschloss sich Roger, Teile des Hauses zu entfernen, die ihm zu gekünstelt und auffällig erschienen: das Glockentürmchen auf dem Dach, die „Ochsenaugen“ und die Verzierungen aus Zink. Im großen Speicher des Hauses wurde eine Kapelle eingerichtet. Bevor man wieder Landwirtschaft betreiben konnte, musste der Besitz gerodet werden. Sodann entstand ein Gemüsegarten und es wurde mit der Aufzucht einiger Milchkühe begonnen. Die Communauté wollte ihren Eigenbedarf selbst decken, war jedoch noch längere Zeit auf finanzielle Unterstützung durch die Große Communauté angewiesen. Sie schrieb erst 1947 schwarze Zahlen.

Die „Einführung in das gemeinsame Leben“

Im Oktober 1944, als er sich endgültig in Taizé niederließ, veröffentlichte Roger sein erstes Buch „Einführung in das gemeinsame Leben“.[1] Es erschien gleichzeitig im renommiertesten protestantischen Verlag *Labor et Fides* in Genf und im Pariser Verlag *Je sers*, der vor dem Krieg von dem Schweizer Philosophen *Denis de Rougemont* gegründet worden und eher der Literatur, jedoch mit klarer evangelischer Ausrichtung zugewandt war. Das Buch begründete die *Collection Communauté de Cluny* (*CCC*). Ungeachtet aller Kritik hielt Roger weiterhin am Namen Cluny fest und begründete dies: „Cluny. Dieser Name kam ihr [der *Communauté*] durch den Landstrich zu, in dem ihre erste Niederlassung steht, dem *Clunisois*, und nicht, wie manche glaubten, aufgrund einer Verpflanzung benediktinischen Lebens in die Kirchen der Reformation.“

Das Buch war zum größten Teil noch in der Schweiz entstanden, manchen Abschnitten – insbesondere dem über die „Stadt der Kinder“, von dem weiter unten die Rede ist – merkt man jedoch an, dass sie nach der Rückkehr in Taizé überarbeitet und ergänzt wurden. Es ist eine beträchtlich erweiterte Ausgabe der schmalen *Notes explicatives* mit bearbeiteten Auszügen aus Rogers Abschlussarbeit. Die Vorstellungen des Gründers waren mittlerweile durch das zurückliegende gemeinschaftliche Leben bereichert worden. Der Inhalt ist in 17 kurze Kapitel gegliedert und erläutert ausführlich Sinn und Zweck der *Communauté de Cluny.*

„In der cluniazensischen Korporation“, wie Roger sie nennt, unterscheide man „zwei Arten von Diensten“, „den der Communauté im Allgemeinen und den der niedergelassenen Communauté“, die ein- und dieselbe Berufung verbindet: „Lebenslang als Männer zusammenzustehen, die berufen sind, gemeinsam auf Christus zuzugehen, Männer, die ihren Berufen nicht länger als Einzelne nachgehen, sondern sich in allem ihrer Berufung unterwerfen. Kein Statut. Kein Regelwerk“. Stattdessen die Leitworte der Communauté, wie sie schon 1941 festgelegt waren: Die Losung *Ora et labora ut regnet*, die drei „Regeln der geistlichen Leitung“ und das „Glaubensbekenntnis“. Beim „Engagement“, dem verpflichtenden Eintritt in die Communauté werden sie verlesen. Diese Texte werden in den letzten fünf Kapiteln des Buchs ausführlich kommentiert.

Gegenüber den früher veröffentlichten Schriften enthält die nun vorliegende „Einführung“ mehrere Neuerungen. Zunächst ein langes Zitat aus Martin Luthers 1521 erschienener Schrift *De votis monasticis* (Über die monastischen Gelübde), die damals noch nicht ins Französische übersetzt worden war. Im zitierten Abschnitt verlangt Luther, dass die „Kollegien und Klöster“ beibehalten werden, in denen sich Männer Gott und dem Studium weihen und die Jugend durch „geistliche Übungen“ und eine „liturgische Erziehung“ unterweisen. Er stellte aber klar: „Gleichwohl sollen sie [die Mitglieder] weder durch Gelübde beeinträchtigt noch unter Gefährdung ihres Gewissens festgehalten werden.“

Der Gründer von Taizé richtete sich nach Luthers Empfehlung. Er betont in drei Kapiteln die „frohgestimmte Armut“ und die „Gütergemeinschaft“. Ein Kapitel ist der Ehelosigkeit gewidmet, die von den niedergelassenen Mitgliedern der Communauté gefordert wird: Ehelosigkeit und Ehe sind zwei „gleichwertige“ Berufungen, „beide sind deshalb geheiligt“. Die Ehelosigkeit ist nicht unwiderruflich: „Wenn ihnen die Einsamkeit wegen der Regungen des Fleisches zu schaffen macht, werden sie sich verheiraten. (…) Sie wollen sich nicht als Engel geben, auf dass das Tier nicht außer Rand und Band gerate. Sie sollen jährlich ihre innere Verfassung prüfen; sie lehnen es ab, ewige Gelübde abzulegen.“

Ein Mönch der Zisterzienserabtei Clairvaux hält in einer sonst wohlmeinenden Rezension des Werks fest, dass sich die Cluniazenser „stets ein wenig vor einer Regel fürchten“. Es verwundert ihn, dass die junge Communauté „nicht einmal daran gedacht hat, Fasttage und Verzichtleistungen zu übernehmen, die für das ursprüngliche Mönchstum so charakteristisch sind.“[2]

Das Oberhaupt der Communauté wurde nicht mehr *recteur*, sondern *directeur* genannt. Diese Änderung sollte keineswegs dessen Autorität mindern, die, wie Roger einräumt, geistgewirkter Natur ist: „Mit welchem Recht greift ein Mensch in die Communauté ein? Durch die Autorität des Wortes Gottes. (…) Er kann den Titel *directeur* nur deshalb tragen, weil Gott durch ihn leitet, weil der Herr der Kirche ihn mit einer besonderen Autorität ausstattet, die seiner besonderen Gnadengabe entspricht. Er ist *directeur* im Namen Gottes.“

Roger lag daran, dass „einige Freunde“ sein erstes Buch mit einem Vorwort versähen. Neben den zitierten Stellungnahmen der Metallarbeiter und des Gewerkschafters Lucien Tronchet, steht ein Text Pfarrer de Saussures. Mit „Erleichterung“, „Freude“ und „Hoffnung“ begrüßt er „die Bildung einer ersten Gemeinschaft von Intellektuellen auf reformiertem Boden“.

Der Ausdruck „Gemeinschaft von Intellektuellen“, den Roger selbst in den 1941 und 1942 veröffentlichten Texten verwendet hatte, entsprach nicht ganz der Wirklichkeit. In seinem Buch gab Roger der Gemeinschaft eine anders gelagerte Bestimmung: „Erstes Ziel der Communauté (…) bleibt ein Zweifaches: missionarisch wirken und die Kirche zu einem inneren Leben ermutigen“.[3] In der Praxis war ein zusätzliches Anliegen hinzugekommen: Sich für die Notlagen in der Gesellschaft öffnen.

Die „Stadt der Kinder“

Noch in Genf hatte Roger drei Themen für die „Tätigkeit und Grundlagenforschung“ der Grande Communauté bestimmt. Eines betraf ein anspruchsvolles erzieherisches Projekt, das damals „Stadt der Kinder“ genannt wurde. Daniel war beauftragt, es in die Wege zu leiten. Es orientierte sich unter anderem an den „Kleinen Schulen“ Port-Royals. In Taizé entstand eine Art Waisenhaus.

Die deutschen Truppen waren wenige Monate zuvor abgezogen. Die mit der Befreiung verbundenen Kämpfe hatten Ruinen jeder Art hinterlassen. Zahlreiche Kinder hatten ihre Eltern verloren. Schon bald nahm die Communauté einen Buben auf: „Ein kleiner, unterernährter Körper, zu abgemagert und schwach, um laufen zu können. Am ersten Abend erzählte ihm Roger Gute-Nacht-Geschichten, bis er einschlief. Am nächsten Tag und in den folgenden Tagen mussten er und drei andere Brüder, die einander ablösten, ihn den ganzen Tag über bei ihren Beschäftigungen herumtragen. Nach zwei Wochen konnte das Kind, leidlich aufgepäppelt und vom Trauma, verlassen worden zu sein, ein wenig befreit, wieder laufen."[4]

Andere Kinder wurden in Obhut genommen. Die Behörden waren mit den unzähligen Fällen, die es zu lösen galt, überfordert. Es gab nicht genügend dafür vorgesehene Einrichtungen. In Rogers Buch wird die „Stadt der Kinder", wie er sie nennt, erwähnt. Sie befände sich „ganz in der Nähe, etwa 200 Meter vom Haus der Gemeinschaft entfernt". Er beschrieb sie als erzieherisches Modell: „Keine Einförmigkeit, kein großer Speisesaal, in den sich viele Kinder drängen, sondern Gruppen, die jeweils einen Gemeinschaftsraum haben und einen selbst gewählten Leiter, der durch sein Beispiel erzieht."

Die Communauté nahm bis zu zwei Dutzend Buben verschiedenen Alters auf. Sie waren nicht im „Herrenhaus", sondern in einem ganz in der Nähe liegenden Landsitz, dem „Manoir", untergebracht. Mehrere Schwestern Rogers und Mitglieder der Grande Communauté kamen für längere Zeit nach Taizé, um sich um die Waisen zu kümmern. Lily Schutz und ihr Mann *Roger Duckert*, die seit 1946 ein Haus im Dorf bewohnten, betreuten die Kinder mit. Roger Duckert hatte eine Doktorarbeit geschrieben und wurde später Pfarrer. Frère Roger bat auch seine Schwester Genevieve, wieder in seine Nähe zu ziehen. „Allmählich", sagte er einmal, „wurde ihr klar, dass sie die Kinder nicht mehr verlassen könne, dass sie ihnen ihr Leben widmen solle." Die Kinder nannten sie „Mama".

Die religiöse Erziehung der Kinder übernahmen die Brüder der Communauté. Ein Journalist berichtet: „Die Kinder erhalten eine protestantische, eine evangelisch geprägte Erziehung, sind aber völlig frei, an den Gottesdiensten und Abendandachten in einer vorläufig eingerichteten Kapelle teilzunehmen oder nicht, vor einem Tisch, der mit einem weißen Tuch bedeckt ist, auf dem die Bibel liegt und zwei Kerzen stehen."[5]

Den Lebensunterhalt von zwei Dutzend Waisenkindern zu bestreiten, überstieg freilich die Mittel der Communauté. Ein Verein zur Unterstützung von Kriegswaisen wurde ins Leben gerufen. Eine Reihe von Hilfslieferungen erhielt Roger von der Heilsarmee in Paris. Später ersuchte er auch den Weltkirchenrat um Unterstützung, seine Bitte wurde aber an die entsprechenden Einrichtungen der Evangelisch-Reformierten Kirche Frankreichs geleitet.

Die Zöglinge der „Stadt der Kinder" gingen zunächst im Nachbardorf Ameugny zur Schule. Dann beantragte die Communauté eine eigene Schule in Taizé. Der Gemeinderat bewilligte dies nicht ohne Vorbehalt: „(...) jedoch unter der Bedingung, dass die Schule ausschließlich den Kindern des Vereins vorbehalten ist, weil sich darunter Elemente zweifelhafter moralischer Einstellung befinden, deren Wiedereingliederung schwierig erscheint."[6]

Die meisten ehemaligen „Kinder“ blieben in enger Verbindung mit Genevieve und Frère Roger. Die Erziehung und die Zuneigung, die sie von beiden erhalten hatten, prägten sie fürs Leben. „Man kann sagen, dass jeder eine gute Familie gegründet hat“[7], meint der Prior von Taizé. Als Erwachsene kehrten viele immer wieder nach Taizé zurück, der Briefkontakt riss nie ab. Später trafen sich ihre Kinder während der Ferien in Taizé.

1945 stießen die Brüder auf einen weiteren Missstand: die Lage der ehemaligen deutschen Soldaten. 750 000 Kriegsgefangene waren auf Dutzende Lager verteilt. Die letzten wurden erst im Dezember 1948 freigelassen. Viele mussten als Zwangsarbeiter an den Stränden Minen räumen, Straßen und Brücken wieder instand setzen oder andere Arbeiten für das Gemeinwesen verrichten.

Zwei Kriegsgefangenenlager befanden sich in der Nähe der Communauté: eines in einem ehemaligen Arbeitsdienstlager in Cormatin, etwa drei Kilometer nördlich von Taizé, das andere in einer ehemaligen Fabrik in der Nähe von Cluny, etwa zehn Kilometer südlich. Ein Vertreter des Roten Kreuzes, der die Einrichtung bei Cluny einige Monate nach ihrer Eröffnung besucht hatte, berichtete über eine „ganz unregelmäßige“ Versorgungslage der Gefangenen und hielt fest: „Die Kalorien sind für Schwerarbeiter ungenügend“. Er wies auch auf „einige Fälle“ hin, „in denen die Essenszuteilung gekürzt wurde, wenn die Arbeitsleistung nicht die Normen erfüllte“ und auf Beschwerden über einen Aufseher, „einen gewissen *Tette*, der die Gefangenen oft schlägt“. Außerdem „konnten die Protestanten seit November, dem Monat, in dem die Einrichtung in Betrieb genommen wurde, keinen Gottesdienst besuchen.“[8] Dieser Bericht aus dem Jahr 1946 deckt sich mit den Erinnerungen Frère Rogers. Angesichts der Zustände erhielt er die Erlaubnis, die Gefangenen sonntags nach Taizé zu holen, „für eine kurze Gebetszeit und damit wir mit ihnen unser Essen teilen konnten, das freilich schwierig zu beschaffen war“. Wenn genügend da war, kehrten die Gefangenen mit Proviant in den Taschen ins Lager zurück.

Ein schrecklicher Vorfall hat sich dem Gründer von Taizé tief eingeprägt: „Sehr schnell fiel mir Sonntag für Sonntag ein junger Mann auf, der Priester war. Sein ganzes Wesen war Heiterkeit und strahlendes Leben. Es waren die Jahre, in denen der Hass nichts als Hass gebar, noch mehr als sonst. Eines Tages tauchten einige Frauen auf, deren Männer als französische Deportierte in Konzentrationslagern in Deutschland umgekommen waren. Diese Frauen griffen in einem Akt unbegreiflicher Verzweiflung einen der deutschen Kriegsgefangenen an. Es traf gerade diesen jungen Gefangenen, den Priester. Sie schlugen auf ihn ein; er war schon sehr geschwächt und überlebte es nicht. In seinen letzten Stunden lag auf seinen Lippen nichts als Friede, Liebe und Vergebung.“[9]

Verständnis und Ablehnung

Roger schwebte im Grunde ein gemeinschaftliches, ordensähnliches Leben vor. Dass dies in einem ökumenischen Geist geschehen sollte, zeigte sich ab Ende 1944 immer deutlicher. In einem Brief, den Frère Max an Abbé Couturier schrieb, heißt es: „Wir haben weiter überlegt und sagen uns, dass es uns, nachdem wir äußerste Vorsicht walten ließen, nun möglich sein müsste, uns voll und unverdeckt dem Unionismus zu widmen; unsere Kirche wird uns dabei Vertrauen entgegenbringen."[10]

Der Ausdruck „unsere Kirche" bezieht sich hier auf die Reformierte Kirche. Welche Bedeutung hatte in diesem Zusammenhang der Begriff „Unionismus"? Er bezeichnete zur damaligen Zeit an sich Bemühungen katholischerseits, die Katholische Kirche mit den Gemeinschaften wiederzuvereinen, die sich von ihr getrennt hatten. Daran dachten Roger und Max jedoch nicht. In einer Sondernummer der Zeitschrift *Catholicité* zum Thema Christliche Einheit veröffentlichten die beiden Brüder einen umfangreichen Beitrag, in dem sie ihre Auffassung der Einheit dargelegten.[11] Es gelte zwar „ein für alle Mal auf jeden Proselytismus zu verzichten", man müsse aber „organische Konversionen in Kauf nehmen", wenn sie „ein wohlvorbereiteter und unvermeidlicher Abschluss einer langen, ernsthaften, geistlichen Entwicklung" seien. Eigentliches Ziel sei es jedoch, „die Divergenzen zu überwinden": Alle christlichen Konfessionen müssten sich „einer Umkehr, einer Läuterung, einer Neuausrichtung auf Jesus Christus" unterziehen und würden auf diese Weise eines Tages „die wahre katholische (universelle und ökumenische) Kirche, die Kirche des Credos, in ihrer ganzen ursprünglichen Wahrheit und Lauterkeit" wiederfinden.

Bei dieser Auffassung ist die Römisch-katholische Kirche nur einer der Bestandteile der „wahren katholischen universellen Kirche", die noch aussteht. Die Beziehungen der jungen evangelischen Gemeinschaft zu Vertretern des katholischen Klerus gestalteten sich daraufhin zum Teil schwierig: Sie schwankten lange zwischen Verständnis und Ablehnung, nicht ohne Illusionen auf der einen wie auf der anderen Seite. Kanonikus Dutroncy, zu dessen Dekanat die Kirche von Taizé gehörte, hatte Roger während des Kriegs kennengelernt und war der Communauté gewogen. Als Roger ihn bat, die alte romanische Kirche für die Stundengebete der Gemeinschaft verwenden zu dürfen, hat er dazu ohne weiteres die Erlaubnis gegeben. Diesen Zustand empfanden manche Bewohner im Dorf und seiner Umgebung allerdings als Zumutung. Im April 1945 teilte der Generalvikar der Diözese Autun seinem Amtsbruder in Lyon mit: „Der Obere ist evangelischer Pfarrer, wir sind deshalb gezwungen, ihnen die Verwendung der Pfarrkirche für ihre gemeinsamen Gebetsübungen zu verweigern."[12] Diese erste Ablehnung entmutigte die Brüder allerdings nicht. Ihnen lag daran, sich den katholischen Ordensgemeinschaften anzunähern. Die jungen „evangelischen Mönche" von Taizé – wie sie bald in der Presse genannt wurden – konnten von Kongregationen mit jahrhundertelanger Erfahrung im Ordensleben viel lernen. Abbé Couturier und Pater Villain leisteten wertvolle Vermittlungsarbeit.

Pater Villain nahm im Lauf des Jahres 1945 einmal Pater *Jérôme Darmancier* nach Taizé mit, der zweiter Novizenmeister im Franziskanerkonvent in Mâcon war. Der Konvent war damals die einzige niedergelassene männliche Ordensgemeinschaft in der Diözese. Die Patres wurden mit offenen Armen zum Abendessen und zur Übernachtung empfangen. „Wir schätzen Franz von Assisi sehr", meinte Roger. Das war keine Höflichkeitsfloskel, sondern Ausdruck einer besonderen Verbundenheit mit dem franziskanischen Ideal. Pater Jérôme „beeindruckte die Stille während der Mahlzeit, die Schriftlesung und die einfachen, eindringlichen Worte Rogers."[13] Bald darauf suchte Frère Roger in Begleitung eines Bruders den Franziskanerkonvent von Mâcon auf, wo sie zu einem Essen und Gesprächen zu Gast waren. Dies geschah stillschweigend, weil solche Besuche zur damaligen Zeit kaum vorstellbar waren. Es war verboten, Protestanten in die Klausur von Konventen oder Klöstern Einlass zu gewähren. Die Beziehungen wurden enger. Ab Dezember 1945 kamen Roger und andere „Cluniazenser" mit den Franziskanern zu einem „monatlichen theologischen Kolloquium" im Konvent von Mâcon zusammen. Einige Jahre später war einer der Franziskaner, die einige Zeit in Taizé lebten, der erste katholische Priester, bei dem Frère Roger beichtete.

Frère Roger wollte weitere katholische Ordensgemeinschaften kennen lernen und in seine Überlegungen einbeziehen. Abbé Couturier „machte sich auf die Suche nach Vertretern, die man zu Vorträgen einladen konnte, und stellte eine Liste mit sieben Namen zusammen. Darunter waren ein Karmeliter, ein Benediktiner, ein Franziskaner, ein Dominikaner, ein Jesuit, ein Maristenpater und ein Sulpizianer. Sie wollten alle gerne kommen, und ein Termin war schon vereinbart."[14]

Am 9. April 1945 schrieb daher Abbé Couturier an Bischof Lebrun, um die erforderliche Genehmigung einzuholen. Der Bischof von Autun war ein vorsichtiger Mann und wollte die Entscheidung nicht ohne Rücksprache mit dem Erzbischof seiner Kirchenprovinz, Kardinal Gerlier von Lyon, fällen, und auch nicht ohne Erlaubnis des Vertreters des Papstes in Frankreich, des Nuntius *Guiseppe Roncalli* in Paris. Gerliers Antwort fiel zurückhaltend aus: „Wir wollen weder vernünftige und kluge Bemühungen in Richtung Einheit beeinträchtigen noch etwas gutheißen, was zunächst näher zu erörtern wäre."[15] Der Nuntius ließ mit seiner Antwort auf sich warten. Bischof Lebrun musste ihn ein weiteres Mal anschreiben. Roncalli, der zukünftige Papst Johannes XXIII., beschied abschlägig: „Die Verzögerung meiner Antwort in der Angelegenheit der Kontakte zu Nicht-Katholiken zeigt Ihnen bereits, dass es mir schwer fällt, mich zu äußern. (...) Ich halte mich überhaupt nicht für berechtigt, zu den Versammlungen zu ermutigen, von denen mir Ihre Exzellenz Mitteilung macht. Man soll zu allen Menschen freundlich sein; man kann unseren getrennten Brüdern gegenüber sehr freundlich sein. Ich meine aber, dass Beziehungen unter Einzelnen besser berechenbarer sein könnten als der Versuch einer Versammlung von vielen Personen. (...) Exzellenz möge meine Ungewissheit entschuldigen. Klugheit ist die erste Kardinalstugend und oft sagt uns die Klugheit, was man nicht machen soll.“[16] Roncallis Zurückhaltung mag erstaunen, wenn man sich erinnert, welche Offenheit für die Ökumene er an den Tag legte, als er 15 Jahre später Papst wurde. Diese Ablehnung steht im Gegensatz zum Wohlwollen, das er der Communauté später entgegenbrachte. 1945 äußerte er sich jedoch nur als Vertreter des Papstes, war er dem Pontifex wie der Kongregation des Heiligen Offiziums unterstellt, die damit beauftragt war, die Rechtgläubigkeit zu wahren. In seiner Zeit als Nuntius in Frankreich waren seine Frömmigkeit wie seine Lehrauffassungen ausgesprochen traditionell.

Das geplante Treffen kam also nicht zustande. Abbé Couturier legte dem jungen evangelischen Pfarrer nahe, die Ablehnung nicht als Niederlage, sondern als gottgewollte Prüfung hinzunehmen: „Der Mensch denkt, und Gott lenkt... Unsere Treffen waren nicht in Gottes Plan. Für Sie und für uns gibt es nur eine Verhaltensweise: Ehre sei Gott! Sein Wille geschehe! – Eine Niederlage? Welche Gnade! Welches Zeichen! Es gibt eine göttliche Tiefe, die außerhalb unserer Reichweite liegt und die wir voll Liebe anbeten müssen. Auf unserem Weg zur Einheit haben wir eben einen großen Schritt nach vorne gemacht! Gott hat eine Niederlage zugelassen!!! Er bereitet große Dinge vor. An uns liegt es, es zuzulassen, dass wir geläutert und arm werden in unseren eigenen Wünschen, Ansichten und Absichten.“[17]

Am 20. Januar 1946 erkrankte Pfarrer Charles Schutz an einer Lungenentzündung und erlag ihr innerhalb von zwei Wochen. Roger blieb noch Zeit, nach Genf zu fahren und seinen Vater ein letztes Mal zu sehen. Dieser machte sich noch einmal Sorgen über die Zukunft der Communauté. „Wie den Tag vergessen“, schreibt Frère Roger, „an dem er, an einer Lungenentzündung erkrankt, kurz vor seinem Tod darum bat, ihn aufzurichten, um im Sitzen zu mir zu sprechen? Ein letztes Mal bestand er darauf: Von den Gaben anderer abhängig zu sein, hieße die Freiheit verlieren. Ich erinnere mich, dass ich ihm auch dieses Mal antwortete: Vom ersten Tag an, allein in Taizé, lebte ich von meiner Arbeit und habe dafür unter anderem gelernt, Kühe zu melken.“[18]

Am 3. Februar starb Charles Schutz zuhause. Es gab keine große Beerdigung. Stattdessen feierte Roger zwei Tage nach seinem Tod in der elterlichen Wohnung einen „Gottesdienst im engsten Familienkreis“[19]. Amélie Schutz-Marsauche, damals über 65 Jahre alt, lebte noch viele Jahre. „Sie hat die Robustheit einer Burgunderin vom alten Schlag“, pflegte Roger zu sagen. Später zog sie in ein Haus im Dorf Taizé und zuletzt wohnte sie bei ihrer Tochter Geneviève im Manoir. Fünfzehn Jahre lang war sie eine Art guter Geist in Taizé.

Die „Einführung in das liturgische Leben“

Als zweiter Band der „Collection Communauté de Cluny“ erschien die überarbeitete Abschlussarbeit in Theologie *Joie du ciel sur la terre* (Freude des Himmels auf der Erde) von Frère Max. Der Untertitel „Einführung in das liturgische Leben“ entsprach dem der „Einführung in das gemeinschaftliche Leben“, die Roger veröffentlicht hatte. Ihm widmete Max das Buch mit herzlichen Worten: „Dir, meinem geliebten Bruder im gemeinsamen Dienst, und der Gemeinschaft, die Du mit der Zuneigung Jesu Christi umgibst. Mögest Du jeden Tag zur Fülle der Freude des Himmels finden im Lobpreis deines Herrn und sie durch den Heiligen Geist an diesem Flecken Erde weitergeben, an den Gott Dich gestellt hat.“

Max verfolgte ein anspruchsvolles Ziel. Er wollte die evangelische oder genauer die reformierte Liturgie zu neuem Leben erwecken. Franz J. Leenhardt, sein Professor an der theologischen Fakultät in Genf, der als erster die junge Communauté in Schutz genommen hatte, bestärkte ihn darin in einem ausführlichen Vorwort. „Die evangelische Frömmigkeit“, schrieb Leenhardt, „muss mit einer abwechslungsreicheren Kost genährt werden als dies bisher der Fall ist.“[20] Er war der Meinung, dass auf dem Gebiet der Liturgie „die Erben der Reformation des 15. Jahrhunderts aus Nachlässigkeit oder Engstirnigkeit verarmt seien. Sie hätten die liturgische Blüte, die in der christlichen Frömmigkeit allmählich gereift war und den ihr entsprechenden Ausdruck gefunden hatte, als ‚papistisch‘ abgewertet. Es hätte ausgereicht, sie zu reinigen, zu verbessern, zu ergänzen oder zu beschneiden.“

Max ging es darum, die „verschiedenen liturgischen Überlieferungen der universellen Kirche“ einander gegenüberzustellen. Er scheute sich nicht, auch „einige neue Behauptungen aufzustellen“. Die calvinistische Tradition geht davon aus, dass durch das Neue Testament nur zwei Sakramente (Taufe und Eucharistie) belegt sind. Ihnen fügt er drei weitere hinzu (Konfirmation, Ordination und Krankensalbung), denen die Auflegung der Hände gemeinsam ist; dies ist im Neuen Testament bezeugt. Katholiken konnten diese Ausführungen nur mit Interesse verfolgen.

Mutter und Sohn in den 50er Jahren

Max lehnt hier – wie die gesamte evangelische Tradition – die Lehre von der Transsubstantiation ab, die seiner Meinung nach zu sehr von mittelalterlicher Philosophie (mit Begriffen wie Wesen und Substanz) geprägt ist. Er sucht nach einer neuen Definition des „Dogmas von der Realpräsenz" und führt als neue philosophische Kategorie die „Transrelation" ein. Dieser Versuch, durch eine Begriffsänderung das reformierte und das katholische Eucharistieverständnis in Übereinstimmung zu bringen, stieß auf geringes Echo; Max vertrat sie bei späteren Arbeiten über das Thema nicht mehr. Im selben Buch versucht er das calvinistische Abendmahlsverständnis dem Verständnis der Messe als Opfer anzunähern. Er lehnt hier zwar den Sühnecharakter ab, den ihr die katholische Lehre zuschreibt, aber nicht das Wort „Opfer" an sich. Er äußert den Wunsch, „dass bei der Messfeier die zu zahlreichen Gebete wegfallen, die den Opfercharakter auf Kosten der Wirklichkeiten der Menschwerdung [Jesu Christi], des Mahls und der Gemeinschaft betonen, und dass jede Messe als Gemeinschaftsmesse gefeiert werde, bei der alle Gläubigen einbezogen werden. Dies wäre ein großer Schritt zur gegenseitigem Einvernehmen." Die nach dem Zweiten Vatikanischen Konzil in der katholischen Kirche durchgeführte Liturgiereform entsprach letztlich solchen Erwartungen.

Die Vorstöße von Roger und Max – beide wurden in evangelisch-reformierten Kreisen nach wie vor als kühne Neuerer angesehen – wurden nicht selten mit Zurückhaltung aufgenommen. So schrieb Pfarrer Visser't Hooft, nun Generalsekretär des sich gerade bildenden Ökumenischen Rates der Kirchen, an Max, der ihm sein Buch zugesandt hatte: „Ich bin gespannt, welche Auswirkungen es auf mich hat, ich gehöre nämlich zu den Reformierten, die gewisse Vorbehalte gegen eine allzu ausgestaltete Liturgie haben! Ich werde ihr Werk deshalb mit den Augen eines Menschen lesen, der daran festhält, dass unser Gottesdienst zuallererst ein Gottesdienst des Geistes bleibt. Aber vielleicht überzeugen Sie mich ja?"[21]

Unter Visser't Hooft als erstem Generalsekretär (von 1948 bis 1966) sollten sich die Beziehungen zwischen der Communauté und dem Weltkirchenrat bisweilen in mancher Hinsicht als schwierig erweisen. In Taizé hielt der Schwung, für den Max mit seinem Buch stand, an. Während in reformierten Kreisen das Abendmahl nur an großen Festtagen gefeiert wurde, wurde es in Taizé mittwochs, freitags und sonntags gemeinsam gehalten, zu manchen Zeiten (während der Karwoche oder gemeinsamer Einkehrtage) auch täglich. Das Buch war ein Meilenstein in der Geschichte der Communauté und verfehlte seine Wirkung auf die Gesamtheit des französischen Protestantismus nicht, weder hinsichtlich häufigerer Gottesdienstfeiern noch bei der Weiterentwicklung der Lehre über die Gegenwart Christi in der Eucharistie.

Am 18. November 1946 berichtete Bischof Lebrun von Autun bei seinem ersten Ad-Limina-Besuch in Rom Pius XII. vom Leben in seiner Diözese, erwähnte dabei auch die Communauté in Taizé und bat den Papst um „einige praktische Weisungen". Pius XII. riet ihm „alle, die einen Besuch abstatten möchten, wohlwollend zu empfangen und gerne zuzugestehen, was zugestanden werden kann, aber sorgfältig jede Unvorsichtigkeit zu vermeiden, die bei den ökumenischen Bemühungen hinderlich werden könnte."[22] Lebrun fügt in einer späteren Schrift über die Anfänge in Taizé hinzu: „Pius XII. beeindruckte der Wille der Brüder, sich zur Gott geweihten Keuschheit in einem zum Teil kontemplativen Leben zu verpflichten, während in jener Zeit gerade bestimmte katholische Kreise begannen, den Zölibat der Priester infrage stellten." Einige Wochen später genehmigte der Bischof im Rahmen der Gebetswoche für die Einheit der Christen eine Zusammenkunft von drei Priestern und einigen Laien mit den Brüdern von Taizé in Chalon-sur-Saône. Frère Max sandte eigens ein Dankschreiben. 1947 hielt Pater Villain eine Reihe Vorträge über die Communauté „in Seminaren und Bischofshäusern".

Zu Gast in anglikanischen Klöstern

Im Juni desselben Jahres unternahmen Roger und Max eine Reise nach England. Sie waren zusammen mit Vertretern verschiedener Kirchen zu einem historischen Anlass eingeladen worden: *Geoffrey Fisher*, Erzbischof von Canterbury und Primas der anglikanischen Kirche, empfing zum ersten Mal den altkatholischen Erzbischof *Andreas Rinkel* von Utrecht. Die altkatholische Kirche war seit den Anfängen an der ökumenischen Bewegung beteiligt. Fisher bekleidete seit einem Jahr den Vorsitz des vorläufigen Komitees des ökumenischen Kirchenrates. Somit kam der Begegnung eine große ökumenische Bedeutung zu. Vielleicht kam Roger bei dieser Gelegenheit auch sein Großvater Marsauche in den Sinn.

Der Aufenthalt in England war bedeutsam, weil Roger und Max sich mit den verschiedenen Aspekten und Strömungen der anglikanischen Kirche vertraut machen konnten: dem Anglo-Katholizismus, der sogenannten *High Church*, die in den meisten Glaubensüberzeugungen dem Katholizismus nahe steht (ausgenommen seinerzeit die Dogmen von der Unbefleckten Empfängnis sowie der Unfehlbarkeit und Jurisdiktion des Papstes) und der calvinistisch und puritanisch geprägten *Low Church*. Daneben gab es noch eine liberale Strömung. Sie wohnten zunächst zwei Wochen lang in einer „anglo-katholischen" Kirchengemeinde am Londoner Stadtrand. Max schrieb in einem später über die Reise veröffentlichten Beitrag: „Wir wohnten beim Pfarrer, nahmen an den Gottesdiensten teil und erlebten das Gemeindeleben mit. Ich hatte dabei den Eindruck, zum ersten Mal in ein ganz und gar katholisches Leben eingetaucht zu sein, letztlich ohne nennenswerten Unterschied zu den Verhältnissen, die man in einer katholischen Gemeinde am Pariser oder Lyoner Stadtrand vorfindet."[23]

Die Brüder besuchten auch mehrere anglikanische Klöster. Bei den *Cowley-Fathers* in Oxford stießen sie auf eine „militärisch geprägte Spiritualität" mit straffem Zeitplan: sieben Stundengebete täglich, Betreuung von Teilnehmern an Einkehrtagen und Mitarbeit in den umliegenden Hochschulen. In Mirfield, nördlich von Leeds, machten sie in einem *House of the Resurrection* Station, wo „das gemeinschaftliche, brüderliche Leben" einen größeren Raum einnahm. In Kelham, bei Newark, lernen sie die Väter der *Sacred Mission* kennen, die sich vor allem theologischer Unterweisung widmen und ihr Leben mit den Studenten teilen. Sie fuhren auch in die 50 km nordöstlich von London gelegene Abtei Nashdom, wo sie „ein lupenreines benediktinisches Leben (...) bei den Stundengebeten und den Messen" vorfanden: „Der römischen Ritus wird unverändert übernommen, alles wird auf Lateinisch gehalten." Die anglikanischen Benediktiner", schließt Max, „unterscheiden sich in keiner Weise von katholischen Benediktinern, es sei denn dadurch, dass sie nicht mit Rom verbunden sind."

Bei den verschiedenen Gemeinschaften konnten Roger und Max auch ihre eigene vorstellen. Die geknüpften Kontakte wurden weitergeführt. Max war voll Bewunderung und hielt die anglikanische Kirchengemeinschaft für „berufen, in der ökumenischen Bewegung für die Einheit der Christen eine sehr wichtige Rolle zu spielen. Durch ihre Geschichte, ihr Gedankengut, ihre Kraft und ihr Leben vereinigt sie in sich die ganze Vielschichtigkeit des Christentums, seiner verschiedenen Strömungen und vielfältigen Gegensätze. Von daher nimmt sie im ökumenischen Gespräch einen einzigartigen Platz ein. Sie ist in der Tat eine Brückenkirche, die *Bridge Church*, wie die Engländer gerne sagen." Roger sah die Zukunft mit etwas weiterem Horizont. Er war der Meinung, dass es keine modellhafte Kirche gebe, die man übernehmen oder nachahmen könne, und daher auch kein Übertritt in die eine oder andere Richtung erstrebenswert sei. Jede Kirche hat, ausgehend von ihrer Vergangenheit, eine besondere Rolle. Aus Oxford schrieb er an Abbé Couturier: „Ich habe gegenwärtig die Gewissheit, dass wir über die Phase sowohl der konfessionellen Kämpfe wie des konfessionellen Proselytismus hinaus sind. (...) Wir müssen tiefer die prophetische Rolle (das heißt das je eigene besondere Charisma) erfassen, die unsere Kirche in der einen und katholischen Kirche wieder spielen kann."[24] Mit der „einen und katholischen Kirche" meinte Roger nicht die Römisch-katholische Kirche, sondern, wie schon vor ihm die volksmissionarisch tätigen evangelischen Pfarrer *Tommy Fallot*, Wilfred Monod, Richard Pasquier oder Jean de Saussure, „die alte ungeteilte katholische Kirche als gemeinsamer Stamm, von dem durch tragische Trennungen die verschiedenen Zweige ihren Ausgang nahmen, die orthodoxe katholische Kirche, die römische katholische Kirche, die anglikanische katholische Kirche, die reformierte katholische Kirche und andere mehr."[25] Solche Aussagen führten dazu, dass manche seiner katholischen Gesprächspartner, insbesondere Kardinal Gerlier und Bischof Lebrun, Rogers Neigung zum Katholizismus missverstanden.

Im Spannungsfeld der Ökumene

Die Wochenzeitung *Réforme* war das erste französische Presseorgan, in dem von Taizé berichtet wurde. Sie wurde 1945 von einem Freundeskreis gegründet, zu dem Pfarrer *Albert Finet* als langjähriger Herausgeber, Pfarrer *Jean Bosc* und mit Pfarrer *Pierre Bourget*, ein späterer Vorsitzender der Reformierten Kirche Frankreichs gehörten, und behandelt religiöse Themen, aber auch Fragen von allgemeinem Interesse. „Von Barthianern geleitet und mit einem Herausgeber, der sich als Gaullist bezeichnet, lehnt *Réforme* jeden Monolithismus ab. Sie ist eine Wegkreuzung, an der sich ein Großteil der evangelischen Intellektuellen begegnen, und die in ihr herrschende Freiheit der Rede erklärt weitgehend das Gehör, dass der Zeitung geschenkt wird."[26] Finet, theologisch durch Karl Barth geprägt, war die Seele des Unternehmens und führte eine lebhafte und freie Feder. Die Zeitschrift behandelte Taizé in zahlreichen, bisweilen kritischen Beiträgen.

Die ersten Artikel erschienen am 2. August 1947 und waren wie ein Paukenschlag. Die Wochenzeitung widmete der damals noch *Communauté de Cluny* genannten Gemeinschaft eine ganze Beilage. Pfarrer *Maurice Sweeting* hatte drei Tage dort verbracht. Er beschreibt die Örtlichkeiten und berichtet unter anderem, ein Bruder der Communauté habe während seines Aufenthalts „zweihundert Obstbäume" gepflanzt. Ein weiterer Beitrag, für den der Philosoph *Paul Ricœur* zeichnete, der zu einem prägenden protestantischen Intellektuellen wurde, stellt die „evangelische, reformierte *Communauté de Cluny*" vor, ohne den Begriff „Kloster" zu verwenden, und weist darauf hin, dass es sich dabei nicht um die „Übernahme der Regel der benediktinischen Mönche in die Kirchen der Reformation" handelt. Die Ablehnung von Gelübden bestätigt in seinen Augen den evangelischen Charakter der jungen Gemeinschaft: „Selbstverständlich verpflichten diesbezüglich keinerlei Gelübde die Mitglieder der Communauté: Dies würde bedeuten, den Heiligen Geist festzulegen, der die Gaben, die er schenkt, wieder zurücknehmen kann, um darauf vielleicht wieder ganz andere zu geben." Ricœur unterstrich die besondere Berufung der „Cluniazenser", nämlich „den Sinn für das Leben in Gemeinschaft in der nach wie vor von Einzelkämpfertum beherrschten Kirche neu zu entfachen und zu stärken", und deren Eigentümlichkeit: „In Cluny bilden junge ehelose Männer eine ‚niedergelassene' Gemeinschaft; um sie herum gruppieren sich Mitglieder, die zeitweise zu Einkehrtagen kommen."

Die Beilage führte einige Tage später zu einem Artikel[27] in der Tageszeitung *La Croix*, dem ersten in der katholischen Presse, mit dem Titel „Ein protestantisches ‚Kloster'". Diese Bezeichnung taucht hie und da auf, wurde aber von den Brüdern nicht verwendet. Der Beitrag schildert das Gebetsleben und die Arbeit der Communauté, ohne die ökumenische Orientierung als das Hauptanliegen anzusprechen.

Für die Anliegen der ökumenischen Bewegung setzte sich Max ab diesem Jahr auf besondere Weise ein. Zusammen mit den Pfarrern *Jean-Louis Leuba*, dem späteren Rektor der Neuenburger Universität, und *Jean-Jacques von Allmen*, einem Kommilitonen aus Rogers Studienzeiten in Lausanne, engagierte er sich für *Verbum Caro,* eine „theologische und kirchliche Zeitschrift", die in Neuenburg gedruckt und in Basel redigiert wurde. Sie war laut eigener Angabe der Barthschen Theologie verbunden, um nicht, wie es in der Herausgebermitteilung der ersten Ausgabe heißt, „irgendeiner illusorischen biblizistischen Archäologie oder der

Beliebigkeit einer allgemeingültigen Philosophie" anheimzufallen. Sie wurde zu einer der hervorragendsten Zeitschriften auf ökumenischem Gebiet. Ein paar Jahre später wurde sie von Taizé aus geleitet und schließlich auch dort gedruckt.

Im Sommer 1947 wurde Max, der erst seit einem Jahr zum Pfarrer ordiniert war, von evangelischer Seite beauftragt, die Vorarbeit für die jährlichen Treffen der *Groupe des Dombes* zu übernehmen. Er hatte dem stellvertretenden Generalsekretär des Weltkirchenrats *Herbert W. Newell* das Anliegen der Gruppe zu schildern: „Die Begegnungen entstanden auf Anregung Abbé Couturiers und führen aufgeschlossene Theologen von Seiten des römischen Katholizismus und einige Reformierte zusammen. Wir versuchen gemeinsam Missverständnisse und Vorurteile aufzuarbeiten und zu einer Klärung unserer jeweiligen Auffassungen im Licht ökumenischer Erfahrung und in vollständiger Treue zu unseren Traditionen zu gelangen. Dieses Jahr hätten wir gerne einen Orthodoxen, einen Anglikaner und einen Lutheraner unter uns. Diese brauchen keinen Vortrag zu halten, sondern sollen lediglich in den Diskussionen ihre Tradition vertreten und uns bei Fragen Aufschluss über den einen oder anderen Punkt in der Lehre ihrer Kirche geben."[28] Nach dem Treffen, das vom 1. bis 5. September zum Thema „Kirche" in der Abtei Les Dombes stattfand, sandte Max an Newell einen zusammenfassenden Bericht. „Es ist eine Rohfassung", schreibt er, „die von den Verantwortlichen noch nicht durchgesehen wurde. Ich bitte Sie, dafür Sorge zu tragen, dass sie nicht in Umlauf kommt und keinesfalls einer unserer katholischen Brüder namentlich genannt wird, weil ihnen ihr Wagemut gefährlich werden kann. Ich bin mehr und mehr erstaunt, manchmal sogar erschreckt, wie viel Freiheit sich viele französische katholische Theologen herausnehmen."[29] Die Vorsicht war vielleicht übertrieben; Roger und Max berücksichtigten jedoch bei ihrer Wortwahl, ob ihr Gegenüber evangelisch oder katholisch war.

Im November 1947 traf sich Bischof Lebrun anlässlich eines Besuchs im Cluny mit Roger und Max. Das Gespräch dauerte zwei Stunden. Lebrun erstattete dem Nuntius in Paris Bericht: „Ich saß zwei jungen Männern von etwa 30 Jahren gegenüber, sehr intelligent, einfach, liebenswürdig und umgänglich. Sie schilderten mir ihren Lebensstil (sie sind zu acht), mit dem sie eine Art Mönchtum wiederbeleben wollen: Keuschheit, Gütergemeinschaft, Rezitieren des Stundengebets, handwerkliche Arbeit... Es sind kontemplative Seelen, ganz und gar eingenommen und angezogen von der Liturgie."[30] Bischof Lebrun erwähnt keinerlei Auseinandersetzungen über Fragen der Lehre. Damals brachten sowohl der Bischof von Autun wie der Erzbischof von Lyon den „evangelischen Mönchen" wohlwollende Aufmerksamkeit entgegen, möglicherweise in der Hoffnung, dass sie in Bälde in die katholische Kirche einträten.

Im Januar 1948 ersuchte Frère Roger erneut um die Erlaubnis, die Dorfkirche für die Stundengebete der Gemeinschaft nützen zu dürfen. Nachdem der Versuch von 1944/1945 fehlgeschlagen war, wandte er sich mit neuen Argumenten unmittelbar an den Bischof. Er machte geltend, dass der im Haus eingerichteten Gebetsraum für die größer gewordene Gemeinschaft und aufgrund der Anwesenheit zweier Dutzend Waisenkinder zu klein geworden sei. Anstatt eine eigene Kirche zu errichten, zöge es die Communauté vor, die alte romanische Kirche zu benützen, die vernachlässigt und baufällig sei. Die Brüder wären bereit, sie instandzusetzen, und bäten darum, sie nach der Regelung für ein *Simultaneum* verwenden zu dürfen, wie sie in Ländern mit „gemischter Religion" (insbesondere im Elsass) in Kraft sei.

Bischof Lebrun verfasste eine „vertrauliche Note" über die Communauté, die für den Lyoner Erzbischof und den Nuntius in Paris bestimmt war[31], erkundigte sich bei den Pfarrern der Umgebung von Taizé und zog einige Kirchenrechtler zu Rat. Zwei Monate später veranlasste er seinen Generalvikar, die erbetene Erlaubnis zu gewähren „zu den üblichen Bedingungen: 1. der Chorraum ist den Katholiken vorbehalten, die Protestanten können nur das Schiff benützen, 2. die Kirche muss während der evangelischen Gebetszeiten verschlossen sein, damit kein Katholik daran teilnimmt." Postwendend bedankte sich Frère Roger herzlich bei Bischof Lebrun: „Sie haben, Herr Bischof, Katholizität im wahrsten Sinn des Wortes bewiesen. Wir versichern Ihnen im Gegenzug unsere Anhänglichkeit und auch, dass Ihre Geste, die uns sehr nahe gegangen ist, nicht ohne Echo bleiben wird."[32]

Ein „Zusatz zur vertraulichen Note vom 10. März 1948", der ebenfalls nach Lyon und Paris ging, zitiert auszugsweise einen „Bericht" Kanonikus Dutroncys über die Communauté. Dutroncy stand nach wie vor in regelmäßigem Kontakt mit Roger und war überzeugt, dass dieser sich anschickte, katholisch zu werden: „Man kann mögliche Übertritte Einzelner zum Katholizismus nicht ausschließen", meinte er. „Ich glaube, dass der Prior uns am nächsten steht." Dutroncy erwähnt auch einen Vorfall, der, wäre er bekannt geworden, in evangelischen Kreisen für Wirbel gesorgt hätte: „Pfarrer Schutz hat vor kurzem ein junges Mädchen, das evangelisch werden wollte, davon abgebracht. Er gab ihr zu verstehen, dass sie vom Protestantismus enttäuscht sein würde. Er vertraute sie einem katholischen geistlichen Begleiter an, und ich habe erfahren, dass sie in ein Noviziat eingetreten ist."[33]

Max und Roger gingen davon aus, der zukünftige Johannes XXIII. habe als Nuntius in Paris die Erlaubnis begünstigt[34]; in Wirklichkeit hat Bischof Lebrun die Entscheidung allein gefällt und den Nuntius davon nur benachrichtigt. Auch Monsignore Roncalli erstattete dem Heilige Offizium lediglich Bericht. Das Schreiben scheint dort verloren gegangen zu sein, was den Bischof von Autun zehn Jahre später in einige Verlegenheit brachte. Die Communauté benutzte nun täglich die katholische Dorfkirche, in der im

Übrigen sonntags von einem der katholischen Priester aus der Gegend auch wieder die Messe gefeiert wurde.

Auch Pater Villain konnte sich vorstellen, dass die evangelischen Mönche, die dem Katholizismus so nahe standen, bald „übertreten" würden. Er schrieb an Bischof *François Charrière* im schweizerischen Freiburg, mit dem er wegen der Anbahnung ökumenischer Treffen in Briefwechsel stand: „Ich freue mich sehr, dass ich Ihnen wieder etwas über unsere Freunde von der *Communauté de Cluny* schreiben kann, die ich letzte Woche aufgesucht habe, nachdem wir uns zwei Jahre lang nicht getroffen hatten. Ich fand die Communauté recht verändert vor, ausgeglichen, fröhlich in ganz evangelischer Freude und mit unverhohlen katholischen Ansichten." Und *sub secreto* vertraut er dem Bischof an, dass sie „alles tun wollen, damit der Hügel und der Landstrich zum katholischen Glauben zurückfinden, und dabei mit äußerster Behutsamkeit vorgehen möchten". Den Vorschlag des Konsistoriums der Reformierten Kirche von Lyon, das ihnen entferntere protestantische Kirchengemeinden zwischen Lyon und Chalon übertragen wollte, hätten sie dagegen abgelehnt. Sie seien der Meinung, „dass ihre monastische Berufung dies nicht zulässt, aber vor allem ihre katholische Art zu predigen, die protestantische Gläubige befremden würde."[35]

War es Naivität, die Pater Villain, Bischof Lebrun und Bischof Charrière glauben machte, dass das „katholisierende" gemeinschaftliche Leben in Taizé die Mitglieder der Communauté unausweichlich zum Katholizismus führen müsse? Oder ließen Unschlüssigkeit und Nachdenklichkeit der Brüder über ihre Stellung als evangelische Pfarrer dies als mögliche Entwicklung offen? Das Magazin *Time* gab eine weit weniger „katholisierende" Aussage des Gründers von Taizé wieder. Es veröffentlichte seinerzeit eine Reportage über die französischen „Calvinisten mit Kapuze", Brüder, die ihren Schlaf um halb vier Uhr morgens für ein Nachtgebet unterbrächen, die ein „reformiertes Mönchstum" im Protestantismus lebten, ohne Gelübde abgelegt zu haben, die „Bauernjacken" und Sandalen trügen, die das Land bebauten und es nicht ausschlossen, bald in die Welt hinaus zu ziehen, um dort „Sozialarbeit" zu leisten. Der Journalist notierte auf seine Frage nach der Zugehörigkeit zur calvinistischen Tradition und einem möglichen Übertritt zum Katholizismus die unmissverständliche Antwort Rogers: „Es ist unmöglich, nach Rom zurückzukehren, weil sich Rom nicht reformiert hat."[36]

Der Bischof von Autun behandelte die Brüder weiterhin zuvorkommend. Am 29. Juni 1948 lud er Roger und Max ein, am Gottesdienst zur Priesterweihe teilzunehmen, die er in seiner Kathedrale vornahm, und bat sie dann zu sich ins Haus. Die Geste ging den beiden sehr nahe: „Er feierte den 25. Jahrestag seiner Priesterweihe und bekam einen großen Strauß Gladiolen überreicht. Als wir uns von ihm verabschiedeten, gab er uns die Blumen und sagte: Nehmt sie, sie sollen eure Kirche schmücken. Er musste mehrfach Kritik von Leuten einstecken, die behaupten, der Bischof habe die Kirche in Taizé an die Protestanten abgetreten. Aber er bleibt standhaft."[37]

Orientierungen

Aus einer Bemerkung Rogers geht hervor, dass die Communauté damals eine schwierige Phase durchmachte. *Robert Giscard*, ein Medizinstudent, war zu Einkehrtagen nach Taizé gekommen und entschied sich daraufhin, in die Communauté einzutreten. Sein Eintritt „war ein entscheidender Moment", so der Prior. „Wäre er nicht gerade in diesem Augenblick gekommen, hätten wir es schwer gehabt durchzuhalten. Er ist ein Mann, der die anderen mit einem klaren, unbestechlichen Blick wahrnimmt. Das hat uns enorm geholfen."[38] Robert war der erste Franzose, der in die Communauté eintrat; bald folgten ihm zwei weitere, Albert Lacour und Axel Lochen.

Allmählich nahm das Leben in der Communauté eine monastischere Prägung an. Nach einer Schilderung Pfarrer Dutroncys „halten die Brüder jede Nacht um drei Uhr morgens ein Stundengebet. Sie haben sich für das Chorgewand der kleinen Sängerknaben mit dem Holzkreuz [ein in Frankreich bekannter religiöser Kinderchor] entschieden: eine weiße Albe mit Kapuze und Brustkreuz. Sie wollen in ihrem Haus die monastische Klausur einführen: Frauen sollen keinen Zugang mehr haben."[39] Alltagsgewand war die kurze graublaue Jacke der Waadtländer Bauern, wie auf manchen Fotografien aus jener Zeit zu sehen ist; sie wich bald einfacher ziviler Kleidung.

Taizé verstand sich schon immer als Gebets-, Arbeits- und Studiengemeinschaft, nun betonte man immer mehr ihre ökumenische Ausrichtung: „Sie will einen gemeinschaftlichen Lebensstil schaffen, der dem Geist des Protestantismus nicht fremd ist, besteht doch ihr Anliegen letztlich darin, dass protestantische ‚Klöster' zu Orten ökumenischer Arbeit, ökumenischer Begegnung und ökumenischen Gebets werden können, zu Brücken zwischen den getrennten christlichen Brüdern."[40]

Die junge Communauté blieb also auf der Suche nach sich selbst. „Die niedergelassene Communauté lebt nun zunächst ihre Regel, bevor diese schriftlich fixiert werden kann", meinte Max.[41] Man hielt sich an die Bestimmungen der *Notes explicatives* von 1941.

Die *Grande Communauté* oder *Tiers ordre* (Dritter Orden), wie sie mittlerweile hieß, erhielt dagegen 1948 ihre endgültigen Weisungen. Die nie veröffentlichten *Constitutions*[42] wurden nicht nur an die Mitglieder, sondern auch die „Freunde von *Cluny*" und eine Reihe katholischer und evangelischer Kirchenverantwortlicher verteilt. Die Große Communauté wird in ihnen als „geistliche Familie" bezeichnet, als Familie derer „die verstehen, wie wichtig das prophetische Zeugnis ist", das die *Communauté de Cluny/ de Taizé* lebt. Es wird wiederum Bezug auf Port-Royal genommen: „*Cluny* kann man nur angehören wie einst *Port-Royal*, in größter innerer Freiheit, durch innigste Verbundenheit und mit klarstem Geist."

Dieser Grundsatz schlägt sich in konkreten Verpflichtungen nieder: Ein, zwei Stundengebete am Tag in geistlicher Einheit mit der niedergelassenen Communauté verdichten, wobei das „Offizium der universellen Kirche" verwendet wird; geistliche Führung durch eines ihrer Mitglieder; Ablegen der Beichte bei einem Pfarrer der Reformierten Kirche oder der Communauté; Teilnahme am jährlichen „Großen Kolloquium" (vom 3. Freitag im Juli bis zum darauf folgenden Montag), Einkehrtage in Taizé einmal im Jahr; regelmäßige Lektüre der „Einführung in das gemeinschaftliche Leben", um „stets in der Lage zu sein, über eine Reihe von Aspekten des Lebens, der Berufung und des Dienstes der niedergelassenen Brüder Auskunft geben zu können".

Die hier noch „Cluniazenser" genannten Mitglieder hätten auch in der Kirche einen Dienst zu erfüllen, insbesondere „einen gemeinschaftlichen, ökumenischen Geist" zu verbreiten und „mutig an der Annäherung und der Einheit der Christen (Zusammenschluss der Nationalkirche und der Freien Kirche, Einheit der Reformierten Kirche und der anderen Konfessionen, Vertrautheit mit dem Katholizismus)" zu arbeiten. Der materielle Beitrag, fester Bestandteil des „Zeugnisses" der Cluniazenser, ist ziemlich radikal formuliert. Der Besitz gehöre den Cluniazensern „nicht als ihr Eigentum". Sie müssten bereit sein, ihn zu „opfern" falls dies nötig werde: „Die niedergelassene Communauté setzt die Cluniazenser über die dringenden Bedürfnisse für den gemeinsamen Dienst in Kenntnis." Cluniazenser sei man, „wenn man diese Verfügungen einhält" und vor der niedergelassenen Communauté beim Abendmahlsgottesdienst am letzten Tag des jährlichen Großen Kolloquiums die entsprechenden „Verpflichtungen" eingegangen ist.

Am Ende des Textes der *Comstitutions* ist eine „Liste der Cluniazenser und Freunde von *Cluny*" aufgeführt. Sie umfasst 63 Namen, und vermittelt ein ziemlich vollständiges Bild von der Ausstrahlung Taizés in die evangelischen Kreise der damaligen Zeit. Man stößt auf die Freunde der ersten Stunde, dazu kommen zahlreiche schweizerische oder französische Pfarrer, die die Communauté in ihren Anfängen kennen und schätzen gelernt haben (wie Jean de Saussure und Roland de Pury). Weiterhin sind Theologieprofessoren vertreten, die die Gruppe bei den von ihr betriebenen Studien intellektuell unterstützten (die Professoren *Gilleron* in Straßburg, Leenhardt in Genf und *Sourp* in Paris). In den damaligen Presseberichten über Taizé wird die Grande Communauté kaum mehr erwähnt. Sie verschwand bald von der Bildfläche und ging Anfang der fünfziger Jahre in einem „Drittorden der Einheit" auf, der von Grandchamp betreut wurde.

Frère Max führt in jenen Jahren zwei „Quellen" an, die die Communauté inspirierten: Benedikt von Nursia und Franz von Assisi. Man „schätzt bei Ersteren die Anlage des Gemeinschaftslebens als das einer großen Familie im Dienst an Gottes Werk, bei Letzterem die Freude, die Einfachheit und die Nächstenliebe im brüderlichen Zusammenleben."[43] Er hätte noch *Charles de Foucauld* hinzunehmen können. Nachdem der bekannte Eremit 1916 in der Sahara ums Leben gekommen war, entstanden religiöse Kongregationen, die er selbst noch geplant hatte: 1933 gründete *René Voillaume* in El Abiodh Sidi Cheikh im westalgerischen Süd-Oran die Kleinen Brüder Jesu, 1939 gründete *Madeleine Hutin* die Kleinen Schwestern Jesu in Touggourt, im Süden Algeriens.

Roger nahm im Sommer 1948 mit beiden Kongregationen Verbindung auf. Am 24. Juli kam *Frère Noël*, der für das Noviziat der Kleinen Brüder Jesu in El Abiodh verantwortlich war, nach Taizé und nahm an einer Begegnung von Katholiken und Protestanten teil. Nach seinem Besuch schrieb er: „Ich fühlte eine Seelenverwandtschaft mit den jungen Brüdern, deren junger Leiter Roger mir sagte, er habe sich sechs Monate hindurch von den Schriften Pater de Foucaulds genährt. Ein Leben benediktinischen Einschlags, aber von franziskanischem Geist durchdrungen. Es sind sieben Brüder, die entweder intellektuell oder handwerklich auf dem Bauernhof arbeiten. Allmählich entdecken sie die Werte des Ordenslebens wieder: die Weihe an Gott durch die drei Gelübde, das Stundengebet, den täglichen Kommunionempfang. Und alles ist von brüderlicher Nächstenliebe durchdrungen. Man könnte sie für eine unsere kleinen Fraternitäten halten. Ich habe sie beim Abschied wie Brüder umarmt."[44]

Einige Tage später kam auch die Gründerin der Kleinen Schwestern Jesu, *Kleine Schwester Madeleine von Jesus,* auf der Durchreise zu einem Besuch nach Taizé. Hier verfehlte ein gewisser Charme nicht seine Wirkung; der Gründer von Taizé machte aus seiner Sympathie für den Katholizismus keinen Hehl. Kleine Schwester Madeleine schrieb noch am Abend ihres Besuchs an Pater Voillaume: „[Sie] sind äußerst sympathisch (...) Ihre Vorstellungen sind etwas überraschend: durch ihre Ausstrahlung wieder das katholische Leben im Dorf wecken! Kann es so etwas geben? (...) Sie möchten den Heiligen Vater und Msgr. Montini aufsuchen. Sie träumen von einer einzigen mit Rom verbundenen Kirche. Ich würde sie gerne einmal für länger wiedersehen."[45]

Nach diesen Besuchen blieb Frère Roger beiden Kongregationen eng verbunden. Er konnte sich sogar eine Weile vorstellen, dass seine Communauté in der der Kleinen Brüder Jesu aufgehen könnte.

Die Amsterdamer Konferenz

Im selben Sommer 1948 fand die Gründungsversammlung des Ökumenischen Kirchenrats statt. Sie war die Frucht zehnjähriger Bemühungen, die der Krieg zugleich verlangsamt und beschleunigt hatte, und steht für die offizielle Geburtsstunde des Rates. Er entstand durch die Vereinigung der beiden großen ökumenischen Bewegungen, die sich vor dem Krieg gebildet hatten: *Life and Work* (Praktisches Christentum) und *Faith and Order* (Glaube und Kirchenverfassung). Sämtliche christliche Kirchen wurden eingeladen, dem Rat beizutreten.

Für die Katholische Kirche war es nicht denkbar, Mitglied zu werden; dies hätte bedeutet, das Bestehen mehrerer gleichwertiger Kirchen anzuerkennen. Eine Reihe katholischer Theologen, die sich für den ökumenischen Dialog einsetzten (die Dominikanerpater Yves Congar und *Christophe Dumont*, der Benediktiner *Lambert Baudoin*, der Priester und Theologe *Dom Clement Lialine*, Pater Villain und Abbé Couturier) hofften jedoch, Rom würde wenigstens erlauben, dass „Beobachter" zur Gründungsversammlung des Rates entsandt würden. Andererseits weigerte sich das Vorbereitungskommitee der Versammlung, die Katholische Kirche förmlich einzuladen, weil man eine Abfuhr oder die „Benennung unkundiger bzw. wenig versöhnlicher römischer Theologen" befürchtete.[46] Man konnte sich jedoch die Teilnahme von „inoffiziellen Beobachtern als Privatpersonen" sehr gut vorstellen.

Keine zwei Monate vor der Konferenz gab das Heilige Offizium schließlich ein Monitum (eine Ermahnung) heraus, das daran erinnerte, dass „es Laien wie Klerikern, Weltpriestern wie Ordensleuten verboten ist", Versammlungen mit „Akatholiken" durchzuführen oder an solchen teilzunehmen, soweit „Dinge, die den Glauben betreffen," verhandelt werden.[47] Immerhin behielt sich der Heilige Stuhl das Recht vor, die Teilnahme von Katholiken an ökumenischen Versammlungen zu genehmigen.

Die Gründungsversammlung des Weltkirchenrats fand vom 22. August bis 5. September in Amsterdam ohne offizielle Teilnahme oder Anwesenheit von Katholiken statt. 147 evangelische oder orthodoxe Kirchen aus 44 Ländern hatten Vertreter entsandt. Es wurde über viele praktische Verfahrensweisen entschieden. Erzbischof Fisher wurde in seinen Funktionen als Vorsitzender des Weltkirchenrats und Visser't Hooft als Generalsekretär bestätigt, ein Amt, das er bis 1966 bekleidete.

Katholischerseits sahen viele im Weltkirchenrat das unannehmbare Projekt einer „Überkirche" oder einer „Weltkirche". Für viele evangelische und ökumenisch gesinnte Kreise war hingegen das Monitum eine herbe Enttäuschung, wenn es auch den Weltkirchenrat mit keinem Wort erwähnte. Insbesondere Karl Barth ging mit Rom und dem Papst streng ins Gericht:

„Wo man nicht allein Jesus sagt, sondern Jesus und Maria, wo man einer irdischen Autorität einen unfehlbaren Charakter zuerkennt, können wir nur ein entschiedenes Nein sagen. Unsere einzig mögliche Haltung dem Katholizismus gegenüber ist die der Missionierung, der Evangelisierung, nicht jedoch der Vereinigung."[48]

In Taizé setzte man auf friedlichere Töne. Frère Roger und Frère Max erhielten nach der Veröffentlichung des Monitums beschwichtigende Worte der beiden katholischen Bischöfe Charrière und Lebrun. Dies gab ihnen eine gewisse Gelassenheit.

Einige Monate nach der Amsterdamer Konferenz erörterte Frère Max das Monitum in einem auf Ausgleich bedachten Zeitschriftenbeitrag. Er bat die römischen Würdenträger und den Papst, regelmäßigere und persönlicher gehaltene Beziehungen zu Nichtkatholiken zu pflegen und eine „Kongregation für die ökumenischen Fragen" zu gründen. Sein Beitrag endet mit einem kühnen Vorschlag: „Warum könnte der jetzige Papst nicht eine stille Zusammenarbeit zwischen katholischen und nichtkatholischen Theologen in die Wege leiten, wo die Frage geprüft wird, ob man nicht eine Enzyklika über die Einheit verfassen kann? Sie könnte das Meisterwerk Pius XII. und eines der großen Ereignisse unseres Jahrhunderts werden."[49] Wieder zeigt sich, dass Frère Roger und Frère Max bei ihrem Vorgehen nicht auf öffentlichkeitswirksame Initiativen setzten.

Bei einem Besuch in Lyon überreichte Frère Max seinen Artikel Kardinal Gerlier. Der Kardinal fuhr im Dezember 1948 nach Rom und gab ihn dort Msgr. *Giovanni Montini*, dem späteren Papst Paul VI., zur Kenntnis, der damals Substitut am Staatssekretariat war. So bahnten sich zwischen Rom und Taizé Beziehungen an, die bald zu persönlichen Begegnungen führten.

5. Kapitel

Entscheidende Schritte

1949 war in der Geschichte der Communauté wie im Leben Frère Rogers ein entscheidendes Jahr. Zum ersten Mal fuhr er zusammen mit Frère Max nach Rom und begegnete Pius XII. Es war auch das Jahr des „Lebensengagements" der ersten Brüder, wie sie ihre Ewigen Gelübde nannten. Auf Briefköpfen und ähnlichem verwendeten die Brüder in den Jahren 1949 und 1950 nicht mehr *Communauté de Cluny*, stattdessen heißt es *Communauté de Taizé-les-Cluny*, später nur noch *Communauté de Taizé*. Frère Roger wird nun als „Prior" bezeichnet, Frère Max noch als „Subprior". Alle nennen sich einfach „Brüder".

Erste Begegnung mit Pius XII.

Nach dem scharfen Monitum im Vorjahr wollte Kardinal Gerlier persönliche Begegnungen anbahnen und dadurch das Klima ein wenig entspannen. Auf seine Vermittlung reisten mehrere protestantische Persönlichkeiten nach Rom. Im Dezember hatte Gerlier Msgr. Montini zwei vertrauliche Schreiben überreicht, die der Bischof von Autun einige Monate zuvor verfasst hatte. Gerlier informierte auch Pius XII. über die Communauté, weil er sich von unmittelbaren Kontakten zwischen dem Heiligen Stuhl und der Communauté den Abbau nicht weniger Vorbehalte auf beiden Seiten versprach. Außerdem hoffte er, auf diese Weise den Übertritt einiger ihrer Mitglieder zum Katholizismus zu begünstigen.

Anfang März 1949 schrieb Gerlier an Montini: „Man kann nicht behaupten, dass die *Communauté de Cluny* kurz davor steht, zum Katholizismus überzutreten. Aber es ist unbestreitbar, dass sie von allen protestantischen Gruppen, die ich kenne, diejenige ist, die uns am nächsten steht und dass man begründet davon ausgehen kann, dass möglicherweise einige einzelne Übertritte erfolgen."[1] Im selben Brief bittet er darum, Pius XII. möge Roger und Max in Audienz empfangen: „Eine Unterredung mit dem Papst könnte, wie ich meine, wenn nicht unmittelbar, so doch in Zukunft weitreichende Folgen haben. Andernfalls, wenn sie nicht vom Statthalter Jesu Christi empfangen würden, wären sie, wie ich fürchte, sehr enttäuscht."

Die Reise kam zustande. Roger und Max blieben ihrer Gewohnheit treu, nichts an die große Glocke zu hängen, und ließen fast ein Jahr verstreichen, bevor sie acht ausgewählten Brieffreunden „vertraulich" darüber berichteten: Abbé Couturier und Pater Villain, Yves Congar, den Jesuiten *Jean Daniélou* und *Robert Rouquette*, den Anglikanern *Stephen Neill* und *Oliver Tomkins* sowie Visser't Hooft[2]. Rogers Mutter und Schwester Geneviève begleiteten sie nach Rom. Gleich am Tag nach ihrer Ankunft, am 11. März, wurden Roger und Max im Vatikan eingeführt: Sie nahmen an der Messe zum 10. Jahrestag der Krönung Pius XII. in der Sixtinischen Kapelle teil. Am Tag darauf waren sie bei Pater *Charles Boyer* in der Gregoriana zu Gast. Der Jesuit und Theologieprofessor, leitender Redakteur der Zeitschrift *Unitas*, gehörte in Rom zu den herausragenden Gestalten des katholischen Unionismus und war zugleich bemüht, den Standpunkt des Heiligen Stuhls zu vertreten. Er bat seine evangelischen Gesprächspartner um Verständnis und Geduld, äußerte sich aber sehr befriedigt über die Amsterdamer Konferenz, in der er „ein Zeichen für das Wirken des Heiligen Geistes" sah. „Sie erläuterten mir", schrieb er später, „dass ihre Profess sich auf die drei Gelübde des Ordenslebens erstreckt: Armut des Einzelnen, ständige Ehelosigkeit und Gehorsam gegenüber dem Prior."[3] Eine solche Auffassung konnte in Rom nur beifällig aufgenommen werden.

Am 15. März empfing Msgr. Montini die beiden Brüder im Staatssekretariat. Sie erlebten ihn als „bemerkenswert intelligent und tief geistlich" und waren beeindruckt von seiner geistigen Aufgeschlossenheit und beruhigenden Gelassenheit.[4] Freilich mussten sie feststellen: „[Montini] rechtfertigt die katholische Unnachgiebigkeit im ökumenischen Dialog" – „Rom erscheint hart, aber das ist seine Berufung. Die Kirche wurde auf Petrus gebaut, und dieser Fels ist manchmal hart." Mit feinem Gespür nahmen die beiden Brüder aber auch „einige Möglichkeiten für ‚Reformen'" wahr, hinsichtlich der Sprache bei der Liturgie und des Priesterzölibats, die Montini als der „rechte Arm des Papstes" nicht ausschloss.

An ihre Audienz am 16. März beim Papst hatten Roger und Max gute Erinnerungen. Der souveräne Pontifex habe die Möglichkeit einer „offiziösen" Beteiligung der Katholischen Kirche in der Person von „Beobachtern" an zukünftigen ökumenischen Versammlungen nicht völlig ausgeschlossen und machte Hoffnung auf einen Gebetsaufruf für die Einheit der Kirche anlässlich des Heiligen Jahres, dessen Eröffnung kurz bevorstand. „Es war, wie ich meine, eine gesegnete und vielleicht fruchtbare Reise", schrieb Max kurz nach ihrer Rückkehr.[5]

Das „Lebensengagement“

Die Verbindungen die seit dem Sommer 1948 zwischen der Communauté und den Kleinen Brüdern Jesu bestanden, führten zu einem gemeinsamen Vorhaben. Im Sommer 1949 wollte eine Gruppe Postulanten vor ihrem Noviziat zu Einkehrtagen nach Taizé fahren. Der Bischof von Autun und die katholischen Instanzen, denen die Kleinen Brüder Jesu unterstehen, lehnten eine dermaßen einschneidende Neuerung jedoch ab. Der Prior von Taizé bedauerte lange Zeit diese verpasste Gelegenheit. Wäre das Vorhaben gelungen, hätte sich die Communauté vielleicht der Kongregation der Kleinen Brüder angeschlossen: „Ich war mir damals darüber im Klaren, dass ihr Kommen uns auf einen gemeinsamen Weg führen könnte. Ich sagte mir: Welchen Sinn hat es, eine neue Gemeinschaft ins Leben zu rufen, wenn die Kleinen Brüder von Charles de Foucault eine uns eng verwandte Berufung leben?“[6]

Also verfolgte die Communauté de Taizé weiterhin einen eigenständigen Weg. Das „Lebensengagement“, das die Brüder im Frühjahr 1949 eingingen, gab ihr endgültig eine ordensähnliche Gestalt und brachte sie dem katholischen Mönchtum noch näher.

Die Einstellung zu Gelübden hatte sich seit 1942 gewandelt. Die Verpflichtung zu Ehelosigkeit, Armut und Gehorsam, die die „niedergelassenen“ Mitglieder eingingen, galt zunächst auf Zeit und wurde Jahr für Jahr erneuert. „Sie lehnen es ab, ewige Gelübde abzulegen“, hatte Frère Roger über die Brüder wie über sich selbst geschrieben.[7] Sie folgten Luther und waren der Überzeugung, monastische Gelübde hätten keine Grundlage in der Schrift, würden den Gelobenden unter ein rein menschliches Gesetz stellen und ihn seiner geistlichen Freiheit entfremden.

Der Umkehrschluss führte die Communauté de Taizé jedoch dazu, immer mehr die Möglichkeit eines lebenslangen Engagements in Erwägung zu ziehen: Es gehe nicht darum, sich fremdbestimmt einem Gesetz zu unterwerfen, sondern mit einem vertrauensvollen Schritt auf einen „Ruf Gottes“ zu antworten: „Ist das Ja zur Ehelosigkeit nicht auch wie das Ja zur Ehe ein Ja aus Vertrauen?“, fragte Frère Roger.[8]

Unter den Gemeinschaften, die in evangelischen Kreisen vor allem in Deutschland entstanden waren, hatten die so genannten Marienschwestern in Darmstadt 1947 lebenslange Gelübde eingeführt.[9] Roger und Max kannten vielleicht diesen Präzedenzfall. Entscheidend war die Rolle, die dabei die aus einer elsässischen Familie mit lutherisch-reformiert geprägter Tradition stammende Theologin *Suzanne de Dietrich* spielte, die seit der Amsterdamer Konferenz mit Roger in Verbindung stand. Sie vermittelte ihm entscheidende Erkenntnisse und zerstreute seine letzten Vorbehalte. Der Prior von Taizé erwähnt nirgendwo ihren Namen, aber an seinen Worten lässt sich ablesen, dass es sich um sie handelte: „Ich hatte etwas über unsere Suche niedergeschrieben und ich kann das Gespräch mit einer Frau nicht vergessen, die es gelesen hat. Ich schätzte sie sehr. Sie war von Geburt an behindert, betätigte sich als Schriftstellerin und hatte gründliche Kenntnisse des Neuen Testaments. Sie sagte zu mir: ‚Sie sorgen sich, ob sie genug Ausdauer aufbringen können? Der Heilige Geist ist doch da, er ist stark genug, ein Leben lang eine Berufung zu festigen.'"[10]

Die Communauté verfügte noch nicht über eine verfasste Regel. Für die vorgesehene Feier des Lebensengagements schrieb der Prior den Text der „Ermahnung" und des „Lebensengagements", der mehrfach überarbeitet wurde und bis heute verwendet wird. Am Ostersonntag, den 17. April 1949 vollzogen der Prior und die ersten sechs Brüder den entscheidenden Schritt. Nach der durch den Prior verlesenen Ermahnung antwortete jeder Bruder einzeln auf die folgenden Fragen:

Willst du um der Liebe Christi willen dich ihm hingeben mit allem, was du bist?

Ich will es.

Willst du von nun an den Dienst für Gott tun in unserer Communauté, in Gemeinschaft mit deinen Brüdern?

Ich will es.

Willst du unter Verzicht auf alles Eigentum mit deinen Brüdern leben, nicht nur in der Gemeinschaft der materiellen Güter, sondern auch in der der geistigen und geistlichen Gaben, indem du dich um die Offenheit des Herzens bemühst?

Ich will es.

Willst du, um besser verfügbar zu sein für den Dienst mit deinen Brüdern und um dich ungeteilt der Liebe Christi zu schenken, im Zölibat verbleiben?

Ich will es.

Willst du, damit wir einmütig im Sinne seien und damit unsere Einheit im Dienst sich vollauf verwirkliche, die Entscheidungen annehmen, die in der Communauté getroffen und durch den Prior zum Ausdruck gebracht werden?

Ich will es.

Willst du stets Christus in deinen Brüdern wiedererkennen und so über sie wachen in guten und schlechten Tagen, in Zeiten des Überflusses und der Armut, im Leiden und in der Freude?

Ich will es.[11]

Die erstmalige Feier des Lebensengagements fand abseits der Öffentlichkeit statt. Abgesehen vom ökumenischen Nachrichtendienst SOEPI verlautete in der evangelische Presse nichts darüber.[12] Ein einziger Kirchenmann war bei der Feier anwesend, Oliver Tomkins, den Frère Roger 1939 in

Amsterdam kennen gelernt hatte; er wurde später Bischof von Bristol, blieb Taizé eng verbunden und kehrte mehrmals dort ein. Die Abwesenheit von Vertretern der französischen und der schweizerischen Reformierten Kirche ist bezeichnend für den Abstand, den diese zu einer Gemeinschaft halten wollten, die sich doch immer noch als „evangelisch-reformiert" bezeichnete. Weder Roger noch Max gehörten jedoch zur Evangelisch-Reformierten Kirche Frankreichs; ihre Namen standen nicht einmal in der im Protestantischen Jahrbuch veröffentlichten Liste der Pfarrer. Die Falschmeldung des Genfer Ökumenischen Presse- und Informationsdienstes, dass „die Communauté offiziell durch die Reformierte Kirche Frankreichs anerkannt" worden sei, wurde durch das Amt des Nationalrates der Reformierten Kirche Frankreichs ausdrücklich richtig gestellt.[13]

Bei der kleinen Feier am Ostertag kam mit Frère Robert noch ein achtes Mitglied zur Communauté, das sich auf das Lebensengagement einließ. „Er hatte uns zum ersten Mal gesehen", schreibt Frère Roger, „und war erst 20 oder 21 Jahre alt. Er entschied sich zusammen mit uns führ das Lebensengagement. So legte er sehr schnell die Profess ab."[14]

Einige Monate später begleitete Eric, ein junger Künstler, seinen Vater Jean de Saussure bei einem seiner Besuche in Taizé. Es war für ihn eine Offenbarung: „Roger brachte seine Gemeinschaft auf den Weg, und mein Vater war der einzige Genfer Pfarrer, der sein Vorhaben unterstützte, von dem viele meinten, es liefe dem evangelischen Geist zuwider. Ich wusste nicht recht, was mich erwartete. Wir trafen abends ein, in der Dämmerung. Am nächsten Tag, nach einem Gespräch mit Roger, stand mein Entschluss fest. Es handelte sich nicht so sehr um eine Entscheidung als um die Antwort auf einen inneren Ruf: ‚Mach dich auf den Weg!'"[15] Es waren nicht nur rationale Beweggründe, die den jungen Mann veranlassten, sein Leben Gott zu weihen. Frère Eric verhehlt nicht den tiefen Eindruck, den die Begegnung und das Gespräch mit Frère Roger bei ihm hinterließen.

Dasselbe widerfuhr später dem begabten Musiker Jean Jaquenod: „Mit 19 Jahren beeindruckte mich eine religiöse Gemeinschaft, die *Communauté de Taizé*, als ich einmal dort war und Frère Max begegnete. Ich glaube, dass ich dort auf Bilder aus meiner Jugendzeit stieß: Männer, die es zu achten und zu bewundern galt, einige Auserwählte, eine poetische Religiosität. Ich erlebte dort einen Lebensweise ohne Frauen, ohne Sex, ohne Geld."[16] Er wurde Bruder, verließ jedoch die Communauté nach 22 Jahren.

Andere Zeugen schildern, dass vom Prior eine Mischung aus Sanftmut und Autorität ausging. Sie betonen seine „mütterliche" Seite, einen weiblichen Anteil, den er bewusst einsetzte, zugleich seine Vorrangstellung, die er sich vorbehielt, um endgültige Entscheidungen zu treffen, nachdem er sich viele Meinungen angehört hatte. Roger schrieb sich das Charisma des Oberen oder des Gründers zu, ob aus klarer Einsicht oder aus Unbescheidenheit:

„Diener oder Dienerin der Gemeinschaft in einer Lebensgemeinschaft sein – es kommt vor, dass sich dies bei ein und derselben Person in mannhaftem Tatendrang verbunden mit einem gleichsam mütterliche Geborgenheit ausstrahlenden Wesen ausdrückt. Johannes XXIII. hatte alles in sich, bis hin zu den innersten Regungen der Barmherzigkeit einer Mutter. Teresa von Avila gesellte ihrem Sinn für Mütterlichkeit die Natur eines Gründers zu."[17]

„Schon in den ersten Jahren unserer Communauté haben wir Brüder zu singen begonnen. Einige von uns konnten Noten lesen und sangen mehrstimmige Choräle von seltener Schönheit. Damals wurde mir klar, dass der Gesang eine unersetzliche Stütze für das gemeinsame Gebet ist"[18], schrieb der in einer sehr musikalischen Familie aufgewachsene Gründer von Taizé. 1949 lernte Roger Pater *Joseph Gelineau* kennen, einen Wegbereiter des liturgischen Gesangs in französischer Sprache. Es war eine entscheidende Begegnung. Der junge Jesuit, der aus dem Anjou stammte, eine Frühbegabung als Musiker und Komponist, arbeitete seit einigen Jahren im „Zentrum für Liturgische Pastoral" der französischen Bischofskonferenz. Er hatte bereits die französische Übersetzung einiger Psalmen vertont. Das Projekt faszinierte Frère Roger. Gleich beim ersten Besuch Gelineaus in Taizé fragte er ihn, wie man den traditionellen Gebetsruf zu Beginn der Stundengebets auf Französisch singen könne: *Deus in adjutorium meum intende/ Domine ad adjuvandum me festina.* „An einer Ecke des Tisches", habe Gelineau die Melodie für eine zum Singen geeignete Übersetzung auf ein Blatt geschrieben: *Dieu viens à mon aide/ Seigneur au secours* (Gott, komm mir zu Hilfe/ Herr, [eile mir] zu helfen).[19] Der in Taizé entstandene Auftakt des Stundengebetes verbreitete sich schnell und wurde in unzähligen katholischen Gemeinschaften übernommen.

Pater Gelineau wurde sehr häufig von den Brüdern in Taizé gebeten, liturgische Texte zu vertonen, ja die Musik für ganze Gottesdienste zu schreiben. Sobald die „24 beliebtesten Psalmen" in französischer Übersetzung erschienen und noch bevor sie auf Schallplatte erhältlich waren, wurden sie in Taizé gesungen.

Frère Robert, der in der Geschichte der Musik und der Gesänge von Taizé eine wichtige Rolle spielte, meinte: „Die neue Form der Psalmenvertonung Joseph Gelineaus kam im richtigen Augenblick und war genau das, was wir für die tägliche Liturgie benötigten."[20]

Rückkehr zu Rom?

Am 23. Dezember 1949 richtete Pius XII. zum Weihnachtsfest und aus Anlass der Eröffnung des Heiligen Jahres einen Aufruf zur Einheit der Christen an die Welt. Im Gegensatz zur Ökumene durch lehrmäßige Übereinstimmung, wie sie beim Weltkirchenrat und in der *Groupe de Dombes* betrieben wurde, stellte der Papst die Frage nach der Einheit der Christen als die einer „Rückkehr" der „getrennten" Christen zur „einzig wahren Kirche". Der Heilige Stuhl allein sei „der Anker des Heils der ganzen Welt".[21]

Einige Wochen später kam eine Instruktion des Heiligen Offiziums zur„ökumenischen Bewegung" heraus.[22] Sie war wesentlich ausführlicher und aufgeschlossener als das kurz gefasste, nüchterne Monitum von 1948. Unter strikten Auflagen und mit vielen Ermahnungen zur Vorsicht ließ sie einen gewissen Spielraum für „gemischte Versammlungen und gemeinsame Vortragsabende von Katholiken und Nichtkatholiken" zu. Die Teilnahme an nichtkatholischen Gottesdiensten blieb streng untersagt, ein gemeinsam gesprochenes Gebet wurde dagegen erlaubt, soweit es sich um das Vater Unser oder ein „von der katholischen Kirche zugelassenes Gebet" handelte.

Frère Roger und Frère Max baten Kardinal Gerlier, in Rom verschiedene Audienzen zu erwirken, um „unserer Freude Ausdruck geben und über das Echo berichten zu können, das die Instruktion ausgelöst hat."[23] Paradoxerweise beauftragte sie Visser't Hooft zur selben Zeit, „den ärgerlichen Eindruck zur Kenntnis zu geben, den die Instruktion des Heiligen Offiziums auf nichtkatholische Kreise macht",[24] und bei den römischen Würdenträgern in der Frage der Entsendung katholischer Beobachter zur großen ökumenischen Konferenz vorzufühlen, die 1953 im schwedischen Lund stattfinden sollte.

Die Brüder trafen am 19. Juni 1950 in Rom ein und wurden am folgenden Tag von zwei französischen Prälaten empfangen, Msgr. *Pierre Veuillot* vom Staatssekretariat und Msgr. *Baron*, dem Regens des Französischen Seminars, die ihnen den Weg zu zahlreichen weiteren Begegnungen ebneten. Am 21. Juni erörterten sie mit Msgr. Montini die Frage der Beobachter bei ökumenischen Konferenzen. Anschließend berichteten sie über die evangelische Kritik an der letzten Instruktion über die „ökumenische Bewegung" und über Reaktionen einiger evangelischer Kirchenverantwortlicher auf „Grenzüberschreitungen" bei der Marienfrömmigkeit in bestimmten Gegenden der Erde[25], durch die nach deren Einschätzung „neue, tiefe Gräben, die zwischen den Christen aufgerissen wurden", „neuer Grund, neue Ursache für die Spaltung" seien.

Pater Boyer, den sie am nächsten Tag trafen, versuchte sie zu beruhigen. Der beim Heiligen Offizium tätige Msgr. *Alfredo Ottaviani*, der damals schon hie und da „Carabinieri des Glaubens" genannt wurde, erwies sich ebenfalls nicht als Gegner einer Teilnahme katholischer Theologen an den kommenden ökumenischen Konferenzen, sofern diese mit dem Heiligen Stuhl abgesprochen würden.

Am 24. Juni, dem Tag vor ihrer Rückreise, wurden sie kurz – zwölf Minuten – von Pius XII. empfangen; wegen des Heiligen Jahres waren

Anzahl und Dauer der Privataudienzen verkürzt worden. Will man dem „streng vertraulichen Bericht“ der Brüder Glauben schenken, den sie nur wenigen katholischen Freunden und Visser't Hooft erstatteten, äußerten die beiden bei diesem Gespräch unverblümt ihre Besorgnis: „Wir sagten ihm, wie sehr man in nichtkatholischen Kreisen einen wirklich ‚prophetischen‘ Text über die Einheit erwarte und dass seine Weihnachtsansprache die Protestanten sehr schockiert habe und dass der Begriff ‚Rückkehr‘ psychologisch unannehmbar sei.“ Hinsichtlich des Dogmas von der leiblichen Aufnahme Mariens in den Himmel, dessen Verkündigung unmittelbar bevorstand, „sagten wir zu ihm, dass dieses Dogma ökumenisch gesehen unangebracht sei (...), dass es sich für uns hier um ein biblisches und geschichtliches Problem handele und wir keine Grundlage für dieses Dogma sähen.“

Der Zufall wollte es, dass die Brüder an den Feierlichkeiten zur Heiligsprechung Maria Gorettis teilnehmen konnten, die sie „sehr beeindruckend“ fanden[26]; sie sahen darin eine großartige Kundgebung katholischer Eintracht. Einige Tage vorher hatten sie an Kardinal Gerlier geschrieben: „Wir haben eine wahre Freude daran, uns hier mitten unter den verschiedensten Pilgergruppen aufzuhalten, die Rom noch katholischer machen.“[27]

Frère Roger und Frère Max waren nach der zweiten Romreise zwischen Hoffnung und einer gewissen Enttäuschung hin und her gerissen. Msgr. *Georges Chevrot*, Pfarrer der Pariser Innenstadtgemeinde Saint-François-Xavier und Freund Abbé Couturiers, richtete sie auf: „Je mehr ich an das Problem der Einheit vor Gott denke, desto mehr gelange ich zu der Überzeugung, dass er uns ihr Geheimnis in der Bibel offenbart hat. Unsere Spaltungen werden verschwinden wie das Schisma zwischen Israel und Juda nach dem gemeinsamen Leid in Babylon. Wir werden vielleicht die Verschleppung erleben, wir werden aber nicht Esdras [die Heimkehr] erleben. *Mehrere Generationen* einer in den Untergrund abgedrängten Kirche werden den Katholizismus reinigen und – von der Basis aus – die Christen jeder Konfession in echter Gemeinschaft verbinden.“[28]

In Rom wurden die Brüder von Taizé zwar zuvorkommend aufgenommen, man riet aber weiterhin ihnen gegenüber zur Vorsicht. So erteilte Msgr. Montini dem Bischof von Autun vor einem Besuch bei den Brüdern von Taizé strenge Auflagen: „Es ist nicht angemessen, den Anschein zu erwecken, als würde man sich von ihnen Lektionen erteilen lassen. Nicht vergessen, dass sie im Irrtum leben, lieber ihnen gegenüber den heiligen Franz von Sales im Chablais [dem seinerzeit calvinistisch gewordenen Teil der Diözese Genf] nachahmen.“[29] Mit anderen Worten, sie mit sanfter Überzeugungskraft zum katholischen Glauben führen.

Am 1. November 1950 verkündete Pius XII. durch die dogmatische Bulle *Munificentissimus Deus* feierlich *ex cathedra* das Dogma von der Aufnahme

Mariens in den Himmel: „Wir verkünden, erklären und definieren es als ein von Gott geoffenbartes Dogma, dass die unbefleckte, allezeit jungfräuliche Gottesmutter Maria nach Ablauf ihres irdischen Lebens mit Leib und Seele in die himmlische Herrlichkeit aufgenommen wurde."

Das Ereignis kam nicht unerwartet, stellte aber einen tiefen Einschnitt dar. Die Communauté nahm es still und freudlos auf: „Wir saßen in Taizé am Rundfunkgerät und verfolgten die Verkündigung mit. Als uns klar wurde, dass der Papst das Unfehlbarkeitsdogma angewendet hatte, sagten wir zunächst eine ganze Weile nichts."[30]

Das Schweigen hielt nicht an. Frère Max veröffentlichte in einer Ausgabe von *Verbum Caro*, die ganz dem Thema gewidmet war, zwei ausführliche Beiträge und ein Nachwort: „Wir können nicht anders, als unseren katholischen Brüdern zu sagen, dass wir uns noch nie, noch in keiner theologischen Diskussion so berechtigt, sicher und gewappnet fühlten, gegen eine offensichtliche Verformung des Glaubens (…) aufzutreten."[31] Mehr als das Dogma selbst bedauert er, dass sein Inhalt allen Katholiken als Glaubensartikel auferlegt wurde. Mit harschen Worten vermutet er, „die Quelle des Glaubens" sei nunmehr wohl die Autorität des Papstes mit der Hilfe des Heiligen Geistes: „Wir haben es hier nicht mehr mit dem Christentum, auch nicht mehr mit dem Katholizismus (die der Glaube an Christus und an den Heiligen Geist in der Kirche sind) zu tun, sondern mit einer Religion, die nur als Papalismus bezeichnet werden kann."

Kritik dieser Art war in evangelischen Kreisen weit verbreitet. Marc Boegner, nach wie vor Vorsitzender des Protestantischen Kirchenbundes Frankreichs und mittlerweile einer der sechs gewählten stellvertretenden Vorsitzenden des Weltkirchenrats, ging noch weiter: „Die Entwicklung des Mariendogmas – die aller Wahrscheinlichkeit nach mit der Definition des Dogmas von der Aufnahme Mariens in den Himmel nicht abgeschlossen sein dürfte – sowie des Marienkultes verändert in unseren Augen das Christentum in seinen Grundlagen und konfrontiert uns mit einer Religion, die ganz anders ist als jene, für die das Neue Testament Zeugnis abgelegt hat."[32] Die Verkündigung des Dogmas blieb für die Weiterführung des ökumenischen Dialogs nicht ohne Folgen.

Die erste Fraternität

Ende 1950 zählte die Communauté zwölf Mitglieder, fünf von ihnen hatten im Lauf des Jahres ihr Lebensengagement abgelegt: Alain Giscard, André Berruex, Eric de Saussure, Philippe Brandon und Ami Guignard. Die symbolische Zahl, die der Prior seinerzeit nicht überschreiten wollte, war erreicht. Es wurde entschieden, dass einige Brüder als „Ausgesandte" in die Welt hinausziehen sollten. Bereits 1948 war diese Möglichkeit in Erwägung gezogen worden.

Versuche dieser Art gab es bereits in der katholischen Kirche, die seit mehreren Jahren „Arbeiterpriester“ in ihren Reihen hatte. Das Experiment hatte 1943 begonnen – nachdem Frankreich „Missionsland“ geworden war, brauchte es eine neue Art Priester. Einen Priester, der „die Soutane mit dem Blaumann vertauschte, in der Fabrik arbeitete, sich den infernalischen Kadenzen kapitalistischer Ausbeutung unterwarf, in den Stadtvierteln der Ärmsten wohnte: einen Mann, den nichts mehr von den Männern und Frauen unterschied, mit denen er sämtliche Lebensbedingungen teilte – ausgenommen seine Nächstenliebe, seine ständige Verfügbarkeit für alles und alle.“[33] Junge Kongregationen beschritten einen ähnlichen Weg. 1946 gründeten die Kleinen Schwestern Jesu und ein Jahr später die Kleinen Brüder Jesu in Aix-en-Provence Fraternitäten in der Arbeitswelt. Es galt „Mitten in der Welt“ präsent zu sein, wie der Titel eines bekannten Buchs lautet, das Pater Voillaume Anfang 1951 veröffentlichte.

Wenige Monate nach seinem Erscheinen wurde von Taizé aus mit einer ersten Fraternität in Monceau-les-Mines, einer nahen Industriestadt, begonnen. Zwei der ersten Brüder, Pierre und Axel, ließen sich dort nieder. Bei ihrer Abreise nach dem Morgengebet legte der Prior unter der Tür des großen gemeinschaftlichen Hauses den beiden Brüdern, die vor ihm neben ihren Koffern knieten, die Hände auf. Die beiden Brüder ließen sich von einem Bauunternehmen anwerben, teilten den Alltag der Arbeiter und beteiligten sich wie viele Arbeiterpriester „sogleich am Kampf der Gewerkschaft“, wie Frère Roger berichtet.[34] Dieser Entschluss brachte ihnen bald Arbeitslosigkeit ein; sie hatten große Mühe, in der Gegend erneut Arbeit zu finden.

Die Fraternität von Monceau-les-Mines konnte sich knapp zwei Jahre halten. Eine zweite wurde in Marseille gebildet und später weitere in anderen Städten, Ländern und Erdteilen. Viele wurden wieder aufgegeben, andere, z. B. in Brasilien, haben seit über 40 Jahren Bestand. Die 1953 verfasste „Regel von Taizé“ enthält einen längeren Abschnitt über die „ausgesandten Brüder“, der durch die ersten Erfahrungen in Monceau-les-Mines geprägt ist. „Wie die Jünger, ausgesandt je zwei und zwei, sind die ausgesandten Brüder Zeugen Christi. Sie sollen ein Zeichen seiner Gegenwart unter allen Menschen sein und Träger der Freude.“ Sie leben nach den Vorgaben der Communauté. „Die Regel wird auf die jeweiligen Verhältnisse angepasst und dann im Bruderrat geprüft“. Die Verbindung mit dem Prior bleibt vollständig erhalten: Die „ausgesandten“ oder „in Fraternitäten lebenden“ Brüder „halten regelmäßig den Prior über ihr Leben auf dem Laufenden. Sie sollen sich nicht ohne seine Zustimmung an ein neues Unternehmen wagen; denn er ist beauftragt, den Bruderrat zu befragen.

Wenn die ausgesandten Brüder diesen engen Kontakt nicht wahren, zerstören sie sehr bald die Einheit des Ganzen."[35]

Im selben Jahr übernahm Roger vorübergehend den Dienst als Pfarrer einer evangelischen Kirchengemeinde. Die Gemeinde von Mâcon, die zum 12. Kirchenkreis der Reformierten Kirche Frankreichs und zum Konsistorium in Lyon gehört, war seit Ende der vierziger Jahre ohne Pfarrer. Roger erklärte sich zu diesem Dienst bereit, gliederte sich aber nicht in die Reformierte Kirche Frankreichs ein. Er wurde weiterhin weder in der Liste der Pfarrer dieser Kirche geführt noch erhielt er irgendwelche Zuwendungen. Der Gottesdienst fand sonntags um halb elf Uhr in der evangelischen Kirche in der *rue Gambetta* statt. Der Pfarrer hatte auch die Kirche in Cluny (mit einem monatlichen Gottesdienst an einem Sonntagnachmittag) und gelegentlich die Kirche in Saint-Laurent-les-Mâcon, im Nachbardepartement Ain, zu betreuen. Nach zehn Jahren kirchlicher Arbeit auf ungewohnten Wegen in Genf und in Taizé widmete sich Roger nun einem Dienst in gewohnten Bahnen. Es galt, Gläubige aller Altersstufen und jeglicher sozialer Herkunft zu betreuen, Protestanten „an der Basis", die sich alles in allem fern jener theologischen und ökumenischen Fragestellungen bewegten, die in der Gemeinschaft von Taizé an der Tagesordnung waren.

Der Dienst des Pfarrers bestand nicht nur in der Gestaltung von Gottesdiensten und Abendsmahlsfeiern, sondern auch in einer „Seelsorge", wie Roger sie bereits mit den Brüdern und den Mitgliedern der Grande Communauté pflegte. Diese Einzelseelsorge kommt der Beichte und der geistlichen Betreuung in der Katholischen Kirche nahe. Roger hatte dafür in seiner Straßburger Zeit viel bei Jean-Daniel Benoît gelernt und sich fortgebildet. Er verwendete beträchtliche Zeit darauf, zuzuhören und Gespräche zu führen, damit das vergebende Wort den einzelnen in seiner besonderen Lage erreichen konnte. Wenig später erörterte Frère Max in seinem gleichnamigen Buch Begriff und Praxis der „Beichte", für den evangelischen Raum ein Novum, und widmete es „Meinem Bruder Roger, Prior von Taizé, der mich für den seelsorglichen Dienst ausgebildet hat."[36]

Der Prior von Taizé konnte sich bei dieser Gelegenheit auch auf einem anderen Gebiet vervollkommnen: „Unter den Brüdern der Communauté fühlte er sich ein wenig eingeschüchtert, wenn er das Wort ergreifen sollte; er tat es selten und predigte nicht oft. In Mâcon fiel es ihm hingegen leicht. Während der Fahrten bei seinem Dienst als Pfarrer konnte er Kraft sammeln, zehrte doch der fortwährende Kampf, eine Gemeinschaft zu festigen, die bereits von allen Seiten verdächtigt und angegriffen wurde, sehr an ihm."[37]

Neben seinen Aufgaben als Pfarrer interessierte sich Roger auch für nichtevangelische Kreise. *Marcel Brissaud*, Generalsekretär des Gewerkschaftsverbandes CGT (Confédération générale du travail/ Allgemeiner Arbeitsbund) in Mâcon erinnert sich an Rogers regelmäßige Besuche, die er auch nach Beendigung seines Pfarrdienstes in Mâcon fortsetzte. Der Gründer von Taizé schaute oft im „Haus des Volkes" vorbei, wo die Gewerkschaften ihre Büroräume hatten, unterhielt sich mit den einen oder anderen, interessierte sich für die laufenden Forderungen und Auseinandersetzungen. Er verbreitete sich dabei nie über religiöse Fragen. Als er erfuhr, dass die Gewerkschaft Räumlichkeiten für ein Ausbildungszentrum suchte, bot er Taizé für die Durchführung drei- oder viertägiger Fortbildungen an. Die Gewerkschafter berieten darüber, verzichteten dann aber darauf, weil der Ort für ihre Begriffe zu religiös geprägt war.[38]

Eine Regel

Am 9. November 1952 legten die Gründerin von Grandchamp, Mère *Geneviève Micheli*, und sechs weitere Schwestern der Gemeinschaft die Profess ab. Die Beziehungen zwischen Grandchamp und der örtlichen Reformierten Kirche waren weit enger als die Beziehungen zwischen Taizé und der Reformierten Kirche Frankreichs. Pfarrer Du Pasquier und der Ratspräsident der Evangelisch-reformierten Kirche im Kanton Neuenburg, Pfarrer *Cand*, nahmen an der Feier teil. Das Versprechen der Schwestern im weißen Gebetsgewand nahmen jedoch Pfarrer de Saussure und Mère Geneviève entgegen, nachdem zuerst die Obere die Gelübde abgelegt hatte. Die Verpflichtungen entsprachen dem „Lebensengagement" von Taizé: „in persönlicher Armut und Gütergemeinschaft leben", „in Ehelosigkeit bleiben" und „die Entscheidungen annehmen, die gemeinschaftlich gefällt und durch die Mutter [*Mère*] zum Ausdruck gebracht werden". Nach dieser Feier, für Grandchamp die Gründungsfeier, machte sich der Prior von Taizé daran, eine Regel zu verfassen. Sie orientierte sich an den Grundsätzen, Erkenntnissen und Verhaltensweisen, die schon eingehend gelebt und erprobt worden waren.

Zur Vorbereitung darauf machte Frère Roger im Winter 1952/1953 Exerzitien, über deren Umstände er niemals öffentlich sprach. Blieb er in Taizé? Ein paar Quellen gehen davon aus, dass er sich einige Zeit in das Noviziat der Kleinen Brüder Jesu nach El Abiodh zurückzog, dessen Novizenmeister er gut kannte. Der Prior von Taizé hatte sich demzufolge in Marseille eingeschifft. Die Überfahrt nach Oran dauerte damals einen Tag und eine Nacht. Den Rest der Reise soll er im Überlandbus zurückgelegt haben: 500 Kilometer mit einem Zwischenhalt in Géryville (heute El Bayadh), wo die Reisenden in einer Missionsstation der Weißen Väter übernachteten. El Abiodh ist eine Oase, die am Fuß eines Ausläufers des Atlas liegt, gleich dahinter beginnt die Sahara. Das Noviziat der Kleinen Brüder Jesu war in einem Bordj untergebracht, einem kleinen Fort mit Innenhof, das wie ein Kloster aussah.

Carlo Caretto, damals einige Zeit als Novize in El Abiodh, schilderte die besondere Stimmung in diesem Haus am Rande der Wüste: „Es sind etwa vierzig Novizen; alle legen dieselbe Verachtung für Konventionen, Eleganz und Komfort an den Tag. Und rasch stellt man fest, dass alles wie ein Spiel ist... überall Freude, Arbeit, Gebet, Einfachheit, Liebe zueinander."[39]

Durch seine Aufenthalte als junger Mann in einer Kartause und in der Abtei Dombes war Roger bereits mit katholischen Gemeinschaften vertraut. Hier wohnte man aber nicht im Gästehaus eines Klosters, sondern war ganz in das gemeinschaftliche Leben hineingenommen. In El Abiodh konnte man ein Leben in Entäußerung und Gebet bis zur Neige auskosten. Ein Leben wie außerhalb der Zeit, dem die moderne Welt gleichgültig ist, das sich mitten unter einer muslimischen Nomadenbevölkerung abspielt, mit der die Kleinen Brüder in gegenseitiger Wertschätzung verbunden waren. Wie in allen Fraternitäten der Kleinen Brüder Jesu hatte auch im Noviziat die tägliche Anbetung des Allerheiligsten einen hohen Stellenwert. Diese Erfahrung hatte Frère Roger bereits geprägt, hatte doch das Geheimnis der Realpräsenz schon in seiner Kindheit einen tiefen Eindruck bei ihm hinterlassen.

Frère Eric, der später einige Monate in jenem Noviziat verbrachte, berichtete von einem „rauen, asketischen Leben": „Nachts war es bitter kalt, tagsüber brütend heiß. Das Essen war dürftig. Wir machten uns mit dem katholischen Ordensleben vertraut und brachten unsererseits ökumenische Vorstellungen ein, die noch kaum entwickelt waren. Manchmal fuhren wir hinaus und verlebten drei Tage im Zelt, in der Fraternität, in der die ältesten Brüder als Nomaden mit Ziegen und Kamelen unterwegs waren. (...) Das Abenteuer in der Sahara hat mich tief geprägt, und meine heutige Vorliebe für die Einsamkeit, die Einfachheit des Lebens rührt zum Teil aus dieser Zeit. Ich habe damals auch erkannt, wie sehr wir uns im Leben mit unnötigen Dingen belasten."[40]

In El Abiodh saßen die Kleinen Brüder Jesu beim Gebet im Schneidersitz auf dem Boden, manche mit einem Bänkchen als Stütze. In Taizé gab es später ähnliche Gebetsbänkchen, und von dort aus verbreitete sich das Gebet auf kleinen Bänkchen in zahlreichen Gemeinden und Gemeinschaften. Der Prior von Taizé könnte auch einige Zeit in der Fraternität der Kleinen Brüder Jesu in Alger gewesen sein, die mitten im Arbeitermilieu lebte und von Kleinem Bruder *Michel Nurdin* geleitet wurde.

Gewiss ist aber seine Reise mit Frère Max ins Heilige Land. Beide unternahmen eine Wallfahrt zu den Heiligen Stätten. Eine vom Dominikaner *René Beaupère*, der auch zur *Groupe des Dombes* gehörte, aufgenommene Fotografie zeigt die beiden Brüder in Mänteln, frohgestimmt unter einem hell leuchtenden Himmel, neben einem Kamel in Samaria. Mehr ist über diesen Aufenthalt nicht bekannt.

Kurz nach ihrer Rückkehr nach Frankreich verstarb am 24. März 1953 Abbé Couturier. Bei seiner Beerdigung würdigten Pfarrer de Pury und Pfarrer de Weymarn vom Ökumenischen Pressedienst sein großes Versöhnungswerk. Der Prior von Taizé schrieb in *Réforme* einen bewegenden Beitrag[41] und beteiligte sich später an verschiedenen Sammelbänden zu Ehren des Toten. Roger bezeichnete Abbé Couturier als „Propheten"; 1944 hatte er ihn „geistlichen Vater" genannt. Die Communauté hatte sich beträchtlich weiterentwickelt, das vertraute Verhältnis aber war geblieben. *Etienne Fouilloux*, Fachmann für Kirchengeschichte im Zwanzigsten Jahrhundert, verglich mit Wortpaaren zwei Haltungen in der Ökumene der Jahre 1930 bis 1950: „Gebet – Forschung, Hoffnung – Verwirklichung, Improvisation – Organisation, Kühnheit – Vorsicht".[42] Nach seinem Dafürhalten traf der erste Begriff jedes Paares auf Abbé Couturier und Frère Roger zu. Der Gründer von Taizé blieb auf diesem Weg und zog persönliche Beziehungen offiziellen Treffen, mutige Initiativen lange im Voraus erstellten Programmen, die Überwindung von Widersprüchen einer harten Konfrontation verschiedener Standpunkte vor.

Einige Tage nach Abbé Couturiers Tod wurde am Ostersonntag, den 5. April 1953, die Regel, die Frère Roger für die Brüder verfasst hatte zum ersten Mal verlesen. Ein Jahr später erschien sie als kleines Buch.[43] Die „Präambel" ist eine sehr persönlich gehaltene Ermahnung. Der Prior wendet sich an den einzelnen Bruder. Einige „wesentlichen Weisungen" seien notwendig, damit die Communauté sich „in Christus aufbauen und sich in ein und demselben Dienst für Gott hingeben" kann. Er geht auf Bedenken ein („Du fürchtest, eine gemeinsame Regel könnte deine Persönlichkeit ersticken") und baut gleichzeitig vor („deine Freiheit soll kein Vorwand werden für ein Leben nach deinem eigenen Gutdünken").

Die eigentliche Regel behandelt zunächst auf wenigen Seiten die „Akte der Communauté": das Gebet, die Mahlzeit, den Bruderrat. Dann werden kurz die „geistlichen Weisungen" erläutert, die seit der Gründung die Grundlage der Communauté bilden, das Wort Gottes, die innere Stille, der Geist des Seligpreisungen, und die Bedeutung der drei „Lebensengagements" näher ausgeführt, Ehelosigkeit, Gütergemeinschaft und Anerkennung des Priors. Der Prior fällt die wichtigen Entscheidungen, wenn nötig nach Befragung der Brüder, aber „ohne an eine Mehrheit gebunden zu sein". Er „bestimmt einen Assistenten, der ihn unterstützen und nach ihm die Kontinuität sichern soll." Mit dieser Aufgabe, die der eines Subpriors entspricht, wurde eine Weile Frère Max betraut; 1978 zeichnete sich für Frère Roger ab, dass Frère Alois einmal sein Nachfolger werden solle.

Später erklärte er: „Von Anfang an wollte ich innerhalb der Communauté niemals Prior genannt werden. Ich bin ein Bruder. Ich bin lediglich ein Diener der Gemeinschaft."[44] So wurde und wird dies in Taizé gehalten. Die

Brüder sprachen vom Prior einfach als „unserem Bruder", wobei er dennoch „geliebter, begabter und bewunderter Gründer"[45] blieb. Außerhalb der Communauté wurde Frère Roger bis 1976 in Pressemitteilungen, Zeitschriftenbeiträgen und als Autor seiner Bücher als „Prior von Taizé" bezeichnet. Später verzichtete er auf diesen Titel und nannte sich einfach „Frère Roger, Taizé". Mit weiteren Abschnitten über „Ausgesandte Brüder", „Neue Brüder" und über die „Gäste" endet die erste Fassung der Regel.

In Taizé ist die Regel von 1953 nach wie vor Grundlage für das gemeinsame Leben. Sie erlebte jedoch viele veränderte und ergänzte Neuausgaben. 1962 kamen die „Engagements bei der Profess" dazu und ein zweiter Teil mit ausführlichen geistlichen Weisungen, die den Umfang verdoppelten. Nach dem Zweiten Vatikanischen Konzil veröffentlichte Frère Roger das Buch *Unanimité dans le pluralisme* (Einmütig im Pluralismus), das die Regel kommentierte und aktualisierte. 1978 erschien ihm der Begriff „Regel" nicht mehr angemessen, sondern zu strikt. Er überlegte mit den Brüdern beim jährlichen Bruderrat: „Das kleine Buch, in dem gesagt wird, was uns im Wesentlichen gemeinsam ist, heißt unpassender Weise unsere ‚Regel'. Sie ist weder eine Konstitution noch ein juridischer Text. Wäre es nicht besser, von den ‚Quellen von Taizé' zu sprechen?"[46] Ab 1980 erschienen „Die Quellen von Taizé", mit der nochmals leicht überarbeiteten Regel und drei weiteren Texte, die der Prior für wesentlich ansah. Frère Alois, seit 2005 Nachfolger von Frère Roger, meint, es sei „als wollte er uns nahe legen, uns nicht an Buchstaben oder Strukturen zu klammern, sondern uns immer wieder dem Atem des Heiligen Geistes zu überlassen."[47]

Noch im Jahr 1953 übernahmen die Schwestern von Grandchamp diese Regel während einer Feierstunde, zu der beide Gemeinschaften im November in Grandchamp zusammenkamen. Die Weggemeinschaft, die 13 Jahre zuvor mit der Begegnung des jungen Roger und Schwester Marguerite de Beaumonts begonnen hatte, vertiefte sich; zur Verbundenheit im Geist kam die in den Grundsätzen. Der Prior von Taizé und Mère Geneviève verfassten einen Text, in dem beide Gemeinschaften „ihre gemeinsame Berufung zum Dienst Jesu Christi und die Einheit ihres Zeugnisses in den Kirchen der Reformation" bekräftigten. Grandchamp hält bis heute mit wenigen Streichungen und Änderungen an der Regel „in ihrer ursprünglichen Fassung" fest, die als „konkreter" angesehen wird.[48]

Die Annahme der Regel durch die Brüder bedeutete das Ende der Großen Communauté. Die von den „Konstitutionen" von 1948 vorgesehenen engen, fast organischen Verbindungen zu den Brüdern in Taizé hatten sich gelockert. Die verbliebenen Mitglieder der Großen Communauté traten nun in einen zusammen mit Grandchamp gegründeten „Drittorden" ein. Grandchamp hatte ebenfalls seit den Anfängen eine weibliche Variante der Großen Communauté, die die Gemeinschaft finanziell und geistlich unterstützte und deren Mitglieder regelmäßig an Einkehrtagen oder Treffen im Mutterhaus teilnahmen. Am 31. August 1954 kamen auf Einladung Frère Rogers und Mère Genevièves beide Gruppen – ungefähr 120 Mitglieder – nach Grandchamp und schlossen sich zum „Drittorden der Einheit" zusammen. Frère Roger hielt einen kurzen Vortrag über die Einheit der Kirche und die Liebe zur Kirche; Frère François legte die Seligpreisungen aus. Im Jahr darauf gab Frère Roger dem Drittorden „eine erste ganz praktische und geistliche ‚Kleine Regel', die auf einer Zusammenfassung der Regel von Taizé beruht":

„Bete und arbeite, damit sein Reich komme.
Lass in deinem Tag, in Arbeit und Ruhe, Gottes Wort lebendig werden.
Bewahre in allem die innere Stille, um in Christus zu bleiben.
Lass dich durchdringen vom Geist der Seligpreisungen:
Freude – Einfachheit – Barmherzigkeit."

Die Terziaren des Drittordens der Einheit („Einheit der Person, Einheit in den menschlichen Beziehungen, Einheit in der Kirche und in der Welt") verpflichteten sich insbesondere zum täglichen Gebet, zur Meditation der Bibel, zu regelmäßigen Einkehrtagen und einer jährlichen Zusammenkunft. „Die Betonung liegt auf der Berufung zur Einheit durch einfache Begegnungen (Gastfreundschaft in den Familien zum Beispiel) und die Mitarbeit in der Kirchengemeinde."[49] Sie waren aufgerufen, „eine nach außen wirkende Strahlkraft gemeinschaftlichen Geistes in der Kirche und in der Welt zu sein." Der „Dritte Orden der Einheit" bestand weiterhin, aber nicht mehr unter der Obhut von Taizé. Im Lauf der Jahre betreuten Frère Francois, Frère Pierre-Yves und auch Frère Roger noch das eine oder andere jährliche Treffen.

Engagiert und umstritten

In der Annahme der gemeinsamen Regel sah der Prior von Taizé auch einen Anlass, die Beziehungen zur Evangelisch-Reformierten Kirche Frankreichs zu ordnen. Es lag ihm daran, dass Brüder der Communauté in dieser Kirche zu Pfarrern ordiniert würden. Die Verhandlungen dauerten mehrere Jahre. Am 28. Juni 1954 bat der Nationalrat der Reformierten Kirche Frankreichs um eine Erläuterung der Zulassungsbedingungen zur Communauté und die damit verbundenen „Engagements". Am 7. August sandte Frère Roger einen ausführlichen Bericht; er wurde am 12. Oktober im Nationalrat geprüft und besprochen. Man kam zu dem Schluss, dass „lebenslange Verpflichtungen, die vor einer menschlichen Instanz eingegangen werden" mit der Lehre der Heiligen Schrift grundsätzlich unvereinbar sind. Insbesondere die Verpflichtung, sich der Communauté zu fügen, stieß auf größte Vorbehalte: „Was geschieht im Fall eines Konflikts zwischen der Einordnung in die Communauté und der Einhaltung der Ordnung der Reformierten Kirche Frankreichs, zu der sich jeder verpflichtet, der um die Ordination bittet?" Deshalb hielt es der Nationalrat für nötig, „zusätzliche Auskünfte über Form, Inhalt und Tragweite der Verpflichtungen zur Ehelosigkeit, und besonders zur Unterordnung" einzuholen.[50]

Am 2. Dezember wurden Frère Roger, Frère Max und Frère Robert im Amt des Nationalrats am Sitz der Reformierten Kirche in Paris angehört. Am 5. Januar 1955 ergänzte der Prior die Erläuterungen der Brüder durch eine Stellungnahme. Knapp zwei Wochen später beschied die Versammlung des Nationalrats: „Die Grundsätze der Reformation erlauben es einem Menschen nicht, vor einer menschlichen Instanz lebenslange Verpflichtungen abzulegen (Unterordnung, Ehelosigkeit usw.), von denen er nur mit der Zustimmung dieser Instanz wieder entbunden werden kann."[51] Die Diskussion war also nicht beendet. Am 28. und 29. September 1955 fuhren Pierre Bourget in seiner Eigenschaft als Vorsitzender des Nationalrats und drei weitere Pfarrer nach Taizé und führten mit Frère Roger, Frère Max, Frère Daniel und Frère Robert als Vertreter der Communauté eine Unterredung. Nach Einschätzung der Delegierten verliefen die Gespräche „sehr brüderlich, freimütig, einfach und fruchtbar"; die Meinungsverschiedenheiten konnten jedoch nicht ausgeräumt werden. Es ging um die Unabhängigkeit von Taizé und die Absicht, als „interkonfessionelle" Gemeinschaft bestehen zu bleiben. Der Nationalrat war der Auffassung, dass man „nicht der universalen Kirche angehören kann, solange man nicht in eine verfasste Kirche eingegliedert ist".[52]

Die schleppenden Verhandlungen veranlassten die Communauté, ganz allgemein ihren Standort den Kirchen gegenüber zu präzisieren. Aus dem Text, der neun Punkte umfasst und den Titel „Kirche und Communauté" trägt, geht hervor, dass Taizé sich nicht länger als reformierte, sondern als „zönobitische Gemeinschaft" definierte, die „ein Ausdruck der Kirche, des Leibes Christi, an einem bestimmten Ort" ist. „Durch die Vielfalt ihrer Mitglieder" gehört sie zu den „Zeichen des übernationalen, ja überkonfessionellen ökumenischen Charakters der Kirche". Folglich „würde sie ihre Berufung verfehlen, wenn sie sich rechtlich in allem einer nationalen Ortskirche unterstellen würde".[53] Frère Roger verlas den Text beim Bruderrat am 29. November 1956. Es musste noch viel Zeit verstreichen, bis die Beziehungen zwischen Taizé und der Reformierten Kirche Frankreichs geklärt waren.

Von Mitte der 1950er Jahre bis zum Ende des Pontifikats Pius XII. schien der Prior von Taizé von der Katholischen Kirche enttäuscht zu sein. Nach Zusammenkünften in Rom mit Pater Boyer und seinem *Unitas*-Zentrum, bei denen es um die Ökumene und die Frage der *vestigia ecclesiae*, der „Spuren von Kirche" in der jeweils anderen Glaubensgemeinschaft, ging, veröffentlichte Frère Roger in Boyers Zeitschrift zwei Beiträge. Es klangen Zweifel an: „Die ökumenische Bewegung macht eine Krise durch (...), nachdem Römer wie Nichtrömer alle großen theologischen Fragen gemeinsam behandelt haben; wir haben herausgefunden, was uns trennt und was uns eint, und müssen nun, wenn wir ehrlich sind, zugeben, dass wir vor einer Wand stehen."[54] Das Verbot der Arbeiterpriester 1954 und die Sanktionen, die die Dominikaner-Theologen trafen, die das Experiment unterstützt hatten – *Marie-Dominique Chenu*, *Yves Congar*, *Henri-Marie Féret* und *Pierre Boisselot* – bestärkten Frère Roger in diesem Gefühl. Er teilte Congar seine Enttäuschung mit: „Ich möchte Ihnen sagen, wie sehr uns die Prüfung nahe geht, die Sie getroffen hat. Wir können den Grund solcher Maßnahmen nicht begreifen, wir können nur zusammen mit Ihnen leiden und Sie dem Herrn der Barmherzigkeit anvertrauen. Danke für alles, was Sie in der ökumenischen Bewegung sind und auch für alles, was sie uns persönlich geben."[55]

Taizé schien sich wieder auf die evangelische Welt zu besinnen. Neben den Aussprachen mit der Reformierten Kirche Frankreichs hatte die Communauté im September 1955 den Nationalkongress der „Postfédération" zu Gast, zu der sich die ehemaligen Mitglieder des französischen Bundes der evangelischen Studentenverbände zusammengeschlossen hatten. Wenn man weiß, wie groß die Unterschiede zwischen den verschiedenen evangelischen Gruppierungen im damaligen Frankreich waren, belegt die Entscheidung für Taizé als Ort der Ausrichtung eines solchen Kongresses, dass die Gemeinschaft von Taizé als dem Bund nahe stehend angesehen wurde. Am 25. September segnete Marc Boegner in Taizé ein Exerzitien-Zentrum für Männer ein, das die Communauté in einem Haus des Dorfes eingerichtet hatte.

Zur selben Zeit gelang es, sich stärker in die gesellschaftlichen und wirtschaftlichen Belange der Gegend einzubringen, ein Ziel, das in Taizé ganz bewusst verfolgt wurde. Frère Alain, ein Agraringenieur, kümmerte sich seit vielen Jahren um den Bauernhof. 1954 stellte die Molkerei, die im Umkreis die Milch einsammelte, den Betrieb ein. Frère Alain schlug den umliegenden Landwirten vor, eine eigene Molkereigenossenschaft zu gründen. Sie war so erfolgreich, dass ihr Einzugsbereich weit über die Gegend hinausging. Bis zu 1200 Bauern gehörten ihr an. Sie wurde Modellbetrieb; Landwirte reisten mit Bussen an, um ihn zu besichtigten. Taizé war zu einem „Bienenstock" geworden, meinte Jean Jaquenod in seinem Buch, in dessen Vorwort der Psychiater und Psychoanalytiker *Jean Guyotat* schrieb: „Die Communauté erscheint als eine Art Bienenstock mit reichem Ertrag; der Prior ist die Königin, die Bienen können in seiner nächsten Nähe leben und arbeiten (...). Andere fliegen aus und tragen die ökumenische Botschaft in die Welt. Wieder andere ziehen in die Ferne und führen dort bisweilen ein außergewöhnliches, spannendes Leben, bleiben aber stets durch ein Netz enger Zusammengehörigkeit verbunden, das sich nicht leicht in Worte fassen lässt."[56]

6. Kapitel

Zwischen Genf, Paris und Rom

Zwischen 1950 und 1957 verdreifachte sich die Zahl der Brüder; die Communauté wuchs von zwölf auf sechsunddreißig Mitglieder, davon ein Dutzend Novizen (das Noviziat vor dem feierlichen Lebensengagement dauert zwei bis vier Jahre). Dieser Zuwachs ermöglichte es, von Taizé aus kleine provisorische Fraternitäten in Europa und später auf den anderen Erdteilen einzurichten.

In Frère Erics Bericht über seine Afrikareisen 1957 und 1958 steht eine bezeichnende Bemerkung über die Beziehungen zwischen Taizé und dem Katholizismus: „Wir fuhren kreuz und quer durch das Land Elfenbeinküste, besuchten die Kirchen und lernten das Leben vor Ort kennen, weil wir vor allem unter Afrikanern lebten. Wir durchstreiften ebenso Kamerun, Dahomey [heute Benin], Guinea und Mali. Wir sahen viele Seiten dieser Länder und machten herrliche Reisen auf Lastwägen wie in Einbäumen, wurden in den Dörfern beherbergt und erzählten mit mehr oder weniger Erfolg von unserer ökumenischen Berufung. Am besten wurden wir im Allgemeinen in den katholischen Kirchengemeinden aufgenommen. Protestanten beklagten sich oft, Taizé würde ‚katholisiert'…"[1]

Seit dem Ende der 1950er Jahre ging die *Communauté de Taizé* durch eine Phase der Unbestimmtheit. Es war ihr sehr daran gelegen, der Reformierten Kirche Frankreichs gegenüber zwar Unabhängigkeit zu wahren, aber dennoch normale Beziehungen zu ihr aufrecht zu erhalten. Gleichzeitig suchte sie in Frankreich wie im Ausland vielfältige Verbindungen mit der Katholischen Kirche, trotz der „Mauer", die Rom den Brüdern entgegenstellte. So beschloss der Prior 1957, einen Bruder spanischer Herkunft, der seine Eltern in der Heimat besuchte, zu begleiten. Sie besuchten von Barcelona bis Malaga Bischöfe und Priester, die „in der Lage sein dürften, unseren ökumenischen Dialog zu begreifen", und „um einen Austausch zu beginnen, der Aussicht auf Zukunft hat". Vorher bat er Kardinal Gerlier um Unterstützung: „Hätten sie einige Adressen für uns? Wir wären Ihnen dafür sehr dankbar."[2]

Die Beziehungen zwischen Taizé und der Katholischen Kirche waren nie einfach. Die Communauté gab manchmal ein unklares Bild von sich ab, das geeignet war, bei katholischen Würdenträgern bisweilen Argwohn zu wecken. Ein Beleg dafür ist die folgende Episode: Im August 1957 hinterbrachte Bischof Lebrun dem Lyoner Erzbischof ein sich verbreitendes Gerücht: Frère Roger und Frère Max seien „insgeheim zum Katholizismus übergetreten". Es war ein gegenstandsloses Gerücht, das freilich von einer Begebenheit herrührte, die sich tatsächlich zugetragen hatte und die Bischof Lebrun ebenfalls schilderte: Frère Roger war von der Synode der Neuenburger Evangelisch-Reformierten Kirche „um Klärung eines Sachverhalts" gebeten worden. Er und Frère Max mussten danach „feierlich bestätigen, dass die Stellungnahmen, die sie dazu abgegeben hatten, im Vorfeld nicht dem Bischof von Autun zur Freigabe vorgelegt worden seien."[3] Das erbetene Gespräch in Neuenburg war Teil einer umfassenden Untersuchung über Taizé, die die Reformierte Kirche in Frankreich durchführte, um schlussendlich einen offiziellen Standpunkt beziehen zu können.

Bald darauf bat der Prior von Taizé den Lyoner Erzbischof erneut um einen Gefallen. Die Communauté wollte eine Single-Schallplatte zum Thema Einheit der Christen einspielen. Für die A-Seite sollte ein Stundengebet eingespielt werden, das aus von Pater Gelineau vertonten Psalmen, Bibellesungen, Gebeten und Fürbitten bestand. Für die B-Seite sollte nach Wunsch des Priors von Taizé ein Dialog über die Einheit aufgezeichnet werden, den er mit dem Erzbischof führen wollte. Er trug das Vorhaben dem Erzbischof an, der lehnte diesmal jedoch ab.[4] Msgr. Chevrot, mit dem Frère Roger seit Jahren in Verbindung stand, war bereit, den Dialog zu führen.

Im selben Jahr besuchte der Gründer und Direktor der damals führenden Tageszeitung *Le Monde*, Hubert Beuve-Méry, zum ersten Mal Taizé. Die Communauté war ihm gewiss namentlich nicht unbekannt, die Zeitung hatte ihr jedoch noch keinen Artikel gewidmet. Beuve-Méry war von den äußeren Verhältnissen sehr angetan: „Eine winzige Kirche, ein Schmuckstück romanischer Kunst, wacht über den Landfriedhof eines Dorfes im Mâconnais", schreibt er ohne den Namen Taizé zu nennen. Nicht weniger anziehend wirkte auf ihn der ökumenische Geist der Communauté und ihr Prior: „Eine entscheidende Begegnung", schreibt sein Biograf.[5] Beuve-Méry kehrte bis zu seinem Tod 1989 häufig nach Taizé zurück, und führte mit Frère Roger lange Gespräche. Er nahm 1966 auch am ersten internationalen Jugendtreffen und einige Jahre später am „Konzil der Jugend" teil.

„International und interkonfessionell"

Ende 1957 weckte eine Beilage in *Reforme* große Aufmerksamkeit für die Communauté.[6] Seit dem ersten Artikel im Jahr 1947 war dort nichts mehr über sie erschienen. Einer der Beiträge stammte von Frère Roger, die anderen aus der Feder renommierter Persönlichkeiten des Protestantismus, nämlich der Pfarrer *Finet*, *Roux* und *Casalis*, bei denen sich in die Anerkennung und Bewunderung auch Kritik mischte. Finet war der Ansicht, das Bestehen einer „zönobitischen Gemeinschaft", die „Gelübde, Verpflichtungen, Ehelosigkeit und Gehorsam einer menschlichen Instanz gegenüber einschließt", sei im reformierten Umfeld „etwas Neues". „Die Bibel", fuhr er fort, „spricht von einer natürlichen Gemeinschaft, der Familie, und einer geistlichen Gemeinschaft, der Kirche. Einen Konvent suche ich darin vergebens. Damit steht eine erste Frage im Raum."

Dann fragte er nach dem Standort der „interkonfessionellen und internationalen" Communauté, die „auf der praktischen Ebene" viele Schwierigkeiten aufwirft: „Die Communauté de Taizé steht mit beiden Beinen auf der Erde, und zwar in Burgund. Sie untersteht daher der Rechtsprechung der Reformierten oder der Lutherischen Kirche Frankreichs (nachdem ihre Theologie reformierter, nicht römischer Art ist). Nicht doch! sagt sie. Die Communauté de Taizé will ökumenisch sein. Um Mitglied im Weltkirchenrat zu werden, muss man aber eine Kirche sein. Nicht doch! sagt sie. Damit steht eine zweite Frage im Raum."

Pfarrer Roux' Beitrag war weniger ironisch und stellte weitergehendere Fragen: „Es geht um die Frage, ob eine Gemeinschaft, die sich letztlich selbst leitet und die organischen Verbindungen ihrer gemeinsamen Betätigung und ihres gemeinsamen Zeugnisses mit den aus der Reformation hervorgegangenen Kirchen auf eine ‚geistliche Verwandtschaft' beschränkt, nicht Gefahr läuft oder nicht der Versuchung erliegt, selbst zu der Kirche oder zu einer Kirche zu werden, wozu jede Sekte versucht ist." Roux vertrat die Meinung, dass die evangelischen Kirchen Taizé gegenüber „sowohl Vorbehalte, Warnungen oder Ablehnung wie auch Ermutigung, Unterstützung und Billigung" aussprechen könnten.

In seinem einfach mit „Roger Schutz" gezeichneten Beitrag ging der Gründer von Taizé auf diese Sorge ein. Er bekräftigte von neuem die ökumenische Berufung der Communauté: „Wir lehnen es ab, uns in ein gutes konfessionelles Gewissen einschließen zu lassen, wir wollen versuchen, mit unseren Mitteln eine Bresche in die Barrieren zu schlagen, die zwischen den Christen aufgerichtet wurden." Zugleich betonte er als einen immer deutlicher hervortretenden Wesenszug der Communauté, „den schwierigen Versuch eines Lebens im Herzen der Massen" zu wagen. Es gelte ein Gleichgewicht zu finden, zwischen der Einwurzelung in eine Gemeinschaft, einem Gebetsleben, den wohl etablierten Kirchen, und „dem weiten Feld, (...) den Brennpunkten im Leben der Menschen". Die kommenden Engagements von Taizé (Teilnahme am Zweiten Vatikanischen Konzil, das „Konzil der Jugend", die internationalen Jugendtreffen), an die Frère Roger damals noch nicht dachte, bekräftigten diese Darlegungen wenige Jahre später.

Der jahrelange offizielle Klärungsprozess zwischen Taizé und den Amtsträgern der Reformierten Kirche Frankreichs, kam im Frühjahr 1958 zum Abschluss, einige Monate vor dem Tod Pius XII. Von 31. Mai bis 2. Juni fand die 51. Nationalsynode in Portiers statt. Frère Roger und Frère Max wurden dazu eingeladen. Der Vorsitzende des Nationalrates, Pfarrer *Pierre Bourget*, verlas dort einen gemeinsam mit der Communauté erstellten Text, der zum ersten Mal ihren Standort offiziell festlegte.

„Nachdem sich die Communauté als eine ‚Familie' (*patria*, Eph 3,15) versteht, erhebt sie weder den Anspruch, eine Kirchengemeinde noch eine Kirche zu sein. In ihr finden sich Männer zusammen, die sich frei zu einem dreifachen Engagement (Gütergemeinschaft, Ehelosigkeit, Anerkennung einer Autorität) als Wesensmerkmal ihrer Berufung zum Dienst Christi in der Kirche entschieden haben. Jeder von ihnen gehört persönlich einer einzelnen Kirche der Reformation an. Gemäß der zönobitischen Tradition behält sich die Communauté als geistliche Familie bei aller Aufmerksamkeit auf Ratschläge von Seite der Kirchen die Freiheit vor, das Leben innerhalb der Gemeinschaft selbst zu gestalten (...). Hinsichtlich auswärtiger seelsorglicher Tätigkeiten von Brüdern in Kirchengemeinden unterbreitet die Communauté durch ihren Prior die betreffenden Vorhaben den verantwortlichen Stellen der Kirchen. Ein Bruder, der in einer der aus der Reformation hervorgegangenen Kirchen ein seelsorgliches Dienstamt ausübt, verpflichtet sich für die Zeit, für die er in dieses Amt berufen wurde, die oberste Autorität diese Kirche anzuerkennen."

Dieser Text bedeutete in keiner Weise, dass die Communauté nunmehr zur Reformierten Kirche Frankreichs gehörte. Dies strebte Frère Roger auch gar nicht an.[7] Die Synode begnügte sich mit einer kurzen Verlautbarung, die mehrheitlich angenommen wurde: „Die Synode freut sich über den gegenwärtigen Stand der Beziehungen zwischen der Reformierten Kirche Frankreichs und der Communauté de Taizé." Frère Roger gab ebenfalls seiner Freude in einem Brief an Visser't Hooft Ausdruck.[8] Die Regelung ermöglichte es dem Generalsekretär des Weltkirchenrats, endlich nach Taizé zu reisen. Bei seinem Besuch wurde vereinbart, dass zwei Brüder der Communauté drei Monate lang in Abteilungen des Weltkirchenrats mitarbeiten, „um tiefe Einblicke in die ökumenische Bewegung zu nehmen und sie besser zu verstehen".[9] Visser't Hooft war auch bei einer Versammlung des Bruderrats zugegen, in der Frère Roger eine sehr freie Rede geführt haben muss. Kurz darauf bat er den Generalsekretär nämlich in einem Schreiben, das Gehörte für sich zu behalten. Visser't Hooft beruhigte ihn: „Ich könnte nicht Generalsekretär des Weltkirchenrats bleiben, hätte ich es nicht gelernt, nicht über Dinge zu sprechen, die mir vertraulich mitgeteilt wurden."[10]

Auf Seite Roms gestalteten sich die Dinge etwas schwieriger. Die Zögerlichkeit des Heiligen Offiziums legte den Brüdern gleich bei zwei Gelegenheiten Steine in den Weg. Das erste Mal im Dezember 1957, als die Mailänder Jesuiten planten, den „calvinistischen Pfarrer Schutz" einzuladen. Vorsichtig wie immer bat Msgr. Montini, mittlerweile Erzbischof der Stadt, das Heilige Offizium um Genehmigung. Der Sekretär der Glaubensbehörde, Kardinal *Giuseppe Pizzardo*, machte zur Bedingung, dass der Wortlaut des Vortrags, den Frère Roger halten wollte, zuvor Montini vorzulegen sei. Dieser, der zukünftige Papst Paul VI., zog es daraufhin vor, den Gründer von Taizé erst gar nicht einzuladen.

Einige Monate später, am 27. Juni 1958, ordnete dieselbe Behörde an, Bischof Lebrun habe die Kirche von Taizé für evangelische Gottesdienste zu sperren, und verlangte von ihm eine Begründung, warum der Communauté die Benützung bisher gewährt worden sei. Der Bischof von Autun wunderte sich sehr, dass zehn Jahre nachdem er die Erlaubnis erteilt hatte, eine solche Anordnung eintraf. Er fuhr nach Rom, um die Angelegenheit zu klären. Dort stellte er fest, dass sein 1948 an die Nuntiatur gesandter Bericht in den Mäandern des Heiligen Offiziums verloren gegangen war. Immerhin, schrieb er, habe sich der Prosekretär des Heiligen Offiziums Kardinal Ottaviani „sehr verständnisvoll und überaus wohlwollend" gezeigt.[11]

„Der Reformation vorausgehend"

Am 9. Oktober 1958 starb Pius XII. Bei allem Widerstand, den er während seines Pontifikats der ökumenischen Bewegung entgegengebracht hatte, konnten Frère Roger und Frère Max dieses Papstes nur in Dankbarkeit gedenken. Er hatte sie zweimal in Audienz empfangen. Am 18. Oktober teilte Frère Roger Kardinal Gerlier mit, dass die Communauté während der Dauer des Konklaves ein ständiges Gebet abhalte: „Wir werden innig zum Heiligen Geist beten, weil eine Papstwahl für Kirche und Welt äußerst wichtig ist."[12] In einem zweiten Brief an Gerlier wurde er Frère Roger etwas deutlicher: „(...) Vielleicht ist es schon jetzt nötig, unser Herz vor Gott zur Ruhe kommen zu lassen und uns innerlich darauf einzustellen, dass die Wahl des zukünftigen Papstes nicht nach unseren innigsten Wünschen ausgeht."[13]

Seine Befürchtungen bewahrheiteten sich nicht. Im Gegenteil! Am 28. Oktober 1958 wurde Kardinal Roncalli zum Papst gewählt. Er nahm den Namen *Johannes XXIII.* an und beendete damit die Reihe der Pius-Päpste, die die Geschichte des Papsttums durch einen bisweilen unerbittlichen Führungsstil und durch Unbeugsamkeit in der Lehre geprägt hatten. Am Tag nach der Wahl schrieb Frère Max Kardinal Gerlier nach Rom: „Wir freuen uns sehr über diese Wahl (...)".[14] Er kündigte auch an, dass Frère Roger und er an der Krönung Johannes XXIII. teilnehmen würden, und bat den Erzbischof, für sie eine Audienz beim neuen Papst zu erwirken.[15]

Die feierliche Krönungsmesse fand am 4. November statt. In seiner Homilie erklärte der neue Papst: „Vor allem wollen Wir dies betonen, dass Uns in ganz besonderer Weise die Aufgabe des Hirten der *ganzen* Herde am Herzen liegt. Alle anderen menschlichen Eigenschaften (...) können die Regierung eines Papstes ausgestalten und ergänzen – sich aber in keiner Weise an ihre Stelle setzen."[16]

Papst Johannes XXIII. empfing Frère Roger und Frère Max am 7. November. Frère Roger blieb von dieser ersten Begegnung die Spontaneität Johannes XXIII. in Erinnerung: „Seine Begrüßung war schlicht und unverstellt. Der Papst klatschte in die Hände und sagte: „Bravo! Bravo!", als wir ihm gegenüber auf die Versöhnung zu sprechen kamen. Er bat uns, zu weiteren Gesprächen wiederzukommen."[17] Diese Zuneigung beruhte auf Gegenseitigkeit. Der Privatsekretär des Papstes, Msgr. *Louis Capovilla*, erinnert sich: „Von der ersten Begegnung an empfing Papst Johannes Frère Roger mit offenen Armen. Und als ihn dieser fragte: Heiliger Vater, wie kommt es, dass Sie in uns Vertrauen haben?, antwortete der Papst: ‚Sie haben einen so unschuldigen Blick'."[18] Frère Roger war über diese Zusammenkunft nicht nur hocherfreut, sondern, wie er Pater Congar mitteilte, auch überrascht: „Der Papst hatte ihm ziemlich erstaunliche Dinge gesagt, sogar, wie Schutz mir anvertraute, regelrecht Häretisches. Zum Beispiel: Die katholische Kirche habe nicht die ganze Wahrheit; es gelte gemeinsam zu suchen..."[19]

Nach seiner Rückkehr aus Rom schrieb Frère Roger an Visser't Hooft: „Es schien uns, als würde man das, was durch den Lauf der Geschichte unausweichlich in Bewegung gekommen war, allmählich als unumkehrbar ansehen."[20] Bei ihrem Aufenthalt in Rom kamen Frère Roger und Frère Max zum ersten Mal mit einigen chilenischen Bischöfen zusammen. Bischof *José Manuel Santos* von Valdivia und Bischof *Manuel Larrain* von Talca führten ihnen die Gegebenheiten der sozialen und wirtschaftlichen Unterentwicklung in Südamerika vor Augen. Mehr und mehr waren die Brüder in Taizé über die soziale und demographische Entwicklung auf der Welt in Sorge. Mehrere von ihnen, auch Frère Roger, arbeiteten sich in wirtschaftswissenschaftliche und soziologische Fragen ein und bedienten sich des damals gerade aufgekommen Arbeitsmittels der Statistik.

Am 25. Januar 1959 ging die jährliche „Gebetswoche für die Einheit der Christen" in Rom mit einem Gottesdienst in der Basilika Sankt Paul vor den Mauern zu Ende. Nach dem Gottesdienst versammelte Johannes XXIII. die anwesenden Kardinäle und kündigte ihnen an, er wolle eine Reform des kanonischen Rechts vornehmen, eine römische Diözesansynode durchführen und ein Ökumenisches Konzil einberufen. Die letztgenannte

Ankündigung war eine Sensation. In der Geschichte der Kirche hatte es bislang lediglich zwanzig Ökumenische (universale) Konzilien gegeben, zuletzt das Erste Vatikanische Konzil, wo das Dogma von der Unfehlbarkeit des Papstes definiert worden war. Dieses Konzil musste 1870 wegen der Einnahme Roms durch die italienischen Truppen unterbrochen werden. Die Ankündigung Johannes' XXIII. war gleichzeitig „eine freundliche und wiederholte Einladung an Unsere Brüder in den getrennten christlichen Kirchen, mit Uns an jenem Fest der Gnade und der Brüderlichkeit teilzunehmen, nach dem sich so viele Seelen in allen Teilen der Erde sehnen".[21] Einige Zeit später erklärte er im Hinblick auf die Ökumene: „Wir wollen der Geschichte nicht den Prozess machen, wir suchen nicht danach, wer recht und wer unrecht gehabt hat." Frère Roger war ebenso überrascht wie begeistert: „Johannes XXIII. hat mit [diesem] kurzen Wort, das er im Januar 1959 in der Öffentlichkeit aussprach, die Gegebenheiten der Gegenreform auf den Kopf gestellt."[22] Er war nicht der einzige, der dieses Wort als neues Paradigma deutete. Die Frage der Einheit der Christen wurde bald zu einem Gemeinplatz auf der religiösen Tagesordnung.

Taizé zog nun unweigerlich viel Aufmerksamkeit auf sich, wollte es doch seit langen Jahren ein „Gleichnis" sein, das „eine Ahnung von der Einheit der Kirche"[23] vermittelt. Zum ersten Mal erschien in *Le Monde* einen Beitrag über Taizé, *Die evangelische Communauté de Taizé ist ein ökumenischer Vorposten.*[24] Der Autor *Henri Fesquet* zitierte Frère Roger: „Durch die monastische Berufung haben wir unsere Wurzeln bewusst in die Zeit vor der Reformation eingesenkt und eine Rückkehr zu den Quellen versucht. Es kann nicht anders sein, als dass sich auf der Suche nach der christlichen Einheit an einem auf Kontinuität bedachten Ort monastischen Lebens wie dem unseren die Wellen der Begeisterung wie des Argwohns brechen." Der Artikel führte zu einer Entgegnung Pfarrer Bourguets, der in seiner Eigenschaft als Präsident des Nationalrates der Reformierten Kirche Frankreichs daran erinnerte, dass die Communauté dieser Kirche nicht angehört und „die Vorschläge oder Erfahrungen von Taizé, die gewiss Hochachtung verdienen, derzeit lediglich im Namen der Communauté gemacht werden, die sich als zwischen den Denominationen stehend und als international versteht".[25]

Frère Roger ließ sich von dieser Zurückhaltung nicht beeindrucken. Das Vorhaben des Ökumenischen Konzils und vor allem der neue Geist, der sich bei den Katholiken auszubreiten begann, verschoben die Koordinaten. Die Communauté verfasste ein langes Memorandum für den Papst, in dem sie ihren Erwartungen an und Hoffnungen auf das kommende Konzil Ausdruck gab.[26] Sie bat darum, die Vereinigung von Nichtkatholiken mit der Römischen Kirche nicht mehr mit dem Wort „Rückkehr", sondern als „Schritt nach vorne" oder als „Vollendung" zu bezeichnen. Erbeten wurden außerdem „ein unmissverständliches Wort über die Trennung von Zeitlichem und Geistlichem", der Verzicht der Kirche „auf äußere Zeichen von Reichtum" und eine eingehende Darlegung der „Rolle der gesamten Kirche, der Bischöfe und des Konzils". Das Zweite Vatikanische Konzil ging zumindest teilweise auf diese Bitten ein.

„Im Heute Gottes leben"

1959 wurden in Taizé im Zug zunehmender Aktivitäten ein Verlag samt Druckerei eingerichtet. Bei *Les Presses de Taizé* konnten nun die Schriften des Priors und anderer Brüder veröffentlicht werden. Die erste Neuerscheinung war Frère Rogers, *Vivre l'aujourd'hui de Dieu* (*Im Heute Gottes leben*). Es war nach der „Einführung in das gemeinschaftliche Leben" sein zweites, persönlicher gehaltenes Buch.

Im ersten Abschnitt zählt der Prior von Taizé „einige Wesenszüge der heutigen Welt" auf: Bevölkerungszunahme, technischer Fortschritt, Hunger in der Welt, das Bestehen zweier gegenläufiger ideologischer Blöcke, die Wünsche und Ziele der jungen Generation. Danach gibt er „Hinweise", wie sich „unser Leben als Christen ganz zentral in das Leben der Menschen einfügen" lässt. Dabei werden eine Reihe von Intuitionen formuliert, die für die Communauté de Taizé kennzeichnend wurden: „Unser Leben vereinfachen", „Die Menschen nehmen, wie sie sind" und „Schwach sein mit den Schwachen und Kleinen dieser Welt".

Ein anderer Abschnitt ist der Einheit der Christen gewidmet und beginnt mit der Analyse von zu vermeidenden „Abwegen": Verwischung von Grenzen, Pragmatismus, Föderalismus, Eschatologismus, Streben nach äußeren Zusammenschlüssen, Sektierertum und die Gefahr „sich für die Unversehrtheit des Glaubens zu verkämpfen". Diesen sind Gespräch, Lauterkeit der Absichten, Gebet, Geduld und „Armut im Geist" vorzuziehen. Das Buch endet mit einer Darstellung der „drei großen Zeichen, die uns beständig an die Absolutheit unserer Berufung erinnern" und durch die Taizé „an der großen monastischen Familie" teilhat: Ehelosigkeit, Gütergemeinschaft und Anerkennung einer Autorität.

Frère Roger räumte später ein, dass er dieses Buch noch zu didaktisch verfasst habe. Dennoch, schreibt er, „schon damals war es mir ein Anliegen, einen anderen nicht durch Ratschläge vor den Kopf zu stoßen. Alles tun, um nicht durch Verhaltensmaßregeln die Entwicklung eines inneren Lebens zu stören."[27] Die Katholische Presse nahm Frère Rogers Buch mit großem Beifall auf. *Charles Boyer* im *Osservatore Romano* und in *La Croix*, der Benediktinerpater *Evrard* in der linksgerichteten katholischen Wochenzeitung *Témoignage chrétien* und Pater *Robert Rouquette* in der renommierten Jesuitenzeitschrift *Études* sangen Lobeshymnen. Kardinal Gerlier war um

Der Prior von Taizé; 60er Jahre

ein Vorwort gebeten worden, hatte aber Bedenken und lehnte ab: „Ich befürchte, dass die Veröffentlichung eines solchen bei uns oder bei Ihnen Rückwirkungen auslösen könnte, die der Sache, der wir einmütig dienen wollen, nicht zuträglich wären.“[28] Immerhin konnte Frère Roger einen langen Auszug aus dem Brief des Kardinals in das Buch übernehmen. Auch von evangelischer Seite gab es eine Enttäuschung. Im Oktober 1959 hielt Taizé eine Art Tagung zum kommenden Konzil ab. Anwesend waren evangelische Pfarrer, Laien und Kardinal Gerlier. Pfarrer Boegner hatte seine Teilnahme zugesagt. Er sagte sie im letzten Augenblick ab, nachdem er mit dem Generalsekretär des Weltkirchenrats zusammengekommen war. Seine „Abwesenheit wurde mit sehr tiefem Bedauern zur Kenntnis genommen, sowohl vom Kardinal wie von uns“, schrieb Frère Roger.[29]

Zu Beginn des Jahres 1960 zählte die Communauté etwa 40 Brüder evangelisch-reformierter oder evangelisch-lutherischer Herkunft. Nun trat der erste Bruder aus der anglikanischen Tradition in die Communauté ein. Mehrere Nationalitäten – unter anderem die französische, schweizerische,

Rückweg nach dem Stundengebet in der alten Dorfkirche von Taizé

deutsche und holländische – waren vertreten. Etwa die Hälfte der Mitglieder wohnte in Taizé, die anderen in kleinen Fraternitäten in Marseille, Algier und der Elfenbeinküste, wo sie von ihrer Hände Arbeit lebten, „eine Handvoll Männer, die mit geringen Mitteln tätig sind, und die Kirche an einigen Brennpunkten des Lebens auf der Erde gegenwärtig machen"[30], wie einer von ihnen schrieb. Zwei Brüder standen in der Kleinstadt Valentigney bei Montbéliard im Seelsorgedienst, zwei weitere wohnten im ökumenischen Zentrum *Packard Manse* in der Nähe von Boston, ein erster Stützpunkt in den Vereinigten Staaten.

Nun beschloss Frère Roger in Absprache mit den Brüdern, das innere Leben der Communauté mit der Einrichtung von „Tischgemeinschaften" etwas umzugestalten.[31] Er befürchtete: „Die zu große Zahl kann in einem brüderlichen Leben zur Last werden." So wurde entschieden, die Brüder in mehrere kleine Gemeinschaften von fünf bis sechs Mitgliedern aufzuteilen. Die Räumlichkeiten der Gemeinschaft wurden dem angepasst: Jede kleine Gemeinschaft verfügte über ein Esszimmer und mehrere Einzelzimmer. Die drei Stundengebetszeiten und der „Kleine Bruderrat" führten weiterhin alle Brüder täglich mit dem Prior zusammen. Ansonsten wurde die Communauté polyzentrisch: in den sogenannten „Foyers" nahmen die Brüder gemeinsam die Mahlzeiten ein, unterhielten sich und „kümmerten sich brüderlich umeinander". Es handelte sich jedoch nicht um eigenständige Gemeinschaften innerhalb der Communauté und es wurde betont, dass „die Zusammensetzung der Foyers sich ständig ändert".

Im Zug dieser Änderungen wurden mit der Zeit auch „Werkstattgespräche" eingeführt, zu denen die Brüder in kleinen Gruppen zusammenkamen, deren Zusammensetzung „nicht mit der der Foyers übereinstimmt". Es ging darum, die „Gruppendynamik" zu fördern, um „die Kommunikation und die Teilhabe aller am gemeinsamen Aufbau" zu beleben. Die Einrichtung der Foyers wurde nie ganz aufgegeben, die „Werkstattgespräche" wurden wieder abgeschafft.

Im selben Jahr wagte sich die Communauté, angeregt von Frère Roger, auf neue Betätigungsfelder: eine Niederlassung in Sheffield, die Treffen in Cormatin und die Durchführung eines Kolloquiums mit katholischen Bischöfen und evangelischen Pastoren.

Zweimal war der anglikanische Bischof von Sheffield *Leslie Hunter* in der ersten Jahreshälfte zu Besuch in Taizé. Er lud die Brüder ein, eine Woche in seiner Diözese zu verbringen. Ende Juni fuhren der Prior, Frère Max und sechs weitere Brüder dorthin. „Es ging darum, das Leben in Taizé so weit wie möglich nach Sheffield zu übertragen".[32] Mehrere anglikanische Bischöfe und Priester sowie Pfarrer anderer Kirchen und zahlreiche Laien nahmen an den Zusammenkünften im Diözesanhaus der Stadt teil. Die Brüder kümmerten sich um die Gesprächsthemen und die Gebetsrunden, die, wie in Taizé, dreimal am Tag stattfanden. Nacheinander wurden die Themen Liturgie, Einheit („insbesondere mit dem römischen Katholizismus") und Präsenz in der Welt behandelt. Sämtliche Vorträge, an die sich Diskussionen anschlossen, wurden von den Brüdern gehalten. Am letzten Tag kam die gesamte Priesterschaft von Sheffield und den umliegenden Städten zu einem größeren Treffen zusammen. Im Anschluss daran fuhren die Brüder nach London, wo Frère Roger und Frère Max Gespräche mit verschiedenen anglikanischen Kirchenverantwortlichen führen konnten, weil eine große Konferenz im Lambeth Palace bevorstand. An dieser Versammlung in der Londoner Residenz des Erzbischofs von Canterbury nahmen über 120 Verantwortliche teil, vor allem anglikanische Bischöfe und Priester, aber auch drei katholische Bischöfe, ein orthodoxer Metropolit und der Vorsitzende der Presbyterialkirche in England. Frère Roger und Frère Max hielten zwei kurze Vorträge.

Im August eröffnete die Communauté ein „Begegnungszentrum" in Cormatin, einem zwei Kilometer von Taizé entfernten Ort. Dies war beim jährlichen Bruderrat 1959 beschlossen worden. In einiger Entfernung von der Communauté sollten dafür größere, bescheiden ausgestattete Gebäude errichtet werden. Das Zentrum war dazu gedacht, „Tagungen für soziologische Studien" durchzuführen. Dahinter stand ein hoher Anspruch. Die Communauté wollte auf ähnliche Art, wie sie die Annäherung der Kirchen förderte, nun „zu den hochherzigen Anstrengungen für eine bessere Verteilung der materiellen Güter, für eine größere soziale Gerechtigkeit" beitragen. Dabei sollten „Methoden der Soziologie" zur Anwendung kommen, da nur sie „geeignet sind, eine Lage zu analysieren, die in vieler Hinsicht unlösbar, wenn nicht verzweifelt erscheint, weil sich hier ganz verschiedene Faktoren auf vielfache Weise überlagern."[33]

Cormatin wurde nie jenes rührige Zentrum für soziologische Studien, von dem Frère Roger geträumt hatte. Bald war es einfach eine etwas abgelegene Übernachtungsmöglichkeit. Die Bezeichnung „Treffen von Cormatin" wurde noch einige Zeit beibehalten, sie stand jedoch nicht mehr so sehr für Zusammenkünfte zu soziologischen Studien, sondern zu religiösen, ökumenischen Themen.

„Als erster nach vier Jahrhunderten Trennung"

Die Initiative zum o. g. Kolloquium löste ein beachtliches Echo aus. Der Prior von Taizé wollte bei den ökumenischen Bemühungen den Schritt von den Fragen der Lehre zu seelsorglichen Perspektiven tun. Er hielt es für nötig, die Begegnungen zwischen evangelischen und katholischen Theologen „durch Treffen zu pastoralen Fragen" zu ergänzen.[34] Dies konnte seiner Meinung nicht durch nur wissenschaftlich arbeitende Theologen geschehen, sondern nur durch Menschen, die Tag für Tag auch im pastoralen Dienst stehen. Aus diesem Grund bemühte er sich, in Taizé katholische Bischöfe und evangelische Pfarrer zu versammeln. Das gewagte Unternehmen erschien manchen Protestanten anstößig. Nach der Wahl Johannes XXIII. und der Versöhnung mit den „getrennten Brüdern" als einer der Schwerpunkte seines Pontifikats, konnte man hingegen damit rechnen, dass die Initiative von katholischer Seite gut aufgenommen würde. Frère Roger unterließ es jedoch, sich schon im Vorfeld des Einverständnisses des Heiligen Offiziums zu versichern.[35]

Er reiste im Frühjahr 1960 mit Frère Max nach Rom, wurde von Kardinal Ottaviani im Heiligen Offizium empfangen, kam auf das Vorhaben des Treffens zu sprechen und erläuterte später in einem Brief seine damit verbundenen Absichten. Am 12. April erteilte Kardinal Ottaviani die erbetene Genehmigung: „Ich sehe nichts Ungehöriges darin, dass Bischöfe dazu eingeladen werden, (...) die Fragen zu behandeln, die Sie mir in Ihrem Brief mitteilen."[36] Diese Befürwortung bewies, dass sich die Stimmung im Vatikan, wenn auch nicht ohne Widerstände, allmählich zu ändern begann. Ottaviani empfahl allerdings „große Vorsicht im Hinblick auf die Presse, denn Sie wissen, dass eine reißerische Berichterstattung solchen Treffen Schaden zufügen kann". Der Rat wurde befolgt, dennoch ging nicht alles glatt.

Hauptthema des geplanten Treffens war die Evangelisierung, „zunächst auf der Ebene der Kirchengemeinden, dann auf Weltebene“[37]. Das zweieinhalbtägige Programm (von Montag, 26. September, ab 14 Uhr 30 bis Mittwoch, 28. September, abends) wurde in allen Einzelheiten durchgeplant. Es sollten sechs „Gruppen“ gebildet werden, zu denen jeweils zwei katholische Bischöfe, sieben oder acht Pfarrer und ein oder zwei Brüder von Taizé gehörten. Diese „Gruppen“ sollten ihre Mahlzeiten in den dafür bezeichneten Räumen einnehmen, zu eigenständigen „Themenrunden“ zusammenkommen und jeweils einmal an den Tisch des „Bruders Prior“ geladen werden. Bei „Vollversammlungen“ würden alle Gruppen über ihre Gespräche berichten und sich einer Aussprache stellen. Den Teilnehmern wurde ein eingehender Fragebogen zugeschickt, mit dem sie sich auf die Diskussionen vorbereiten konnten.

Einige Tage vor der Zusammenkunft kam Bischof Lebrun mit dem Prior von Taizé zusammen, „um noch einige praktische Fragen endgültig zu klären“.[38] Frère Roger schlug vor, dass die Bischöfe in der Communauté übernachten; der Bischof von Autun lehnte dies ab und brachte sie bei Ordensgemeinschaften in der Umgebung unter. Er ließ sich auch „zusichern, dass sich unter den Pfarrern kein ehemaliger Priester befindet und den Bischöfen nicht das Angebot gemacht wird, an einem Abendmahlgottesdienst teilzunehmen.“

Frère Roger hatte Visser't Hooft vom bevorstehenden Treffen unterrichtet und ihn um „ein kurzes Grußwort“ gebeten. „Wir werden auch ein, zwei Grußbotschaften aus Rom erhalten“, fügte er hinzu.[39] Der Generalsekretär lehnte ab, weil er den einseitig von Taizé unternommenen Vorstoß für unglücklich hielt. Trotzdem lag Frère Roger daran, ihm im Lauf des Treffens einen Gruß zu schicken, der von allen Teilnehmern, Bischöfen und Pfarrern, unterschrieben wurde: „Wir möchten Ihnen, dem unermüdlichen Arbeiter für die christliche Einheit, herzliche, brüderliche Grüße senden.“[40]

Das Treffen war, wie der anwesende Bischof Charrière feststellte, „von bestem Geist“ geprägt. Als es zu Ende war, begnügte sich die Communauté damit, eine Pressemitteilung herauszugeben: „Vom 26. bis 28. September 1960 versammelten sich in Taizé römisch-katholische Bischöfe und Pfarrer verschiedener evangelischer Bekenntnisse zu einem Kolloquium. Sie behandelten die Frage der Evangelisierung der Kirchengemeinde und der Welt. Dieses Kolloquium war das erste nach vier Jahrhunderten der Spaltung. Die geistlichen Teilnehmer gaben ihrer Freude und ihrer Dankbarkeit Ausdruck, einander drei Tage lang begegnet zu sein, um sich über das Anliegen der Evangelisierung auszutauschen. Sie betrachten dieses Treffen als ein wichtiges Ereignis und danken dem Herrn der Kirche, der sie zur sichtbaren Einheit führt.“

Elf Tageszeitungen druckten die Mitteilung ab, ohne weitere Informationen hinzufügen zu können. Mit ihrem Hang zur Verschwiegenheit hatte die

Communauté weder die Zahl noch die Amtstitel der Teilnehmer bekannt gegeben. Zwei Monate später erwähnte der bekannte Reporter *Robert Serrou* das Ereignis in einem Aufsehen erregenden Bericht in *Paris Match*. Aber auch er konnte den Schleier nicht lüften: „Wir haben uns dazu verpflichtet, keine Namen an die Öffentlichkeit zu bringen (...) Was hat sich dort abgespielt? Was wurde dort erörtert? Das ist vorerst ein Geheimnis."

Die Namen der Teilnehmer wurden nie veröffentlicht. Nur durch die kurze Grußbotschaft an Visser't Hooft, die alle unterzeichnet hatten, kann man die Größenordnung des Treffens abschätzen. Von katholischer Seite waren zwei Erzbischöfe (Aix-en-Provence und Toulouse) und sechs Bischöfe (Autun, Freiburg/Schweiz, Mende, Saint-Claude, Digne und der Weihbischof von Rouen) anwesend; von evangelischer Seite nahmen neben dem Prior und einem Dutzend Brüder etwa fünfzig evangelische Pfarrer aus Frankreich und der Schweiz teil. Man stößt auch auf den Namen eines anglikanischen Priesters aus Sheffield und eines Vertreters der ökumenischen Gemeinschaft „Agape". Kardinal Gerlier hatte die Einladung ausgeschlagen, traf aber auf Vorschlag Frère Rogers am 18. Oktober mit Pfarrer Boegner zu einem Gespräch unter vier Augen in Taizé zusammen.

Dass Frère Roger und Frère Max im Oktober kurz nach dem Kolloquium nach Rom reisten und dort – am 13. Oktober – vom Papst in Audienz empfangen wurden, beunruhigte einige evangelische Kirchenverantwortliche und löste eine schmerzliche Krise aus. Die protestantischen Einrichtungen, mit denen die Communauté zu tun hatte (die Reformierte Kirche und der Protestantische Kirchenbund Frankreichs), waren schon bei der Durchführung des Kolloquiums nicht einbezogen worden. Die Aufsehen erregende Pressemitteilung hatte noch vorhandene Empfindlichkeiten endgültig überreizt. Zwischen dem Prior von Taizé und Pfarrer Bourget entspann sich ein leidenschaftlicher Briefwechsel. Die Spannungen hatten damit ihren Höhepunkt aber noch nicht erreicht.

Vom 29. Oktober bis 1. November fand die zehnte Vollversammlung des Protestantischen Kirchenbund Frankreichs in Montbéliard statt. Zum ersten Mal wurden dazu neben den sieben Mitgliedskirchen des Bundes auch Vertreter ausländischer Kirchenbünde, Vertreter evangelischer Laienbewegungen und Vertreter „kirchenübergreifender Organisationen" eingeladen. Als einer der Letzteren war Frère Roger lange vor den Ereignissen im Herbst gebeten worden, sich an der Arbeit der Versammlung zu beteiligen.

Während der Versammlungen im Plenum wie in den Gesprächen am Rande wurde der Vorstoß in Taizé wiederholt kommentiert. Die Kritik war scharf und es schienen abfällige Bemerkungen gefallen zu sein. Noch nach drei Tagen räumte Frère Roger ein: „Nichts hat mich in meinem Leben als Mann der Kirche so tief getroffen wie die Vorfälle in Montbéliard, eine

Erstes Ökumenisches Treffen; Taizé, September 1960

leidvolle Prüfung, die nötig war, um zu größerer Gelassenheit zu finden.“[41] In Montbéliard hatte er Gelegenheit, ein klärendes Gespräch mit Visser’t Hooft zu führen, der einen Vortrag über den „Auftrag der Kirche“ hielt. Er hatte auch eine lange Unterredung mit Pfarrer Bourget, bei der er den Ton bedauerte, den er in den Briefen an ihn angeschlagen hatte.[42]

Einige der Anwesenden verteidigten Frère Roger. Pfarrer Boegner, der noch ein paar Monate lang den Vorsitz im Kirchenbund innehatte, stimmte in seinem „Gesamtbericht“ ein hohes Lob auf Taizé an. Freilich hatte auch er manche Vorbehalte: „Es wird gern behauptet, der Präsident des Protestantischen Kirchenbundes Frankreichs decke, was die Communauté de Taizé auf liturgischer wie ökumenischer Ebene unternimmt und verbreitet. Ich wurde nie darum gebeten, dies zu decken. Ich hätte es ohnehin abgelehnt. (…) Warum soll ich ungeachtet dessen aber nicht feststellen, dass viele unter uns die Communauté de Taizé schätzen? Wir schätzen sie trotz der Irrtümer, die sie begeht, wegen der Gefährdungen, die sie durchgestanden hat und nicht immer vermeiden konnte, wegen ihrer vollkommenen Loyalität den Kirchen der Reformation und den grundlegenden Lehren der Reformatoren gegenüber.“[43] Bei Pfarrer Boegner war wohl der Wunsch, Taizé möge immer noch „die grundlegenden Lehren der Reformatoren“ teilen, der Vater des Gedankens. Hier tat sich in den kommenden Jahren

Der Präsident des Protestantischen Kirchenbundes, Pfarrer Boegner, in Taizé; Oktober 1960

eine Kluft auf. Die öffentliche Unterstützung durch eine anerkannte Gestalt des Protestantismus wie Pfarrer Boegner genügte nicht, um die Kontroversen abklingen zu lassen. Die evangelische Presse bewertete das Kolloquium von Taizé sehr kritisch und verbreitete die polemischen Äußerungen, die in Montbéliard gefallen waren.[44]

„Den Graben nicht vertiefen"

Im Anschluss an einen Artikel in *Paris Match* vom 19. November, schlugen die Wellen hoch. Seinerzeit erlebte die Wochenzeitschrift ihre höchsten Auflagen; die betreffende Ausgabe wurde in über 1 600 000 Exemplaren ausgeliefert. Sie brachte eine sechsseitige Reportage über Taizé. Unter der reißerischen Überschrift *Taizé: Wird dieses Dorf Katholiken und Protestanten versöhnen?* legten Robert Serrou und der Fotograf *Maurice Croizard* eine Fülle von Bildern und begeisterten Kommentaren über die Communauté, die Brüder und den Prior vor. In einer späteren Diplomarbeit über Taizé heißt es: „Jener Artikel machte Taizé in der großen Öffentlichkeit bekannt und weckte die Neugier der Journalisten für diese evangelische Gemeinschaft."[45] Einen Monat später stand Taizé auf dem Abspann der äußerst erfolgreichen Fernsehsendung *Cinq colonnes à la une* (Fünf Spalten auf der Titelseite), einige Wochen danach war Frère Roger Gast bei der berühmten Literatursendung des Fernsehjournalisten *Pierre Desgraupe Lectures pour tous* (Lektüre für alle). Von da an nahm die Zahl der Beiträge über Taizé sprunghaft zu.

Frère Roger war bewusst, dass schon allein die Überschrift des Artikels die Kontroverse neu entfachen würde. Am 15. November, noch bevor die Zeitschrift am Kiosk lag, schrieb Frère Max an Visser't Hooft (und möglicherweise an andere protestantische Würdenträger) und brachte sein Bedauern über den „Sensationsartikel" zum Ausdruck.[46] Er bemühte sich, die Communauté für Form und Grundaussagen des Beitrags aus der Verantwortung zu nehmen. Etwas später fuhr Frère Roger nach Genf und suchte selbst den Generalsekretär des Weltkirchenrats auf. Ende November ließ er einen Brief folgen. Über den Inhalt dieses Briefes an Visser't Hooft ist nichts bekannt. Dieser muss über ihn entrüstet gewesen sein, weil er ihn am 2. Dezember 1960 „erstaunt und schockiert" an Frère Roger zurücksandte: Er sei eine „Bombe", schreibt er, „plötzlich äußern Sie alles Mögliche, was sie in meinem Büro nicht gesagt haben. Und was für Dinge! Sind Sie sich bewusst, was ihre Worte bedeuten?"[47] Visser't Hooft fährt fort: „Ich glaube gern, dass Taizé in ökumenischen Belangen eine wichtige Rolle zu spielen hat und insbesondere in den Beziehungen mit dem römischen Katholizismus, aber ich bin der Meinung, dass Versammlungen mit starker Beteiligung der katholischen Hierarchie, die durch Taizé organisiert werden, zum jetzigen Zeitpunkt nicht wünschenswert sind."

Die Polemik setzte sich im Januar 1961 mit einem ausführlichen Artikel *Jean Guittons* in *Le Figaro* fort.[48] Der katholische Philosoph war ebenfalls der Anziehungskraft erlegen, die Taizé ausübte. Er hatte sich lange mit Frère Roger unterhalten und war beeindruckt und begeistert zurückgekehrt. „Er ist aufrichtig, er ist unverstellt. Wenn er mit mir spricht, leuchten seine Augen", schreibt er. Guitton hat auch eine Erklärung für die „Strategie von Taizé": „Man lässt die irritierenden Punkte beiseite (...), man klammert die Hindernisse ein, die von den lehrmäßigen Unterschieden herrühren" und schlägt „eine Bresche des Gebets, eine Bresche reiner Liebe". Guitton erwähnt auch, was nach Meinung Frère Rogers auf dem kommenden ökumenischen Konzil erörtert werden sollte: „Eine genauere Definition des Autoritätsgefüges zwischen dem Papst, dem Episkopat und dem Konzil. Eine genauere Definition der Beziehungen zwischen Christus und Maria, seiner menschlichen Mutter."

In einem ausführlichen Text unter dem Titel *Mit Blick auf das Konzil*, der zur selben Zeit erschien, geht der Prior von Taizé auf Einzelheiten ein und stellt einige strittige Punkte heraus.[49] Die Protestanten, schreibt er, erwarteten vom kommenden Konzil „dass das Dogma der Unfehlbarkeit des

Papstes in Bezug auf das Konzil und die Kirche vollständiger erläutert wird", „dass die Mariologie stärker mit der Christologie in Verbindung gebracht wird" und „neue [Maria betreffende] Lehrsätze vermieden werden, die den Graben noch vertiefen würden", dass die Kirche zu größerer Armut finde, auf Teile ihres materiellen Besitzes verzichte und dass man nicht länger von der „Rückkehr" der getrennten Brüder spreche. „Der Begriff stößt vor den Kopf", meinte der Prior von Taizé. „Er erweckt den Eindruck, man erwarte von den Protestanten eine bedingungslose Übergabe. Der Begriff ‚Rückkehr' liegt der Mentalität des Menschen von Heute sehr fern; heute will man lieber im Aufbruch nach vorn über sich hinaus wachsen." Frère Roger erwähnt auch die Opfer, die dabei auf evangelischer wie katholischer Seite zu bringen sind.

Seine Einstellung wurde damals bei weitem nicht von jedem geteilt. Die evangelische Wochenzeitung *Christianisme au XXe siècle* (Christentum im Zwanzigsten Jahrhundert) forderte den Prior von Taizé auf, sich entweder von seinen Worten loszusagen, falls sie entstellt wiedergegeben worden seien, oder, falls er sie bestätige, klar darauf hinzuweisen, dass „Taizé nur sich selbst verpflichtet ist und lediglich im eigenen Namen spricht", keinesfalls im Namen des gesamten französischen Protestantismus.[50] Frère Roger beharrte in seiner Antwort voll auf seinem Standpunkt und rief zu einer „realistischen und wirksamen Ökumene" auf, die eine „Umkehr der Mentalitäten" erfordere: „Man kann sich nicht schon ökumenisch nennen, nur weil man mit den getrennten Brüdern Dialoge führen will; man muss vielmehr jenen geduldigen Dialog suchen, der den anderen mögliche Läuterungen abverlangt und sich auch selbst solchen unterziehen."[51] Die in Genf erscheinende evangelische Zeitschrift *Le Messager social* wandte sich in einem ganzseitigen Editorial gegen einige Beiträge, die Frère Max kurz zuvor veröffentlicht hatte. „Wohin führt uns die Vergötterung der sichtbaren Einheit der Kirche?", fragte der leitende Redakteur, der überzeugt war, die Brüder von Taizé würden sich in „einer Sackgasse" verrennen und den Protestantismus verraten.[52]

Ein zweites Kolloquium

Der Prior von Taizé ließ sich nicht beirren, sondern hielt an dem bislang unbegangenen Weg fest, den er eingeschlagen hatte. Am 1. Februar 1961 räumte Pfarrer Boegner, der dem protestantischen Kirchenbund in Frankreich 31 Jahre lang vorgestanden hatte, seinen Platz für Pfarrer *Charles Westphal*. Der neue Vorsitzende rückte bei seiner ersten Pressekonferenz von dem wohlwollenden Standpunkt ab, den sein Vorgänger Taizé gegenüber eingenommen hatte. „Das konnte er nur als Privatperson tun", meinte er und warnte davor, auf einen „Erdrutsch in den Lehraussagen“ zu hoffen, durch den der französische Protestantismus sich auf den Katholizismus hin bewege. Er erinnerte daran, dass die Communauté de Taizé nicht zum Kirchenbund gehöre, kündigte aber an, es werde voraussichtlich eine Abteilung „Gemeinschaften“ innerhalb des Kirchenbundes gebildet, in der Taizé selbstverständlich berücksichtigt würde.

Die Brücken zum französischen Protestantismus waren also nicht abgebrochen, obwohl Taizé bei seinen Standpunkten und in seinem Vorgehen keinerlei Abstriche gemacht hatte. Die Communauté bereitete sogar ein zweites Kolloquium von Bischöfen und Pfarrern vor. Frère Roger und Frère Max trafen diesmal jedoch die Vorkehrung, mehrere Monate im Voraus alle betroffenen Seiten zu informieren.

Pfarrer Westphal widersetzte sich einer Neuauflage des Vorhabens nicht, machte aber einige Vorbehalte geltend: „Ich habe Ihnen hinsichtlich Ihres nächsten Kolloquiums keinen Rat zu erteilen; es ist für mich gleichgültig, ob eine oder zwei solche Tagungen stattfinden. Mir liegt einzig und allein daran, dass Sie nicht den Fehler vom letzten Jahr wiederholen und der Presse ein Aufsehen erregendes Kommuniqué übergeben. (...) Eines macht mir jedoch Kopfzerbrechen, wenn ich an Ihre Kolloquien denke. Auf katholischer Seite haben Sie Bischöfe, folglich autorisierte und verantwortliche Persönlichkeiten; auf evangelischer Seite haben Sie von Ihnen persönlich Eingeladene, die ohne Mandat und damit ohne verantwortliche Stellung auftreten.“[53]

Das Heilige Offizium, das ebenfalls wiederum zu Rat gezogen wurde, gab die Empfehlung, es sollten keine Fragen der Lehre behandelt werden, auch das zweite Treffen solle sich an ein wichtiges Thema der Pastoral halten. Dies wurde befolgt. Frère Roger schrieb an den Bischof von Fribourg: „Wir halten das Kolloquium in diesem Jahr in einem engeren Kreis ab als im letzten Jahr. Es gibt dadurch mehr Gelegenheit zu brüderlichen Gesprächen, so dass man sich tiefer kennen lernen kann. Es wird grundsätzlich weniger Vollversammlungen und öfter Treffen in kleinen Gruppen geben.“[54]

Auch den Generalsekretär des Weltkirchenrats informierte der Prior von Taizé – nun in einem ganz anderen Ton: „Es lag mir daran, mich an Ihren Rat zu halten, unser Kolloquium aufzuteilen“ und „äußerste Diskretion“ zu wahren. „Wir werden alles Erdenkliche tun, um die Presse fernzuhalten, und es wird uns gelingen. Zudem werde ich es nicht befürworten, dass die geringste Presseerklärung erscheint. (...) Ich wollte mit Freude Ihrem Rat folgen, in der Gewissheit, dass es in der Kirche Einheit schafft, wenn man auf den anderen eingeht.“[55]

Das zweite Treffen bestand tatsächlich aus zwei Tagungen. Das Thema lautete: „Pastorales Leben und Spiritualität des Dienstamtes“. Über die Diskussionen, die Zahl oder den Rang der Teilnehmer verlautete nichts in der

Presse. Elf Bischöfe und achtzig Pfarrer nahmen an einer der beiden Tagungen teil. Unter ihnen Msgr. *François Marty*, damals Erzbischof von Reims, der wie die meisten der eingeladenen Bischöfe zum ersten Mal nach Taizé kam. Er blieb mit Frère Roger in enger Verbindung und gab 1969 sein Einverständnis zum Eintritt katholischer Brüder in die Communauté.

Der Prior von Taizé berichtete Kardinal Gerlier über das zweite Kolloquium und verhehlte seine Zufriedenheit nicht: „Ich glaube sagen zu können, dass wir Grund zur Dankbarkeit für unser Kolloquium haben und dass sein Ziel erreicht wurde. Es hat bei den Teilnehmern ein katholisch gesinntes Bewusstsein geweckt, hat ihnen geholfen, zu erkennen, dass wir in der derzeitigen Situation nicht mehr zersplittert auftreten und einander Konkurrenz machen können. Bei persönlichen Begegnungen war es uns möglich, durch viele Berichte unbekannte Formen des Dienstes bei den jeweils anderen kennen zu lernen. (...) Ein Höhepunkt der Tagung war sicherlich die Messe. In dieser Hinsicht gab es die einzige negative Reaktion; manchen tat es sehr leid, dass die Bischöfe, selbstverständlich ohne selbst mitzufeiern, nicht an einem Abendsmahlsgottesdienst teilnehmen konnten."[56]

Tagungen dieser Art wiederholten sich aber nicht mehr. Vielleicht waren sie an eine Grenze gestoßen. Im Übrigen nahmen Frère Roger und Frère Max zu ihrer eigenen Überraschung bald an einer Versammlung ganz anderer Größenordnung und Dauer teil, dem Zweiten Vatikanischen Konzil. Die Zeit örtlich begrenzter Treffen war vorbei.

Der „Wille zur Einheit" und die „irenische Einstellung", die Frère Roger „im Herzen der Berufung von Taizé" verankern wollte,[57] zeigte sich auch in einer weiteren bezeichnenden Initiative, die ebenfalls nicht für die große Öffentlichkeit gedacht war. Im Dezember 1961 starb Mère Geneviève, die Gründerin der Communauté von Grandchamp. Viele Brüder von Taizé nahmen an der Beerdigung teil, die am 11. Dezember 1961 in der Neuenburger Kollegiatskirche stattfand, einem geschichtsträchtigen Ort des Schweizer Protestantismus. Weil er überzeugt war, dass dies dem ökumenischen Geist der Gründerin angemessen sei, bat der Prior von Taizé den Pfarrer, der den Gottesdienst leitete, während der Feier eine Fürbitte für die Verantwortlichen der katholischen und orthodoxen Kirchen zu sprechen. Der Pfarrer war einverstanden und nannte die orthodoxen Patriarchen, Papst Johannes XXIII. sowie die Bischöfe von Fribourg und Autun. „Frère Roger strahlte", schrieb ein katholischer Priester, der bei der Feier anwesend war und den Vorfall „unerhört beeindruckend" fand.[58]

In diese Zeit fiel die Veröffentlichung des *Office de Taizé* (Stundengebet von Taizé). Frère Roger und Frère Max wollten das *Office divin de l'Église universelle* schon seit mehreren Jahren durch eine neue Ausgabe ersetzen, um sich „in die biblische und liturgische Tradition der Kirche einzugliedern" und „um eine zeitgemäße Gebetsform zu bemühen". Das neue Stundenbuch wurde gleich nach seinem Erscheinen in der katholischen Presse durch berufene Stimmen gepriesen. Joseph Gelineau hielt es für „eine Art Brevier", das „die vier grundlegenden Elemente christlichen Gottesdienstes – Lesung aus dem Evangelium, Psalmengesang, gemeinsames Gebet und Bußakt" enthalte.[59] Yves Congar sah darin ebenfalls „eine Art Brevier": „Zahlreiche Texte sind einer liturgischen Tradition entnommen, die uns aus unserer Praxis gut bekannt ist", hier freilich in französischer Übersetzung.[60]

Ostkontakte

Einige Wochen nach Erscheinen des neuen *Office* kamen Frère Roger und Frère Max zum ersten Mal mit Patriarch *Athenagoras* von Konstantinopel zusammen. Der Patriarch hat nicht dieselbe Stellung wie der Papst in der Katholischen Kirche, aber als „ökumenischer" Patriarch eine anerkannte Vorrangstellung unter den anderen orthodoxen Patriarchen. Athenagoras war seit 1948 im Amt, hatte viele Erklärungen abgegeben, zahlreiche Besuche gemacht und etliche Vorstöße angeregt, um die Versöhnung der orthodoxen mit den autokephalen Kirchen voranzutreiben. Dabei legte er der Katholischen Kirche gegenüber eine wohlwollende Haltung an den Tag. In seinen Verlautbarungen gelangte er allmählich zu einer Sicht der Einheit der Christen, die weitgehend mit der des Priors von Taizé übereinstimmte. Patriarch Athenagoras unterschied zwischen der „Einheit" im Gebet und in der Nächstenliebe, die unter Christen ohne Aufschub möglich sei, und der „Einheit auf der Ebene der Lehre", die erst in weiter Ferne erreicht werden könne. Man müsse die Gespräche über die Lehre sachverständigen Theologen und Spezialisten überlassen, meinte er, „sonst laufen solche Diskussionen Gefahr, die Einheit eher zu verzögern als zu beschleunigen".[61]

In Istanbul lernte Frère Roger im Februar 1962 also einen orthodoxen Würdenträger kennen, der ebenfalls leidenschaftlich für die Suche nach der Einheit der Christen eintrat und in dem er später „einen Mann mit derselben prophetischen Ader wie Johannes XXIII." erkannte. In der mehrheitlich muslimischen Stadt verringerte sich die christliche Gemeinde Jahr um Jahr. Sie lebte im Gedenken an Verfolgungen, die seit dem Ende des Ottomanischen Reiches nicht abgerissen waren. Frère Roger erinnert sich: „Dem Patriarchen lag daran, mit uns auf einem Pilgerweg um Istanbul herum zu fahren. Sooft der Wagen an einer Stelle vorbeikam, an der ein Christ den Märtyrertod gestorben war, ließ er langsamer fahren oder anhalten. Wir machten ein Kreuzzeichen und fuhren weiter."[62] Der Prior von Taizé führte mit Athenagoras mehrere Gespräche: „Sechs Tage lang lebten wir bei ihm, aßen mit ihm zu Mittag, unterhielten uns zwanglos, nahmen an den Ereignissen in seinem Leben teil, führten die Gespräche weiter (...) Eines Tages, als ich dem Patriarchen in Anwesenheit von anderen Bischöfen sagte, dass Johannes XXIII. nicht in allem tun könne, was er wolle, antwortete er mir: ‚Er kann nicht machen, was er will? Dann schätze ich ihn noch mehr.'"[63]

Im Lauf dieser ersten Begegnung wurde die Errichtung eines orthodoxen Zentrums in Taizé ins Auge gefasst. Der Patriarch von Konstantinopel äußerte den Wunsch, ein „orthodoxes Taizé" ins Leben zu rufen, ein Kloster, das Mönche aus verschiedenen orthodoxen Kirchen auf der Insel Patmos vereinen sollte, wo der Apostel Johannes das Buch der Offenbarung verfasst hatte. In diesem Zusammenhang sagte Frère Roger, dass „Taizé bereit sei, eine kleine Gemeinschaft orthodoxer Mönche aufzunehmen".[64] Bevor die Entscheidung fiel, gingen in den folgenden Monaten einige Briefe hin und her.

Auf der Rückreise besuchten Frère Roger und Frère Max auf Vorschlag Patriarch Athenagoras' den Metropoliten der bulgarischen Hauptstadt Sofia. Nach langwierigen Auseinandersetzungen war dessen Patriarchentitel im Vorjahr durch das ökumenische Patriarchat von Konstantinopel anerkannt worden. Danach reisten Frère Roger und Frère Max nach Jugoslawien weiter und wurden in Belgrad vom dortigen Metropoliten, dem Patriarch von Serbien, empfangen.

Die ersten Aufenthalte in Osteuropa, ohne Aufsehen und in Zivilkleidung, waren kurz und erlaubten den beiden Besuchern kaum, in diesem Ländern näher mit den Gläubigen in Berührung zu kommen, die Verfolgung und strenger Überwachung ausgesetzt waren. Die Sorge um die Christen in Osteuropa bewegte die Communauté schon lange. 1960 besuchte zum ersten Mal die polnische Katholikin *Aniela Urbanowicz* Taizé. „Sie war die erste Polin, die dorthin reiste, und stellte zu ihrer großen Überraschung fest, wie sehr Frère Roger über die schwierige Lage der Kirche in Polen auf dem Laufenden war, und dass die Communauté täglich für den Primas von Polen Kardinal *Stefan Wyszyński* betete."[65] Nach ihrer Rückkehr veröffentlichte sie einen ersten Zeitschriftenbeitrag über Taizé. Sie kehrte mehrmals dorthin zurück und machte auf ihren vielen Reisen die Communauté in Polen und anderen osteuropäischen Ländern bekannt. Sooft Frère Roger seit den siebziger Jahren nach Polen fuhr, suchte er sie in Warschau auf.

Auch andere Brüder begannen ebenso unauffällig Reisen nach Mittel- und Osteuropa zu unternehmen. Frère Christophe (Walter von Wachter), ein Deutscher, der zwei Jahre zuvor in die Communauté eingetreten war, war als ganz junger Mann in sowjetischen Kriegsgefangenenlagern interniert gewesen. Er spielte eine wichtige Rolle bei den Kontakten zu Christen in den mittel- und osteuropäischen Ländern. Von ihm stammte der Vorschlag, Brüder sollten „jeweils zu zweit" hinter den Eisernen Vorhang reisen, „und dort Jugendliche und weniger junge Menschen aufsuchen, ihnen

Frère Roger und Frère Max bei Patriarch Athenagoras; Istanbul im Februar 1962

zuhören, sie verstehen lernen".[66] Dies wurde im Bruderrat gut geheißen und führte zu einer ersten Reise Frère Christophes in den Ostteil Deutschlands. Zahlreiche andere folgten.

Die „Kirche der Versöhnung"

Die Besucherzahlen in Taizé nahmen zu und die Treffen wurden häufiger. Immer mehr Katholiken beteiligten sich daran, obwohl zur damaligen Zeit viele dieser „Studien- und Austauschtreffen" noch in nach Konfessionen getrennten Gruppen stattfanden. Auf Bitten Frère Rogers wohnte ein Benediktinermönch der Abtei Ligugé, Dom *Michel Doiteau*, während des Sommers 1962 im Dorf Taizé, um die katholischen Besucher zu betreuen und Eucharistiefeiern zu halten. Am Ende des Sommers blieb er auf Bitten Frère Rogers und mit Erlaubnis seines Abts in Taizé. „Mein Traum war es", meinte er, „katholischer Mönch in Taizé zu sein, und Frère Roger fand diese Vorstellung wunderbar, aber er hielt es für noch viel zu früh, Rom würde dazu keine Erlaubnis erteilen."[67] Nach neun Monaten sandte ihn sein Abt schließlich in ein eben gegründetes Benediktinerkloster. Erst sieben Jahre später erhielten katholische Brüder die Genehmigung, in die Communauté einzutreten. Dom Michel Doiteau war der erste katholische Priester, der in der neuen Kirche der Communauté regelmäßig die Eucharistie feierte.

Für die stetig wachsende Communauté und die häufige Anwesenheit großer Besuchergruppen war die alte romanische Kirche des Ortes Taizé zu klein geworden. So wurde der Bau einer neuen Kirche beschlossen, die eine weit größere Zahl von Menschen aufnehmen konnte. Frère Roger hätte sie gerne „ganz nah" am Haus der Brüder gesehen. Mehrere Brüder wollten sie lieber möglichst weit weg haben. Schließlich wurde als Standort die Stelle gewählt, an der eine Dorfbewohnerin die geschilderte Vision gehabt hatte.

Eine deutsche Organisation, die „Aktion Sühnezeichen", finanzierte den Bau und stellte die Hilfsarbeiter.[68] Sie war 1958 durch den evangelischen Pfarrer *Lothar Kreyssig* im Geist der Sühne und der Versöhnung gegründet worden. Er sammelte die nötigen Mittel und rief junge deutsche Freiwillige auf, in den Ländern, die unter Deutschland gelitten hatten, „etwas Gutes zu tun". So wurden unter anderem ein Ferienheim in den Niederlanden, ein Behindertenheim in Norwegen und eine Synagoge in Frankreich gebaut. Die Vorhaben der Communauté, die der Versöhnung der Christen gewidmet waren, deckten sich mit der Ausrichtung der Organisation; so lag es nahe, den neuen Bau „Kirche der Versöhnung" zu nennen.

Einer der Brüder, Frère Denis, war Architekt; ein Bauunternehmen aus der Gegend begann am 17. April 1961 mit den Arbeiten. An Pfingsten wurde der Grundstein gelegt. In der Folge wechselten sich halbjährlich Gruppen von jeweils etwa 30 jungen deutschen Freiwilligen bei den Bauarbeiten ab. Der Bau kam schnell voran, weil vor allem Beton verbaut wurde. Das aus vorgefertigten dreieckigen Elementen bestehende Dach war bald zusammengefügt.

Die Kirche wirkt wie ein riesiger Block in Form eines Schiffsrumpfes, ihr Dach ragt über die Westfassade auf einen weiten Vorplatz hinaus. Das Kirchenschiff, das ursprünglich 43 Meter lang – es wurde später durch Vorbauten mehrmals verlängert – und 24 Meter breit war, läuft in einen Chor aus, in dessen Mitte ein schön geformter Steinblock stand, der als Altar diente. Der Chor überragt das Schiff an Höhe und bildet ein Fünfeck. Auf der rechten Seite der Kirche stellen sieben Glasfenster, die Frère Eric schuf, die großen liturgischen Feste dar: Verkündigung, Epiphanias, Palmsonntag, Ostern, Himmelfahrt, Pfingsten und Verklärung. Die zeitliche Abfolge des Lebens Christi wurde eingehalten, ausgenommen bei dem Motiv der Verklärung, das nicht dem des Palmsonntags vorausgeht, sondern als letztes Fenster eingelassen ist. Damit sollte versinnbildlicht werden, dass die gesamte Geschichte der Kirche auf dem Hintergrund der Verklärung zu sehen ist, Offenbarung des Göttlichen und Ort der Verwandlung zugleich.

Unter dem Chor befindet sich eine Krypta, die seinerzeit für den katholischen Gottesdienst gedacht war: „Steigt man einige Stufen hinunter, so betritt man eine dunkle Krypta. Von einem schweren zentralen Pfeiler gehen nach allen Seiten Betonstreben aus, die die Decke tragen. Das Material ist bewusst grob gehalten, die Mauern des Chors der Krypta sind weiß gekalkt. Eigentlich kann man gar nicht von einem Chor sprechen, denn der Altar befindet sich auf einer kaum erhöhten breiten Bühne. Er besteht aus einem großen Steinblock, den ein weißes Tuch bedeckt. Links läuft ein langer Riegel aus Schmiedeeisen, der in den Zement eingelassen ist in ein modernes gestaltetes Kreuz aus. An der Wand hängt eine zeitgenössische Ikone der Jungfrau Maria. Zu ihren Füßen steht ein schön geformter Steinkrug mit Feldblumen; ein robuster Tabernakel aus Eisen mit zwei emailverzierten Türen ist in die Wand eingelassen. Rechts vom Altar ein Lesepult mit zwei Kerzen auf beweglichen Tellern, die sich bei der Verkündigung des Evangeliums ausfahren lassen. Vor dem Altar stehen auf drei Ständern lange Kerzen. Die Gläubigen nehmen auf Holzbänken an der Liturgie teil, wie man sie in allen katholischen Kirchen findet. Von rechts und links fällt durch gewöhnliche Glasfenster, die ganz oben angebracht sind, ein schwaches Licht in die Krypta."[69] Die Krypta kann nur einige Dutzend Personen aufnehmen, während die Oberkirche, solange sie bestuhlt war, 450 Sitzplätze und 500 Stehplätze aufwies. Die Brüder sitzen in der Mitte des Kirchenschiffs in einem eigenen Bereich, den in den ersten Jahren eine Mauer begrenzte.

Am 5. und 6. August 1962 wurde die Kirche eingeweiht. Persönlichkeiten verschiedener Kirchen nahmen daran teil: Vertreter der Reformierten Kirche aus sieben Ländern, die anglikanischen Bischöfe Tomkins und *Stephen Neill*, die Bischöfe *Hacis Meliton* und *Emilianos Timiadis* als Vertreter des Patriarchats von Konstantinopel, ein Vertreter des Moskauer Patriarchats, drei katholische Bischöfe, unter ihnen Bischof Lebrun. Anwesend waren weiterhin Schwestern von Grandchamp, vier Benediktiner- und Zisterzienseräbte sowie Pater *Damien Grégoire*, Franziskanerprovinzial in Lyon. Nie zuvor begegneten sich in Taizé so viele Würdenträger aus verschiedenen christlichen Konfessionen. Welcher Kontrast zu der in aller Stille gehaltenen Feier des Lebensengagements der ersten Brüder im Jahr 1949!

Die Einweihung der Kirche fiel auf das Fest der Verklärung des Herrn. Dies war kein Zufall. Frère Roger erklärte in einer Pressemitteilung: „Wir haben uns daran zu erinnern, dass Christus sein Werk der Verklärung in uns und in unserem Nächsten vollzieht. Er verwandelt die tiefsten Widerstände, die sich der Versöhnung entgegenstellen. Er durchdringt allmählich selbst die undurchdringlichsten Schatten in uns mit seinem Licht." Der Geist der Versöhnung, den Taizé ausstrahlt und den nun auch die neue Kirche symbolisierte, wurde am Eingang durch ein großes Schild beschworen, das dreispaltig auf Französisch, Englisch und Deutsch bat:

„Die ihr hier eintretet, versöhnt euch:
der Vater mit seinem Sohn,
der Mann mit seiner Frau,
der Glaubende mit dem, der nicht glauben kann,
der Christ mit seinem getrennten Bruder."

Während der Feierlichkeiten fanden mehrere Gottesdienste statt: Am Sonntag ging der eucharistischen Feier der Communauté eine Dankliturgie im orthodoxen Ritus voraus, am Montag feierte Bischof Lebrun die erste Messe in der Krypta der Kirche.

Die offensichtliche Einmütigkeit an den beiden Tagen behagte nicht allen. Während die katholische und die nichtkonfessionelle Presse voller Lob über den ökumenischen Kirchenbau waren, der den Geist des kommenden Konzils vorwegzunehmen schien, stellte Pfarrer Finet in *Réforme* in der ihm eigenen ungenierten Art Überlegungen zur Bedeutung eines Ereignisses an, das „viele Fallen oder Zweideutigkeiten mit sich bringen" könne: „Die Communauté de Taizé steht nicht für den zeitgenössischen französischen Protestantismus; und trotz der unterschiedlichen Nationalität ihrer Mitglieder ebenso wenig für den europäischen oder weltweiten Protestantismus. Dies kann man Katholiken, die sich darüber Illusionen machen, nicht oft genug sagen. Die Communauté de Taizé ist rechtlich gesehen keiner kirchlichen Organisation angeschlossen, auch nicht dem Ökumenischen Rat. Sie ist in dieser Hinsicht vollkommen frei. Eine erfrischende Freiheit, wie ich meine, aber auch eine hochgefährliche."[70] Visser't Hooft fiel bei der Einweihung durch Abwesenheit auf. Er hatte die Einladung des Priors abgelehnt. Dieser bedauerte: „Ich hatte mir eigentlich gedacht, die Einweihung unserer Kirche wäre einerseits ein geeigneter Zeitpunkt gewesen, Ihre Solidarität mit Taizé zu erweisen, und andererseits eine gute Gelegenheit, mit Ihnen ein Gespräch von Mann zu Mann zu führen, an dem mir sehr gelegen ist."[71]

Frère Roger fand sich im Übrigen mit dem Kirchengebäude niemals ganz ab. Für ihn war es zu auffällig und trotz eines fehlenden Glockenturms viel zu hoch. Noch acht Jahre später äußerte er seine Unzufriedenheit: „Als ich unsere Betonkirche entstehen sah, begann für mich eine schwierige Zeit. Und auch jetzt, nach Jahren, kann ich mich immer noch nicht mit ihr anfreunden; ich wünschte, sie wäre fast in die Erde versenkt, möglichst wenig sichtbar für die Augen der Menschen."[72] Frère Roger war einfach enttäuscht: „Der Beton steht für Steifheit und vermittelt einen Eindruck von Stärke." Steifheit und Stärke sind aber genau das Gegenteil des Bildes, das Taizé vermitteln will. So wurde das Bauwerk auf bezeichnende Weise immer wieder umgebaut. Zunächst wurde im Innenraum die Betonmauer abgetragen, um mehr Nähe zwischen den Brüdern und den Gästen zu schaffen und die Verständigung zu erleichtern. Dann wurden die strohgeflochtenen Stühle entfernt, damit die Kirche noch mehr Menschen aufnehmen konnte. Man ließ sich nun einfach auf einem Teppichboden nieder. Bald danach wurde die Westfassade eingerissen, damit die Kirche durch Großzelte und später durch Anbauten erweitert werden konnte. Der steinerne Altar – er ging als Geschenk an die Gemeindekirche von Rumilly, einem Ort im Savoyer Voralpenland – wurde durch einen schlichten Holzaltar ersetzt. Auch die Orgel wurde im Lauf der Zeit teils aus personellen, teils aus finanziellen Gründen erweitert oder wieder vereinfacht oder ganz ausgetauscht.

Glanz und Erfolg der Einweihungsfeier mit ihrer tiefen Einmütigkeit hätten Frère Roger mit tiefer Befriedigung erfüllen können. Sieht man genau hin, stellt man jedoch fest, dass er in jenen Tagen ganz anders gestimmt war. Er datierte auf den Tag der Einweihung einen „Brief an Koinobiten", an Menschen, die in klösterlicher Gemeinschaft leben. Dieser fand selbst in den konfessionellen Zeitungen keinerlei Echo, wurde allerdings vollständig in der katholischen Monatszeitschrift *Documentation catholique* abgedruckt.[73] Der Ton dieses Briefes hebt sich deutlich vom Glanz der großen Feier jenes Tages ab. Er stimmt nicht in die Begeisterung und den Optimismus ein, die das nahende Konzil mehr und mehr auslöste. Der Prior von Taizé war ein scharfsinniger Beobachter. Er nahm bereits die Anfänge einer Krise in der Katholischen Kirche wahr, die erst im folgenden Jahrzehnt voll eintrat. Die Geschichte dieser Krise ist noch kaum geschrieben, es steht aber fest, dass sie Anfang der sechziger Jahre vor dem weltlichen Klerus bereits die Ordensleute ergriff. Sie zeigte sich je nach Kongregation und Land auf verschiedene Weise. Die Eintritte in Klöster und Gemeinschaften gingen zurück, die Austritte häuften sich. Manche Aspekte der Konstitutionen oder Regeln, nach denen die Orden oder Kongregationen lebten, wurden immer offener infrage gestellt.

In seinem „Brief" spart Frère Roger nicht mit bewundernden und ermutigenden Worten an die Ordensleute, die wie die Brüder von Taizé „berufen sind, das Engagement der koinobitischen Berufung zu leben" und „in den Spuren Christi zu gehen". Aber er hält keineswegs mit seiner Sorge hinter dem Berg: „Es gibt unter euch einige, die nicht länger solidarisch mit den Ihren auf dem schwierigen Weg der Berufung bleiben möchten. Die einen stellen ihr ursprüngliches Engagement infrage und laufen Gefahr, die Einheit der Person zu zerstören. Man entlässt sich aber nicht ungestraft aus dieser Ganzheitlichkeit. Andere drohen mit Konsequenzen. Man kann aber einen Leib, so klein er auch sein mag, nicht mit der Drohung erneuern, andernfalls mit ihm zu brechen. Immer nur von innen und mit grenzenloser Geduld kann neu belebt werden, was neu belebt werden muss. Konstruktiv ist nur, wenn man sich aufeinander einlässt. Jeder Bruch, auch wenn er für den Augenblick die Spannung zu lösen scheint, bedeutet letzten Endes Verarmung. (...) Wenn die Welt mit den großen Strömungen der zeitgenössischen Geschichte in unser Innerstes einbricht, wenn die monastische Berufung, weil den starken Spannungen und Verlockungen unserer Tage ausgesetzt, gefährdeter denn je ist, bleibt der Ruf Christi umso dringlicher." Frère Roger predigte niemals Auflehnung; er hatte ebenfalls Umwälzendes im Sinn, aber auf einer ganz anderen Ebene.

Mit der Einweihung der Kirche der Versöhnung fiel außerdem die Gründung der *Copex* zusammen. Zwischen beiden Ereignissen besteht bei genauerem Hinsehen eine enge Verbindung. Die neue, große Kirche konnte leicht als Zeichen von Macht und Reichtum erscheinen. Frère Roger hatte bereits früher eine andere „Außenwirkung" irretiert: Der gut gehende Landwirtschaftsbetrieb der Communauté mit seiner Herde erlesener Kühe konnte missverstanden werden. Nach langer Beratung mit den Landwirten im Dorf und seiner Umgebung beschloss die Communauté, ihr Gut mit anderen zu teilen. Am 1. September 1962, kaum einen Monat nach der Einweihung der Kirche, wurde die *Copex* (landwirtschaftliche Produktionsgenossenschaft) gegründet. Frère Alain, der sich um den Bauernhof gekümmert hatte, schloss sich als Vertreter der Communauté mit fünf jungen Ehepaaren aus Taizé und der Umgebung, die aus der Katholischen Landjugend stammten, zusammen[74]. Sie bildeten eine Form der Genossenschaft, bei der Gerät und Viehbestand freiwillig zusammengelegt, die Arbeit gemeinsam durchgeführt und der Ertrag gerecht geteilt wurde.[75] Dieses „Zeichen der Armut" stellte in gewisser Weise ein Gegengewicht zum auffälligen Zeichen der neuen, großen Kirche von Taizé dar.

7. Kapitel

Teilnahme am Zweiten Vatikanischen Konzil

Einige Monate nach der Ankündigung des Konzils durch Papst Johannes XXIII. wurden weltweit alle Bischöfe eingeladen, *voti*, also Meinungsäußerungen abzugeben, welche Reformen anstünden und welche Fragen der Lehre zu erörtern seien. Ihre Anregungen füllten 15 Bände mit insgesamt über 10 000 Seiten. Im Juni 1960 wurden zehn „vorbereitende Kommissionen" eingesetzt, in denen jeweils ein Kurienkardinal den Vorsitz hatte und die durch eine Zentralkommission koordiniert wurden. 75 Schemata wurden ausgearbeitet, darunter lehrmäßige bzw. pastorale Texte über die Liturgie, die Offenbarung und die Jungfrau Maria.

Am Sonntag, den 30. August 1959, erklärte Johannes XXIII. im Hinblick auf die „Einheit der Christen" während einer Audienz in Castelgandolfo: Vorausgesetzt dass Protestanten und Orthodoxe am nächsten Konzil teilnehmen wollten, „muss man sie vernünftigerweise aufnehmen, denn die Kirche ist immer noch ihr Haus, aus dem sie sich während der Wechselfälle der Geschichte entfernt haben."[1] Im Juni 1960 wurde ein eigenes Sekretariat für die Einheit der Christen geschaffen und der Vorsitz dem deutschen Kardinal *Augustin Bea* übertragen.

Frère Roger sah sich in Rom bereits nach einer Mietwohnung um, in der er während der Sitzungsperioden des Konzils jeweils mit einigen anderen Brüdern Quartier nehmen könne. Aufgrund einer Reihe von Widerständen war die offizielle Entscheidung, Nichtkatholiken einzuladen, noch nicht gefallen. Frère Roger rechnete auch mit einer möglichen Ablehnung: „Wenn wir nicht eingeladen werden, wollen wir dennoch in Rom anwesend sein; zwei Brüder von Taizé werden dort während der gesamten Dauer des Konzils ein immerwährendes Gebet halten."[2]

Am 25. Dezember 1961 wurde mit der Apostolischen Konstitution *Humanae Salutis* das Konzil endgültig einberufen. Sie sah vor, dass „Vertreter" nichtkatholischer christlicher Gemeinschaften die Arbeiten des Konzils mitverfolgen könnten, was in der Kirchengeschichte noch nie da gewesen war. Später schrieb Frère Roger über die Einladung, die er Juli 1962 erhalten hatte: „Ich habe den Tag nicht vergessen, an dem der Brief eintraf: Die Einladung, an den Beratungen teilzunehmen, war ein Geschenk Gottes!"[3]

54 Nichtkatholiken nahmen an der ersten Sitzungsperiode des Konzils teil, 46 „entsandte Beobachter“, die von ihren jeweiligen Kirchen bestimmt worden waren, und acht „Gäste“, die persönlich eingeladen worden waren. Wie es in einem vertraulichen Bericht aus der damaligen Zeit heißt, lag „der Unterschied zwischen ‚Beobachtern‘ und ‚Gästen‘ lediglich in der Bezeichnung, da sie praktisch denselben Status haben“.[4]

Frère Roger und Frère Max waren offiziell eingeladen worden; sie wurden von zwei Brüdern begleitet. Sie konnten in der *via del Plebiscito 107* für die gesamte Dauer des Konzils und für die Zeit danach eine Fünf-Zimmer-Wohnung anmieten. Ein zentral gelegenes Zimmer wurde als Kapelle eingerichtet, mit einem schlichten Altar, weiß getünchten Wänden und einigen Ikonen, die man in einem evangelischen Andachtsraum nicht unbedingt erwartete, wie der brasilianische Erzbischof *Dom Helder Camara* festhielt: „Ein schön gestaltetes Kruzifix und alte, sämtlich sehr schöne Ikonen-Gemälde, die Christus, Unsere Liebe Frau und die Verklärung darstellen. Über dem Altar ein von innen beleuchtetes Dreieck, das die Heilige Dreifaltigkeit darstellt.“[5]

Im weiten Mittelschiff des Petersdoms, in dem die Generalversammlungen des Konzils abgehalten wurden, waren die Beobachter nicht in eine dunkle Ecke verbannt. Nach dem Willen Johannes XXIII. erhielten sie Ehrenplätze rechts neben der Tribüne der Vorsitzenden des Konzils und gegenüber den Reihen der Kardinäle. Sie hatten Übersetzer für die lateinischen Redebeiträge zur Verfügung, die auch die nötigen Erläuterungen geben konnten. Sie nahmen an allen Sitzungsperioden und öffentlichen Versammlungen teil, ohne jedoch in der Konzilsaula das Wort zu ergreifen oder sich an den Abstimmungen zu beteiligen.

Die feierliche Eröffnung des Zweiten Vatikanischen Konzils fand am 11. Oktober 1962 statt. Sie wurde vom italienischen Staatsfernsehen direkt übertragen und von zahlreichen Fernsehprogrammen in Europa und sogar in den Vereinigten Staaten übernommen. Etwa 2500 Bischöfe aus der ganzen Welt waren bei der Liturgie anwesend, die viele als „grandios“ schilderten, wenn auch Kritik an den mangelnden „Beteiligungsmöglichkeiten“ und an dem Prunk, der den Papst umgab, nicht ausblieb. Auch ein Pontifikalamt im ambrosianischen Ritus zur Feier des vierten Jahrestages der Krönung Johannes XXIII. am Sonntag, den 4. November, missfiel manchem, der eine schlichtere Liturgie mit größerer Beteiligung der Anwesenden anstrebte. „Übertriebener Prunk und Fehlanzeige in Sachen gemeinschaftsbetonter Liturgie“, merkte ein Bischof an. Auch Frère Roger bedauerte den Ritualismus, wollte ihn aber nicht zum Gegenstand öffentlicher Auseinandersetzung machen: „Lassen wir es. Wenn wir uns aufregen, bringt dies das heilige Anliegen der Einheit in keiner Weise voran.“[6]

Frère Roger und Frère Max trafen mehrere katholische Theologen, die sie bereits gut kannten. Diese waren als vom Konzil angeforderte Experten oder als persönliche Begleiter eines Bischofs nach Rom gekommen, unter anderem de Lubac, Congar und Villain. Zu den nichtkatholischen „Beobachtern" zählten ihnen ebenfalls gut bekannte Persönlichkeiten wie der evangelische Theologe Oscar Cullmann oder auch *Douglas V. Steere*, ein amerikanischer Quäker, der zwischen 1948 und 1950 mehrmals in Taizé gewesen war.

Am 13. Oktober empfing Johannes XXIII. alle Beobachter. Frère Roger und Frère Max äußerten Pater Chenu gegenüber, dass sie „von dieser Audienz tief beeindruckt"[7] waren, insbesondere von einem Wort, das der Papst am Ende sagte: „Wir haben nicht verhandelt, sondern miteinander gesprochen; wir haben nichts erörtert, sondern einander geliebt."[8] Dieses Wort bezog sich auf die Ansprache bei der Konzilseröffnung, auf die Einladung zu einem *aggiornamento*, einer „Aktualisierung" der Kirche, auf die Absage an die „Unglückspropheten", auf den Aufruf, das Glaubensgut „unvermindert und ohne Entstellung", aber „durch ein neues Bemühen" weiterzugeben. Diese Worte stießen auf ein sehr unterschiedliches Echo; bis heute können sich die Geschichtswissenschaftler nicht darauf einigen, wie und inwieweit sie sich als Vorgaben durchsetzen sollten und konnten.[9]

Schon in den ersten Tagen äußerten sich Theologen wie Congar, der einen großen Einfluss auf das Konzil ausübte, mit Sorge: „Es besteht die große Gefahr, dass in Rom oder unter römischer Leitung eine Art vorgefertigtes Konzil durchgeführt wird. Eine Vielzahl von Bischöfen sind nicht in der Lage, sich einen Überblick über die Fragen, insbesondere über deren ideologische und theologische Gesichtspunkte, zu verschaffen."[10] Frère Roger und Frère Max richteten ihr Augenmerk vor allem auf die vielfältigen Debatten und Diskussionen, die am Rande des Konzils, nach den feierlichen Sitzungen geführt wurden: „Das Konzil erscheint wie eine freie und weit gespannte Begegnung, bei der – anders als vorschnell behauptet wird – die Bischöfe eifrig das Gespräch untereinander suchen, damit sich keine widerstrebenden Blöcke bilden, sondern im Gegenteil eine Einheit zum Vorschein kommt, bei der sich jeder in Frieden wiederfinden kann. Dies ist ein vielleicht unerwarteter, aber äußerst wichtiger Zug des Konzils."[11]

Sie trugen selbst maßgeblich zu dieser „freien und weit gespannten Begegnung" bei. In den vier Jahren, die das Konzil dauerte, gaben sich in ihrer Wohnung zahlreiche Kardinäle und hunderte Bischöfe, Theologen und Journalisten vieler Länder die Klinke in die Hand. Für gewöhnlich wurden sie zum Mittagessen oder zum Abendessen eingeladen. Frère Roger sprach das Tischgebet. Während der Mahlzeiten wurde ausgiebig diskutiert; ein Gebet im Andachtsraum beschloss die Zusammenkunft. Yves Congar, der oft bei den Brüdern verkehrte, schrieb am 8. November 1962 in sein Tagebuch: „Um 20 Uhr Abendessen mit den vier Brüdern von Taizé. Sie haben in der Wohnung, die sie bezogen haben, eine ganz eigene Atmosphäre geschaffen. Es wird viel geredet. Vielleicht rede vor allem ich. Sie sprechen viele Einladungen aus. Kaum eine Mahlzeit ohne Gäste, manchmal bis zu fünf oder sechs Bischöfe. So wird derzeit dort eine Art Konzil im Konzil abgehalten, voller Freundschaft, das zur guten Atmosphäre des eigentlichen Konzils beiträgt.“[12]

Die Brüder von Taizé hielten es für ihre Pflicht, einen Papst zu unterstützen, der den Mut hatte, die Kirche auf einen neuen Weg zu führen. Congar hielt fest: „Die Brüder von Taizé stehen auf dem Standpunkt: Wir müssen zusammen mit dem Papst und Kardinal Bea das Risiko tragen, das sie mutig eingegangen sind, als sie das Konzil für Beobachter öffneten.“ Diese Einstellung wurde von einigen kritischeren Theologen missverstanden. *Hans Küng* schreibt: „[Die Brüder] fragen mich während einer Mahlzeit, was sie in dieser geschichtlichen Stunde tun sollten, und ich antworte ihnen: schlicht und einfach gute Protestanten bleiben.“ Eine solche Antwort behagte ihnen nicht sonderlich.“[13] Küng befürchtete, sie würden sich „vom Vatikan verwöhnt, etwas zu sehr Rom anpassen“.

Der katalanische Kirchengeschichtler *Hilari Raguer* hat darauf hingewiesen, dass die nichtkatholischen Beobachter beim Konzil „keine untätigen Zuschauer des Ereignisses waren, sondern sogar den Text verschiedener Konzilsdokumente günstig beeinflussten“.[14] Das Sekretariat für die Einheit der Christen lud einmal in der Woche die Beobachter ins Hotel *Colombus* an der *via della Conciliazione* ein. Bewährte katholische Persönlichkeiten (Mitglieder des Sekretariats, Bischöfe oder Theologen) hielten Kurzvorträge über die beim Konzil verhandelten Themen. Die Beobachter konnten Anmerkungen und Einwände vorbringen, die den Konzilskommissionen zugeleitet wurden.[15] Dazu kamen zwanglose Begegnungen zwischen Beobachtern und verschiedenen Mitgliedern des Einheitssekretariats. Darüber hinaus verfassten die Beobachter kurze Schriftstücke für die Bischöfe oder die Theologen, die mit der Arbeit an dem einen oder anderen zur Diskussion stehenden Schema betraut waren. De Lubac bestätigte dies: „Kardinal Bea kümmert sich darum, ihre Beobachtungen in das Konzil einzubringen. Vielleicht können sie sogar mit dem Status von Beobachtern in einige Kommissionen aufgenommen werden.“[16] Tatsächlich „haben die Beobachter Inhalt wie Formulierung mehrerer Konstitutionen und Dekrete beeinflusst, aber es ist wohl unmöglich, einzelne Spuren genauer zu verfolgen.“[17]

Im Oktober 1962 verfasste Frère Max ein kurzes Schriftstück über die Liturgie, das für die Kommission bestimmt war, die damit befasst war. Als etwas später das Schema *De fontibus* („Die Quellen der Offenbarung: Tradition und Schrift“) von der Tagesordnung des Konzils genommen wurde, nahm Frère Max schon am nächsten Tag zusammen mit anderen evangelischen Theologen, Cullmann und *Hébert Roux*, an einer Versammlung mit Congar teil, um einen neuen Text zu erarbeiten.[18] Und nach dem Ende der ersten Sitzungsperiode zog ihn *Gustave Thils*, ein Theologe des Einheitssekretariats, eingehend zum neuen Schema über den Ökumenismus zu Rate. Man kann also mit Fouilloux „ohne einem leichtfertigen Optimismus zu huldigen" festhalten, dass „die Beobachter die Richtung der Mehrheit, die sich in der Versammlung rasch abzeichnete, nuanciert, aber nachhaltig unterstützen. (...) Das Einheitssekretariat hat sich der Anwesenheit der Beobachter bedient, um seinen Einfluss auf das Konzil auszuweiten".[19]

Nach der ersten Sitzungsperiode, die am 8. Dezember 1962 zu Ende ging, freute sich Frère Roger über „das sehr tiefe Aufeinander-Eingehen", das sich auf dem Konzil zu zeigen begann, über eine „schöpferische Dynamik", die die Katholiken wie die Nicht Katholiken ergriff.[20]

Operation „Hoffnung für Lateinamerika"

Am 31. Oktober 1962 lernten Frère Roger und Frère Max *Dom Helder Camara* kennen, der für seine Unterstützung der *Sem vez e sem voz*, der Chancenlosen und der Stimmlosen in Brasilien, bekannt geworden war. Camara war seit zehn Jahren Weihbischof von Rio de Janeiro und Generalsekretär der brasilianischen Bischofskonferenz. Er wurde allmählich zu einer der meistgehörten Stimmen des brasilianischen Episkopats, der sehr zahlreich beim Konzil vertreten war (173 Bischöfe während der ersten Sitzungsperiode).[21] Er fand aber auch weit über die brasilianische Gruppe hinaus Gehör. Mit Bischof Larrain, den Frère Roger bereits kannte, wohnte er im Domus Mariae (Haus Mariens), einem alten Palast in der via Aurelia, wenige Minuten vom Vatikan entfernt[22]. Dieser verfügte über einen Vortragssaal, der 600 Personen fassen konnte. Die dort stattfindenden Begegnungen unter Bischöfen und Vorträge von Theologen machten ihn laut Camara zu „einem Ort evangelischer Konspiration und gewaltloser Revolution".

Dom Helder und einige andere südamerikanische Bischöfe beunruhigte die extreme Ungleichheit, die Tatsache, dass „ein Drittel der Menschheit in Überentwicklung, Überfluss und Luxus leben kann, während zwei Drittel dauerhaft in Unterentwicklung und Hunger leben müssen"[23]. Sie bemühten sich, Frère Rogers Aufmerksamkeit zu gewinnen und bewegten ihn, eine Reihe von Initiativen in die Wege zu leiten. Camara war von Frère Roger und Frère Max begeistert: „Sie sind beide sehr sympathisch. Roger, noch sehr jung, ist der Meister, Max der Jünger."[24] Er hörte hingerissen, was sie über die Communauté berichteten: „Sie sind heute fünfundfünfzig evangelische Mönche. Acht sind Pfarrer. Sie glaubten an die Realpräsenz Jesu Christi und feiern die Heilige Messe [sic!]. Sie beichten und die Pfarrer

Treffen mit Papst Johannes XXIII.

und mit Dom Helder Camara

erteilen (wie bei uns) dem Einzelnen die Lossprechung. Sie beten das Brevier [gemeint ist das *Office de Taizé*]."

Der brasilianische Bischof und der „evangelische Mönch" blieben während des gesamten Konzils und auch danach eng verbunden. Zwischen zwei höchst unterschiedlichen Charakteren war eine, wie Frère Roger sagte, „selten enge Freundschaft" entstanden. Im Gegensatz zur Schüchternheit und Sanftmut des Gründers von Taizé, legte Dom Helder „eine erstaunliche Kommunikationsfähigkeit in Gesten wie in Worten an den Tag"[25]. Er schenkte Frère Roger sein Bischofskreuz, und dieser trug es an einer weißen Kordel fortan über seinem Gebetsgewand. Nachdem er die Brüder einmal im *Domus Mariae* zu Gast gehabt hatte, notierte Camara: „Roger und Max, die beiden evangelischen Mönche von Taizé, haben mit uns zu Mittag gegessen. Wenige Menschen vermitteln einen so tiefen Eindruck von Heiligkeit wie Roger. (...) Sie wurden im Refektorium mit Beifall empfangen."[26]

Der letzte Satz ist bezeichnend. Das Konzil war für die Communauté ein nicht zu unterschätzender Resonanzboden. Hunderte Bischöfe lernten

Taizé kennen und kamen mit den Brüdern ins Gespräch, Pressevertreter verschiedener Länder wurden auf sie aufmerksam und noch häufiger erschienen Zeitschriftenbeiträge über sie. Dieser plötzliche Bekanntheitsgrad, der längst nicht mehr mit dem zu vergleichen war, den Taizé vor dem Konzil hatte, rief bei Frère Roger zwiespältige Gefühle hervor – einerseits eine gewisse Befriedigung darüber, anerkannt und geschätzt zu werden, andererseits aber die Empfindung, in die Welt hineingeworfen zu sein und Gefahr zu laufen, missverstanden zu werden.

Kommentare blieben nicht aus. Am 22. November 1962 vermerkte Bischof *Auguste Jauffrès* von Tarentaise, der mit zwei weiteren Bischöfen aus Savoyen zum Mittagessen in der *via del Plebiscito* eingeladen war: „Sie stehen uns sehr nahe: (...) die drei Ewigen Gelübde der Armut, der Keuschheit und des Gehorsams. (...) Sie sollen nachgerade katholisch sein; aber sie weigern sich, dazu eine Entscheidung zu fällen, um sich nicht von ihren evangelischen Brüdern abzuschneiden und sie allmählich auf ihre Spur zu führen, bis zu der Einheit, die Christus will."[27] Derselbe Bischof führt eine vertrauliche Bemerkung des Priors von Taizé an: „Frère Roger", schreibt er, „trägt daran, dass er wegen der mangelnden apostolischen Weitergabe nicht die Sicherheit hat, dass ihr Wirken, wenn sie als Pfarrer das Abendmahl halten, gültig ist. Für den Prior gilt: ‚Der Herr ergänzt, was fehlt'." Hier findet sich – allerdings im Schreiben eines Dritten – ein erster Hinweis, dass es eine wie auch immer geartete innere Entwicklung gab, die Frère Roger dahin führte, selbst nicht mehr als Pfarrer das Abendmahl zu feiern und schließlich einzig und allein die katholische Eucharistie zu empfangen. Frère Roger und Frère Max seien *thoroughly catholic* (durch und durch katholisch), meinte ein evangelischer Beobachter, der amerikanische Kongregationalist *Douglas Horton.*[28] Der Ausdruck war übertrieben, vermittelt aber einen Eindruck davon, wie Worte und Einstellungen Frère Rogers und Frère Max auf Außenstehende wirken konnten.

Die Begegnung mit Dom Helder Camara und einigen anderen südamerikanischen Bischöfen hatte Frère Rogers Aufmerksamkeit für die Frage der ungleichen Verteilung der Güter und der Agrarreform auf diesem Erdteil geweckt. Die katholische Kirche hatte dort angesichts der Wirkungslosigkeit der Landwirtschaftspolitik den Entschluss gefasst, selbst tätig zu werden. Bischof Larrain begann, die Ländereien, die zum Bischofssitz gehörten, an die Bauern zu verteilen und Genossenschaften aufzubauen. Andere südamerikanische Bischöfe verfolgten ähnliche Pläne. Mehrere von ihnen baten den Prior von Taizé, eine Kollekte zur Unterstützung ihrer Vorhaben durchzuführen. „Ich habe dieses Ansinnen zunächst abgelehnt", meinte Frère Roger. „Ich war der Ansicht, dass dies nicht auf der Linie von Taizé läge, da wir niemals Spendenaufrufe erlassen. Als sie aber hartnäckig darauf bestanden, willigte ich schließlich ein."[29]

Am 28. Januar 1963 eröffnete Frère Roger nach einer Pressekonferenz am Sitz des Protestantischen Kirchenbundes in Paris „eine interkonfessionelle Kollekte zu Gunsten Südamerikas". Die Aktion *Partage ton pain* (Teile dein Brot) solle „die Solidarität der Christen im Westen mit der Dritten Welt, der Welt der Armen" unter Beweis stellen, erklärte er. „In unserem alten christlichen Westen sind wir ständig in der Versuchung, uns auf uns selbst zurückzuziehen und lassen in unseren besten Bemühungen oft schnell wieder nach."[30] Es gelte „den Rückzug in eine abgeschottete Welt" zu bekämpfen.

Das ökumenische Ausmaß der Aktion zeigte sich nicht nur darin, dass an die Großzügigkeit aller (Katholiken, Protestanten, Orthodoxe und Nichtglaubende) appelliert wurde, sondern auch darin, dass beabsichtigt war, das gesammelte Geld in etwa den Zahlenverhältnissen entsprechend unter den südamerikanischen Christen aufzuteilen: Achtzig Prozent des Betrags sollten an katholische Projekte landwirtschaftlicher Genossenschaften gehen, zehn Prozent an evangelische Projekte für Krankenhäuser und zehn Prozent an ein orthodoxes Projekt.[31] Der Ökumenische Rat der Kirchen gab sich ungehalten; der damalige Vorsitzende des Zentralausschusses Leslie E. Cooke schrieb an Frère Roger, er bedauere, dass Taizé alle Ratschläge in den Wind geschlagen und „zu einer Hilfsaktion zugunsten eines Unternehmens mit römisch-katholischem Übergewicht" aufgerufen habe.[32] Der Weltkirchenrat war der Meinung, Taizé hätte im Vorfeld zunächst die Vertreter des Protestantismus in Chile um Rat fragen und die Aktion mit ihnen abstimmen müssen. Der Prior von Taizé, der es allmählich überdrüssig wurde, sich auf eine konfessionelle Denomination eingrenzen zu lassen, antwortete mit einem Anflug von Bitterkeit: „Bei jedem Vorstoß, der über die Mauern von Taizé hinausgeht, werden mittelbar oder unmittelbar von Ihrer Seite Vorbehalte laut."[33] Aus Sorge, zu weit gegangen zu sein, oder im Bemühen um Ausgleich änderte er das Projekt unter Berücksichtigung einiger Vorschläge Visser't Hoofts ab. Am 10. Mai teilte er diesem mit, er sei seinem Rat gefolgt. Der „evangelische" Anteil werde den Protestanten in Chile durch die Vermittlung des Weltkirchenrats und der Organisation *Adjudad Evangelica* (Evangelische Hilfe) ausgehändigt; der für die Orthodoxen vorgesehene Anteil gehe an eine auf der Insel Patmos errichtete Krankenstation. Der Prior von Taizé wies weiter darauf hin, dass auf Bitten des schweizerischen Protestantischen Kirchenbundes „wir auf den Namen ‚Teile dein Brot' zugunsten der Bezeichnung ‚Operation Hoffnung' verzichtet haben".[34] Am 15. Mai hielt Frère Roger in Paris eine weitere Pressekonferenz ab. Er konnte dabei bereits erste Ergebnisse bekannt geben: Hilfsmaßnahmen für die Genossenschaft *Los Silos*, die im Jahr zuvor durch Bischof Larrain ins Leben gerufen worden war, für eine landwirtschaftliche Genossenschaftsbank, die der Bischof von São Luis do Maranhão, gegründet hatte, für die Krankenstation auf Patmos und zugunsten „armer Bauern evangelischen Bekenntnisses". Zwölf andere Projekte würden geprüft. Insgesamt müssten zwei Millionen französische Francs aufgebracht werden. Die Summe war beträchtlich.

Taizé bezog die katholische (den *Sécours Catholique*) und die evangelische Hilfsorganisation (die *CIMADE*) Frankreichs in die Sammlung ein. Ein Verwaltungs- und Aufsichtsrat wurde gebildet, um eine einwandfreie Abwicklung der Geschäfte zu gewährleisten. Er umfasste bekannte Persönlichkeiten, die in keiner Beziehung zu Taizé standen, unter anderem einen ehemaligen französischen Minister, den Generaldirektor des französischen Nationalen Instituts für Statistik und Wirtschaftsstudien und den Vorsitzenden des Rates der Ernährungs- und Landwirtschaftsorganisation der Vereinten Nationen.[35]

Das „Testament" Papst Johannes XXIII.

Am 25. Februar 1963 konnte Frère Roger ein letztes Gespräch mit Johannes XXIII. führen. Es prägte ihn tief und blieb für ihn das geistliche Testament, das der Papst ihm zugedacht hatte. Frère Max und Frère Alain begleiteten ihn. „Msgr. Dell'Aqua hatte einen Tag ausgesucht, an dem der Papst nicht litt, damit wir Zeit für einen Austausch hätten. (…) Die Kirche bestehe aus immer größeren konzentrischen Kreisen, sagte Johannes XXIII. Er hat nicht näher erklärt, in welchem Kreis er uns sah. Doch wir verstanden, dass es in der Lage, in der wir uns befanden, nicht nötig war, sich Sorgen zu machen. Wir gehörten zur Kirche dazu."[36]

Der Papst hatte verstanden, „dass es für Taizé nicht infrage kam überzutreten", sondern ökumenisch tätig zu sein, also eine Annäherung mit dem Ziel einer Übereinkunft zu suchen.[37] Im Lauf des Gesprächs ging er streng mit Mitarbeitern des Heiligen Offiziums ins Gericht, und – berichtet Frère Roger – „bei dieser letzten Begegnung erlebten wir, wie ihm Tränen in die Augen stiegen, weil, wie er uns sagte, einige seiner Anliegen unlängst missdeutet worden waren."[38]

Es war eine entscheidende Stunde im geistlichen Leben des Priors von Taizé. Oft bekannte er später: „Ich wurde für den Rest meiner Tage durch diesen Mann geprägt und vielleicht vor allem durch das letzte Gespräch, dass ich mit ihm führte. Seit dem Tod Johannes XXIII. bin ich der Überzeugung, dass sein prophetischer Dienst an der Einheit abgelehnt wurde und damit eine Stunde der Ökumene ungenutzt verstrich."[39]

Am 3. Juni 1963 starb Johannes XXIII. Es war ein Pfingstmontag, und in Taizé waren zahlreiche Besucher und Pilger. Frère Roger berichtet: „Wir waren gerade auf dem Weg zum Abendgebet, als sein Tod gemeldet wurde.

Ich sagte mir: Es ist angebracht, jetzt beim Gebet Gott für sein Leben zu danken und ein paar Worte an die Leute in der Kirche zu richten. Aber ich brachte keinen Ton über die Lippen. Bei dem Gedanken, dass das unermessliche Vertrauen, das wir im Herzen der Kirche erfahren hatten, nicht mehr war, schien sich mir der Boden unter den Füßen auf zu tun. Ich kehrte in mein Zimmer zurück und blieb allein."[40] Lange danach meinte der Prior von Taizé: „Sein Tod war für mich wie ein Weltuntergang. Ich brauchte mehrere Tage, bevor ich Trost fand."[41] Zum Schmerz, einen geliebten Menschen, einen „heiligmäßigen Zeugen", einen „Propheten" verloren zu haben, gesellte sich die Sorge. Was würde aus der Communauté ohne Johannes XXIII.? Msgr. Capovilla, der Privatsekretär des Verstorbenen, schenkte den Brüdern das Brevier des Papstes zum Gedenken an die tiefe geistliche Nähe.

Frère Roger reiste zur Beisetzung des Papstes nach Rom, fuhr dann mit dem Schiff nach Griechenland und nahm vom 22. bis zum 24. Juni an der Tausendjahrfeier vom Berg Athos teil, zu der ihn Patriarch Athenagoras eingeladen hatte. Auf dem Schiff erfuhr er am 21. Juli 1963, das Kardinal Montini zum Papst gewählt worden war und den Namen *Paul VI.* angenommen hatte. Der Prior von Taizé war darüber sehr froh, war er doch seit über zehn Jahren mit ihm bekannt.

Die Stunde der Ernüchterung kam erst nach dem Konzil. Vorerst konnte Frère Roger feststellen, dass die Communauté in den Augen zahlreicher Katholiken einen neuen Stellenwert erhalten hatte.

Im März 1963 wurde Frère Roger eingeladen, in Sevilla den Eröffnungsvortrag eines Kolloquiums katholischer Intellektueller zu halten. Kardinal *José María Bueno y Monreal* empfing ihn im erzbischöflichen Haus. Der Prior gab ein Interview, das in zahlreichen spanischen Zeitschriften und in *La Croix* abgedruckt wurde. In dem sehr katholisch geprägten Land bemühte er sich vor allem, „Luther zu entmythologisieren", wie er Visser't Hooft nicht ohne ein Quäntchen Stolz wissen ließ. Er wollte darlegen, dass Luther ein „sehr feines Gespür für die Kirche" hatte und dass es im Grunde „ein Gewissenskonflikt war, der ihn bewegte, die bekannten Entscheidungen zu treffen".[42] Der Prior von Taizé hütete sich aber, dem Generalsekretär mitzuteilen, dass er im selben Vortrag die Laien in der Arbeitswelt der Organisation *Opus Dei* lobend erwähnt hatte, ohne diese freilich namentlich zu erwähnen – „wenn ich den einen oder anderen Menschen sehe, der in einer weltlichen Einrichtung einer anstrengenden beruflichen Tätigkeit nachgeht und dennoch dem verbunden bleibt, was einzig zählt, der Kontemplation des Herrn, Tag für Tag erneuert in der Eucharistie"[43].

Zur selben Zeit unternahmen zwei andere Brüder, Frère Robert und Frère Didier, eine zweiwöchige Reise durch die iberische Halbinsel und trafen dabei mit Angehörigen verschiedener in Spanien vertretener evangelischer Bekenntnisse zusammen. Nach der Rückkehr verfasste Frère Robert einen langen, begeisterten Bericht, der an die evangelischen Organisationen in Frankreich und an den Generalsekretär des Weltkirchenrats geschickt wurde.

Als gelte es die Verankerung von Taizé im Protestantismus noch deutlicher zu unterstreichen, nahmen Brüder 1963 an der Gründung des *Département de la recherche communautaire* (Abteilung für Forschungen zum gemeinschaftlichen Leben) teil, das durch den französischen Protestantischen Kirchenbund initiiert worden war.

Die Communauté bemühte sich auch um gute Beziehungen zu den Orthodoxen. Nach dem Ende der ersten Sitzungsperiode des Konzils kam Bischof *Nikodim*, der mit den Außenbeziehungen des orthodoxen Patriarchats von Moskau beauftragt war, auf einer Besuchsreise durch verschiedene europäische Länder am 21. Dezember 1962 nach Taizé. Bischof Timiadis, Vertreter des Patriarchen von Konstantinopel beim Weltkirchenrat, war ebenfalls angereist. „Während eines langen Gottesdienstes mit vielen Gesängen", erinnert sich Frère Roger, „segnete er [Bischof Nikodim] die Ikone der Jungfrau Maria, die von vielen in der Kirche von Taizé verehrt wird."[44]

Am Ostermontag des folgenden Jahres wurde der Grundstein für ein Orthodoxes Zentrum gelegt, wie es bei der ersten Begegnung zwischen Patriarch Athenagoras und Frère Roger besprochen worden war. Bei der gemeinsamen Initiative handelte es sich offiziell um ein *Metochion,* eine „Gemeinschaft", die kanonisch vom Sitz des Patriarchen von Konstantinopel abhing. Das Gebäude entstand etwa hundert Meter von der Kirche der Versöhnung entfernt und umfasste ein kleines Kloster und eine Kapelle.

Die Feier wurde durch *Bischof Meletios* geleitet, den Exarchen des Patriarchen von Konstantinopel in Paris. Neben zahlreichen griechisch- wie russisch-orthodoxen Bischöfen waren auch zwei katholische Bischöfe anwesend – Erzbischof *Joseph Martin* von Rouen, dem das französische Nationale Sekretariat für die Einheit der Christen unterstand, und Bischof Lebrun – sowie Pfarrer Westphal und ein gutes Dutzend weiterer evangelischer Pfarrer. „Hier versöhnen sich drei Kirchen", betitelte *Paris Match* seinen Bericht über die Feier. Die vorschnelle Formulierung überdeckte die begrenzte Tragweite des Ereignisses. Der Patriarch von Konstantinopel erteilte in seiner Grußbotschaft, die im Laufe des Gottesdienstes verlesen wurde, dem Zentrum eher den Auftrag, Boden gutzumachen. Es sei das erste patriarchale *Metochion*, die erste Vertretung in Form eines Klosters, das in Frankreich, ja in Europa errichtet werde. „Repräsentanten der Orthodoxie werden sich dort niederlassen, um die Göttliche Liturgie zu feiern und Zusammenkünfte abzuhalten. Das Zentrum wird mitten im Westen vom Geist des östlichen Christentums Zeugnis geben. (...) Es wird als Brücke dienen, um dem Westen den Reichtum des geistlichen, liturgischen und theologischen Erbes der Orthodoxie nahe zu bringen." Bischof Timiadis legte Wert auf „die Notwendigkeit, im ökumenischen Dialog manchen Seiten des mystischen und liturgischen Lebens mehr Raum zu geben, die durch die Orthodoxie ins Licht gerückt werden".[45] Das orthodoxe Zentrum, das für die 250 orthodoxen Würdenträger in Westeuropa ein Ort „zum gemeinsamen Gebet und Gespräch" sein sollte, wurde zwei Jahre später eingeweiht.

Nachdem Taizé wie nie zuvor das Interesse der Öffentlichkeit erfuhr, baute man die eigenen Kommunikationsmöglichkeiten aus. Neben den Pressemitteilungen, die stets breit veröffentlicht wurden, begann die Communauté ab März 1963 – zwischen der ersten und zweiten Konzilsession – ein vierteljährliches Mitteilungsblatt mit dem Titel *Aujourd'hui* (Heute) herauszugeben, das Aktivitäten, Treffen und Einkehrtage ankündigte und über sie berichtete.

Ab Juli 1963 zogen zwei Schwestern von Grandchamp auf Dauer in ein Haus des Dorfes. Eine von ihnen verbrachte täglich in der Kirche mehrere Stunden mit der Betreuung von Besuchern, weil Frère Roger der Meinung war, dass es „in der Kirche der Versöhnung einer Prophetin Anna bedarf, die dort wacht, betet und sich der Besucher annimmt"[46]. Im folgenden Jahre wurden auch katholische Ordensfrauen, Dominikanerinnen und Franziskanerinnen gebeten, sich an der Gästebetreuung zu beteiligen.

Zweite Sitzungsperiode des Konzils

Ende September 1963 begann die dreimonatige zweite Sitzungsperiode des Konzils. Frère Roger und Frère Max bezogen wieder ihre Wohnung in der *via del Plebiscito* und nahmen täglich an den Sitzungen des Konzils teil. Ein französischer Bischof notierte, dass unter den etwa fünfzig nichtkatholischen Beobachtern „die Brüder von Taizé am bekanntesten sind, weit über die Bischöfe französischer Sprache hinaus. Sie mischen sich ganz ungezwungen unter uns. Bevor wir zur Messe einziehen, sind sie bereits in der Kapelle des Allerheiligsten, wo sie als weißer Fleck mitten unter den Bischöfen ihr Gebet fortsetzen. In den Seitenschiffen steht man mit ihnen zusammen, sie äußern ihre Meinung über die jüngsten Redebeiträge oder man vereinbart eine Zusammenkunft".[47]

Frère Roger freute sich über das Wiedersehen mit Dom Helder Camara, der am 8. Oktober in sein Tagebuch schrieb: „Es ist entzückend, mit Roger zu sprechen. Er freut sich unbändig über Abstimmungen wie die heutige über die Liturgie; beim Gedanken an die kleine Minderheit (zwischen 12 und 25 Stimmen) wird er allerdings traurig; er wünscht ihr, dass ihr die Bitterkeit erspart bleibe. Er träumt wie wir von einer Reform der römischen

Kurie, aber er grämt sich bei dem Gedanken, dass jemand in den Ruinen der alten Kurie verschüttet werden könnte."[48]

Bei einer Mahlzeit, zu der zahlreiche Bischöfe aus Brasilien, aus anderen südamerikanischen Ländern, aus Afrika und Italien beisammen waren, lauschte man dem Gründer von Taizé als wäre er ein Orakel. Er sprach von seiner Freude über die Entwürfe des Schemas über die Kirche, das gerade verhandelt wurde. Sie behandelten den sakramentalen Charakter des Bischofsamts, die Kollegialität der Bischöfe und die Möglichkeit, verheiratete Männer zum Diakon zu weihen. Er sah bei den beiden ersten Punkten den entschiedenen Willen, eine maximalistische Auslegung des Primats des Papstes richtig zu stellen und die Dezentralisierung der Kirche einzuleiten. Reformen, die die Kirche von sich aus vornähme, führte er aus, würden eines Tages der Reformation die Daseinsberechtigung entziehen.

Wenig später wurde Frère Max zu einem Vortrag vor den französischen Bischöfen eingeladen, die in der römischen Innenstadtkirche *Saint-Louis-des-Français* versammelt waren. Er erläuterte ihnen die Arbeit der Kommission des Weltkirchenrats „Glauben und Kirchenverfassung", die gerade in Montreal tagte und an der er beteiligt war. Ein französischer Bischof begrüßte es, dass ein neuer Geist Einzug hielt: „[Frère Max] bemühte sich, uns alles darzulegen, was in den durch die Kommission angenommenen Texten auch auf der Ebene der Lehrmeinungen zur Annäherung zwischen Christen dienen kann. Wieder war es tief beeindruckend zu erleben, was vor nur wenigen Jahren noch undenkbar gewesen wäre: Die Bischöfe Frankreichs hörten andächtig einem evangelischen Pfarrer zu und waren mit ihm in vieler Hinsicht einer Meinung."[49]

Das Zweite Vatikanische Konzil verdankt manche seiner Formulierungen und Einsichten dem Geschehen außerhalb der Konzilsaula. Bischof Timiadis beteuerte als orthodoxer Beobachter, wie sehr die Wohnung in der *via del Plebiscito* zwar nicht der einzige, aber einer der lebhaftesten Brennpunkte des sozusagen parakonziliaren Geschehens war: „Wie kann man die Abende in freundschaftlicher Atmosphäre vergessen, zu denen der Prior von Taizé die Beobachter in die Wohnung der Brüder einlud, um den Ablauf der Debatten im Konzil zu besprechen und frank und frei unsere Reaktionen zu äußern? Mit von der Partie waren Kardinal *Eugène Tisserand*, Kardinal *Maurice Roy* aus Kanada, *Charles Moeller*, der Kardinal *Léon-Joseph Suenens,* Erzbischof von Mecheln, und Yves Congar. Und auf Seiten der Beobachter *Oscar Cullmann*, *Lukas Vischer*, *Nikos Nissiotis*, *Paul Evdikimov* und viele andere. In brüderlicher Atmosphäre wurden Überlegungen angestellt, die bestimmt auch Paul VI. zu Ohren kamen."[50]

Das Schema über die Jungfrau Maria, das in der ersten Sitzungsperiode vertagt worden war, sorgte von neuem für Gesprächsstoff. Während einer kurzfristig angesetzten Versammlung im *Domus Mariae*, sprach sich der

Prior von Taizé in Anwesenheit mehrerer Dutzend Bischöfe dafür aus, es aufzugeben: „Mit beachtlicher Feinfühligkeit macht er eine Anspielung auf das Schema über Unsere Liebe Frau und bat darum, aus Liebe zu Christus, aus Liebe zur Einheit und aus Liebe auch zur Jungfrau unser kindliches Verlangen zu zügeln. Jedes neue Mariendogma gibt scheinbar der evangelischen Einrede recht, die nach wie vor behauptet, die Römer würden Maria über Christus stellen."[51] Schließlich wurde Maria, nachdem Paul VI. in die Debatte eingegriffen hatte, nicht in einen eigenen Text, sondern in einem Kapitel der Dogmatischen Konstitution über die Kirche behandelt (zu der Frère Max einen der *modi*, der Verbesserungsvorschläge, beisteuerte[52]). Maria erhielt im Lauf des Konzils den Titel „Mutter der Kirche", der nicht als Dogma promulgiert werden musste.

Am 4. Dezember endete die zweite Konzilsession. Tags darauf wurde der Prior von Taizé um die Mittagszeit von Paul VI. empfangen. Er begegnete ihm zum ersten Mal, seitdem er gewählt worden war. Die Beziehung, die sie fortan bei jährlichen Audienzen pflegten, blieb vertrauensvoll, von Seiten Frère Rogers eher durch Ungeduld, auf Seiten Pauls VI. letztlich durch Vorsicht geprägt.

Kurz danach räumte Frère Roger in einen Zeitschriftenartikel ein, dass das Konzil in ihm Fragen, ja einen „inneren Kampf" hervorrief: „Ich denke über das Konzil nach und frage mich, ob das durch Johannes XXIII. gesteckte und durch Paul VI. weiterverfolgte Ziel tatsächlich erreicht wurde, ob das Konzil sich wirklich auf das Wesentliche hin bewegte oder sich im Gegenteil in Randdiskussionen verlor."[53] Er sah eine Möglichkeit, während der nächsten Sitzungsperiode „das Ziel zu erreichen", nämlich „die universale Botschaft für den Menschen von Heute anzupassen und zu übersetzen".

Ein wichtiges Ereignis in Taizé selbst war im Jahr 1964 die Eröffnung einer Franziskaner-Fraternität. Sie geschah wohl schon mit Blick auf den möglichen Eintritt katholischer Brüder in die Communauté. Verbindungen zwischen Taizé und den Franziskanern bestanden seit 1945. Seit 1957 war Pater Damien Provinzial. Er kannte Taizé und seinen Prior seit etwa zehn Jahren und war sein Beichtvater geworden.[54] Seit der Eröffnung des Konzils und seinen neuen Perspektiven hatte Frère Roger mehrmals mit Pater Damien die Möglichkeit einer dauerhaften Franziskaner-Niederlassung in Taizé erwogen. Es handelte sich nicht nur darum, als Priester bei der Betreuung der immer zahlreicheren katholischen Besucher mitzuarbeiten, sondern auch so weit wie möglich mit den Brüdern der Communauté „ein und dasselbe gemeinsame Leben" zu teilen, also einen – unvermeidlicherweise begrenzten – Integrationsversuch zu wagen.[55]

Einige Brüder der Communauté standen diesem Projekt zurückhaltend gegenüber; es soll ihnen wie „ein trojanisches Pferd, das die römische Kirche uns schickt" erschienen sein. Der Prior hielt jedoch an seiner Absicht fest. Auch Pater Damien war zu einem Versuch bereit, wenn seine Vorgesetzten dem zustimmten. Einer der Franziskanerbrüder, die in der Niederlassung in Taizé gelebt haben, schildert die Befürchtungen der Vorgesetzten in Rom: „Ein Experiment dieser Art ist in der Kirchengeschichte ohne Beispiel. Das Konzil hat in Fragen der Ökumene noch keinerlei Stellung bezogen. Nachdem er sich nicht für sachkundig hält, reicht unser Generalminister die Angelegenheit an die Kongregation für die Ordensleute weiter, diese wendet sich, ebenso wenig sachkundig, an das damalige Heilige Offizium, die heutige Glaubenskongregation. Und es war Kardinal Ottaviani, der in einem Brief an den Bischof von Autun, den dieser uns später einmal vorlas, eine mit tausend Ermahnungen zur Vorsicht gespickte Erlaubnis erteilt. (...) Wir erhielten grünes Licht."[56]

Am Ostersonntag 1964 ließen sich die ersten Franziskaner, die Patres *Louis Coolen* und *Max de Wasseige*, in Taizé nieder. Später kamen weitere dazu, unter anderem Pater *Thadée Matura* im Oktober und in den folgenden Jahren Bruder *Francesco Azzimonti* und auch Pater Damien, nachdem er sein Amt als Provinzial niedergelegt hatte. Sie bewohnten ein Haus im Dorf, hielten täglich eine Messe in der Krypta der Kirche der Versöhnung und beteiligten sich – in Zivilkleidung – an der Betreuung der Besuchergruppen. Morgens beteten sie ihr Stundengebet in ihrer Hauskapelle, mittags und abends nahmen sie – ebenfalls im Zivilkleidung – am Stundengebet der Brüder teil. Wie von Frère Roger gewollt, gliederten sie sich allmählich weiter in das gemeinsame Leben der Communauté ein. Sie beteiligten sich an den Arbeiten (insbesondere in der Küche) und gestalteten thematische Gesprächsgruppen bei den sich ständig vergrößernden Jugendtreffen. Bald saßen sie während der Stundengebete in ihren Kutten unter den Brüdern und nahmen sogar am Kleinen Bruderrat teil, den der Prior täglich mit den Brüdern hielt.

Die Anwesenheit der Franziskaner sollte nur acht Jahre dauern und unvermittelt enden. Der Abbruch des Versuchs war nicht die Schuld des Prior von Taizé. Frère Roger glaubte bis zum Schluss, man hätte das Zeugnis der Einfachheit, der Armut und der Nächstenliebe, dass die Franziskaner leben, noch weiter in die Communauté hineinnehmen können.

Dritte Sitzungsperiode

Am 14. September 1964 begann die dritte Konzilssession. „Was für ein Fortschritt!", trug Yves Congar in sein Tagebuch ein: „Konzelebration von 25 Konzilsvätern, eine von allen Versammelten gesprochene und gesungene Messe; der Heilige Vater reichte die Kommunion einem Dutzend Laien, die als Hörer anwesend waren. Der Kommunionempfang der Konzelebranten dauerte sehr lange, aber man hat das Gefühl, gemeinsam zu Tisch zu sein. Es gibt also eine konzelebrierte, gemeinsam gesprochene und gesungene Messe."[57]

Die Brüder von Taizé erhielten ein weniger auffälliges Zeichen für ein gewisses Umdenken. Kardinal Ottaviani, der als „Weltmeister der Konservativen" galt, nahm eine Einladung zum Abendessen bei ihnen an.[58] Nach der Mahlzeit „betete er die Komplet mit den Brüdern aus dem Stundengebetbuch von Taizé". Helder Camara, der die Begebenheit berichtet, fügt nicht ohne Grund hinzu: „Roger bekommt von Ottaviani, was er will. Ich glaube, dass der arme Kardinal (den ich heute viel besser kenne und aus ganzem Herzen liebe) darunter litt, von allen gefürchtet zu werden. Roger geht mit ihm um wie ein Kind, das sich auf einen Polizisten stürzt, ihm mit der Hand ins Gesicht langt und ihm die Zunge herausstreckt. (...) In diesem Bild liegt weiß Gott keinerlei Mangel an Hochachtung."[59]

Die Sitzungsperiode weckte bei Frère Roger zwiespältige Gefühle. Am 22. September fanden in der Vollversammlung verschiedene Abstimmungen über das Kirchenschema statt. Der achte Wahlgang betraf den sakramentalen Charakter der Bischofsweihe, unter anderem ging es um die Feststellung:

„*Durch die Handauflegung und die Worte der Weihe wird die Gnade des Heiligen Geistes so übertragen und das heilige Prägemal so verliehen, dass die Bischöfe in hervorragender und sichtbarer Weise die Aufgabe Christi selbst, des Lehrers, Hirten und Priesters, innehaben und in seiner Person handeln.*"[60]

Diese lehrmäßige Aussage war für die Kritiker einer „übertriebenen Zentralisierung" der Kirche wie Camara ein Sieg. Nachdem das Ergebnis des achten Wahlgangs verkündet worden war, winkte er zu Frère Roger hinüber, der auf der Beobachtertribüne saß. Sie trafen sich später in einer Seitenkapelle der Peterskirche und beteten gemeinsam „natürlich voller Dankbarkeit", wie Dom Helder schreibt, und auch „mit einer Fürbitte für alle, die darüber voller Bitterkeit sind".[61]

Ganz anders verlief die sogenannte „Schwarze Woche" Ende November. Urplötzlich und in letzter Sekunde ließ Paul VI. in das Schema über die Kirche eine „Zusatzerklärung" über die bischöfliche Kollegialität einfügen, nahm im Schema über die Ökumene Änderungen am Text vor und verschob die Debatte über die Religionsfreiheit auf die nächste Sitzungsperiode. Diese persönlichen Eingriffe Pauls VI. wurden als „Niederlagen" der Konzilsmehrheit und „Siege" der konservativen Minderheit gewertet. Dom Helder Camara berichtet, dass dies viele evangelische Beobachter „verbitterte" oder „sehr traurig" stimmte. Frère Roger habe ihm zu verstehen gegeben: „Die Beobachter sind nun langsam so weit, dass sie das Konzil verlassen wollen..."[62] Henri de Lubac meint etwas nuancierter, dass Frère Roger es zwar „bedauerte", aber versöhnlich gestimmt war.[63] Das eigenmächtige Vorgehen Pauls VI. führte letztlich keinen Bruch herbei. Die dritte Sitzungsperiode ging zu Ende, und es gab andere wichtige Texte, die in der vierten und letzten behandelt und zur Abstimmung gebracht werden mussten.

Yves Congar schildert treffend, was den Prior von Taizé damals bewegte: „Viele Priester, Mönche, Ordensleute, kommen auf sie [die Brüder von Taizé] zu. (...) [Frère Roger] sagt zu mir, es werde ihm viel innere Not anvertraut. Nicht nur, dass viele junge Katholiken, viele junge Familien die kirchlichen Strukturen auf ganz radikale Art infrage stellten, nicht nur, dass man bei den Jugendlichen nicht den geringsten Bezug zur Tradition feststellen könne, nicht das geringste geschichtliche Grundwissen oder ein Wissen darum, was ihre eigene Geschichte ausmachen könnte, auch bei den Priestern und Ordensleuten gäbe es eine tiefe Infragestellung der Berufung."[64] Frère Roger nahm auch hier schon wahr, was nach dem Konzil offen ausbrach.

Noch während der dritten Sitzungsperiode begann Frère Roger eine neue Initiative. Sie steht für seine stets wache Nächstenliebe und zugleich für sein Bestreben, der Ökumene Raum zu geben. Er hatte gehört, die Südamerikanische Glaubenskommission, eine Dienststelle der dortigen Bischofskonferenz, plane, auf dem ganzen Erdteil eine Million Ausgaben des Neuen Testaments zu verteilen. Dies erfordere einen beträchtlichen finanziellen Aufwand. Frère Roger erklärte sich bereit, die gesamten Druckkosten zu übernehmen. Das Geld sollte im Umfeld der *Operation Hoffnung* durch eine neue ökumenische Kollekte aufgebracht werden.

Es verwundert nicht, dass Taizé dieser „Bibelkampagne" aufgeschlossen gegenüberstand, steht doch das Wort Gottes im Mittelpunkt des reformierten Glaubens. Angesichts ihrer ökumenischen Berufung lag der Communauté sehr daran, dass die Bibel in Südamerika „zu einem Ort der Begegnung für die getrennten Christen" werde: „Wenn sie das Wort Gottes empfangen und betrachten, sollen alle in ihrem Glauben herausgefordert und zum gemeinsamen Einsatz im Dienst an den Menschen bewegt werden."

Ein vertrauliches, vermutlich von Frère Robert verfasstes Schreiben offenbart, auf welche Weise die Communauté sich dieses ursprünglich katholischen Vorhabens annahm und wie Frère Roger es in eine ökumenische Richtung lenkte.[65] Mit Zustimmung des Vorsitzenden der Bischofskonferenz, Bischof Larrain, und mit Unterstützung „bestimmter römischer Würdenträger" – Näheres wird nicht gesagt – bat sich der Prior von Taizé aus, die Neuen Testamente nicht nur an Katholiken, sondern auch an Protestanten zu verteilen. Außerdem legte er darauf Wert, dass die spanische Übersetzung samt den Fußnoten „unter ökumenischen Gesichtspunkten" durchgesehen würde. Schließlich forderte er, dass die Übersetzung die sprachlichen Eigenheiten des südamerikanischen Erdteils berücksichtige.

Es erwies sich als zu schwierig, eine der bereits veröffentlichten spanischen Übersetzungen zu überarbeiten. Nach verschiedenen Besprechungen, an denen südamerikanische Fachleute und Frère Robert teilnahmen, entschied die Kommission im November 1964, das Vorhaben an ein schon bestehendes Verlagsprojekt anzubinden. Seit über einem Jahr war unter Leitung eines bekannten spanischen Bibelwissenschaftlers *Serafin de Ausejo*, einem Kapuzinerpater, im Verlag Herder Barcelona eine neue spanische Bibelübersetzung in Vorbereitung; der Erscheinungstermin war allerdings noch ungewiss. Der Verlag und Ausejo begrüßten das Vorhaben der Kommission und der Communauté. Sie waren auch damit einverstanden, dass eine Arbeitsgruppe aus drei Protestanten und einem Katholiken die bereits erstellten Texte in Zusammenarbeit mit der ursprünglichen Übersetzergruppe durchsähe. Ausejo und seine drei katholischen Mitarbeiter arbeiteten also ab Juli 1965 mit der Kommission zusammen. „Die Überarbeitung geschieht sehr sorgfältig", heißt es im genannten Schreiben, „die Rohübersetzung wird Zeile für Zeile durchgearbeitet, mit alten Handschriften verglichen, diskutiert und verändert. Auch die Einleitungen und die Fußnoten werden gemeinsam verfasst."

Am 16. November 1965, gegen Ende der letzten Konzilssession, veranstaltete die Südamerikanische Bischofskonferenz einen großen öffentlichen Vortragsabend im Saal von Radio Vatikan. Zwölf Kardinäle, an die hundert Bischöfe und mehrere südamerikanische Botschafter beim Heiligen Stuhl waren anwesend. Frère Roger griff eine hochgemute Vorstellung auf, die im letzten Konzilsjahr viele teilten, und unterstrich ein weiteres Mal, wie notwendig die „Versöhnung" mit den Christen in Südamerika sei. Nach der *Operation Hoffnung* – durch die es möglich geworden sei „21 bescheidene Initiativen quer durch Südamerika" auf den Weg zu bringen –, kündigte er „eine neue, ökumenische Ausgabe des Neuen Testaments" an. Er beendete seinen Vortrag mit der Feststellung: „Ein Frühling der Kirche kündigt sich an. Mit ihm zieht die sichtbare Einheit herauf. Sie wird aufleuchten wie ein Blitz in der Nacht."

Der Prior von Taizé ging nicht im Einzelnen auf die Initiative ein, meinte aber, die Auslieferung der Exemplare stehe kurz bevor.[66] Die Arbeit war jedoch noch nicht erledigt und alles verzögerte sich. Das Buch erschien erst im Frühjahr 1968. Um die Ausgaben auch in die entlegensten Dörfer Südamerikas verschicken zu können, wurden sie in Pakete zu je vier Kilo verpackt. Jedes Paket enthielt 18 Exemplare des Neuen Testaments. Im Vorwort wird jeder Empfänger eines Exemplars darum gebeten, zehn Menschen, die nicht des Lesens mächtig sind, regelmäßig Abschnitte aus der Heiligen Schrift vorzulesen.

Die „Dynamik des Vorläufigen“

1965 nahm die Zahl der Besucher und der Teilnehmer an Tagen der Einkehr in Taizé weiter zu. Immer häufiger kamen Studentinnen und Studenten, Schülerinnen und Schüler mit ihren Studenten-, Schul- oder Gemeindepfarrern als „Pilger“; es wurden nun eigene mehrtägige „Treffen“ für Jugendgruppen und zweiwöchige „Baulager“ durchgeführt, bei denen praktische Arbeit, Gespräche und Gebet einander abwechselten. Der Assumptionist *Bruno Chenu* notierte als junger Ordensmann während eines Aufenthalts im Sommer jenes Jahres: „Vom ersten Tag an fügt sich eine äußerst unterschiedliche Versammlung zu einer liturgischen Gemeinschaft zusammen. Morgens, mittags und abends tauchen wir ganz in die Liturgie von Taizé ein. Man nimmt einen starken Eindruck von Wahrheit und Echtheit aus ihr mit. Das Schweigen geht tief... Die entscheidende Erfahrung ist die des Gebets, des gemeinsamen wie des persönlichen.“[67]

Es waren hochrangige Besucher zu Gast. Im Juni war beispielsweise der italienische Kardinal *Paolo Marella*, der als päpstlicher Legat der Feier des 200. Jahrestags der Einsetzung des Festes vom Heiligen Herzen Jesu in Paray-le-Monial beiwohnte, für mehrere Stunden in Taizé. Er hielt in der Krypta der Kirche der Versöhnung eine Messe, sprach eine halbe Stunde lang mit den Brüdern und nahm danach an ihrem Mittagsgebet in der Kirche teil.

Der Anstieg der Besucherzahlen veranlasste Frère Roger, in der Nähe der Kirche der Versöhnung ein Gästehaus errichten zu lassen. Es erhielt den Namen „El Abiodh“ nach der Einsiedelei, in der Charles de Foucault gelebt und – was freilich kaum einer der Besucher wusste – Frère Roger wohl eine längere Zeit der Einkehr verbracht hatte.

Im August 1965 beging „Taizé“ seinen 25. Geburtstag, ein eher symbolisches als geschichtliches Datum, wenn man in Betracht zieht, das Frère Roger 1940 zunächst nur für eine Weile in Taizé war. Zum Jubiläum veranlasste der Prior drei Schallplattenaufnahmen. Auf den ersten beiden Platten werden die „25 Jahre der Communauté“ erzählt, auf der dritten „25 Jahre Ökumene“ in Taizé. Er veröffentlichte auch ein Buch, dessen Titel für das Denken und Handeln in Taizé richtungsweisend wurde: *Le dynamique du provisoire* (*Die Dynamik des Vorläufigen*).

In diesem Buch tritt er für „eine neue Dynamik“, „eine neue Dimension“ der Ökumene ein und ruft dazu auf, die „Erstarrung in einem konfessionellen Burgfrieden“ aufzugeben. „Der Konfessionalismus ist eine Haltung der Selbstverteidigung“, meinte er. Roger bat die Protestanten, auch ihrerseits eine „Aktualisierung“ durchzuführen, wie sie die Katholische Kirche beim Zweiten Vatikanischen Konzil gerade vornehme: „Wenn es auf beiden Seiten zur Reform der Institutionen kommt, wird der Tag nicht mehr fern sein, an dem wir gar nicht mehr anders können, als wieder zusammen zu finden. Wenn beide das Aggiornamento vollziehen, wenn beide zu zeitgemäßer Aktualisierung aufbrechen, werden sie am Ende des Weges einander begegnen. Ihre Begegnung wird die aus der Reformation hervorgegangenen und die aus der katholischen Tradition stammenden Strömungen ergänzen und in Einklang bringen."[68]

Der Prior von Taizé stellte – zum ersten Mal in aller Öffentlichkeit – zwei Fragen. Sie standen in den kommenden Jahren im Mittelpunkt seiner ökumenischen Bemühungen. Die erste war die Frage nach der „Autorität als Faktor der Einheit". Sie richtete sich nicht namentlich an die evangelischen, sondern an alle Christen: „Wenn die Kirche an der Spitze jeder Gemeinschaft einen Menschen für erforderlich hält, der die Einmütigkeit hervorruft, der zusammenfasst, was sich ständig zersetzt, muss sie sich dann nicht auch mit einem Pastor der Pastoren und der Gemeinschaften einverstanden erklären, der sie unermüdlich wieder zusammenführt?"[69] Die zweite Frage war eher an die Katholische Kirche gerichtet, ohne dass diese genannt wird. Der Prior von Taizé bat darum, dass allen Christen, die an die Realpräsenz glauben, die katholische Eucharistie zugänglich gemacht werde: „Wenn nicht bald der Tag kommt, an dem sich trotz der konfessionellen Trennungen alle, die an die wirkliche Gegenwart Christi in der Eucharistie glauben, um den gleichen Tisch zusammenfinden, wird die Woge der ökumenischen Bewegung verebben."[70] Frère Roger griff beide Themen – die Autorität des Papstes und die Zulassung zur Katholischen Eucharistie – in den folgenden Jahren immer wieder unermüdlich auf. Dies führte zu nicht wenigen Auseinandersetzungen.

Der 25. Jahrestag fiel mit der Einweihung der Orthodoxen Kapelle zusammen, deren Grundstein 1963 gelegt worden war. Die Feierlichkeiten fanden am 28. und 29. August in Anwesenheit zahlreicher Vertreter der christlichen Konfessionen statt.[71] Paul VI. sandte ein Telegramm, Visser't Hooft und Boegner entboten herzliche Grußworte. Katholischerseits hatten mehrere Zisterzienseräbte, der Prior von Boquen, einige Bischöfe, Henry de Lubac und sogar der französische Botschafter am Heiligen Stuhl *René Brouillet* die Einladung des Priors von Taizé angenommen. Taizé hatte in den 25 Jahren seines Bestehens nichts von seinem Unternehmungsgeist eingebüßt. Frère Roger verband dabei nach wie vor Fingerspitzengefühl mit Kontaktfreudigkeit.

Auf die Segnung der Kapelle am Samstagabend folgten am Sonntag nacheinander drei Eucharistiefeiern. Kardinal Martin feierte die katholische Messe mit vier Franziskanern in der alten romanischen Kirche, während in der Kirche der Versöhnung ein Abendmahlsgottesdienst mit der Communauté gehalten wurde. Danach fand dort eine Liturgie nach dem Ritus des Heiligen *Johannes Chrysostomos* auf Französisch, Griechisch und Slawisch statt, die von Bischof Meletios, Exarch des Patriarchen von Konstantinopel,

Bischof *Anton*, Exarch des Patriarchen von Moskau, und vier orthodoxen Priestern konzelebriert wurde. Während dieses Gottesdienstes wurde eine Botschaft Patriarch Athenagoras verlesen. Er begrüßte die Geburt „unseres orthodoxen Zentrums" – man beachte das besitzanzeigende Fürwort – und erinnerte daran, dass er ihm den Auftrag erteilt hatte, „der westlichen Welt ein echtes Bild des liturgischen Lebens und des geistlichen Reichtums der Orthodoxie zu vermitteln". Bei der Einweihung gab es heitere Gesichter und viele Umarmungen, schon zeichneten sich aber Missverständnisse ab. Während der Patriarch von Konstantinopel das Metochion von Taizé als eine Art Vorposten der Orthodoxie in Westeuropa auffasste, sah Frère Roger das orthodoxe Zentrum, ähnlich wie die im Jahr zuvor errichtete franziskanische Fraternität, als eine weitere Farbe im erträumten ökumenischen Regenbogen.

Patriarch Athenagoras ernannte Archimandrit *Damskinos Papandreou* zum Verantwortlichen des orthodoxen Zentrums. Dieser war Frère Roger noch nie begegnet.[72] Damaskinos stammte aus Griechenland und schloss nach Studien an den katholischen Fakultäten Marburg und Bonn (wo er unter anderem ein Schüler *Joseph Ratzingers*, des künftigen Papst Benedikt XVI., war) seine Doktorarbeit an der theologischen Fakultät in Athen ab. Seine Ernennung, die zunächst als Notlösung gedacht war, sowie der Umstand, dass er viel unterwegs war, und weitere Gründe, die auf die inneren Verhältnissen der orthodoxen Kirche zurückgingen, hatten zur Folge, dass die in Taizé angesiedelte Gemeinschaft sehr klein blieb. Der Beitrag des Metochion bestand im Wesentlichen in regelmäßigen Stundengebeten und Sonntagsgottesdiensten in der Orthodoxen Kapelle sowie der Mitarbeit bei der Betreuung von Besuchern.[73]

Vierte Sitzungsperiode

Am 14. September 1965 wurde die vierte Konzilssession eröffnet. Bevor Frère Roger dazu nach Rom aufbrach, verfasste er eine „Botschaft an zwei Katholiken, die in Opposition zueinander stehen"[74]. Die weit reichende Debatte, die durch das Konzil und seine Folgen in der Kirche eingesetzt hatte, und die sich verschärfenden Gegensätze zwischen den weit auseinander gehenden Kirchenbildern hatten insbesondere in Frankreich zu einem scheinbar unheilbaren Bruch zwischen „Progressiven" und „Integristen", „Reformisten" und „Konservativen" geführt. Einer der Erfolgstitel im Buchhandel während der ersten Monate des Jahres war der Roman „Die neuen Priester" von *Michel de Saint-Pierre*, eine erste konservative Infragestellung eines bestimmten Teils des Klerus. Das Werk löste heftige Auseinandersetzungen aus. Einige Zeit später richtete de Saint-Pierre zusammen mit *Jean Madrian*, dem Schriftleiter der Zeitschrift *Itineraires* (Wegskizzen), einen offenen Brief „An unsere Bischöfe und an unsere Priester". Er forderte sie auf einzugreifen, damit „überall in der Gemeinschaft der Christen ganzen Gattungen von Priestern und Gläubigen, die unter der Anklage von ‚Integrismus', ‚Antikommunismus', ‚Marienfrömmigkeit' und ähnlichen Vorwänden aus dem sozialen und institutionellen katholischen Leben ausgeschlossen werden, das Bleiberecht eingeräumt wird".

Der Prior von Taizé verfolgte die Debatte innerhalb des Katholizismus mit Aufmerksamkeit und nahm die sich verbreiternde Kluft deutlich wahr. Seine „Botschaft" richtete sich an die eine wie die andere Seite. Er würdigte das berechtigte Anliegen derer, die angesichts der „Macht der Verweltlichung (...) zunehmend den Sinn für das Heilige, für die Verehrung des Geheimnisses der Kirche, für die Notwendigkeit einer Autorität als Faktor der Einheit" schärfen wollen. Er zeigte aber auch Verständnis für jene, die „in der Begegnung mit den Menschen, die in unserer Zeit nicht glauben können, so weit wie nur möglich gehen wollen". Er bat die einen wie die anderen, nicht „der Versuchung" zu erliegen, „sich rechthaberisch auf eine der beiden Seiten hinter dem Schlagbaum zurückzuziehen und damit die Brüder, denen ein anders gelagerter Auftrag zufällt, zu belasten und ihnen ein Etikett zu verpassen". Auch bei anderen Gelegenheiten wandte er sich an die Christen, die man als „Traditionalisten" zu bezeichnen begann. Im Unterschied zu einer Reihe anderer – auch Bischöfen – war seine Bereitschaft zum Dialog stets grenzenlos.

Im Oktober 1965 hatte Taizé einen Besucher zu Gast, der noch kaum bekannt war, den künftigen Papst Johannes Paul II. *Karol Wojtyła* war bereits Erzbischof von Krakau, aber noch nicht Kardinal. Während der Konzilsession wurde die Woche vom 17. bis 24. Oktober zur Erholung der Teilnehmer von Vollversammlungen freigehalten. Bischof Wojtyła nützte sie wie viele andere Bischöfe zu Besuchen. Er fuhr nach Frankreich, in erster Linie zur großen polnischen Gemeinde in der Gegend von Monceau-les-Mines. Dabei besuchte er auch Paray-le-Monial und entschloss sich spontan, in Taizé Halt zu machen. Frère Roger war nicht da, weil er die Wiederaufnahme der Konzilsarbeiten in Rom abwartete. Die Brüder der Communauté baten einen der Franziskaner, *Pater Taddée,* der aus einer polnischen Familie stammte, den Krakauer Erzbischof willkommen zu heißen und ihm den Ort zu zeigen.[75] Als der Prior von Taizé von dem unverhofften Besuch erfuhr, bedauerte er seine Abwesenheit und lud den Erzbischof zu einem weiteren Aufenthalt ein. Wojtyła kehrte drei Jahre später zu einem Besuch zurück, und in den 1970er Jahren, war der Prior von Taizé zweimal bei ihm in Krakau zu Gast.

In der letzten Sitzungsperiode war ein enormes Ausmaß an Arbeit zu bewältigen. Elf der sechzehn Konstitutionen, Erklärungen und Verordnungen, die beim Zweiten Vatikanischen Konzil angenommen wurden, standen zwischen Oktober und Dezember zur abschließenden Bearbeitung und zur Abstimmung an. Während der Vorbereitung des Dekrets über den Dienst und das Leben der Priester hielt Frère Roger am 11. Oktober nachmittags vor sämtlichen französischen Bischöfen einen dreiteiligen Vortrag über die Ehelosigkeit. Es sprachen auch ein orthodoxer Beobachter, der rumänische Mönch und Theologe *Andrej Scrima*, und der Lyoner Weihbischof *Alfred Ancel*, der „Bischof der Armen" genannt wurde.

Am 29. Oktober fanden schließlich nach vier Jahren Arbeit die letzten Abstimmungen zum Schema über die Göttliche Offenbarung statt. Frère Max, der sich ausdauernd um den Text bemüht hatte, äußerte in einem Zeitschriftenbeitrag seine Zufriedenheit. Er meinte, dass der „ökumenische Einfluss (...) eine beträchtliche Rolle" bei der Ausarbeitung des Dokuments gespielt habe, das „der vereinfachenden Polemik zwischen Protestanten und Katholiken ein Ende bereitet". Es sei zu einem Durchbruch gekommen, die Katholische Kirche behaupte nicht länger, es gebe zwei verschiedene Quellen der Offenbarung (die Heilige Schrift und die Tradition), sondern erinnere an eine „Tradition, die von den Aposteln herrührt" und „in der Kirche unter dem Beistand des Heiligen Geistes fortgeführt wird". Nach dem Konzil veröffentlichten Frère Roger und Frère Max einen Kommentar zu diesem ihrer Meinung nach ausgereiftesten aller Konzilsdokumente.[76] Im selben Monat brachte Yves Congar in das Schema über die Missionsarbeit der Kirche eine Anmerkung von Frère Max zum ökumenischen Aspekt der Mission ein.[77]

Das Konzil ging zu Ende. Frère Roger lag daran, dass die südamerikanischen Bischöfe, denen er sich am nahesten fühlte, nicht aus Europa abreisten, ohne in Taizé gewesen zu sein. Auf seine Einladung hielten sich Ende Oktober ihrer 21, die auch Ars und Paray-le-Monial besuchten, zwei Tage lang in Taizé auf, unter der Leitung von Kardinal *Silva Henriquez*, dem Erzbischof von Santiago de Chile, und Bischof Larrains. Etwa 60 junge Südamerikaner, Studenten an den katholischen Fakultäten in Paris, Lille und Löwen waren zu diesem Anlass eingeladen worden. Zwei Tage lang beratschlagten Bischöfe, Jugendliche und die Brüder der Communauté über das „Apostolat unter den Armen" und die Möglichkeit, dabei ökumenisch zusammenzuarbeiten. Am Schluss des Treffens zeigte sich Bischof Larrain hocherfreut über den „unschätzbaren Ertrag" des Treffens. Zum ersten Mal konnten Bischöfe aus neun südamerikanischen Ländern mit Jugendlichen ihres Erdteils so weitreichende und ausführliche Gespräche führen. Auf beiden Seiten wurde viel Unverständnis abgebaut.[78]

Die rastlose Aktivität, die der Prior von Taizé an den Tag legen konnte, und die Mischung aus Autorität und Sanftmut, die er ausstrahlte, verunsicherten manchmal auch wohl gesonnene Gesprächspartner. So hielt Yves Congar in den letzten Tagen des Konzils nach einem Abendessen in der *via del Plebiscito* fest: „Ich fühle mich in der Gegenwart Frère Rogers unbehaglich, sooft er, der ständig von Dialog und Zuhören spricht, sich redselig zu behaupten versteht. Er ist ein Mann Gottes, aber heute Abend störte mich an ihm etwas."[79]

Wie auch immer, es ist nicht zu leugnen, dass Frère Roger mit manch anderem während des Konzils sehr zu einer (heilsamen) Erschütterung beigetragen hat. Bischof *Jan Willebrands*, rechte Hand Kardinal *Augustin Beas* im Sekretariat für die Einheit der Christen, hatte schon am Ende der ersten Sitzungsperiode zum Leiter der anglikanischen Delegation Bischof *John Moorman* gesagt: „Die Anwesenheit der Beobachter war äußerst wichtig. Sie können sich nicht vorstellen, wie sehr sie die Arbeit des Konzils beeinflusst haben."[80]

Am letzten Tag des Konzils ließ sich der junge katholische Student *Enzo Bianchi* im italienischen Weiler Bose nieder. Er begann ein Abenteuer, das auch an Taizé Maß nahm. Seit 1968 zählten mit Zustimmung des Turiner Erzbischofs Kardinal *Michele Pellegrinos* zur Gemeinschaft von Bose auch Protestanten.

Man darf ebenfalls nicht unterschätzen, wie sehr das Konzil andererseits Frère Roger und Frère Max veränderte. Sie hatten vier Jahre hindurch an allen Sitzungsperioden teilgenommen, sämtliche Redebeiträge des Konzils mitverfolgt und sich an vielen Diskussionen außerhalb der Konzilsaula beteiligt. Sie waren mit zahlreichen Kardinälen, Bischöfen und Theologen zusammengetroffen, auch mit Msgr. *Armand Le Bourgeois*, dem zukünftigen Bischof von Autun. Am Ende des Konzils begegnete Frère Roger zudem *Chiara Lubich*, der Gründerin der Focolare-Bewegung, mit der er bis zu seinem Tod einen vertrauensvollen Umgang pflegte.

Henry de Lubac schildert einen für diesen wechselseitigen Einfluss bezeichnenden Vorfall. Am Sonntag, den 21. November 1965, befanden sich Frère Roger und Frère Max mehr oder weniger zufällig in einer römischen Kirchengemeinde, die an diesem Tag auf dem Besuchsprogramm Paul VI. stand. „Sie fädelten sich mit ihrem Auto in die Wagenschlange ein und kamen dann mit in die Kirche; dort erhielten sie Plätze in Chorraum, dem Papst genau gegenüber, der sich danach kurz mit ihnen unterhielt. Seine Predigt hatte sie begeistert: der Papst sprach schlicht und einfach, als guter Hirte, über die Gegenwart Christi inmitten der Gemeinschaft der Christen; er erklärte auf ganz verständliche Weise das Geheimnis der Eucharistie, er legte die ganze Lehre ohne Fachbegriffe dar. Frère Max sah darin eine Modellpredigt über die Eucharistie."[81] Ohne den ökumenischen Einfluss klein reden zu wollen, den die beiden Brüder auf verschiedene Stellen in den Konzilsdokumenten und mehr noch auf nicht wenige Teilnehmer ausgeübt haben, kann man wohl auch umgekehrt behaupten, dass das Zweite Vatikanum dazu beigetragen hat, sie in gewisser Weise „katholisch zu machen".

8. Kapitel

„Aus der Sackgasse finden“

Nach Abschluss des Zweiten Vatikanischen Konzils, mit dem in der katholischen Kirche sofort eine tief greifende Veränderung einsetzte, begann für den Prior von Taizé seltsamerweise ein Lebensabschnitt der Zweifel und Niedergeschlagenheit. Er dauerte mehrere Jahre und wurde in der Öffentlichkeit kaum wahrgenommen. Angehörige der Communauté trugen niemals etwas darüber nach außen. Nur Jean Jaquenod, der seinerzeit in der Communauté lebte, berichtete lange nach seinem Weggang in einem Privatdruck: „Danach [nach dem Konzil] war er lange Zeit niedergeschlagen. Er machte viele Spaziergänge. Er bat mich, ihn zu begleiten, vielleicht weil ich nicht zum engsten Kreis gehörte, sondern ein wenig zurückgezogen lebte, weil ich Musiker war, weil ich eine Psychoanalyse hinter mir hatte; vielleicht auch, weil ich stark und weil ich schwach bin und weil ich still sein kann. Ich befürchtete, seine Traurigkeit könne ansteckend sein. Er sprach nur wenig darüber. Ich antwortete vorsichtig. Ich dachte an das Saitenspiel des jungen David, das die Angst Königs Sauls besänftigte.“[1]

Jaquenod teilt auch mit, dass der Prior sich an einen Psychoanalytiker wandte, nennt aber keinen Namen. Anderen Quellen zufolge war dies der Zürcher Psychiater Dr. Peter Rutishauser, Mitglied der Schweizer Gesellschaft für Psychoanalyse.[2] Er kam bis zu seinem Tod 1971 zwei oder dreimal im Jahr für einige Tage nach Taizé und setzte sich mit Frère Roger und anderen Brüder zusammen, die mit ihm sprechen wollten. Vermutlich war es Rutishauser, der Frère Roger empfahl, ausgiebig Tagebuch zu führen und nicht zu zögern, es in Auszügen zu veröffentlichen – Aufzeichnungen zur Reinigung und Kräftigung der Seele. Es wagen, „sich eine Blöße zu geben“, nannte dies Frère Roger. Im Buch *La violence des pacifiques* (*Die Gewalt der Friedfertigen*), das 1968 erschien, tauchen erste undatierte Tagebucheinträge auf. Die folgenden Bücher enthielten dann ausgewählte Tagebuchseiten in chronologischer Reihenfolge.[3] Jaquenod meint, dass diese Phase dunkler Jahre mit der Einberufung des „Konzils der Jugend“ ihren Abschluss fand. „Jenseits der Verzweiflung“, wie Frère Roger oft beim gemeinsamen Gebet formuliert habe, „ließ er die schmerzhaften Rivalitäten der Erwachsenenwelt hinter sich. Er richtete sein Augenmerk ausschließlich auf die Jugend. Er wurde wieder zum Gründer und verabschiedete sich von einer gewissen Vorstellung von Taizé. Er wollte nicht, dass die Gründung sich verselbständige. Er stellte sich an die Spitze einer aufbrechenden Bewegung, die einen weltweiten Einfluss ausüben sollte. Er fand wieder zu seiner Jugendlichkeit".[4]

Der Prior hat sich über persönliche Dinge nur wenig und stets sehr zurückhaltend geäußert. „Ich will in diesem Buch versuchen", formuliert er als Vorbemerkung in seinem ersten eigentlichen Tagebuchband, „ganz offen zu sprechen, und alle falschen Vorstellungen von mir weisen. Mich arm zu wissen gibt mir die Fähigkeit, ich selbst zu sein. Mit dieser Armut lebt der Mensch, schafft, kämpft und wundert sich. Aber der hohe Preis dafür ist seine Freiheit."[5] An einer Stelle nennt er Rutishauser, fügt aber nicht hinzu, dass er Psychoanalytiker und ein guter Freund von Taizé war. Er erwähnt lediglich dessen Krankheit, an der er bald darauf starb.[6]

1970 schreibt Frère Roger mit Hinblick auf das „Konzil der Jugend": „Die treibende Kraft für diese Ankündigung war eine Sackgasse, in der wir uns immer mehr eingeschlossen fanden und aus der wir herauszukommen versuchten."[7] „Sackgasse", ein starkes Wort. Es taucht zu jener Zeit immer wieder in den Schriften des Gründers auf als eine allgemeine Beschreibung der Lage, aber auch als persönliches Eingeständnis. Über die Sechziger Jahre des letzten Jahrhunderts schreibt Frère Roger: „Nach zwanzig Jahren gemeinsamen Lebens befanden wir uns plötzlich wie in die Öffentlichkeit geworfen. Sieben Jahre brauchten wir, von 1962 bis 1969, um zu begreifen, was uns geschah."[8] 1969 war das Jahr, in dem die Idee eines „Konzils der Jugend" „zu keimen begann" und – endlich – auch Katholiken Brüder der Communauté werden konnten, wodurch sich deren ökumenische Zielvorstellung voll verwirklichte. Das Jahr eröffnete also zwei Zukunftsperspektiven, die der Prior als Befreiung, oder zumindest als Ausweg aus der „Sackgasse" empfand.

Man kann nachvollziehen, dass sich bei Frère Roger in den Jahren 1966 bis 1969 Fragen und Zweifel regten. Was war aus der Gebets- und Studiengemeinschaft geworden, die er in den vierziger Jahren gegründet hatte? Hatte sie nicht ihre Berufung eingebüßt, als sie sich für die vielen Treffen öffnete, immer mehr Menschen zu Gast hatte? Den Prior befiel bisweilen eine Erschöpfung, die an Niedergeschlagenheit grenzte. Dies belegen ein paar Zeilen, die er an einem Sommerabend des Jahres 1968 am Meer schrieb: „Zeit der Besinnung. Heute Abend wird mir bewusst, wie schwer das Leben in den beiden letzten Jahren war. So viele Augenblicke, in denen ich nicht weiß, wie ich an die bevorstehenden Aufgaben herangehen soll, mit denen ich dann übrigens immer fertig werde, wenn sie einmal da sind. Das habe ich in den ersten 25 Jahren Taizé nicht gekannt."[9]

Auch äußerlich hatte sich der Prior verändert. Die Bauernjacke der Jahre 1940 bis 1950 war längst verschwunden. Er hatte auch Jackett und Krawatte samt Nadel abgelegt, die auf Pressefotos bis Mitte der sechziger Jahre zu sehen sind. Nun bevorzugte er grob gestrickte Rollkragenpullover. Wenn er bei Gebetsversammlungen das Wort ergriff, trug er das weiße Gewand mit den weiten Ärmeln. Verschwunden war das Bild des selbstsicheren, fast draufgängerischen Mannes, der vor dem Zweiten Vatikanischen Konzil einem eleganten Manager glich. Letztlich fanden Frère Roger und die Communauté also durch eine neue „schöpferische Dynamik“ aus der „Sackgasse“: durch das „Konzil der Jugend“ und den Eintritt katholischer Brüder.[10]

Am 26. Januar 1966, etwas mehr als einen Monat nach Ende des Zweiten Vatikanischen Konzils, hielt Frère Roger in Paris einen Vortrag über „Das Konzil und das Warten auf die Einheit“, im Rahmen einer ökumenischen Versammlung in der Kirche Saint-Jean-de-Montmartre, die der damalige Pariser Generalvikar Msgr. *Huttot* leitete. Die Interkommunion – die Möglichkeit für einen evangelischen Christen bei einem katholischen, anglikanischen oder orthodoxen Gottesdienst die Kommunion zu empfangen und umgekehrt –, die seit langem in den evangelischen Kirchen praktiziert wurde, war in der katholischen Kirche nicht erlaubt. Frère Roger hatte sich dazu bereits in „Die Dynamik des Vorläufigen“ geäußert, und kam in der Folge immer wieder darauf zurück, ohne seine Sorge zu verhehlen: „Die derzeitige Welle der Ökumene wird wieder abebben, wenn man nicht alle, die an die Eucharistie glauben, um ein und denselben Tisch versammelt.“[11] Einige Monate später wiederholte er dieses Anliegen in einer Botschaft, die er an die Marseiller Abtei Saint-Victor aus Anlass der Einweihung des neuen Hauptaltars schickte: „Dialog allein ist nicht genug. Die ökumenische Welle wird wieder abebben, wenn nicht bald der Tag kommt, an dem sich alle, die an die Realpräsenz Christi in der Eucharistie glauben, um ein und denselben Tisch versammeln.“[12]

Im März 1966 gab die Kongregation für die Glaubenslehre eine „Instruktion“ heraus, die eine etwas weniger strikte Handhabung im Fall von „gemischten Ehen“ (zwischen Katholiken und Nichtkatholiken) vorsah. So wurde die Strafe der Exkommunikation für jene Katholiken aufgehoben, die „die Ehe vor einem nichtkatholischen Amtsträger schließen“. Während sich zahlreiche nichtkatholische Autoritäten – der Generalsekretär des Weltkirchenrats, die Nationalsynode der Reformierten Kirche Frankreichs und der Primas der anglikanischen Kirche – enttäuscht zeigten, freute sich der Prior von Taizé über die „befreiende“ Entscheidung und pries Paul VI. „als einen sehr mutigen Mann“.[13] Er schöpfte wieder Hoffnung: „An uns ist es, am Warten auf Gott festzuhalten. Die Einheit wird sich einstellen, wenn wir es am wenigsten erwarten, wie ein Blitz in der Nacht.“

Taizé – ein Anziehungspunkt

Weil in Taizé die „Einheit" ersehnt wurde, wurde der Ort zu einer Anlaufstelle für zahlreiche katholische Gemeinschaften und Gruppierungen. Im März 1966 – die kleine franziskanische Gemeinschaft in Taizé bestand seit zwei Jahren – kamen Pater *Constantin Koser*, der Generalminister der Franziskaner, und 25 Provinzobere aus Frankreich, Deutschland, Belgien, Holland, Österreich, der Schweiz und aus Kanada in Taizé zusammen. Sie bereiteten dort eine Überarbeitung der Konstitutionen ihres Ordens vor, die im folgenden Jahr beim Generalkapitel erfolgen sollte.[14] Ausnahmsweise wurde der Prior als „Beobachter" zu ihren Gesprächen zugelassen. Es war das erste Mal in der Geschichte des Franziskanerordens, dass ein Außenstehender, überdies ein Nichtkatholik, an einer solchen Versammlung teilnahm.

Im Mai ließen sich Ordensfrauen einer belgischen Kongregation, die im 13. Jahrhundert in Tournai gegründet worden war, die Schwestern von *Saint-André*, in Taizé nieder. Dies geschah auf Bitten Frère Rogers: „Wir brauchen die Schwestern von Saint-André, und die Schwestern von Saint-André brauchen uns." Sie wurden gebeten, „die Durchreisenden in der Verkaufsausstellung zu betreuen".[15] Am Ende des Sommers bot Frère Roger ihnen an, auf Dauer zu bleiben. Bis heute wohnen sie in Ameugny und arbeiten bei den Jugendtreffen mit; sie begleiten insbesondere die jungen Frauen, die für längere Zeit in Taizé mithelfen.

Im Juni kamen Benediktiner aus verschiedenen Abteien in Frankreich und Belgien für drei Tage in Taizé zusammen. Auch die Gruppe *Liturgie et Monastère* (Liturgie und Kloster) hielt dort ihre Jahresversammlung ab. Einer der Teilnehmer schilderte, auf welche Weise die gemeinsamen Gebete und Gottesdienste in Taizé die Erneuerung der Stundengebete und der Liturgie beeinflussten, die seinerzeit in den Benediktinerklöstern durchgeführt wurde: „Bei der Ausarbeitung der Tagung und der Einladung zu ihr bestand zwischen der Communauté und den Mönchen (...) Übereinstimmung. Ich glaube sagen zu können, dass, vielleicht dank der Kontakte, zu denen das Konzil in Rom Gelegenheit bot, verständnisvolle Beziehungen zwischen einzelnen Mönchen und Brüdern von Taizé entstanden sind. (...) Auch die nachkonziliare Entwicklung der Liturgie, der Übergang zum Französischen, war ein weiterer Grund für die Annäherung. Taizé hatte Erfahrung mit dem Stundengebet auf Französisch, und die Mönche aus verschiedenen Klöstern, denen wie mir die Gnade zuteil wurde, an ihm teilnehmen zu können, stießen hier auf eine Quelle, eine sehr interessante Erfahrung aus der Praxis."[16]

Im Juli kamen aus Anlass des fünfzigsten Todestages von Charles de Foucauld etwa hundert Vertreter der verschiedenen geistlichen Familien, die sich auf seine Spiritualität und auf sein Beispiel berufen (Kleine Brüder Jesu,

Kleine Schwestern Jesu, Kleine Brüder des Evangeliums, Kleine Schwestern des Evangeliums, säkulare Fraternitäten usw.), für einige Tage mit dem Gründer René Voillaume und dem für sie zuständigen Bischof nach Taizé. Das Thema ihres Treffens lautete: „Welche Bedeutung hat das kontemplative Leben in der zeitgenössischen Welt?" Frère Roger nahm an ihren Versammlungen teil.

Es ist begreiflich, dass die Katholische Welt sich damals zu einer Communauté hingezogen fühlte, die ihr jenseits aller Normen fähig zur Erneuerung und wagemutig erschien. In der Zeit der Suche und des Fragens, die der Geist des Konzils zu begünstigen schien, war Taizé für viele unwiderstehlich. Die katholische Kritik war noch zurückhaltend. Die Brüder konnten und wollten sich immer wieder auf große Theologen der damaligen Zeit berufen. Frère Max schrieb damals beispielsweise an de Lubac: „Wir halten [Sie] für einen großen Denker."[17] Und de Lubac fand sich gerne bereit, einen Zeitschriftenbeitrag über das Buch zu schreiben, das Frère Roger und Frère Max im April 1966 veröffentlichten, *La Parole vivante au concile* (*Das Wort Gottes auf dem Konzil*). Er weist darin freilich darauf hin, dass weiterhin ein „schwer wiegender Reibungspunkt" besteht: Für Katholiken muss das Lehramt der Kirche die letzte auslegende Instanz der Schrift bleiben. Die beiden Brüder hatten nämlich zu bedenken gegeben, ob dieses Lehramt „sich letztlich nicht über die Schrift erheben und selbst als Wort Gottes aufgefasst werden könnte".[18]

Es fehlte auch in diesem Jahr nicht an weiteren Vorhaben: „In Holland besteht nun eine mobile Fraternität, ein Bruder predigt in presbyterianischen und anglikanischen Kirchengemeinden Portugals, es finden wieder Reisen in die Vereinigten Staaten und Einsätze im Westen Frankreichs statt."[19] In den ersten Monaten brachte Frère Roger eine Initiative auf den Weg, in der Hoffnung, sie würde „ein Pilotversuch bei den ökumenischen Bemühungen". Zusammen mit dem evangelisch-lutherischen Pfarrer *Lucien Marchand* in Belfort, mit dem er seit langem in Verbindung stand, führte er eine „ökumenische Fastenwoche" durch. In die peinlich genaue Vorbereitung dieses „Einsatzes" wurde auch der örtliche katholische Klerus voll einbezogen. Es ging darum, dass die – katholischen, evangelischen wie orthodoxen – Christen in Belfort während einer bestimmten Woche in der Fastenzeit täglich zu einem Abendgebet mit Gespräch zusammenkommen und einmal auf ein Abendessen verzichten. Von Montag bis Sonntag, 23. bis 29. März, fanden über sechzig Zusammenkünfte statt, die durch Brüder von Taizé, drei katholische Pfarrer aus der Kleinstadt Rumilly in Hochsavoyen („die seit langem mit der Communauté de Taizé im Gespräch sind") und einige evangelische Pfarrer geleitet wurden. Am Freitag waren alle eingeladen, den Gegenwert für die nicht eingenommene Mahlzeit zu Gunsten von Not leidenden Menschen in Dahomey zu spenden. Der „Belforter Einsatz", ging am Sonntag mit einem großen gemeinsamen Gottesdienst in der katholischen Theresienkirche zu Ende. Katholiken, Protestanten und Orthodoxe beteten gemeinsam „einen Wortgottesdienst in Konzelebration". Der Prior von Taizé, der nicht an den Zusammenkünften während der Woche teilgenommen hatte, hielt dabei eine Predigt. In *La Croix* wurde hervorgehoben: „Diese gemeinsame Liturgie des Wortes ist mit ziemlicher Sicherheit die erste, die in Frankreich gefeiert wurde."[20]

Frère Roger erlebte das Ereignis als „ein Wunder des Heiligen Geistes": „Der Aufbruch ist da, der Vorstoß ist unumkehrbar." Mit Bezug auf die Christen von Belfort erklärte er: „Sie sind überzeugt, dass sie nicht zurückbleiben können. (...) Sie wollen gemeinsam auf Gott hören (...)."[21] Es blieb allerdings bei diesem einen Versuch. In evangelischen Kreisen wurden wieder Vorbehalte laut. Am Schluss der Nationalratsversammlung im Oktober 1966 veröffentlichte die Reformierte Kirche Frankreichs eine sehr vorsichtig formulierte Pressemitteilung, der man verärgerte Zurückhaltung entnehmen konnte: „Nachdem er wiederholt von verschiedener Seite gedrängt wurde, sich über die Initiativen, die Grundentscheidungen und die Behauptungen, die der Communauté de Taizé zugeschrieben werden, näher zu äußern, hat der Nationalrat erklärt, nicht dazu befugt zu sein, auf Fragen zu antworten, die unmittelbar an die Communauté zu richten sind. Er erinnert daran, dass diese sich als eine ‚zönobitische, interkonfessionelle und internationale Gemeinschaft' versteht."[22]

Taizé war zu einem übergreifenden Anziehungspunkt geworden. Kaum einen Monat nach dem Einsatz in Belfort trafen etwa tausend Studentinnen und Studenten mit ihren Pfarrern zu Fuß aus Lyon ein und nahmen an einem eigens für sie vorbereiteten Nachtgebet teil. Zur selben Zeit hielten sich drei Tage lang orthodoxe Priester und Laien in Taizé auf, die aus Frankreich, Belgien, Spanien und Portugal angereist waren. Bischof Meletios und Bischof Emilianos waren ebenfalls anwesend. Es handelte sich um die erste nennenswerte Initiative des Orthodoxen Zentrums in Taizé. Im August wurde ein weiteres Treffen mit Metropolit Meliton abgehalten, den Patriarch Athenagoras entsandt hatte. Zu diesem Anlass erschien ein neues Buch von Frère Roger *Unanimité dans le pluralisme* (*Einmütigkeit im Pluralismus*), eine „Aktualisierung der Regel von Taizé". Lebensweise und Geist der Communauté werden unter drei Leitlinien zusammenfasst: an einer „gemeinsamen Schöpfung" festhalten und „das Ereignis Gottes erwarten" unter „persönlicher Einwilligung" jedes Mitglieds.

Am 6. August, dem Fest der Verklärung des Herrn, feierte Bischof Meliton in der Kirche der Versöhnung die Byzantinische Liturgie, eine dreistündige Gottesdienstform, die viele der Anwesenden zum ersten Mal mitfeierten. Er hielt zum Schluss eine Ansprache, mit der der Prior von Taizé wohl nur allzu einverstanden war: „Damit die Welt die Kirche hört, ist es nötig, dass sich das Aussehen der Kirche verklärt, so wie die Apostel sahen, dass sich das Antlitz Christi verklärte. Die Kirche muss der Welt wieder ihren ursprünglichen Anblick bieten als die eine, heilige, katholische und apostolische. Für die Verantwortlichen der Kirchen ist der Augenblick gekommen, über die Ebene theologischer Forschung und des Austauschs brüderlicher Grußbotschaften hinauszugehen und konkrete Entscheidungen zu fällen, weil sie sonst die Christen enttäuscht und mitansehen muss, wie die ökumenische Bewegung zum Stillstand kommt oder gar zurückgeht. Jede Kirche muss alle Formen von Proselytismus und jeden Rechtsstreit auf ein und demselben Territorium vermeiden."[23]

Bei der Mahlzeit für geladene Gäste im Zentrum, unter ihnen der Prior und zwei, drei Brüder, drehte sich das Gespräch um die Interkommunion und die damit verbundenen Schwierigkeiten. „Sie bleibt die große Hoffnung der Brüder von Taizé", meinte ein Katholik, der dabei war. „Aber sie sehen ein, dass sie heutzutage nicht möglich ist. [Frère Max] spricht eindringlich mit mir und hat den Wunsch, die Katholische Kirche möge sich endlich dazu äußern, was sie von der Reformierten Kirche hält. (...) Er stellt mir all diese Fragen, und man sieht ihm an, dass er an ihnen leidet. Das ist die Tragödie von Taizé."[24]

Erstes internationales Jugendtreffen

Am 4. Juni 1966 kündigte Frère Roger in *Le Monde* ein „Internationales Jugendtreffen" für Anfang September in Taizé an. Zunächst hatte die Communauté gezögert: „Würde solche Gastfreundschaft nicht das gemeinschaftliche, monastisch geprägte Leben stören?"[25] Es waren jedoch schon seit Beginn der 1960er Jahre Jugendliche zu Gast. Die meisten kamen nicht einzeln oder aus eigenem Antrieb, sondern in Gruppen oder auf „Wallfahrt" mit ihren Pfarrern bzw. als Teilnehmer an „Jugendbaulagern", die den Sommer über – 1966 insgesamt fünf Lager – durchgeführt wurden. Über längere Zeit gab es für Katholiken und Protestanten je eigene Termine.

Im September kam es dann zu einem Durchbruch. Zum angekündigten Treffen traf eine sehr große Zahl von Anmeldungen ein. Vorübergehend wurde es als „Jugend-Meeting" bezeichnet, dann setzte sich die Bezeichnung „Internationales Jugendtreffen" durch.

Das Treffen fand vom 2. bis 4. September statt. Zwischen 1200 und 1500 Jugendliche waren versammelt, zur Hälfte Franzosen, die anderen aus etwa 30 Ländern, darunter etwa hundert Afrikaner, Asiaten und Südamerikaner. Die Teilnehmer waren vor allem katholisch und evangelisch; Orthodoxe waren wenig vertreten.[26] Sie wohnten nicht in der Nähe der Communauté, sondern in Ameugny, wo neben dem Gästehaus nun vor allem Zelte als Unterkunft dienten.

Zahlreiche Persönlichkeiten wurden dazu eingeladen: Kardinal Bea, Kardinal Martin, der Erzbischof von Lyon, Kardinal Villot, und weitere katholische, anglikanische und evangelisch-lutherische Bischöfe. Frère Roger hatte auch den neuen Generalsekretär des Ökumenischen Weltkirchenrats, *Eugen Carson Blake*, dazu gebeten, der aber, weil er bis September nicht in Europa war, die Einladung nicht annehmen konnte.[27] Blake besuchte die Communauté im Oktober. Im Unterschied zu seinem Vorgänger unterhielt er stets gelassene und vertrauensvolle Beziehungen zu Taizé, kam öfter zu Besuch und schickte zu verschiedenen Anlässen Grußbotschaften. „Gott hat uns in seiner Güte einen Generalsekretär gegeben, der zuallererst ein wahrer Hirte ist", schrieb ihm Frère Roger schon nach kurzer Zeit. Weit unverhoffter war die Anwesenheit Hubert Beuve-Mérys. Sie erklärt sich vor allem durch die engen persönlichen Beziehungen, die der Gründer und Direktor von *Le Monde* 1957 mit Frère Roger geknüpft hatte.

Zwei Themen standen zur Diskussion: „Unsere Solidarität mit den Armen und mit den entwickelten Ländern" und „Eine Ökumene für heute". An die Vorträge, die die geladenen Persönlichkeiten hielten, schlossen sich Gespräche in kleinen Gruppen an, die von den drei täglichen Stundengebeten unterbrochen wurden. Am Sonntag fanden Eucharistiefeiern statt.

Beuve-Méry gab eine ausführliche Übersicht der politischen, sozialen und wirtschaftlichen Weltlage. Der Sonderkorrespondent der *Informations protestantes* hielt danach in einem Beitrag fest, dass der „leicht blasierte, aber grundehrliche" Vortrag „jedermann jäh in die Wirklichkeit zurückholte" und „Illusionen sich verflüchtigen ließ".

Die mit Spannung erwarteten Ausführungen Kardinal Beas am Samstagnachmittag beschäftigten sich mit „Eucharistie und Einigung der Christen". Der Korrespondent von *La Croix* berichtete, dass „nicht wenige darauf hofften, dass er ihnen bekannt geben würde, es sei möglich, gemeinsam die Kommunion zu empfangen". Daraus wurde nichts. Der Kardinal erinnerte an die überlieferte Lehre der Kirche: „Äußerst schwerwiegende Meinungsverschiedenheiten in der Lehre und im Vollzug des Glaubens" ließen nicht die Auffassung zu, die Einheit der Christen sei bereits verwirklicht. Die Teilnahme am eucharistischen Gottesdienst einer anderen Konfession und mehr noch der Kommunionempfang seien „Schritte, die den Eindruck erwecken könnten, als wolle man die Unterschiede herunter spielen oder ganz einfach vernachlässigen. (...) Dies würde Ärgernis erregen und zur Gefahr einer Indifferenz führen, die alle Religionen für gleich gültig oder gleich gut hält".[28]

Der Prior von Taizé sah die Lage völlig anders. Das Grußwort, das er während dieses Treffens sprach, war eine Mischung aus Zweifel und Ungeduld: „Die derzeitige Ökumene treibt uns nicht zu Begeisterungsstürmen. Wem daran liegt, dass sich die Jugend weiterhin für sie interessiert, der sollte sich beeilen. Diese ist bei aller religiösen Aufgeschlossenheit versucht, die Institutionen zu verlassen, um sich unmittelbar um den Menschen von Heute zu kümmern, und fällt gelinde gesagt den Kirchen gegenüber ein strenges, unwiderrufliches Urteil. (...) Wir wollen die Versöhnung der Kirchen für Heute. (...) Wir können nicht länger eine Konfessionstrennung ertragen, die manchmal heuchlerischer als die Rassentrennung ist. (...) Wir erwarten uns überhaupt nichts von einer Einheit, die durch die Ergebnisse von Verhandlungen oder den Abschluss juridischer Verträge eingeleitet werden soll. Die Texte sind erst an der Reihe, wenn die Einheit bereits festgestellt wurde; sie gehen der Einheit nicht voraus." Nie zuvor hatte sich der Prior von Taizé bei seiner Kritik an der Katholischen wie an den Evangelischen Kirchen so strikt und radikal geäußert. Er antwortete damit auf die Ungeduld zahlreicher anwesender Jugendlicher. Der Korrespondent von *La Croix* ging auch auf die allgemeine Reaktion nach dem Vortrag Kardinal Beas ein: „Wir stoßen uns stets an Theologen und Kirchenverantwortlichen, deren Überlegungen wir nicht nachvollziehen können; sie haben den Schlüssel in der Hand, wir können letztlich gar nichts tun. Nichts, außer vielleicht einen Aufsehen erregenden Vorstoß."[29]

Der „Aufsehen erregende Vorstoß" fand dann auch statt, aber so unauffällig, dass keine Zeitung darüber berichtete. Am Sonntagvormittag wurden zwei Eucharistiefeiern gehalten. Der Abendsmahlsgottesdienst wurde von ordinierten Brüdern von Taizé gefeiert. Während des Gottesdienstes legten zwei Brüder vor dem Prior ihr Lebensengagement ab: ein Schwede, Sohn eines evangelisch-lutherischen Bischofs, und ein ebenfalls evangelisch-lutherischer Deutscher. Danach konzelebrierten Kardinal Martin, sechs Bischöfe und einige Priester eine katholische Messe. Einer von ihnen erzählte später, manche Teilnehmer seien bei der jeweils anderen Konfession zur Kommunion gegangen. „Ich war einer der Konzelebranten und teilte die Kommunion aus; unter denen, die herantraten, erkannte ich reformierte Christen am Kreuz mit der Taube des Heiligen Geistes."[30] Beim vorhergehenden Gottesdienst hatten auch junge Katholiken das Abendmahl empfangen. Dieses unabgesprochene Vorgehen blieb nicht nur in der Presse unerwähnt, vielmehr schrieb Frère Roger in einem kurz danach veröffentlichten Text: „Wir haben nie einer Interkommunion stattgegeben, die das Unbehagen letztlich nur vertiefen würde. Mit ihrem guten Willen und ihrer Achtung für das, worum sie in Taizé gebeten wurden, haben die 1400 Jugendlichen großmütig hingenommen, dass sie nicht möglich war."[31] Die Wirklichkeit sah etwas anders aus.

Immer wieder stellte sich in den folgenden Jahren die Frage nach der Praxis der wechselseitigen Kommunion. 1967 wurde in einem Direktorium über den Ökumenismus, den das Sekretariat für die Einheit der Christen veröffentlichte, grundsätzlich in Erinnerung gerufen: „Die Teilnahme von den Katholiken getrennter Brüder insbesondere an den Sakramenten der Eucharistie, der Buße und der Krankensalbung ist untersagt". Es wird aber unter außergewöhnlichen Umständen (bei Todesgefahr oder einer dringenden Erfordernis) zugestanden, dass auch Nichtkatholiken die Kommunion empfangen, „soweit [der getrennte Bruder] einen Glauben bekennt, der mit dem Glauben der Kirche übereinstimmt".[32] Im selben Jahr behandelte die *Groupe des Dombes* das Thema und erarbeitete eine Stellungnahme in sechs Punkten, ohne die weiterhin bestehenden theologischen Schwierigkeiten zu verschleiern: „Können die Kirchen der Reformation und die Katholische Kirche eine *gelegentliche* Teilnahme an ihren jeweiligen Eucharistiefeiern ins Auge fassen?"[33] Frère Max veröffentlichte in dieser Frage ebenfalls ein gründlich durchdachtes, befürwortendes Plädoyer.

Einige hielten später den Standpunkt von Taizé für heikel und zweideutig. Frère Roger bat die Katholische Kirche zwar mit Nachdruck, die Interkommunion zuzulassen. Er selber hat sie aber niemals offiziell eingeführt. Es wurden stets getrennte Gottesdienste gehalten; sehr bald (und bis heute) wiesen Anschläge am Eingang der Kirchen darauf hin, wie die unterschiedlichen eucharistischen Gottesdienste durchgeführt werden. Freilich kam es in Taizé immer wieder dazu, dass Menschen die Kommunion der jeweils anderen Konfession empfingen; in welchem Umfang lässt sich jedoch unmöglich sagen. Der „Aufsehen erregende Vorstoß" vom September 1966 kann nur deshalb als solcher bezeichnet werden, weil er unmittelbar auf den abschlägigen Bescheid folgte, den Kardinal Bea in Erinnerung rief. Die Presse verschwieg ihn.

Einer neuen Initiative verschaffte sie dagegen Rückenwind. Die „Jugend-Fraternitäten", eine Idee von Frère Roger, der bereits ein weiteres internationales Jugendtreffen im folgenden Jahr im Blick hatte, waren ein weiterer Versuch, „aus der Sackgasse herauszufinden". Die Anregung ermöglichte es, zuhause im Geist der Einheit und der Solidarität weiterzuleben, der diese ersten Jugendtage geprägt hatte. In einem Text mit dem Titel „Leitlinien für das kommende Jahr" wurde vorgeschlagen, „kleine Fraternitäten" zu schaffen, die aus Jugendlichen aller Konfessionen zusammengesetzt sein sollten. „Nach dem Vorbild der christlichen Gemeinden der ersten Zeit, [sind sie] beharrlich im Gebet, teilen alles und stellen durch ihre absichtslose, unvoreingenommene Anwesenheit unter den Menschen ein Zeichen der Einheit in brüderlicher Liebe, ein Zeichen des kommenden Reiches Gottes dar."[34] Die Beteiligten sollten Studium oder Berufsalltag weiterführen, sich aber tätig für die Ärmsten einsetzen. Der Prior war der Auffassung, dass die Jugendlichen das gemeinschaftliche und brüderliche Leben, wie es in Taizé gelebt wird, zwar nicht in ihrem Alltag übernehmen, aber sich doch zumindest von ihm inspirieren lassen könnten: „Können wir die jungen Menschen nicht an unserer Erfahrung beteiligen? Was wir für ein ganzes Leben tun – kann das nicht von ihnen für eine begrenzte Zeitspanne versucht werden?“[35] Ein Jahr später hatten sich in verschiedenen Ländern achtzig Jugend-Fraternitäten gebildet.

Kein früheres Ereignis in Taizé, auch nicht die Einweihung der Kirche der Versöhnung, löste ein so breites Presseecho aus. Insgesamt 26 Artikel wurden über das erste internationale Jugendtreffen geschrieben; die meisten berichteten sehr wohlwollend. Einer aber nahm kein Blatt vor den Mund. Am 24. September 1966 verband Pfarrer Finet in *Réforme* seine Anerkennung mit lebhafter Kritik. Er bedauerte, dass der Protestantische Kirchenbund nicht zum Treffen eingeladen worden war und „dass eine evangelische Gemeinschaft Schweizer Ursprungs, die sich auf französischem Boden niedergelassen hat, die Gesetze der Gastfreundschaft vernachlässigt“. Unverblümt schrieb er weiter: „Ein Satz Frère Rogers blieb mir im Hals stecken wie eine Gräte: ‚Wir sind Opfer einer viereinhalb Jahrhunderte alten Scheidung…‘ Opfer? Nein: Zeugen“. Pfarrer Finet war überzeugt, dass nur die Kirchen der Reformation das Erbe des „reinen Evangeliums“ bewahrt hätten. Seiner Meinung nach waren es die Katholiken, die vom rechten Weg abgewichen waren. Der hitzige, aber hoch geachtete Gründer von *Réforme* endete immerhin: „Wenn man an die unbewegliche Bürokratie denkt, die jede Kirche belastet, erscheint Taizé wie eine Oase, wie ein Strom lebendigen Wassers.“

Frère Roger wollte nicht, dass in der wichtigsten evangelischen Zeitschrift so deutliche Unterschiede in den Auffassungen verbreitet würden, und lud Finet nach Taizé ein. Als Ergebnis seines Besuchs und der Gespräche, die er mit Frère Roger führte, erschien bald darauf auf der ersten Seite von *Réforme* ein umfangreicher Artikel unter der Überschrift „Annäherung an Taizé“.[36] Es fehlt darin nicht an Lob für Taizé und seinen Gründer. Einige Vorbehalte bleiben jedoch bestehen: „Die offensichtliche Hochachtung und ausgeprägte Vorliebe, mit denen die Communauté von Taizé auf die römischen Würdenträger zu geht und sie zu sich einlädt (…) erstaunen mich umso mehr als den evangelischen Verantwortlichen dasselbe Los immer noch nicht beschieden ist.“ Als Reformierter strikter Observanz und stark beeinflusst von der Theologie Karl Barths äußert Finet mit einer gewissen Ironie auch seine Vorbehalte bezüglich der Liturgie: „Ich muss unterstreichen, dass die liturgische Üppigkeit von Taizé, deren formale Ästhetik und Schönheit ich schätze, mich manchmal vom einzig Notwendigen ablenken. Ich befürchte, man gerät auf eine fatale schiefe Ebene, die, angefangen bei den Kerzen bis zu den Kostümen, nach Bildern verlangt und vom Weihrauch eine Öffnung für das Religiöse und Mystische erwartet, die Jesus gerne auf die Schippe nahm.“ Schließlich stellt er die theologischen Standpunkte der Communauté infrage: „Ich bin immer noch nicht überzeugt, dass sich das theologische Denken von Taizé in der löblichen Sorge um die Suche nach der Einheit einzig auf die Heilige Schrift stützt."

Die Gefahr der „Institutionalisierung"

Allmählich war Taizé in der religiösen Landschaft Frankreichs schon fast eine Institution, zumindest ein einzigartiges Phänomen, auf das viele Bezug nahmen. *Paris Match* widmete ihm erneut einen umfangreichen, mit anschaulichen Fotos versehenen Beitrag.[37] *Jean-Marie Paupert*, damals eine der führenden Gestalten des nach seinen eigenen Worten „progressiven" Katholizismus, veröffentlichte ein Buch über Taizé, hervorragend und gut geschrieben, allerdings mehr eine Chronik bzw. Sammlung entstehender Legenden als eine geschichtliche Untersuchung. Es entstand mit Einwilligung Frère Rogers und unter dem prüfenden Blick der Communauté. Am Ende formuliert Paupert den Wunsch, sein Buch möge „die Neugier, die Lust und den Wunsch, nach Taizé zu fahren" wecken. Er preist die „kleinen kostbaren Bücher des Bruders Prior" als „das vielleicht größte geistliche Werk unserer Zeit".[38] Zunächst sollte dieses Buch, auf Anregung des Pariser Verlags Fayard, der bekannte katholische Historiker und Kulturphilosoph *Henri Daniel-Rops* schreiben; sein Tod im Juli 1965 unterbrach die Vorarbeiten, die Paupert weiterführte. Das Buch endet mit einem langen Nachwort des Philosophen Paul Ricœur, der protestantischer Herkunft und ebenfalls ein enger Freund von Taizé war. Er lobt die „mobile Liturgie", die die burgundische Communauté pflege.

Im selben Jahr 1967 wurde der Communauté der vom Europarat gestiftete *Wateler Friedenspreis* zuerkannt. Er wurde seit 1931 jährlich eine Persönlichkeit oder einem Personenkreis verliehen, der „der Sache des Friedens am besten gedient" hatte. Vorher hatten ihn *Jean Monnet*, einer der Gründerväter der Europäischen Union, Unicef und Visser't Hooft erhalten. Es war die erste offizielle Auszeichnung der Communauté.

Man sollte meinen, die wachsende Aufmerksamkeit und Anerkennung hätten Frère Roger, der mittlerweile über fünfzig Jahre alt war, allen Grund zur Zufriedenheit gegeben. Die kleine reformierte Communauté der Anfänge hatte sich beträchtlich weiterentwickelt. Die 75 Brüder waren zwar alle evangelisch, aber immerhin aus der evangelisch-reformierten, der evangelisch-lutherischen, der presbyterianischen, der anglikanischen und der methodistischen Kirche sowie weiteren der Reformation verpflichteten Gemeinschaften hervorgegangen. Zudem hatten sich ein Orthodoxes Zentrum und eine Franziskanerfraternität in nächster Nähe niedergelassen, kümmerten sich neben den Schwestern von Saint André noch Mitglieder dreier weiterer weiblicher Ordensgemeinschaften um die Betreuung der Besucher, vor allem der immer zahlreicheren Jugendlichen – 200 000 sollen es allein im Jahr 1966 gewesen sein.

Das Tätigkeitsfeld der Communauté hatte sich auch sonst erweitert. Im Zug „ihrer Bemühung, die Armen zu erreichen," hatten sich seit mehreren Jahren auch auf anderen Erdteilen kleine Fraternitäten gebildet, die jüngsten in einem Chicagoer Farbigengetto im Herbst 1966, in Zusammenarbeit mit Franziskanern, und ab Januar 1967 im brasilianischen Récife, in der Nähe von Benediktinern. Die intellektuelle Arbeit in Taizé – eine Reihe von Brüdern schrieben Bücher, die in verschiedene Sprachen übersetzt wurden –, die Waren aus den Werkstätten – Glasfenster von Frère Eric, Töpfergut von Frère Daniel –, die Gesänge und die Liturgie stießen auf ständig wachsenden Zuspruch.

Frère Roger war einerseits zwar empfänglich für Anerkennung und stolz auf seine Erfolge, befürchtete andererseits aber eine die Handlungsfreiheit einschränkende Institutionalisierung. Er äußerte dies mit einem klaren Blick für die Tatsachen anlässlich einer Zusammenkunft mit Verantwortlichen des Ökumenischen Weltkirchenrats. Nach dem ersten Gespräch mit dem neuen Generalsekretär, *Eugen Carson Blake,* im Oktober 1966 war beiden an einer Begegnung auf breiter Ebene gelegen. Am 9. Januar 1967 fuhren der Prior von Taizé, Frère Max und vier weitere Brüder zum Sitz des Weltkirchenrats nach Genf und erörterten dort mit dem Zentralausschuss verschiedene Fragen: den Einsatz für die Ökumene, die Beziehungen zur Katholischen Kirche und die Mitarbeit von Taizé bei Aktivitäten und Initiativen des Weltkirchenrats.

Es wurde in der von der Presse breit aufgegriffenen Mitteilung darüber allerdings nicht erwähnt, dass Frère Roger bei seinen Darlegungen der verschiedenen Aspekte der Communauté in diesem sehr institutionellen Rahmen im Grunde das damalige Problem von Taizé auf den Punkt brachte: „Taizé wurde in den letzten Jahren mehr und mehr mit der Frage der Institutionalisierung konfrontiert. Wir haben uns entschlossen, allen geistlichen Familien gleich welcher Art zu untersagen, sich mit Taizé zu identifizieren, indem sie beispielsweise die Liturgie von Taizé übernehmen. Im letzten Jahr stellte sich die Frage, ob eine zweite Communauté im Staat New York ins Leben gerufen werden solle. Trotz beharrlicher Bitten und Nachfragen haben wir dies abgelehnt, um der Gefahr weiterer Institutionalisierung zu entgehen. In einer Gesellschaft ständigen Wandels ist es unabdingbar, beweglich zu bleiben und im Vorläufigen zu leben. Es wurde sogar die Frage nach der Berechtigung des Hauses von Taizé aufgeworfen. Wir brauchen jedoch nach wie vor einen Ort, an dem wir eingewurzelt sind, an den die Brüder zurückkehren und zwischen ihren Diensteinsätzen irgendwo auf der Welt eine geistliche Heimstatt finden können. Mehr darf es freilich nicht sein. Wollte man das Zeichen, das die Communauté de Taizé zu setzen versucht, an anderen Orten der Welt nachbilden, würde unweigerlich eine Institutionalisierung erfolgen und die Communauté zu einer weiteren verzweigten Ordensgemeinschaft werden, die ihrer unmittelbaren Handlungsfreiheit und Teilnahme am Geschehen in der Welt beraubt wäre. Taizé will keine andere Beständigkeit haben als ihren grundsätzlichen Einsatz für Gott."[39] Der theologische Standpunkt von Taizé wurde als „in Ordnung, aber revolutionär" beurteilt. Weitere Treffen mit dem Weltkirchenrat fanden in den folgenden Monaten statt.

Zur selben Zeit bemühte sich Frère Roger auch wieder um engere Beziehungen zu den protestantischen Amtsträgern Frankreichs. Im Februar 1967 verbrachte er mehrere Tage in Paris und hatte bei einem Mittagessen den Vorsitzenden des französischen Kirchenbundes, Pfarrer Westphal, und den Vorsitzenden des Nationalrats der Reformierten Kirche Frankreichs, Pfarrer Bourguet, zu Gast. „Wir führten mit ihnen ein Gespräch, das man nur als außergewöhnlich gut bezeichnen kann und wie wir es vorher nie erlebt hatten", schreibt der Prior.[40] Am 17. Februar kamen er und drei weitere Brüder der Communauté mit dem vollzählig versammelten Nationalrat der Reformierten Kirche zu „einem tief gehenden Gespräch" zusammen. Dabei scheint niemand dem anderen etwas schuldig geblieben zu sein. Frère Roger war der Ansicht: „Unsere Schwierigkeiten in Frankreich kamen nie von den Lutheranern, sondern stets von den Reformierten." Er räumte jedoch ein: „Die Verantwortung dafür liegt auf beiden Seiten."[41] Schließlich freute er sich: „Wir sind endlich mit unseren ‚getrennten Brüdern' versöhnt." Die Versöhnung hielt jedoch nicht an.

Über seinen Gesprächen mit dem Weltkirchenrat vernachlässigte Frère Roger auch Rom nicht. Im April verbrachte er dort zwei Wochen. Frère Max nahm bereits als Beobachter am *Consilium* teil, das nach dem Zweiten Vatikanum die Liturgiereform umsetzte. „Hier wird gute Arbeit geleistet, es ist zu hoffen, dass die Synode die gesamte Reform billigt", schrieb er.[42]

Bei Treffen in kleinem Kreis mit Verantwortlichen des Weltkirchenrats und durch Briefwechsel wurde ein Text ausgearbeitet, der die Beziehungen zwischen den ökumenischen Institutionen und Taizé offiziell und im Einzelnen regelte. Der Entwurf wurde dem Protestantischen Kirchenbund Frankreichs vorgelegt, der durch seinen Vorsitzenden mitteilen ließ: „Die Communauté ist dem Protestantischen Kirchenbund in einer Weise verbunden, die in keiner Weise hierarchisch ist; wir üben über sie keinerlei Autorität aus. Sie bezeichnet sich als international und ökumenisch und ist damit praktisch unabhängig. Wir halten jedoch regelmäßig Verbindung mit den Brüdern von Taizé; es versteht sich, dass wir keinerlei Einwand dagegen haben, dass zwischen ihr und uns eine besondere Verbindung hergestellt wird. Der einzige, etwas heikle Punkt ist, dass sie in den Augen der römisch-katholischen Christen manchmal als Vertretung des französischen Protestantismus erscheint; dies führte zu Missverständnissen, die wir oft auszuräumen suchten. Die Communauté de Taizé ist nicht befugt, im Namen des französischen Protestantismus zu sprechen und zu handeln."[43]

Schließlich bewilligte das Exekutivkomitee des Weltkirchenrats bei seiner Tagung im August 1967 in Heraklion, dass ein „brüderlicher Delegierter" aus Taizé zur vierten Vollversammlung des Weltkirchenrats in Uppsala entsandt werde. Ansonsten blieb man zurückhaltend. Die Form der mit Taizé einzugehenden Beziehung „sollte zunächst Gegenstand einer Studie werden".[44]

Zweites internationales Jugendtreffen

Ende Sommer 1967 fand das vorgesehene zweite „Ökumenischen Treffen für die Jugend" statt. Es unterschied sich in manchem von dem des Vorjahres. Statt langer Vorträge im großen Rahmen wurde in Kleingruppen nachgedacht und ausgetauscht. Alle behandelten dieselben Fragen, die bei großen Zusammenkünften von den eingeladenen Persönlichkeiten aufgegriffen und mit den Jugendlichen besprochen wurden. Diesmal waren der Erzbischof von Bourges und Vorsitzende der französischen Bischofskonferenz Kardinal *Joseph-Charles Lefebvre*, der neue Erzbischof von Lyon, Kardinal *Alexandre-Charles Renard*, Eugen Carson Blake sowie evangelische und orthodoxe Bischöfe zu Gast. Von Dienstag, 31. August, bis Sonntag, 3. September, kamen 1500 bis 2000 Jugendliche aus verschiedenen Ländern zusammen.

Das gewählte Thema war breit angelegt: „Was heißt lieben? Was erwarte ich vom Leben? Wie kann man heute Christus für die Menschen leben? Welche konkreten Engagements kann ein Jugendlicher heutzutage eingehen?" Die Teilnehmer sollten von allgemeinen Überlegungen zu spezifisch christlichen gelangen, und zwar so, dass sich jeder persönlich einbringen konnte. Parallel zum Jugendtreffen fanden sich 150 evangelische und katholische Pfarrer zu ökumenischen Gesprächen ein. Auch mehrere Bischöfe, unter ihnen Bischof Lebrun mit seinem Koadjutor *Armand Le Bourgois*, nahmen daran teil.

Ein Journalist von *La Croix* beschrieb das Lager der Jugendlichen: „Donnerstagabend bedeckten sich die Wiesen um Taizé überall mit Zelten. Trommelklänge waren bis spät in die Nacht zu hören, die den englischen, deutschen, spanischen oder französischen Liedern den Rhythmus vorgaben." Der Korrespondent von *Le Monde* beginnt seinen Bericht mit den Worten: „Es sieht nach Pfadfinderlager, Jugendherberge, Kirmes und einem riesigen Festival aus."

Es war die Zeit, in der die Vereinigten Staaten ihren „Summer of Love" erlebten, eine „Befreiungsbewegung" der Jugend mit Musik, Drogen, Sex und allgemeinem gewaltlosen Protest. Im Sommer 1969 kam es dann zu den legendären Festivals auf der Isle of Wight und in Woodstock. Plötzlich galten die Jugendtreffen in Taizé als „christliches Woodstock". Der Vergleich passt, wenn man die Unruhe oder den Protest in Betracht zieht, der die Jugendlichen hier wie dort ergriffen hatte. Er passt nicht, wenn man ihn auf die Freiheit der Sitten und den Umlauf von Drogen münzt; beides gab es in Taizé, aber nur als Ausnahmeerscheinung. Schon bei dem ersten Jugendtreffen beeindruckte die Journalisten die Stille, die während der Gebetszeiten in der Kirche der Versöhnung herrschte. Der Vergleich mit Woodstock stieß schnell an seine Grenze.

Taizé als schrankenlose, aufgeschlossene und dennoch gefestigte Gemeinschaft war geeignet, die Jugendlichen zu begeistern. Ein Bruder der Communauté meint zusammenfassend: „Die Jugendlichen sind für das Zeugnis empfänglich, das Menschen geben, die ein Lebensengagement eingegangen sind; viele hören nur dann hin, wenn Selbst-Durchlebtes oder etwas für sie Erfahrbares zur Sprache kommt. Sie möchten wahrnehmen können, welches Wagnis einem gegebenen Wort entspricht (…). Zahlreiche Jugendliche haben ein Gefühl für das Absolute und damit einen intuitiven Zugang zum monastischen Leben. Sie möchten freilich auch erleben, dass das Absolute Gestalt annimmt, auf Dauer Bestand hat und sich nicht wie ein Jugendtraum verflüchtigt. Dies macht das Zeugnis durch ein Lebensengagement unersetzlich."[45]

Während des Jugendtreffens wurde leidenschaftlich über die „vorläufigen Jugend-Fraternitäten" diskutiert, die im Vorjahr angeregt worden waren. „Beeindruckend ist der weit verbreitete Wunsch, in kleinen Gemeinschaften zu leben, die allen offen stehen", hält ein Beobachter fest. „Seit dem vorhergehenden Treffen haben sich in diesem Geist achtzig Jugend-Fraternitäten gebildet. Manche als Wohngemeinschaften, andere als Gemeinschaften, in denen mehr oder weniger häufig gemeinsam gebetet, das Geld zusammengelegt, Probleme gemeinsam aufgegriffen und das Zusammenleben immer wieder überdacht wird. (…) Am Schluss des Treffens wurden weitere ähnliche Fraternitäten gebildet."[46] Es gab gegen die „Jugend-Fraternitäten" aber auch Vorbehalte. Auf eine entsprechende Frage mahnte Kardinal Renard in *La Croix,* sorgfältig darauf zu achten, dass „der Glaube der Mitglieder solcher Gruppen bewahrt, vertieft und vermehrt werden könne, mit dem zweifachen Anliegen von Echtheit und Treue".[47]

Die Schlussverlautbarung des Treffens enthielt einen Aufruf an „alle Kirchenverantwortlichen". Sie sollten „kühne Gesten und Begegnungen ganz neuer Art, die die Versöhnung beschleunigen" wagen.

Der Einmütigkeit galt Rogers ständiges Bemühen: „Wir richten einen Aufruf an alle, die zur Synode in Rom und zur Vollversammlung des Weltkirchenrats in Uppsala zusammenkommen: Möge im Pluralismus die Einmütigkeit des ganzen Volkes Gottes Raum greifen!"

War dieses Streben nach „Einmütigkeit" nicht ein bequemes Versöhnlertum? Diese Frage wurde im Rahmen einer großen Foto-Reportage gestellt, die in einer katholischen Zeitschrift erschien. Der Journalist *Aimé Savard* schildert zunächst eingehend das erfolgreiche Treffen, meint dann jedoch, es habe kein „echter Dialog" zwischen den Jugendlichen und den anwesenden Kirchenverantwortlichen stattgefunden. Er bedauert, dass die Brüder von Taizé die allen zugänglichen Debatten und den Dialog zwischen den Jugendlichen und den Kirchenverantwortlichen weitgehend gelenkt hätten. „Man kann sich zuweilen fragen", fährt er fort, „ob die Communauté de Taizé, um die Meinungsverschiedenheiten zwischen Christen – zwischen den Kirchen und innerhalb der Kirchen – abzumildern, nicht manchmal in einen übertriebenen Irenismus verfällt, der Gefahr läuft, die Spannungen zu verschleiern, anstatt ihre eigentlichen Lösungen ins Gespräch zu bringen."[48] Die Anfrage wurde auch in anderen Zeitschriftenbeiträgen übernommen und gesellte sich zu weiterer politisch oder doktrinär motivierter Kritik.

Schicksalsjahr 1968

Am 24. Januar 1968, während der Gebetswoche für die Einheit der Christen, veröffentlichte *Le Figaro* einen langen Beitrag Frère Rogers mit dem Titel „Der Mut Pauls VI." Der Prior von Taizé begrüßte die „wiederholten mutigen Zeichen", die der Papst gesetzt habe: den Dialog mit den Nichtkatholiken (einige Monate zuvor hatte Paul VI. Patriarch Athenagoras einen Besuch abgestattet, der Geschichte schrieb), die Kurienreform und die tief greifende Liturgiereform, die zu einer „neuen Form der Messe" führe.

Nun bat Frère Roger Paul VI. um eine weiteren mutigen Schritt: „Wenn wir, gereift durch unser Gebet in diesen Tagen, bald in ein und demselben Glauben näher zueinander finden würden, könnte der Papst dann nicht jedem Getauften, der an die Realpräsenz glaubt und redlich nach Einheit sucht, Zugang zur katholischen Eucharistie gewähren?" Der Prior von Taizé räumt ein, dass der Kommunionempfang auf Gegenseitigkeit vorerst unmöglich sei, dennoch könne der Papst die Entscheidung fällen, dass „Überlegungen zur Interkommunion mit den Kirchen, die sich bereit finden, in dieser Frage mitzugehen" anzustrengen seien. Beide Entscheidungen „würden den ökumenischen Dialog über gewisse derzeitige Sackgassen hinausführen". Einmal mehr ist von „Sackgasse" die Rede. Zur selben Zeit eröffnete Frère Max in gewisser Weise diesen Dialog, indem er ein Plädoyer zu Gunsten der Interkommunion veröffentlichte, *Le Pain unique* (Das *eine* Brot). Er bittet darin die Katholische Kirche, ein „besonderes Dienstamt" der evangelischen Pfarrer als „Frucht der Gnade Gottes" anzuerkennen.

Diese erneuten Stellungnahmen der beiden Brüder von Taizé wurden nicht von allen Protestanten und noch weniger von Katholiken geteilt. Auf katholischer Seite gab es nur vereinzelt öffentliche Reaktionen von Bischöfen oder Theologen. Einige waren der Meinung, es handele sich um theologische Standpunkte, die von Fachleuten zu diskutieren seien, andere wollten nicht den Eindruck erwecken, sie missbilligten die ökumenische Bewegung. Entschiedene Widerworte kamen von Kanonikus *Raymond Vancourt*, Professor an der katholischen Fakultät von Lille und geachteter Philosoph. Er wies in einem Zeitschriftenbeitrag, ohne die Autoren zu zitieren, aber unter mehrfacher Erwähnung von Taizé, jede Möglichkeit von Interkommunion zurück: „Evangelische Pfarrer sind keine katholischen Pfarrer; sie haben nicht die Vollmacht, Christus auf dem Altar zu vergegenwärtigen. Was bedeutet unter solchen Bedingungen das Abendmahl? Über diese Fragen muss absolute Klarheit herrschen; andernfalls würden die Gläubigen nichts mehr verstehen, und die ‚Interkommunion' würde Gleichgültigkeit und Ärgernis hervorrufen."[49]

Einige Monate später veröffentlichte Frère Max sein Buch *La Foi en crise (Der Glaube in der Krise). La Croix* und die Monatszeitschrift *Informations catholiques internationales* druckten Auszüge ab, ein untrügliches Zeichen, wie groß das Interesse an Taizé in katholischen Kreisen war. Wie andere, vor allem katholische Theologen der damaligen Zeit – *Hans Urs von Balthasar* und *Louis Boyer* beispielsweise – stellte Frère Max fest, dass „das Christentum, die Kirche, alle Kirchen heute eine entscheidende Krise durchmachen", und trat für eine „Läuterung" der Kirche und eine „institutionelle Vereinfachung" ein.

Die Krise in der Jugend hatte Frère Roger bereits 1966 wahrgenommen: „Seit 1966 haben uns große internationale Jugendtreffen in Taizé ahnen lassen, dass die Ungeduld dieser Jugend sich bald in einem Ausbruch entladen könnte, weil zu viele der Älteren alles mit Kälte zurückweisen, was aus dem Bewusstsein der jungen Menschen emporgestiegen ist."[50] Er sah „mehr als einen Generationenkonflikt, nämlich einen Bruch" voraus.

Die große Protestbewegung im Mai 1968 bestätigte diese Intuition. Frère Roger verfolgte die Ereignisse mit Sorge und versuchte gleichzeitig, sie zu verstehen. Einige Monate nachdem sich die Lage scheinbar wieder beruhigt hatte, veröffentlichte er, weil er es für dringend geboten hielt, das Buch, das ihm vielleicht am meisten aus dem Herzen sprach: *Violence des pacifiques* (*Die Gewalt der Friedfertigen*). In diesem Buch ergeht er sich nicht mehr in allgemeinen Überlegungen und Analysen, hier dreht sich alles um die Jugend und ihre Zweifel. Es entstand nach unzähligen Begegnungen in den vorhergehenden Jahren während des Frühlings und Sommers 1968. Zum ersten Mal enthält es auch eingestreute Tagebuchaufzeichnungen des Priors.[51] In einer Art fiktivem Dialog geht Frère Roger mit seinen Gedanken und Beobachtungen auf die Ansichten und Zweifel ein, die die Jugendlichen äußerten. Sein Buch ist keine Chronik der Mai-Ereignisse in Frankreich. Nachdem er seit vielen Jahren mit der Lage in Südamerika vertraut war, hinterfragt er den Protest (auch den bewaffneten) und die Gewalt, zu der sich Teile der südamerikanischen Jugend hingezogen fühlten. Der Titel des Buchs umschreibt recht gut, welche Antwort Frère Roger bereithält: Gewalt und Protest, wie sie sich im Frühjahr gezeigt hätten, könnten in eine „Gewalt für Christus“ umgeformt werden. Zwischen zerstörerischer Gewalt und einem „Angelismus“ bzw. frömmlerischer Untätigkeit zeigt der Prior von Taizé einen „dritten Weg“ auf, den Weg der „schöpferischen“ und prophetischen Gewalt, der „lebendigen Gewissensverweigerung gegen ein träge gewordenes Christentum [ist], das sich mit Hass oder Ungerechtigkeit abfindet“, eine Gewalt, die nicht in Ideologien wurzelt, sondern „in vertrauter Gemeinschaft mit einem anderen Leben, dem des auferstandenen Christus.“[52]

In diesem Sommer fand das Jugendtreffen nicht wie in den Vorjahren einmalig, sondern in Form von acht Begegnungen zu je drei Tagen statt, die sich über mehrere Wochen, vom 18. Juli bis zum 8. September, hinzogen. Es sollte wohl vermieden werden, dass das dritte internationale Jugendtreffen im Zuge der 68er-Ereignisse zu einer unüberschaubaren Bühne für Proteste jeder Art gerät. Es wurden zudem keine hochkarätigen Gäste, auch keine Kirchenverantwortlichen eingeladen. Die Gespräche in Kleingruppen fanden diesmal nicht in Taizé, sondern in Ameugny statt, wo die Jugendlichen untergebracht waren und die Mahlzeiten einnahmen. Lediglich zu den drei täglichen Gebeten in der Kirche der Versöhnung kamen alle Teilnehmer zusammen. Trotz dieser Vorsichtsmaßnahmen blieb es im Dorf nicht ruhig. Ein Franziskaner, der am Treffen teilnahm, berichtete: „An den Sommer 68 werden wir uns noch lange erinnern! Das Dorf wurde zu einer riesigen Karawanserei außer Rand und Band mit mehreren zehntausend Jugendlichen, ausgeflippten Nörglern, die mit ihren Familien und ihrem Milieu gebrochen hatten. Das Beste und das Schlimmste dicht beieinander. Die Communauté weigert sich aber nach wie vor, sie wegzuschicken. Sie stellt sich dem überbordenden Ansturm der Jugend und bietet ihnen ihr Gebet an.“[53] Das Mitteilungsblatt von Taizé war zurückhaltender, räumte aber ein, dass der Dialog mit den Jugendlichen schwierig war: „Es gibt keine allen gemeinsame Sprache, und von daher wenig Aussicht, irgendeine Frage mit allen gemeinsam zu vertiefen. Bei den Redebeiträgen lässt sich nur selten ein Sinnzusammenhang erkennen; gibt es einen, so kann sich der jeweilige Redner immer nur einem Teil der Leute verständlich machen, der von den einen als zu intellektuell und von den anderen zu oberflächlich beurteilt wird." Aus diesem Grund traf man sich zu Gesprächen lieber in „überschaubaren Gruppen", weil „man sich da an die Sprache des anderen angleichen kann und somit mehr Aussicht besteht, verstanden zu werden und zu verstehen".[54]

Das ursprünglich gewählte Thema „Glauben" wurde in „Glauben... nach Mai 68" abgeändert. Es sollte deutlich werden, dass sich die Communauté für die Fragen der Jugend offen hielt. Etwa 300 Jugendliche nahmen an jedem der zweitägigen Treffen teil; somit kamen insgesamt während des Sommers mehr Jugendliche nach Taizé als in den Vorjahren. Es musste nun bereits in fünf Sprachen simultan übersetzt werden.

Innerkirchliche Ereignisse

Vom 4. bis 20. Juli fand die vierte Vollversammlung des Ökumenischen Rates im schwedischen Uppsala statt. Hunderte Vertreter der evangelischen, anglikanischen und orthodoxen Mitgliedskirchen versammelten sich auf dem Campus der Universität. Die Communauté de Taizé hatte zwar innerhalb des Rates weiterhin keinen offiziellen Status, konnte sich aber mit einem „brüderlichen Delegierten" beteiligen. Carson Blake hatte Frère Roger gebeten, zu kommen. Fünf Brüder begleiteten ihn. Frère Max, Mitglied der Kommission für Glauben und Kirchenverfassung, war als Sachverständiger anwesend. Frère Michel leitete eine der sechs Studiengruppen. Das Thema lautete: „Siehe, ich mache alles neu".[55] Pfarrer *Martin Luther King*, ein enger Freund Carson Blakes, war bestürmt worden, die Eröffnungspredigt zu halten. Seine Ermordung vier Monate vorher veranlasste den Weltkirchenrat, das Thema Rassismus und Menschenrechte in den Mittelpunkt zu stellen. Die Studentenproteste waren ein weiterer wichtiger Punkt in den Debatten. Zu den Abschlussresolutionen gehörten die Aufforderung, ein „Programm für den Kampf gegen den Rassismus" aufzulegen und der Aufruf zu einer neuen internationalen Wirtschaftsordnung, an der sich auch die Kirchen beteiligen sollten, und zwar mit einem Prozent ihres Budgets zur Entwicklung der Länder des Südens.

Das zweite wichtige Ereignis war die Teilnahme Frère Rogers an einer Reise des Papstes. In der Pressemitteilung der Communauté hieß es mit einem gewissen Stolz: „[Frère Roger] ist Gast Papst Paul VI. während dessen Reise nach Bogota. Er reist im Flugzeug des Papstes." Der Prior von Taizé war stets auf Entgegenkommen angewiesen. Er erwähnte solches gerne in Mitteilungen an die Presse oder in seinen Schriften. „Zum ersten

Gespräch mit Papst Paul VI. während des Fluges nach Bogota; August 1968

Mal reist ein Mitglied einer evangelischen Kirche gemeinsam mit dem Papst", hielt *Le Monde* fest.

Der Papst begab sich nach Kolumbien, um vom 22. bis 24. August 1968 an der Feier des 39. Eucharistischen Weltkongresses in Bogota und an der Eröffnung der zweiten Vollversammlung der südamerikanischen Bischofskonferenz CELAM teilzunehmen. Paul VI. wusste, wie sehr sich der Prior von Taizé für ein vertieftes Verständnis des Geheimnisses der Eucharistie einsetzte, und hatte auch davon Kenntnis, dass Roger seit langem mit mehreren südamerikanischen Bischöfen und dem jeweiligen Vorsitzenden ihrer Bischofskonferenz eng verbunden war. Es waren weitere evangelische, anglikanische und orthodoxe Persönlichkeiten vom Papst als Beobachter eingeladen worden.

Frère Roger, den Frère Robert begleitete, lehnte die für beide in Bogota vorgesehene Unterkunft ab, weil er die Lebensbedingungen der Ärmsten teilen wollte. Die Brüder fanden eine Behausung in einem Elendsviertel. In Bogota traf Frère Roger auch *Margarita Moyano*, eine Argentinierin, die er auf dem Zweiten Vatikanischen Konzil kennen gelernt hatte, wo sie als „Zuhörerin" anwesend war. Sie gehörte der Jugend-Kommission der südamerikanischen Bischofskonferenz an. Bald darauf kam sie nach Taizé und half bei der Vorbereitung des „Konzils der Jugend" mit.

In Taizé führte Frère Roger 1968 mehrmals lange Gespräche mit jungen südamerikanischen Revolutionären, auch mit jungen Europäern, beispielsweise West-Berlinern oder Franzosen, die zur Gewalt bereit waren. Er schilderte unter anderem Gespräche, die er zwei Tage lang mit einer Gruppe von zwei Dutzend jungen Deutschen führte. Die Leiterin sei ein Mädchen mit „stählernem Blick" gewesen. „Sie hat die Macht, eine Art Übereinstimmung über die Notwendigkeit der Gewaltanwendung herbeizuführen", stellte Frère Roger fest. „wäre ein Psychologe dabei, er würde von Gruppenpsychose sprechen."[56] Stets nahm sich der Prior Zeit, damit sich tiefere Gespräche entwickeln konnten, und versuchte seine Gesprächspartner ins Nachdenken über die Auswirkungen der Gewalt, aber auch über ihre wahren Motive zu bringen: „Nährt vielleicht der eine oder andere insgeheim die Hoffnung, sich als politischer Führer durchzusetzen? Die Argumente können lobenswert sein, der eigentliche Beweggrund wäre es nicht. Wenn Eigeninteressen damit verbunden sind, ist der Einsatz nicht uneigennützig."[57]

Die Erscheinung und die Überlegungen des Priors von Taizé stießen auch bei Außenstehenden auf wachsendes Interesse. Am 30. Oktober veröffentlichte der dem linksgerichteten Katholizismus verbundene Dichter *Pierre Emmanuel* einen Zeitschriftenbeitrag über „Die Gewalt der Friedfertigen"; am 21. Dezember lud der meistgehörte französischsprachige Rundfunksender RTL Frère Roger ein, in der als Gesprächsformat aufbereiteten Nachrichtensendung *Journal inattendu* für einen Tag die Rolle des Chefredakteurs zu übernehmen. Im Februar 1969 kamen Journalisten eines deutschen und eines italienischen Fernsehkanals und drehten „ohne Voranmeldung", wie der Prior festhielt, zwei Reportagen über Taizé. Frère Rogers Bemerkung belegt, dass er hin und her gerissen war. Einerseits empfand er laufende Kameras während der gemeinsamen Gebete in der Kirche als einen ungeistlichen „Einbruch", als eine Störung des Gebets; andererseits freute er sich darüber, „dass auf diese Weise Kommunikation mit einer großen Menge von Menschen möglich wird", also Hunderttausende in Bild und Ton erfuhren, dass es in Burgund eine Gemeinschaft des Gebets gibt, die das ganze Jahr über eine wachsende Zahl Jugendlicher zu Gast hat.

Ein weitreichendes Vorhaben

Das Jahr 1969 war unter mehreren Gesichtspunkten eine wichtige Etappe in der Geschichte von Taizé. Das – freilich erst im folgenden Jahr angekündigte – Vorhaben, ein „Konzil der Jugend" abzuhalten, nahm Gestalt an und – ohne jedes Aufsehen – traten zwei katholische Brüder der Communauté bei. Dies war für Frère Roger eine zweifach gute Art und Weise, „aus der Sackgasse herauszufinden".

In Anknüpfung an seine früheren Aktivitäten veröffentliche er am 16. Januar zusammen mit dem Vorsitzenden der südamerikanischen Bischofskonferenz einen Aufruf: „Beenden wir den Krieg unter Christen."[58] Der Text betrifft Südamerika, richtet sich aber auch an Europa. Er enthält eine ausdrückliche Kritik an einer Reihe politischer Ideologien und Protestformen in Kirche und Gesellschaft: „Bei Christen wie bei Atheisten werden zu viele lebensnotwendige Kräfte damit verschlissen, abstrakte Entwürfe idealer Gesellschaften anzufertigen. Das Ende vom Lied sind viele Ideen, ohne dass für die Menschen etwas Greifbares herauskommt. Der Protest, eine Erscheinung planetarischen Ausmaßes in den Gesellschaften wie im Volk Gottes, wird seinerseits zur Ideologie und ist nicht länger schöpferische Kritik. Wenn er zum Selbstzweck wird, schafft er eine sektiererische Strömung und macht unfähig, etwas für die Menschen zu bewirken." Der Prior von Taizé und der Vorsitzende der Bischofskonferenz räumten zwar ein, dass eine „Umgestaltung der Strukturen in der südlichen Erdhälfte ebenso unabdingbar wie in der nördlichen Erdhälfte" sei, sie bitten aber die Christen in Südamerika wie in Europa, ohne Aufschub „Zeichen des Friedens und des Miteinanderteilens" zu setzen, und zwar „auf Gegenseitigkeit", um „die Erde bewohnbarer zu machen", damit die Kirche nicht „ihrerseits zu einem unbewohnbaren Land" wird.

Frère Roger ging selbst mit gutem Beispiel voran. Noch im Januar 1969 war er eingeladen, in der Pariser Innenstadtkirche Saint-Germain-des-Prés zum Abschluss der Gebetswoche der Einheit der Christen eine Gebetsnacht zu leiten. Er kam mit zwanzig Brüdern der Communauté, mit dem orthodoxen Priester und den Franziskanern, die in Taizé lebten.[59] Während dieses Treffens kündigte er an, dass die Communauté 500 000 Exemplare des Neuen Testaments auf Portugiesisch drucken lassen und in die ärmsten Gegenden Brasiliens schicken werde. Jeder Empfänger eines Exemplars „verpflichtet sich dazu, es zehn Analphabeten vorzulesen". Es handelte sich um eine Neuauflage der Aktion, die einige Jahre zuvor für die spanischsprachigen Länder Südamerikas durchgeführt worden war.

Bald darauf zeichnete sich ein gewagtes Projekt von größerer Tragweite ab, das nicht unumstritten blieb. Am 20. Februar trug Frère Roger in sein Tagebuch ein: „Nun sind mit einmal mitten im Winter junge Menschen aus 42 Nationen hier versammelt. Das ist völlig unvorhergesehen. Wir haben gemeinsam nachgedacht. Zweiundvierzig Nationen: wir leben zusammen wie ein kleines Konzil der Jugend."[60] Hinter dem Begriff, der Frère Roger spontan aus der Feder geflossen zu sein schien, stand ein weit reichendes Vorhaben, nämlich nichts weniger als ein „Konzil der Jugend" durchzuführen. Im Juni notierte er in seinem Tagebuch: „Seit Monaten beschäftigt mich ständig eine Frage: Was können wir angesichts der gegenwärtigen

Verwirrung in der Kirche tun, um die Erschütterten zu beruhigen und die Engagierten zu stärken? Ich ahne, dass ein intensiver Austausch nötig wäre, der sich über die kommenden Jahre ständig erneuert. (...) So drängt sich immer wieder derselbe Gedanke auf: Diese Begegnung, die ihre Ansprüche an uns stellt, wird ein Konzil der Jugend sein."[61]

Etwas später ging Frère Roger näher darauf ein, auf welche Weise ihm der Gedanke gekommen war: „Die Idee eines Konzils der Jugend entstand aufgrund eines Fehlschlags. Dieser Fehlschlag ist die Sackgasse, in der sich die ökumenische Berufung angesichts der rüden Ablehnung der Kirche von Seiten vieler Jugendlicher befindet."[62] Die Kirche – Frère Roger meint hier die Kirchen – hatte es nicht verstanden, die Jugendlichen einzubinden oder anzuziehen, und ging durch eine Krise, in der sie an sich selber zweifelte (Paul VI. sprach auf dem Hintergrund der Krise im Klerus und bestimmter theologischer Strömungen damals sogar von einer „Selbstzerstörung" der Katholischen Kirche). Es galt, die Jugendlichen mit einer Art Pädagogik zu begleiten, die auf Dauer angelegt war, in einem stets neuen Aufbruch, der sie weiter bringt und der verhindert, dass sie der allgemeinen Verwirrung anheim fallen.

Dennoch war Frère Roger unschlüssig, ob sich Taizé auf dieses Abenteuer einlassen sollte. Zusammen mit vier anderen Brüdern fuhr er in die norditalienische Stadt Crema, um Bischof *Carlo Manziana* um Rat zu fragen, einen Oratorianer, der seit der Kindheit mit Paul VI. befreundet war.[63] Er hatte sich vor dem Zweiten Weltkrieg im Jugendapostolat betätigt und kam in ein deutsches Konzentrationslager, wo er in den Jahren 1944 und 1945 mit Protestanten, Anglikanern und Orthodoxen zusammenlebte. Dort wurde ihm die Frage der Einheit der Christen zum Anliegen. Als Paul VI. zum Papst gewählt worden war, ernannte er den engen Freund 1964 zum Bischof von Crema. Bischof Manziana hatte bereits an einem der internationalen Jugendtreffen in Taizé teilgenommen. Frère Roger zog also einen Mann zu Rate, der gleichzeitig die ökumenische Berufung in Taizé und das Interesse an der Jugend verstehen konnte. Die Brüder wohnten zwei Tage lang in seinem Haus und führen mit ihm mehrere Gespräche. Frère Roger schrieb in sein Tagebuch: „Was ich ihm anvertrauen wollte, um seine Meinung dazu zu hören, könnte mich zusammen mit meinen Brüdern leicht in neue Engagements hinein führen. (...) Würde ich den Mut aufbringen, das Abenteuer einer neuen Unternehmung für Christus und seine Kirche zu wagen? Heute Morgen beim Erwachen wurde mir bewusst, dass ich Angst hatte. Wo sollte ich Mut schöpfen?"[64]

Von Crema fuhren die Brüder in das nicht weit entfernte Dorf Sotto il Monte, in dem Johannes XXIII. geboren worden war. Diesmal suchte der Prior nach einer Art Zeichen, das ihn bei seinem Vorhaben ermutigen könnte. Sie beteten in der Dorfkirche, wo der spätere Papst getauft worden war. Sie trafen auch einen Bruder Papst Johannes XXIII. an, den betagten Bauern *Zaverio Roncalli*. Die wenigen Worte, die der alte Mann sagte, erwiesen sich als weitsichtig: *Corragio! Sempre avanti! Sempre Spirito. Mai paura!* (Nur Mut! Immer voran! Immer mit Geist, niemals mit Angst!). Noch immer zögerte Frère Roger, bevor er einige Monate später eine endgültige Entscheidung über sein Vorhaben traf.

Während des Sommers fand 1969 das vierte internationale Jugendtreffen zum Thema „Hoffen – eine Herausforderung" statt. Mehrere Vortreffen gingen einem „Großtreffen" voraus, zu dem von Dienstag, 28. August, bis Sonntag, 31. August zwischen 1500 und 1700 Jugendliche zusammen kamen. Eugen Carson Blake wurde dazu eingeladen. Frère Roger schrieb ihm: „Wir erwarten von Ihnen nichts, was langer Vorbereitung bedarf. Es geht vor allem darum, dabei zu sein, auf die Fragen zu hören, die die Jugendlichen stellen, und dann etwas zu antworten."[65] Anwesend waren auch Bischof Manziana, Armand Le Bourgois, mittlerweile Bischof von Autun, und sein Vorgänger.

Einige Monate zuvor war es Frère Roger bei seinem jährlichen Besuch in Rom gelungen, Kardinal Ottaviani, den Präfekten der Glaubenskongregation, zu überreden, auf seiner für den Sommer nach Paray-le-Monial geplanten Reise auch Taizé aufzusuchen. Es wäre ein starkes Symbol gewesen: der alte „Carabinieri des Glaubens", Präfekt des Heiligen Offiziums, im Gespräch mit jungen Protestlern bei einem ökumenischen Kloster! Paul VI. riet dem Kardinal jedoch davon ab, einen Abstecher nach Taizé zu machen: „Fahren Sie nicht zu Frère Roger, der Heilige Stuhl soll nicht in Unannehmlichkeiten kommen."[66] Der greise Kardinal gehorchte und lud sich wieder aus. Frère Roger erfuhr nie, dass das Verbot von ganz oben kam. Er konnte dies umso weniger vermuten, da der Papst kurze Zeit danach eine Grußbotschaft sandte, die beim Jugendtreffen verlesen werden sollte. Eine schlichte, ermutigende Botschaft, die der Kongregation für die Glaubenslehre gleichzeitig Spielraum für unter Umständen nötige Maßnahmen ließ. Die Umsicht, die Paul VI. walten ließ, offenbarte sich nicht immer auf den ersten Blick.

Beim Treffen im August 1969 berichteten Jugendliche, die das Jahr über mit Unterstützung der Communauté Reisen in den Nahen Osten und nach Nigeria (wo die Unabhängigkeitserklärung Biafras zu einem Bürgerkrieg und einer schrecklichen Hungersnot geführt hatte) unternommen hatten, von ihren Erfahrungen. Es waren auch mehrere Gruppen aus Südamerika gekommen. Margarita Moyano spielte zum ersten Mal eine wichtige Rolle bei der Ausrichtung des Treffens. Das Mitteilungsblatt von Taizé und die Presse bezeichneten sie danach als eine „Verantwortliche der katholischen Frauenjugend Südamerikas". Moyano war aber mehr. Im April 1964 war sie auf persönlichen Wunsch Paul VI. zur Vorsitzenden des Weltbundes der katholischen Frauenjugend gewählt worden und als „Hörerin" beim Konzil anwesend. Mehrere Jahre lang hielt sie sich immer wieder in Taizé auf, beteiligte sich an der Vorbereitung und Gestaltung der Jugendtreffen und kam auch später immer wieder zu Besuch.

Zu einem Journalisten sagte sie einmal: „Ich glaube, dass die Jugendlichen, die hierher kommen, nicht allzu genau wissen, was sie hier suchen. Was sie nach Taizé führt, ist der Geist der Brüderlichkeit und die Sehnsucht nach dem Absoluten."[67] Auch Frère Roger war klar, dass nicht alle Jugendlichen, die in den Jahren 1968 und 1969 immer zahlreicher nach Taizé kamen, überzeugte, engagierte Christen waren: „Die einen sind Agnostiker, andere mitten auf der Suche, wieder andere gehen durch das Feuer und gestärkt daraus hervor, noch andere haben die Gewissheit, dass Gott uns auf seinem Weg mitnimmt."[68] Die Schwierigkeit bestand darin, eine gemeinsame Sprache zu finden, die Jugendliche ansprach, die nicht alle in gleicher Weise vom Glauben überzeugt waren. So entstand eine Art zu reden, die von einfachsten Vorstellungen ausgehen musste, zunächst empfindsam und in anschaulicher Schlichtheit Gefühle und Symbole verwendete, aber stets bestrebt war, darüber hinauszugehen und den Weg zum Evangelium (wieder) freizulegen.

In der „Schlussbotschaft" des Treffens vom 31. August 1969 hieß es, dass bei der nächsten Zusammenkunft an Ostern, also acht Monate später, eine so genannte „Fröhliche Nachricht" verkündet werde. Die Neugierde war geweckt; weder die Jugendlichen noch die Presse erfuhren, um welche Art von Botschaft es sich handeln sollte. Lag Frère Roger daran, eine Spannung zu erzeugen, damit die Aufmerksamkeit der Jugendlichen und der Medien erhalten bleibe? Wahrscheinlich nicht. Er zögerte immer noch. Im Herbst gab er sogar kurze Zeit das Vorhaben des Konzils der Jugend ganz auf. Erst im Winter, nach einer Begegnung mit Paul VI., entschied er sich endgültig dafür.

Während des Sommertreffens 1969 gab Frère Roger auch bekannt, dass die Communauté die „Jugend-Fraternitäten" nicht länger unterstütze, die drei Jahre zuvor in mehreren Ländern auf den Weg gebracht worden waren. Grund für diesen Rückzieher war, dass viele Mitglieder „die Dinge laufen ließen und insbesondere darauf verzichteten, den Anspruch eines gemeinsamen Gebets aufrecht zu erhalten"[69]. Diese Entscheidung löste bei nicht wenigen Jugendlichen schmerzliche Enttäuschung aus. Einem, der ihn unter Tränen fragte, warum Taizé dieses Experiment nicht weiterführe, gab der Prior zu bedenken: „In mehreren dieser Fraternitäten, in denen Jugendliche für ein oder zwei Jahre unter einem Dach zusammen gewohnt haben, [haben] die weniger soliden über die anderen die Oberhand gewonnen."[70] Protest und Auflehnung hatten sich durchgesetzt. Die kleinen Gemeinschaften waren sich selbst überlassen und hatten sich mehr den politischen oder sozialen Modefragen und Aktionen als dem Evangelium zugewandt. Frère Roger gab zu, dass er seinen „Anteil an Verantwortung" an diesem Fehlschlag trug. Der angefangene und dann wieder aufgegebene Aufbruch ging dennoch in Gestalt von so genannten „Zellen" weiter, die kleiner waren und sich nur auf begrenzte Zeit bildeten.

Erste katholische Brüder

Es traf die Communauté sehr, dass Archimandrit Damaskinos, der Verantwortliche für das Orthodoxe Zentrum von Taizé, zum Direktor des Orthodoxen Zentrums des ökumenischen Patriarchats in Chambésy bei Genf ernannt wurde. Er verließ Taizé rasch und nahm seinen engsten Mitarbeiter *Jürgen Kassing* mit. „Offiziell war das Zentrum nicht aufgelöst". Der Weggang verhinderte, laut Kassing, heute Archimandrit in Hamburg, tiefere Auseinandersetzungen. Er sieht einen Zusammenhang zwischen dem damaligen Ende der ständigen Anwesenheit von Orthodoxen in Taizé und der Entwicklung der Communauté: „Die reine Nachbarschaftlichkeit der christlichen Konfessionen verwandelte sich in eine Kombination der Konfessionen."[71]

Es stand indes in keinerlei Zusammenhang mit diesem Weggang, dass im selben Jahr die beiden ersten Katholiken der Communauté beitraten. Frère Roger hatte dies seit langem ersehnt. Ende 1967 war er einmal an Enzo Bianchi herangetreten. Seit mehreren Jahren verbrachte neben der Gemeinschaft der Franziskaner auch der Oblatenmissionar *Jean Gueguen* jeweils vier bis fünf Monate in Taizé und unterstützte die Brüder bei den Jugendtreffen. Frère Roger hätte ihn gerne in die Gemeinschaft aufgenommen. Zuvor war es aber nötig, dass die entsprechenden Stellen der Katholischen Kirche einen solchen Schritt gut hießen. Dies war 1969 der Fall: Ein belgischer Arzt, Frère Ghislain, trat am Ostersonntag in die Communauté ein. Er arbeitete noch eine Zeit lang als Assistenzarzt im Krankenhaus in Mâcon. Der andere junge Bruder war Kolumbianer und hatte Soziologie studiert. Erst mehrere Monate später erschien eine knappe Meldung in *Le Monde*: „Seit kurzer Zeit und mit Einverständnis Kardinal Martys sind zwei Katholiken Brüder: Sie haben einen eigenen Status. (...) Sie nehmen an allen Aktivitäten der anderen Brüder teil, mit Ausnahme der Eucharistie." Man blieb vorsichtig. Die katholischen Brüder nahmen nicht wie alle anderen, auch der Prior, am Abendmahl teil. Sie empfingen die Kommunion bei der katholischen Eucharistiefeier, die von den Franziskanern oder Pater Gueguen gehalten wurde.

In Taizé wurde stets auf „die Zustimmung Kardinal Martys" verwiesen, um die einschneidende Neuerung zu rechtfertigen, dass nun Katholiken zu einer Gemeinschaft von Protestanten verschiedener Denominationen gehörten. Der Pariser Erzbischof Marty kannte Taizé aus seiner Zeit in Reims; er war bei der ökumenischen Tagung 1961 unter den eingeladenen Bischöfen. Mehrere Jahre nach dem Eintritt der ersten katholischen Brüder machte er deutlich: „(Sie) wurden mit Zustimmung des Vorsitzenden der Bischofskonferenz und des Bischofs von Autun zugelassen."[72] Es lag also keine rein persönliche Entscheidung vor, sie war vielmehr in Absprache gefallen. Marty wurde nämlich erst im Juni 1969 Vorsitzender der französischen Bischofskonferenz, also nach dem Eintritt des ersten katholischen Bruders. Bischof Le Bourgois wurde ebenfalls zu Rate gezogen. Es ist schwer vorstellbar, dass die entsprechenden römischen Behörden, insbesondere das Sekretariat für die Einheit der Christen und die Kongregation für die Institute geweihten Lebens und die Gesellschaften apostolischen Lebens nicht in die Entscheidung einbezogen waren. Der Eintritt katholischer Brüder in die Communauté war für Frère Roger in gewisser Weise der zweite „Weg aus der Sackgasse", in der sich der ökumenische Dialog befand. Er bedeutete eine weitere Annäherung an Rom. Der Bruderrat der Communauté brachte dies unmissverständlich zum Ausdruck: „Die bloße Anwesenheit katholischer Brüder unter uns bewegt uns dazu, immer mehr in einer Vorwegnahme der Einheit zu leben, indem wir uns in die Gemeinschaft mit dem stellen, der das Amt des Dieners der Diener Gottes innehat."[73]

Aus der Liturgiereform des Zweiten Vatikanischen Konzils ging der *Novus Ordo Missae*, die neu gestaltete Messfeier, hervor. Das römische Messbuch, das Pius V. eingeführt hatte, wurde durch ein neues ersetzt. Das „Messbuch Pauls VI." brachte Veränderungen in der Form und in der grundlegenden Sicht der Messfeier. Sie wurde nicht mehr in erster Linie als Sühneopfer betrachtet, als unblutige Erneuerung des Opfers Christi am Kreuz, sondern als „heilige Synaxe bzw. Versammlung des Volkes Gottes, das unter dem Vorsitz des Priesters zusammenkommt, um das Gedächtnis des Herrn zu feiern". In der Gestaltung wurden über die bereits seit mehreren Jahren geltenden Änderungen hinaus – Volksaltar, Verwendung der Landessprache, Vereinfachung der Rubriken – einige bedeutsame Neuerungen vorgenommen: die Umgestaltung der Gabenbereitung, neue Präfationen und drei weitere Hochgebete neben dem Römischen Hochgebet, unter denen der Zelebrant wählen kann.

Die neu gestaltete Messe stieß sofort auch auf Widerstand, selbst bei Kardinälen wie Ottaviani und *Antonio Bacci*, die eine „Kurze kritische Untersuchung" vorlegten. Manche Protestanten dagegen zollten ihr Lob. Frère Max, dessen Arbeiten über die Eucharistie manche Aspekte der Neugestaltung vorweggenommen hatten, konnte die Vorarbeiten der Liturgiereform aus nächster Nähe mitverfolgen. Er begrüßte sie gleich nach ihrer Bekanntgabe in *La Croix*: „Die neue Messordnung geht in eine tief ökumenische

Richtung. (...) Sie wird vielleicht dazu führen, dass nichtkatholische Gemeinden das heilige Abendmahl mit denselben Gebeten feiern können wie die Katholische Kirche. Theologisch gesehen steht dem nichts im Weg."[74] Katholische Autoren – Pfarrer *Raymond Dulac* in *Le courrier de Rome*, *Louis Salleron* in *Carrefour*, Jean Madrian in *Itinéraires* – äußerten sich mit Sorge über diese Behauptung. War sie nicht ein Beleg dafür, dass die „Neue Messe", wie sie hier genannt wurde, protestantisch ausgefallen war und den Opfercharakter und die Lehre von der Transsubstantiation aufgab?

Frère Roger wandte sich unmittelbar an die Autoren und versicherte ihnen: „Ich bin überzeugt davon, dass sich die Messe im Wesen nicht geändert hat."[75] Sein eigener Werdegang führte ihn später dazu, nur noch bei katholischen Eucharistiefeiern die Kommunion zu empfangen. Die Communauté übernahm die neu gestaltete Form allmählich für ihre Feier der Eucharistie. Die Feier des heiligen Abendmahls wurde dennoch niemals völlig aufgegeben. Ist die katholische Messe „evangelisch" oder Taizé „katholisch" geworden? Frère Roger hätte eine solche Alternative abgelehnt. Er meinte eher, die konfessionellen Identitäten sollten „über sich hinauswachsen" und erwog die Möglichkeit einer „doppelte Zugehörigkeit". Gegen solche Überlegungen wandten sich indes katholische wie evangelische Theologen.

Damals tauchte zum ersten Mal eine weitere, mittlerweile sehr bedeutsame Vorstellung auf: Gemeinschaft mit Rom ohne „Bruch" mit anderen. Als Frère Roger für seinen jährlichen Besuch bei Paul VI. und die verschiedenen Treffen mit Verantwortlichen in Rom weilte, bekräftigte er seinen Wunsch nach Gemeinschaft mit dem Papst. „Ich komme immer mehr zu der Überzeugung, dass unsere Communauté nur weiter bestehen kann, wenn sie eine Gemeinschaft mit dem Bischof von Rom vorwegnimmt, ohne dabei die geistlichen Familien zu verleugnen, aus denen sie stammt"[76], trug er unter dem 27. November in sein Tagebuch ein. Diese Formel wurde zum Paradigma der Berufung von Taizé.

9. Kapitel

Das Konzil der Jugend

Die „Vorwegnahme einer Gemeinschaft mit Rom" und eine „doppelte Zugehörigkeit" waren Wunschvorstellungen, mit denen Frère Roger sich in den siebziger Jahren trug und die er in Umlauf zu bringen suchte. Rom erschien ihm immer mehr als einziges mögliches Zentrum der Einheit. Wie jedes Jahr verbrachte er dort Ende 1969 fast einen Monat, vom 22. November bis 19. Dezember. An den Generalsekretär des Weltkirchenrats schrieb er, sein Aufenthalt sei „besonders intensiv und konstruktiver denn je. Es ist nun möglich, alle Dinge ganz freimütig anzusprechen. Außergewöhnlich gut war die Begegnung mit [dem Päpstlichen Rat für] ‚Gerechtigkeit und Frieden'."[1] Mit Kardinal Ottaviani sprach er über die Frage der Neuen Messe. Später meinte er: „Ich bin mir sicher, dass das Wesen der Messe im neuen Ordo Missae nicht anders ist als es schon immer gefeiert und begriffen wurde."[2]

In seinem Tagebuch berichtet Roger nicht viel über die Privataudienz bei Paul VI. am 17. Dezember; unschwer lassen sich aber die Wertschätzung des Papstes und die Tiefe des Gesprächs erkennen: „Der Papst war fröhlich und sagte zu Beginn ein so positives Wort über Taizé, dass ich nicht wage, es zu wiederholen. Das Gespräch nimmt seinen Fortgang, und wir kommen sehr weit. Der Papst nimmt sich vor, die Messe am 31. Dezember im Gedenken an Taizé zu feiern."[3] War es bei diesem Gespräch, dass der Papst zu Frère Roger sagte: „Sie können es wie Newman halten"[4], der große anglikanische Theologe, der 1845 schließlich zum Katholizismus übertrat? Fest steht, dass der Papst Frère Rogers Unschlüssigkeit ein Ende machte, indem er ihn zwei Mal ermutigte, sein Vorhaben „Konzil der Jugend" zu verwirklichen: „Setzen Sie es in Bewegung".[5]

Einige Monate später, im März 1970, begegnete Frère Roger zum dritten Mal Patriarch Athenagoras von Konstantinopel. Pater Matura begleitete ihn. Sie führten an drei aufeinander folgenden Tagen Gespräche mit dem Patriarchen.[6] Es ging um Paul VI. und seine „mutige Umsicht" in Sachen Ökumene. Sein „umsichtiger Mut" wäre dem Patriarchen entgegengekommen, zusammen mit dem Papst zum Zeichen der Einheit im Glauben Eucharistie zu feiern; für Paul VI. erfüllte sich dieser Wunsch nicht.

Mit 86 Jahren hatte der Patriarch von Konstantinopel noch immer seine frühere Ausstrahlung, „ein Mann mit derselben prophetischen Ader wie

Johannes XXIII.", meinte Frère Roger, „ein Mann von tiefe Innerlichkeit." Roger hatte fortan stets das Bild des Patriarchen am Tag ihrer Abfahrt vor Augen: „Er stand im Türrahmen und hob die Hände, als zeige er den Kelch der Eucharistie und wiederholte noch einmal: Der Kelch und das Brotbrechen, einen anderen Weg gibt es nicht; denken Sie daran!"[7] Frère Roger nahm diesen Weg, als er zwei Jahre später darum bat, zur katholischen Eucharistie zugelassen zu werden.

Der Patriarch ermutigte seine Besucher, eine Ikone aus seiner Kathedrale mitzunehmen. Der Prior von Taizé nahm nur ein Bild, eines in einem sehr schlechten Zustand. Er ließ es restaurieren und stellte es in einer Ecke seines Zimmers auf: Sie „lädt zum Gebet ein, zu einem Gebet nicht mit vielen Worten, sondern mit dem Herzen."

Eine frohe Nachricht

In den Berichten über seine Reise nach Istanbul wies Roger vor der Presse darauf hin, dass sie einen gewissen Bezug zu einer „großen Neuigkeit" habe, die in Taizé angekündigt werden solle. Er wahrte das Geheimnis, hielt die Spannung aufrecht: „Der Prior von Taizé legt Wert darauf, dass die ‚große Neuigkeit' nicht vor dem Ostertag bekannt wird."[8] Für diesen Termin war ein Jugendtreffen anberaumt.

Es fand von Karsamstag, den 28. März, bis Osterdienstag, den 31. März statt. Etwa 2500 Jugendliche aus 35 Ländern kamen. „Ein gutes Drittel hatte sich angemeldet", erinnerte sich eine der Schwestern von Grandchamp, die bei der Gästeaufnahme mitarbeitete; in der Kirche der Versöhnung „wurden sämtliche Stühle entfernt und Teppichboden verlegt. Man setzt sich auf den Boden und rückt immer dichter zusammen."[9]

Anwesend waren der Erzbischof von Lyon, Kardinal Renard, Bischof Le Bourgeois von Autun, Carson Blake als Generalsekretär des Weltkirchenrats, Archimandrit Damaskinos als Vertreter Patriarch Athenagoras' und Pfarrer Blache als Vertreter des französischen Protestantischen Kirchenbunds.

Das Gebet war nach den Aussagen Frère Rogers „das prägende Element des Treffens. Die Kirche war niemals leer. Die Jugendlichen wechselten sich beim ununterbrochenen Gebet ab, sogar während der Gesprächsgruppen und der Mahlzeiten, und sie setzten es bis spät in die Nacht fort. (...) Der Protest klingt zunehmend ab. Noch nie waren so viele Jugendliche in unserer Kirche versammelt, und es geschah nichts, was fehl am Platz gewesen wäre."[10]

Am Ostersonntag um 10 Uhr verkündete der Prior, umgeben von einigen Kindern – dies war bei dieser Gelegenheit zum ersten Mal öffentlich wahrzunehmen und wurde zu einer festen Einrichtung –, die lang erwartete „frohe Nachricht": „Der auferstandene Christus kommt, um im

Innersten des Menschen ein Fest lebendig werden zu lassen. Er bereitet uns einen Frühling der Kirche, einer Kirche, die über keine Machtmittel mehr verfügt, bereit, mit allen zu teilen, ein Ort sichtbarer Gemeinschaft für die ganze Menschheit. Er wird uns genügend Fantasie und Mut geben, einen Weg zur Versöhnung zu bahnen. Er wird uns bereit machen, unser Leben hinzugeben, damit der Mensch nicht mehr Opfer des Menschen sei." Roger kündigte dazu „ein Mittel, ein Instrument" an: „Wir werden ein Konzil der Jugend halten". Langdauernder Beifall brandete auf. Die über mehrere Monate geschürte Erwartung entlud sich. Kardinal Marty, der Vorsitzende der französischen Bischofskonferenz, war als einziger vorher informiert worden. Er meinte später: „Ich gestehe, dass mir das Wort ‚Konzil', das eine festgelegte Bedeutung hat, nicht sehr gefiel. Aber ich war doch sehr damit einverstanden, dass er [Frère Roger] sich auf das Abenteuer einer solchen Versammlung Jugendlicher einließ."[11] Es war in der Tat eine gewagte Bezeichnung. Der Theologe *Maurice Magnificat* vermutet hinter ihr „ein ungutes Sich-Auflehnen, nachdem es dem großen Konzil nicht gelungen war, die erwartete Einheit zu herzustellen".[12]

Paul VI., der Frère Roger zu diesem Abenteuer ermutigt hatte, schickte eine Grußbotschaft, die am Vorabend der Ankündigung verlesen wurde. Während seiner Ansprache beim Angelus am Ostersonntag in Rom fand der Papst ein wohlwollendes Wort für Taizé und reihte die Communauté unter die „guten Vorzeichen" der Einheit der Christen ein. „Wir schauen mit Respekt und Sympathie auf Taizé"[13], erklärte er. Solche warmherzigen Worte schlossen indes nicht aus, dass er vor „zweideutigen Formen von Interkommunion, die von den Erfordernissen der wahren Lehre Abstand nehmen, die falsche Vorstellungen und Verwirrung zeitigen können", warnte. Taizé wurde dabei nicht ausdrücklich genannt, konnte sich aber mit betroffen fühlen.

Henri Fesquet verglich das Vorhaben in *Le Monde* mit einer „Flaschenpost": „Wird sie allmählich am Horizont verschwinden, wird sie an einem Riff zerschellen, wird sie an einen verlassenen Strand geschwemmt oder wird sie in achtsame Hände fallen?" Er meinte, die Vorbereitung sei „ein langwieriges Werk, das nicht nur mit Improvisation zu bewerkstelligen ist" und dass es „vonnöten sei, planvoll vorzugehen".

Frère Roger und die Organisatoren des kommenden Konzils arbeiteten ganz und gar nicht improvisiert. Sie planten von vornherein zwei Etappen. Zunächst in einen „konziliaren Dauerzustand" eintreten, nachdenken und „eine dreifache Feier des auferstandenen Christus in der Eucharistie, in der Liebe zur Kirche und im Menschen, unserem Bruder" leben. Als zweite Etappe würde zu einem noch zu bestimmenden Zeitpunkt das eigentliche Konzil eröffnet.

Margarita Moyano gab bekannt, dass verschiedene Teams von einem Erdteil zum anderen, nach Europa, nach Afrika, nach Amerika, nach Asien und bis nach Australien ausgesandt würden, um dort Vorbereitungstreffen durchzuführen. Die Brüder von Taizé, die bereits in kleinen Fraternitäten in Dakar, in Kigali (Ruanda), in Recife und an anderen Orten lebten, bildeten ebenfalls „Antennen", „Horchposten", wie es damals hieß, zur Vorbereitung des Ereignisses.

Die religiöse und nichtreligiöse Presse war wiederum Resonanzboden zur Verbreitung des Vorhabens, wie *Maurice Magnificat* in seiner Arbeit über Taizé und die Presse darstellt: „Mag in Taizé sonst nichts formell und durchorganisiert sein – das Verhältnis zur Presse ist es. Es wird darauf geachtet, dass die Meldungen pünktlich und unter Angabe von Sperrfristen versandt werden. Die Informationen sind zutreffend und entsprechen genau dem, was Taizé mitteilen will; wenn erforderlich, werden Richtigstellungen verlangt. Seit der Ankündigung des Konzils der Jugend werden regelmäßig Pressemitteilungen versandt. Darin werden Teilnehmerzahlen und Erklärungen [Frère Rogers und anderer Personen], erhaltene oder versandte Grußbotschaften sowie Berichte Jugendlicher wiedergegeben."[14]

Die Communauté stattete sich im Hinblick auf das Konzil der Jugend mit einem eigenen Mitteilungsblatt aus. *Aujourd'hui*, das seit sieben Jahren Informationen über die in Taizé durchgeführten Treffen gebracht hatte, verschwand. Es wurde durch den einfacher gestalteten *Brief aus Taizé* ersetzt, der viermal im Jahr erschien. In der ersten Ausgabe legte Frère Roger den Jugendlichen nahe, sich auf „einen langen Marsch" zu machen, ähnlich dem Zug des Volks Israel durch die Wüste auf dem Weg ins Gelobte Land. Der lange Marsch sollte aber kein Holzweg werden: „In der Wüste gibt es auch Menschen, die Trugbildern nachlaufen, um ihren Durst zu löschen. Sie verlassen den langen Marsch und suchen im eigenen Kreis. Sie rennen auf der Suche nach Ideen und abstrakten Konstruktionen hierhin und dorthin. (...) Der Eindruck von Bewegung entsteht, wenn viele in verschiedene Richtungen laufen. Dies hält aber den Marsch derjenigen, mit denen zu gehen wir uns engagiert haben, nur auf."[15] Das Ziel dieses „Zugs durch die Wüste" ist „eine Kirche des Miteinander-Teilens", erläuterte der Prior, und Taizé ist dabei eine unumgängliche Etappe: „Zur Unterstützung des langen Marsches ist es wichtig, regelmäßig (ein- oder zweimal im Jahr) zum Gebet und Gespräch nach Taizé zu kommen. (...) In Taizé wird der lange Marsch jeweils zusammengefasst. Jede Woche, von Montag zum Montag, oder für weniger lang, je nach den Möglichkeiten, kommen Jugendliche in Taizé zusammen."[16] Das Thema „Marsch" taucht immer wieder in der Vorbereitungszeit bis zum Konzil der Jugend auf.

Ein weiteres Thema war das „Fest". Kein abgehobenes, sondern ein „befreiendes" Fest, das „der auferstandene Christus im Innersten des Menschen lebendig werden lässt", ein Fest, „wo sich Freiheit und Spontanität entfalten (...) solange wir nicht die Freiheit des anderen verletzen und solange wir seiner schöpferischen Kraft zustimmen".[17] Dieses Fest kann nicht nur persönlich und geistlich sein. Es bereitet „einen Frühling der Kirche" vor, feiert „einen Kampf um die Befreiung des Menschen", „der unterdrückten oder stimmenlosen Menschen".[18]

Dass auch vor Ort in Taizé keineswegs vernachlässigt wird zu feiern, ist einer der Gründe für den Erfolg der Treffen neben der gewährten Redefreiheit, der Bereitschaft zuzuhören, der Stille und dem Gebet. In einem Beitrag, der „in Zusammenarbeit mit den Brüdern von Taizé verfasst" wurde, wird „ein Abend am Krater" geschildert: „Jugendliche haben mit Erde einen Krater aufgeschüttet und ihn mit Brettern und Steinen ausgelegt. Er ähnelt einem Amphitheater. Am Abend wird die Stätte sogar beschallt, und das Spiel der Lichter entspricht der Fantasie der Flammen. Den ganzen Abend hindurch erzählen Jugendliche nacheinander lustige Geschichten, lesen Texte vor oder singen in ihrer Landessprache. Gitarren spielen eine große Rolle. Es werden Negro-Spirituals, aber auch Popmusik gesungen, Volkslieder aus längst vergangenen Zeiten oder Hymnen auf die Revolution. Es erklingen Lieder über das Leben, die Liebe, die Freundschaft, die Brüderlichkeit und die Freiheit. Man singt laut die Ablehnung von Krieg, Elend und Rassismus. Man kündigt die Befreiung der Unterdrückten an und verkündet, dass der auferstandene Jesus Christus der Retter der Menschheit ist. Es gibt keine Zuschauer: Hier sind alle Beteiligte, die einen bekannten Refrain gemeinsam wiederholen und die Rhythmen mitklatschen. Es ist ein Fest."[19]

Erwartung, Feiern, Marsch, Miteinanderteilen – darum ging es, danach sehnte sich ein großer Teil der Jugendlichen nach dem Mai 1968. Das Gemeinschaftserlebnis bei den Treffen in Taizé lag auf der Linie der vielen Experimente, die in den siebziger Jahren – mehr auf dem Land übrigens als in den Städten – wie Pilze aus dem Boden schossen. Aber es gab auch erhebliche Unterschiede.

Frère Roger pflegte zu sagen, es gäbe keine „Theologie von Taizé", nicht einmal eine „Spiritualität von Taizé".[20] Er und die Brüder der Communauté, erklärte er, wollten für die Jugendlichen „in allererster Linie Menschen des Zuhörens, niemals Meister des inneren Lebens sein. Wer sich als Meister aufspielt, könnte leicht in einen geistlichen Hochmut verfallen, der die Seele zugrunde richtet. (...) Es würde in jedem Fall auf Abwege führen, würden wir ihnen mit guten Ratschlägen oder kategorischem ‚Du musst' antworten. Ihnen zuhören, um Hindernisse aus dem Weg zu räumen und in ihnen Christus den Weg zu bereiten."[21] Diese Worte belegen, dass Taizé auf Verhaltensmaßregeln verzichtete, dass vielmehr Zuhören als Propädeutik, als Vorbereitung auf das Erkennen, ja Maieutik, als Hinführung zum Erkennen durch begleitendes Fragen, angesehen wurde. Wer aufmerksam hinhört, was die Jugendlichen sagen, wer ihnen Gelegenheit gibt, sich zu äußern, kann ihnen dann auch unaufdringlich Einsichten und Orientierungen vermitteln.

Die Vorbereitung des Konzils der Jugend dauerte über vier Jahre. Immer mehr junge Leute beteiligten sich an den Vorbereitungstreffen. Im Sommer nach der Ankündigung des Konzils kamen 7600 Jugendliche zu verschiedenen Wochentreffen auf den Hügel. Im Jahr darauf, 1971, stellte sich für Frère Roger die Frage, ob die Anmeldungen zum Ostertreffen nicht beschränkt werden sollten: „Wir sind bereits bei 2500 Anmeldungen angelangt und gezwungen, Jugendliche abzulehnen. Vom Umfang her hat das Treffen mit dem des Vorjahres nichts mehr gemeinsam; es geht nun vor allem darum, zusammen die Ostertage zu verbringen und die Leitlinien für das kommende Jahr bekannt zu geben.“[22]

Zwei Wochen vor dem Treffen waren es schließlich 6000 Anmeldungen, einschließlich jener Jugendlichen, die unauffällig aus kommunistischen Ländern Mittel- und Osteuropas anreisten. Niemals zuvor waren so Viele gleichzeitig in Taizé zu Gast. Die Kirche der Versöhnung konnte sie nicht mehr fassen. Im Bruderrat der Communauté schlug der Architekt der Kirche, Frère Denis, vor, die Fassade niederzureißen und den Bau vorübergehend mit einem Großzelt auf dem Kirchenvorplatz zu erweitern.[23] Der Vorschlag konnte bei Frère Roger nur auf Begeisterung stoßen, der den Beton nach wie vor nicht sonderlich schätzte und die „Dynamik des Vorläufigen“ pries. Die Fassade wurde niedergelegt und ein Zirkusunternehmen gebeten, eilends ein ausladendes Zelt aufzustellen.

An die 6500 Jugendliche aus 40 Nationen waren an Ostern zur „zweiten Etappe der Vorbereitungszeit“ versammelt. Papst Paul VI. und Patriarch Athenagoras ermutigten in Grußbotschaften das Unternehmen. Frère Roger und die Vorbereitungsgruppe legten die Leitlinien fest: „Sich bewusst machen, wo Unterdrückung herrscht. Unsere Kräfte darauf verwenden, mit Verhältnissen zu brechen, in denen der Mensch zum Opfer wird. Privilegien ablehnen.“[24] In dieser Sprache fanden sich viele Protestbewegungen der damaligen Zeit wieder; Frère Roger gab sich indes nicht mit dem Aufruf zu guten Vorsätzen und hochherzigen Einsätzen zufrieden. Um die Jugendlichen zu begleiten, versuchte er stets, ihnen neue Horizonte aufzutun, ihnen Zugang zu Glauben und Kirche zu geben. So rief er während des Gottesdienstes am Ostersonntag die Jugendlichen unerwartet dazu auf, die Priester und Pfarrer zu unterstützen, die sich vor den Kopf gestoßen fühlten oder gar versucht seien, ihr Priestertum aufzugeben.[25] Die damalige „Krise des Priestertums“ in der katholischen Kirche führte nach den vom Vatikan erstellten Statistiken dazu, dass an die 70 000 Priester zwischen 1964 und 2004, die meisten in den siebziger Jahren, ihren Dienst niederlegten.[26] Vor Tausenden von Jugendlichen sang Frère Roger „nach langem Zögern“, wie er sagte, ein Loblied auf die Priester: „Im Namen Christi, lasst nicht zu, dass sie der Vereinsamung anheim fallen, bringt ihnen Vertrauen entgegen." Er lud die Jugendlichen auch ein, wieder das „Dienstamt des Verzeihens" des Priesters wahrzunehmen. In einer Zeit, in der das Sakrament der Versöhnung durch manche Priester und Theologen infrage gestellt wurde, schwamm Frère Roger offensichtlich ein weiteres Mal gegen den Strom. Damals bat er nach Pater Damien nun den achtzigjährigen Pfarrer *Buisson*, der im nahe gelegenen Dorf Culles-les-Roches wirkte, bei ihm beichten zu dürfen.

Nach dem Treffen gab es in Taizé eine Krise, von der nichts nach außen drang. Die Gottesdienste am Ostersonntag riefen in der kleinen franziskanischen Fraternität in Taizé eine Besorgnis hervor, die bald zu einem für beide Seiten schmerzlichen Bruch führte. Pater Louis Coolen, der Gründer der Fraternität, erwähnt das Ereignis erst ein Vierteljahrhundert später in einem kleinen, kaum verbreiteten Buch. Zwei Eucharistiefeiern waren am Sonntag des Treffens vorgesehen, am Vormittag ein evangelischer Gottesdienst mit den Brüdern von Taizé; am Nachmittag ein katholischer Gottesdienst, den die Franziskaner hielten. Beide Male waren es sehr viele Teilnehmer. Die Brüder von Taizé hatten davon abgesehen, bei der katholischen Messe zu kommunizieren. Die katholischen oder evangelischen Jugendlichen hatten beim einen oder beim anderen, manche jedoch auch bei beiden die Kommunion empfangen. Die nicht zu übersehende Interkommunion machte den Franziskanern zu schaffen.

Pater Coolen berichtet: „Am Abend berieten wir uns in der Fraternität. Wir sind hier, um Zeugnis zu geben für alles, was man gemeinsam im Glauben leben kann, aber auch für das, was den Katholiken verwehrt bleibt. Die Brüder und wir haben die Grenzen eingehalten. Aber die Versammlung, in der die Katholiken eine starke Mehrheit darstellten, ist über sie hinweg gegangen. Wird unser Engagement an der Seite der Brüder noch verstanden? Sind wir nicht dabei, mit unserer Anwesenheit eine Verwirrung zu decken, die für Rom abwegig bleibt?"[27]

Zur Communauté zählten mittlerweile katholische Brüder, was ohnehin die Frage aufwarf, ob die parallele Anwesenheit von Franziskanern weiterhin nötig sei. Würde sie nicht eher „die Communauté de Taizé bei ihrer Eigenentwicklung stören"? Der Franziskaner traf an diesem Abend die Entscheidung, Taizé zu verlassen. Er ging im Juli, die anderen später.

Das Dienstamt des Petrus

Im Erfolg der Jugendtreffen sah Frère Roger eine Berechtigung, weitere Vorstöße in andere Richtungen zu versuchen und weitere Etappen auf seinem beispiellosen Weg anzugehen.

Im Juni fuhr er auf Einladung der Episkopalkirche in die Vereinigten Staaten. In New York hielt er vor den amerikanischen Bischöfen der anglikanischen Gemeinschaft einen Vortrag über die Krise der Kirche bzw. der Kirchen und über die Rolle des Papstes. Zum ersten Mal kam er vor einer offiziellen Zuhörerschaft auf den Wert des „Dienstamtes eines universalen Hirten“ zu sprechen. Nach seiner Rückkehr sagte er vor der Presse: „Ich war erstaunt über ihre Fähigkeit, ohne Vorbehalte zuzuhören, als ich über das Dienstamt eines universalen Hirten zu ihnen sprach, das unter anderem dazu da ist, ständig zu aktualisieren, was den Kern unseres christlichen Glaubens bildet, und auch dem Volk Gottes über die Grenzen der Kirche hinaus in den Augenblicken eine Stimme zu geben, in denen die Menschheit dramatischen Bedrohungen ausgesetzt ist.“[28] Optimistisch fügte der Prior hinzu: „Ich kann sagen, dass die Aufgeschlossenheit dieses Episkopats zu tiefen Hoffnungen Anlass gibt hinsichtlich der sichtbaren ökumenische Einheit der Christen. Dies konnte ich noch am Vorabend meines Besuchs in New York nicht ahnen.“ Der Lauf der Geschichte hat die Hoffnung nicht bestätigt. 1976 wurden in der anglikanischen Kirche Frauen zu Pfarrerinnen ordiniert, 1989 erstmals eine Bischöfin geweiht, was neue Tatsachen gegenüber der Katholischen Kirche schuf.

Eine andere Gelegenheit, über das universale Dienstamt des Papstes zu sprechen, bot sich für Frère Roger einen Monat später. Im Juli feierte *Pax Romana*, eine im schweizerischen Freiburg gegründete, internationale katholische Studentenvereinigung den 50. Jahrestag ihrer Gründung. Frère Roger war eingeladen, an einer Podiumsdiskussion am 13. Juli in der dortigen Universität teilzunehmen. Er sollte sich zu der Frage äußern: „Die Jugendlichen ertragen kaum mehr die Institutionen der Kirche und auch die Ökumene scheint in den Institutionen mehr und mehr blockiert zu werden. Worin liegt Ihrer Meinung nach ein Ausweg?“ Frère Roger hatte die Frage vermutlich selbst vorgeschlagen, sie spiegelt nur allzu sehr seinen Stil und sein Anliegen wider. Bei seinen Ausführungen trat er ausführlich für „das Dienstamt an der Einheit des Bischofs von Rom“ ein.[29] „Hätte es nicht Papst Johannes gegeben, könnte ich mir nicht vorstellen so zu reden, wie ich es jetzt hier tue. Ich bin für den Rest meiner Tage durch diesen Menschen geprägt, vielleicht vor allem durch das letzte Gespräch, das ich mit ihm führte.“ Frère Roger lud alle Christen ein, Katholiken wie Nichtkatholiken, anzuerkennen, dass ein „universaler Hirte“ notwendig sei, damit die Kirche „in ihrer Einheit“ wiederhergestellt werden kann. Er machte deutlich, dass die Frage nach dem Dienstamt des Bischofs von Rom an der Einheit einer „Verschwörung des Schweigens“ zum Opfer falle, auch „bei manchen Katholiken“. Damit hatte der Prior von Taizé eine Art Tabu im ökumenischen Dialog angesprochen. Er tat dies nach reiflicher Überlegung. „Im letzten Jahr“, schrieb ein Journalist, „hatte uns [Frère Roger] mitgeteilt, er sei überzeugt, dass für ihn die Stunde gekommen sei, öffentlich die Frage nach dem Dienstamt des Petrus zu stellen. Es scheint, als habe er vor allem deshalb bislang davon abgesehen, weil er befürchtete, von evangelischen Kreisen falsch verstanden zu werden oder diese zu verletzen."[30]

Drei Tage nach der Tagung in Freiburg[31] traf Kardinal Willebrands, der Vorsitzende des Sekretariats für die Einheit der Christen, in aller Stille in Taizé ein. Dies war kein Zufall. Später berichtete der Prior von Taizé das Ereignis, ohne den Besucher namentlich zur erwähnen, und ohne weiteren Kommentar: „Das Vertrauen Pauls VI. war so tief, dass er eine engere Beziehung zu unserer kleinen Communauté festschreiben wollte. Im Juli 1971 schickte er einen Abgesandten aus Rom zu uns, mit dem ein ganz einfaches Schreiben unterfertigt wurde. In dem Brief hieß es, es gebe von nun an ‚einen Vertreter des Priors von Taizé beim Heiligen Stuhl', damit eine unmittelbare Verbindung gewährleistet sei."[32] Drei Wochen nach Willebrands Besuch veröffentlichte der „Osservatore Romano" eine kurze Mitteilung: „Während des Aufenthalts Seiner Eminenz Kardinal Willebrands, Präsident des Sekretariats für die Einheit der Christen, am 16., 17. und 18. Juli in Taizé wurde bekräftigt, dass es von nun an einen Vertreter des Priors von Taizé beim Heiligen Stuhl gibt. Bei der Ausübung dieser Vertretung ist die Anlaufstelle das Sekretariat für die Einheit der Christen."[33] Es handelt sich bezeichnenderweise um einen Vertreter des „Priors von Taizé" und nicht der „Communauté de Taizé". Wo dies in der Presse verwechselt wurde, drang Frère Roger auf Berichtigung.

Der Prior fragte sich mit etwas gemischten Gefühlen, wie diese Meldung im Zusammenhang mit seinen Ausführungen über die Notwendigkeit eines „universalen Hirten" aufgenommen würde. Er unternahm einen einsamen Spaziergang über die Feldwege. Nach der Rückkehr schrieb er in sein Tagebuch: „Wer bist du angesichts dieses Ereignisses? Ich sehe mich, einen armen Menschen, über eine verwilderte Wiese laufen. Ich ermesse noch nicht, was die vor drei Wochen unterschriebene Übereinkunft bedeutet. Aber eines weiß ich: Ich liebe jene ‚pilgernde Kirche, die in Rom ist' und ihren Bischof. Worum soll ich ihn bitten, wenn nicht darum, dass er einer Gemeinschaft unter allen, die sich auf Christus berufen, leuchtet und aufhilft?"[34]

In evangelischen Kreisen wurde lebhafte Kritik laut. *La Vie protestante* veröffentlichte am 3. September eine mit *Charles Biber* gezeichnete Notiz: „Die Aufrechterhaltung eines persönlichen Kontaktes mit dem römischen Sekretariat für die Einheit kann man noch verstehen, diese ‚Vertretung' im Vatikan verwundert aber doch. Was die Frage des Bischofs von Rom anbelangt, so steht sie im Leben der evangelischen Kirchen und Theologie nicht auf der Tagesordnung. Dort wird die Einheit der Kirche mittels Versammlungen synodaler und konziliarer Natur angestrebt." Am 2. Oktober machte sich auch Maurice Sweeting, mittlerweile zweiter Vorsitzender des Protestantischen Kirchenbundes Frankreichs, zum Sprecher „der Erregung zahlreicher Protestanten". Er warf dem Prior von Taizé in einem ausführlichen Beitrag vor, „Bibel und Geschichte, die Person des Jüngers Petrus und die Funktion des Bischofs von Rom, wie sie sich im Lauf der Jahrhunderte ausgeformt hatte" zu verwechseln. Er verwies auf einen anderen Weg, um zur Einheit der Christen zu gelangen: „Reformierte und Lutheraner verlangen, dass ein allumfassendes Konzil stattfinde, das heißt eines, das allen christlichen Kirchen offen steht (...). Kein für alle Christen verantwortlicher Bischof von Rom, sondern Kirchen, die alle füreinander verantwortlich und gemeinsam verantwortlich für den Dienst sind, den sie der Welt schulden, in brüderlicher Kollegialität, in der ihre grundlegende Einheit herausgefunden und gelebt werden kann."

Der von Frère Roger eingeschlagene Weg wurde von zahlreichen Protestanten also keineswegs verstanden oder gutgeheißen. Dies hinderte ihn nicht daran, an ihm festzuhalten. Mehrere Monate später, am 16. November 1971 gab er in einer Pressemitteilung bekannt, dass Frère Max sein Vertreter beim Heiligen Stuhl sei.[35] Dieser solle in regelmäßiger Verbindung mit dem Sekretariat für die Einheit der Kirchen stehen und sei damit beauftragt, „die Kontakte mit den verschiedenen Behörden der römischen Kurie zu vertiefen". Mit ihm wählte Frère Roger den bekanntesten „Theologen" von Taizé, aber auch einen Bruder, der innerlich und geistlich einen ganz ähnlichen Weg gegangen war.

Am 26. November schrieb Roger während seines jährlichen Aufenthalts in Rom in sein Tagebuch: „Nach so vielen Aufenthalten hier versuche ich den Weg zu ermessen, den wir zurückgelegt haben. Auf diesem Weg sind uns mehr Schwierigkeiten als Erleichterungen begegnet. Warum wollte ich nicht aufgeben, obwohl es so viele Gründe gab, in Taizé zu bleiben? Warum glaubte ich mit solcher Überzeugung an die Notwendigkeit der Gespräche hier in Rom? Unwiderstehlich trieb es mich, diesen Weg fortzusetzen, als bewege mich eine Kraft, die stärker ist als ich selbst."[36] Der Weg erwies sich manches Mal als äußerst steinig. Am 3. Dezember gestand Frère Roger bei der Privataudienz Paul VI.: „Der Name Taizé ist manchmal schwer zu tragen. Es gibt Tage, an denen ich wünsche, er würde nicht mehr genannt." Der Papst habe ihm Mut zusprechen müssen und, fügt Frère Roger hinzu, „er [zog] einen großzügigen Vergleich mit einem historischen Vorbild."[37] Nur einigen Brüdern sagte Roger unter vier Augen, der Papst habe Taizé mit Assisi verglichen.

Eine Woche später war es an Frère Roger, Papst Paul VI. Mut zu machen, ihn zumindest öffentlich zu unterstützen, was wiederum zu Meinungsverschiedenheiten Anlass gab. Am 30. September des Jahres 1971 hatte sich in Rom die zweite Bischofssynode zur Beratung von zwei Themen versammelt: „Der priesterliche Dienst" und „Die Gerechtigkeit in der Welt". Angesichts der Krise, die der Klerus durchmachte, befürworteten es manche Bischöfe (insbesondere Kanadier, Franzosen und Kardinal Suenens), das Zölibatsgebot für Priester zu lockern und zumindest die Weihe verheirateter Männer zuzulassen. Über 130 Wortmeldungen galten diesem Thema. Neben Paul VI., der dazu am 6. Oktober feierlich gesprochen hatte, hatten mehrere Bischöfe, insbesondere der Krakauer Erzbischof Kardinal Woityła „die Verbindung, die zwischen der Ehelosigkeit, dem Leben und dem Dienst des Priesters besteht" durch die „Weihe an Gott" verteidigt. Beim Abschluss der Synode hatte Paul VI. schließlich in Übereinstimmung mit der Mehrheit der Bischöfe bekräftigt, dass „in der lateinischen Kirche weiterhin mit der Hilfe Gottes die derzeitige Regelung des Priesterzölibats vollständig einzuhalten sei". Manche Katholiken und Protestanten waren enttäuscht und sahen darin ein unvermeidliches Hindernis auf dem Weg des ökumenischen Dialogs. Frère Roger hingegen warb um Verständnis für den Standpunkt des Papstes und nahm dafür in Kauf, manche vor den Kopf zu stoßen.

Sein Verhalten hätte freilich niemanden erstaunen müssen. Die Ehelosigkeit zählte seit den Anfängen der Communauté de Taizé zu den „Engagements" der Brüder, die sich dadurch von der evangelischen Überlieferung losgesagt hatten. In den sechziger Jahren hatte Frère Roger in einem Vorwort für ein Buch Frère Max', das die Ehe und die Ehelosigkeit behandelte, die Ehelosigkeit erneut als eine „in gleicher Weise authentisch begründete Berufung wie die christliche Ehe" bezeichnet.[38] Ein Jahr vor der römischen Synode hatte er in einer Botschaft an das holländische Pastoralkonzil entschieden die Berechtigung „des evangelischen Aufrufs zu einer um Christi und des Evangeliums gelebten Ehelosigkeit, um Bruder aller zu sein" geltend gemacht.[39] Seine Stellungnahme führte vor allem deshalb zu polemischen Reaktionen, weil sie kurz nach seinen Wortmeldungen zum Dienstamt des Papstes erfolgt war. Am 11. Dezember richtete Roger noch in Rom eine Botschaft an Paul VI., in der er „seine Dankbarkeit" für die Texte der Synode über die Gerechtigkeit und über die Ehelosigkeit bekundete, die er tief beeindruckt als „Torheit des Evangeliums für die Menschen und Ankündigung des kommenden Reiches Gottes" bezeichnete.[40] Daraufhin brachen die Meinungsverschiedenheiten offen aus.

Bereits am 16. Dezember druckten *Le Monde*, *Le Figaro* und *La Croix* eine Erklärung ab, in der Pfarrer *Henry Bruston*, Vorsitzender der Kommission für die Beziehungen zum Katholizismus des Protestantischen Kirchenbundes Frankreichs, sich besorgt über die neuerliche Stellungnahme äußerte: „Die durch den Prior von Taizé an Paul VI. gerichtete Botschaft kann einen Protestanten nur überraschen. Frère Roger scheint vergessen zu haben, dass die Kritik an der Ehelosigkeit der Priester sich nicht auf den Wert der Ehelosigkeit an sich bezieht, sondern auf die von der römischen Kirche hergestellte verpflichtende Verbindung zwischen der Ehelosigkeit und dem pastoralen Dienst, an der Paul VI. ausdrücklich festgehalten hat. (...) Die Einstellung des Priors von Taizé scheint sich von dem zu entfernen, was viele Priester und Gläubige manchmal hautnah und schmerzlich zu spüren bekommen, die sich um die Ökumene sorgen. Man kann nur hoffen, dass dieser ärgerliche Eindruck ausgeräumt werden kann."

Auch Pfarrer Sweeting wies mit Nachdruck darauf hin, dass die Worte des Priors „in keiner Weise die Überzeugung der evangelischen Kirchen wiedergeben" und sprach von „Trauer": „Taizé hatte eine ökumenische Berufung und läuft Gefahr, sie zu verlieren, wenn der Prior den Anschein erweckt, sich für eingefleischt römische Standpunkte einzusetzen."[41] Frère Roger erkannte, dass hier der Versuch gemacht wurde, einen Keil zwischen ihn und die Communauté zu treiben, und ließ eine unmissverständliche Berichtigung veröffentlichen. Sie war ungezeichnet und stellte unter anderem klar: „Seit langem ist die Communauté de Taizé nicht ausschließlich dem Protestantismus zugehörig. Zu ihr zählen Brüder aus mehr als 20 evangelischen Kirchen Europas und Amerikas, aber auch der anglikanischen Kirche. Weiterhin zählen in Absprache mit Kardinal Marty zu ihr katholische Brüder. Demzufolge hat Taizé als Communauté keine konfessionelle Zugehörigkeit."[42] So verließ die *Communauté de Taizé* den Rat des Protestantischen Kirchenbundes Frankreichs. Sie blieb aber mit dem Kirchenbund in ständiger Verbindung und nahm weiterhin an den Arbeiten verschiedener Kommissionen teil.

Kritik kam auch von katholischer Seite. Am 6. Januar 1972 stellte *Jean-Claude Barreau*, ein ehemaliger Priester, der Taizé gut kannte und mit zahlreichen Jugendgruppen dorthin gefahren war, in einem Beitrag über das Zisterzienserkloster Boquen für die Wochenzeitschrift *Témoignage chrétien* das „kritische, lyrische und politische Christentum" von Boquen der „konservativen" Haltung von Taizé gegenüber. Seit 1965 hatte das bretonische Kloster unter seinem neuen Oberen Dom *Bernard Besret* tiefgreifende Umwälzungen hinter sich, denen sich der Orden zu widersetzen versuchte. Das zu „Gemeinschaft von Boquen" umbenannte Kloster hatte unterschiedlichste protestorientierte Gruppen zu Gast. Barreau stellte die Unterschiede zu Taizé heraus. Es sei „trotz seines Erscheinungsbildes sehr klassisch", es herrsche dort „eine übertriebene Achtung vor den kirchlichen Hierarchien", während die Experimente, die in Boquen gemacht würden, „Hoffnung auf ein neues Gesicht von Kirche" machten.

Einige Leser reagierten recht ungehalten. Daraufhin veröffentlichte Barreau am 17. Februar einen weiteren Beitrag unter dem provozierenden Titel: „Eine Gemeinschaft auf dem Weg zur Vereinnahmung?", der ausschließlich Taizé behandelte. Er warf Frère Roger vor, die Verteidigung des Priesterzölibats durch Paul VI. gutgeheißen zu haben: „Frère Roger schmeichelt zwar dem römischen Apparat, schneidet sich aber von der reformierten Tradition ab und vollbringt auf diese Weise keine ökumenische Tat." Barreau behauptete auch, dass Taizé „jede Redefreiheit der römischen Kurie gegenüber eingebüßt hat, deren Initiativen, selbst die anfechtbarsten, er stets umgehend billigt." Er begrüßte zwar das Konzil der Jugend als ein „außergewöhnliches Experiment", mutmaßte aber, dass ihm eine Doppelbödigkeit anhafte: „Man muss sich entscheiden. Entweder bleiben diese Versammlungen ein Strohfeuer und lösen sich wieder auf, oder sie nehmen feste Form an und kommen zu den eigentlichen Problemen unserer Zeit. Dann geraten sie aber unausweichlich in Konflikt mit den Hierarchien. Was will die Communauté de Taizé dann tun, nachdem sie der römischen Hierarchie gegenüber nicht mehr frei ist?"

Frère Roger ließ sich nicht beeindrucken. Am 28. Februar 1972 hielt er auf Einladung des Abtes des bekannten katalanischen Benediktinerklosters Montserrat einen Vortrag über die verschiedenen Aspekte des gemeinschaftlichen Lebens in Taizé, „eines kontemplativen Lebens, das zugleich Christus und dem Heute der Menschen zugewandt" sei. Er kam auch hier auf seine Erklärungen zur Ehelosigkeit in der Kirche und die Notwendigkeit eines universalen Hirten, „damit der Pluralismus nicht zur Atomisierung führe", zu sprechen.[43]

Die Unbeschwertheit, die der Prior von Taizé an den Tag legte, und seine von Vertrauen geleiteten Worte konnten nicht verhindern, dass Spannungen auftraten. Sie standen nicht in der Presse und blieben nahezu unbekannt. Nach der Abreise P. Coolens im Juli 1971 hatte Frère Roger versucht, die anderen Franziskanerbrüder, mit denen ihn enge persönliche Beziehungen verbanden, zum Bleiben zu bewegen. P. Damien war mehrere Jahre hindurch sein Beichtvater gewesen und P. Matura stand ihm so nahe, dass der Prior ihm manches anvertraute, was er den Brüdern gegenüber nicht ohne weiteres äußern konnte. Die gesamte Entwicklung der Communauté de Taizé stellte indes die Anwesenheit der Franziskaner infrage. Später schrieben diese in einer Bilanz des „außergewöhnlichen Experiments" verhalten: „Wenn es vorkommt, dass Größere ihr Gewicht die Kleineren spüren lassen, wenn sich Minderheiten von Mehrheiten aufgesogen fühlen, und wenn Zugeständnisse sich allmählich in alle verpflichtende Normen verwandeln, (...) fühlt sich jeder gedrängt, seine eigene Identität zu achten."[44]

Die Gespräche waren schwierig, sie führten zu keiner Übereinstimmung zwischen P. Damien und dem Prior von Taizé.[45] Im Frühjahr 1972 gingen die letzten drei Franziskaner mit Zustimmung ihrer Oberen und Kenntnis des Bischofs von Autun . Weder die Communauté noch ihr Prior wurden davon in Kenntnis gesetzt. Der Weggang nach acht Jahren franziskanischen Lebens erschien als ein für beide Seiten schmerzlicher Bruch. Die Brüder von Taizé konnten ihn nicht begreifen und „fassten [ihn] zunächst als Fahnenflucht" auf, wie P. Coolen schrieb. Erst nach geraumer Zeit fanden die Franziskaner in Texten über oder von Taizé wieder Erwähnung. Frère Roger besuchte sie aber im Jahr nach ihrem Weggang in ihrer neuen Niederlassung in Grambois, in der Provence. Er betete und aß zusammen mit ihnen. Die freundschaftliche Geste konnte die Wunden nicht völlig heilen. Später kam es zu weiteren versöhnlichen Schritten.

Einige Monate nach dem Vorfall, im März 1973, bat Frère Roger von sich aus die Dominikanerinnen und Franziskanerinnen, ihre Mitarbeit beim Gästeempfang in Taizé zu beenden. Die belgischen Schwestern von Saint-André setzten ihre Mitarbeit bei den Jugendtreffen fort.

„Katholische" Kommunion und „doppelte Zugehörigkeit"

Bei allen Entwicklungen und Krisen im Umfeld der Communauté blieb das Vorhaben des Konzils der Jugend deutlich im Vordergrund. Die Arbeit zu seiner Vorbereitung verzweigte sich zusehends. An Ostern 1972 waren 16 000 Jugendliche aus 80 Ländern – eine bisher unerreichte Zahl in Taizé. Ein Beobachter bemerkte, dass sie eigenständiger waren als die Jugend der sechziger Jahre: „Taizé zieht die Jugendlichen unabhängig jeglicher kirchlicher Rahmenstrukturen an. Man fährt nicht mehr nach Taizé, weil man zu einer Gruppe gehört, die mehr oder weniger mit einer Pfarrgemeinde oder einer organisierten kirchlichen Bewegung verbunden ist. Die Priester oder Pfarrer werden zuhause gelassen. In Taizé brauchen sie diese Art von Unterstützung nicht mehr."[46] Auf die Frage „Wer kommt nach Taizé?", antwortete ein Journalist: „Jugendliche im Alter von 17 bis 25 Jahren. Der Altersdurchschnitt scheint zu sinken. Aus Frankreich kommen etwa 65 Prozent Studenten, bei anderen, den Italienern oder Spaniern beispielsweise, ist der Anteil an Arbeitern höher. Taizé hat auch seine Randsiedler oder Falschparker: Händler von Drogen (schlechter Qualität, wie man hört), Schürzenjäger, Autoklauer usw. – unvermeidliche Pannen, mit denen man sich abfinden muss als Preis der großen Zahl."[47] Ohne Zweifel gab es solche Randerscheinungen. Ein Team junger Freiwilliger wurde gebildet, das nachts zwischen den Zelten Streife ging.

Am Abend des Ostersonntags, nach einem von einem jungen Priester aus dem Togo gefeierten Gottesdienst, an dem Kardinal König, Carson Blake und Metropolit Timiadis teilnahmen, kündigte Frère Roger endlich den Termin des großen Ereignisses an: „In zwei Jahren, im Sommer 1974 beginnt das Konzil der Jugend." Auch dieses Mal lang anhaltender Applaus.

Einige Monate nach dieser Ankündigung vollzog Frère Roger auf seinem geistlichen Weg einen weiteren Schritt, vielleicht den wichtigsten, auch wenn er lange Zeit weithin unbekannt blieb. Er bat, die katholische

Eucharistie empfangen zu dürfen, und nahm von da an das evangelische Abendmahl nicht mehr zu sich. Am 20. Mai 1972 schrieb er in sein Tagebuch: „Warum noch nicht die katholische eucharistische Kommunion empfangen? Alles scheint dafür bereit zu sein."[48] In seinen späteren Schriften – soweit bislang veröffentlicht – kommt Roger nicht mehr auf dieses Thema zurück. Frère François, heute einer der Brüder, die am längsten in Taizé leben, meint, dass die Bereitschaft, die Jugendlichen aufzunehmen, und die Suche nach Gemeinschaft mit Rom bei Frère Roger ein und denselben Willen offenbaren, „über Mauern" zu springen: „In gewissem Sinn bilden beide Mauern eine einzige, die durch Unverständnis errichtet wurde oder durch Resignation angesichts der Tatsachen oder durch die Unfähigkeit, sich vorzustellen, dass man über sich hinaus wachsen kann."[49]

Wie lässt sich dieses Ereignis erklären? Drei Gründe scheinen eine wichtige Rolle zu spielen.

Der Erste, grundlegende, hängt mit dem persönlichen Glaubensweg Frère Rogers zusammen. Er wollte die katholische Eucharistie zunächst deshalb empfangen, weil er im evangelischen Abendmahl nicht fand, was er suchte. Seit seiner Kindheit zog ihn der Tabernakel in den katholischen Kirchen an, die „Realpräsenz" Christi, die auch nach der Konsekration der Hostien während der Eucharistiefeier fortbesteht. Im Protestantismus gehen hier die theologischen Meinungen weit auseinander: Luther behauptet, dass Christus in Brot und Wein während des Abendsmahls gegenwärtig ist („*in, cum* et *sub*": in, mit und unter den Gestalten), Calvin hebt auf die geistliche Gegenwart Christi ab, mit der sich jeder Glaubende vereinen kann, während für Zwingli Christus in den Herzen und nicht in den Gestalten des Abendsmahls gegenwärtig ist. In den evangelischen Gemeindekirchen gibt es keinen Ort, an dem die Eucharistie aufbewahrt wird, und auch keine Verehrung der Eucharistie.

In Taizé wurde immer wieder über die Frage nach der Art der Gegenwart Christi in der Eucharistie nachgedacht, Frère Max stellt sie schon in seinem ersten Buch. In der Kirche der Versöhnung wurde das eucharistische Brot, das nicht an die Gläubigen ausgeteilt worden war, auf einem kleinen Altar aufbewahrt und beim darauf folgenden Gottesdienst ausgeteilt. Im Mai 1969 gesteht Frère Roger in seinem Tagebuch: „In den letzten Tagen bin ich öfters vor dem Tabernakel in der kleinen romanischen Kirche. Das ist kein leerer, sondern ein bewohnter Ort. Der Glaube der katholischen Kirche bezeugt dies seit den ersten Jahrhunderten. Wie kommt es, dass ich nicht zu dem kleinen Altar gehe, auf dem wir den Brotvorrat nach unserer Eucharistiefeier aufbewahren? Etwa weil der Glaube unserer Ursprungskirchen sich darin durch die Jahrhunderte nicht bestätigt findet?"[50]

Am 29. April 1970 hielt Frère Roger aus Anlass eines Besuchs Pater Voillaumes, des Gründers der Kleinen Brüder Jesu, in seinem Tagebuch eine überraschende Begebenheit fest: „Gemeinsam sind wir in die romanische Kirche gegangen und haben uns vor dem Tabernakel niedergekniet. Kann ich das schreiben? Ich möchte keine Wunder, die meine Fassungskraft übersteigen, und doch – ein inneres und ein äußeres Licht erfüllte den Ort. Ich bin nicht länger geblieben, ich stand auf, denn ich scheute mich, Gott zu versuchen.“[51] Der Prior trat seit mehreren Jahren dafür ein, die Katholische Kirche möge Nichtkatholiken den Kommunionempfang bei der Messfeier erlauben, wenigstens denen, die „die Wirklichkeit der Gegenwart Christi in der Eucharistie suchen“.[52] Der Empfang der katholischen Eucharistie erscheint so als letzter Schritt einer persönlichen Entwicklung, die Frère Roger dazu führte, den katholischen Glauben an die Realpräsenz vollkommen zu teilen.

Ein zweiter Grund sind zeitnahe Entwicklungen in der Kirche. Im März 1972 veröffentlichte die *Groupe des Dombes* einen Text mit dem Titel: *Vers une même foi eucharistique* (Unterwegs zu dem einen eucharistischen Glauben). Diese „Übereinkunft zur Eucharistie auf der Ebene der Lehre“, Frucht mehrjähriger Überlegungen, wurde im September 1971 von 14 evangelischen Pfarrern (auch von Frère Max) und 18 katholischen Priestern unterzeichnet. Unter Bezug auf „die wirkliche, lebendige und fortwirkende Gegenwart Christi“ im Sakrament der Eucharistie wird darin gefolgert: „Wir denken, dass Christen einer anderen Konfession, die sich den oben dargelegten Glauben zu eigen machen, der Zugang zur Kommunion nicht mit einer auf den eucharistischen Glauben zielenden Begründung verweigert werden dürfte.“[53] Bei aller Kritik[54] wurde der Text in vielen Kreisen sehr gut aufgenommen. Seine Veröffentlichung erfolgte kurz vor einer römischen „Instruktion“ über die Zulassung von Nichtkatholiken zur katholischen Eucharistie. Dies war kein reiner Zufall.[55] Die Instruktion erweiterte die Möglichkeiten der Zulassung von Protestanten zur katholischen Eucharistie und räumte dem Diözesanbischof einen „Ermessensspielraum“ ein.

Schließlich gilt es noch, einen Grund zu nennen, der mit der inneren Entwicklung der Communauté zusammenhängt. Der erste katholische Bruder, der 1969 in die Communauté eingetreten war, stand kurz vor der Ablegung seines „Lebensengagements“. Für den Prior von Taizé „war es undenkbar, nicht am selben eucharistischen Tisch die Kommunion zu empfangen“.[56]

Frère Roger empfing die katholische Kommunion zum ersten Mal am 8. September 1972, nicht, wie danach täglich, bei den Gebeten in Taizé, sondern in der Kapelle des Bischofssitzes von Autun. Die Communauté wusste davon und die Nachricht verbreitete sich im engeren Kreis.[57] Frère Roger erzählte sie verschiedenen Persönlichkeiten, unter anderem Bischof *Raymond Séguy*, der von 1987 bis 2006 in Autun wirkte und berichtete: „Ich habe durch meinen Vorgänger Bischof Le Bourgeois und auch selbst mündlich von der Zustimmung zum katholischen Glauben erfahren, die mit der

Kommunion in der Kapelle des Bischofssitzes von Autun einherging."[58] Der Prior von Taizé, der seine vielfältigen Initiativen stets in Pressemitteilungen, Erklärungen oder Zeitschriftenbeiträgen bekannt gab, äußerte sich nicht öffentlich über den Gottesdienst und den Schritt, den er persönlich in Gemeinschaft mit der Katholischen Kirche gegangen war. Es handelte sich um einen Schritt, der das Innerste seines Glaubens betraf; zweifellos wollte er ihn weder zu einem öffentlichen Ereignis hochspielen noch neue Meinungsverschiedenheiten vom Zaun brechen. Die Entscheidung Frère Rogers wurde so wenig bekannt, dass selbst unter den anwesenden Kardinälen und Bischöfen viele erstaunt, ja verblüfft waren, als 32 Jahre später beim Beerdigungsgottesdienst Johannes Pauls II. am 8. April 2005 vor den Fernsehkameras der ganzen Welt Kardinal Ratzinger Frère Roger die Kommunion reichte. War der Prior von Taizé katholisch geworden? Auf Anfrage antwortete Kardinal *Walter Kasper*, Vorsitzender des Päpstlichen Rates zur Förderung der Einheit der Christen: „Frère Roger ist förmlich katholisch."[59] Gilt diese Einschätzung bereits für 1972? Die Frage ist schwierig zu beantworten, da Frère Rogers Vorgehensweise „nach vorne gerichtet und vollkommen neuartig"[60] war.

Handelte es sich um einen Übertritt zum katholischen Glauben? Das Wort „Übertritt" wird von vielen abgelehnt, auch von der Communauté de Taizé und vielen Fachleuten der Ökumene. Man kann jedoch sagen, dass Frère Roger zum Ausdruck bringen wollte, dass er den katholischen Glauben bezüglich der Eucharistie vollkommen teilte und das evangelische Abendmahl für keine ausreichende Lösung hielt. Der damalige Bischof von Autun erklärte in einer Versammlung, die später in Rom stattfand und diese Frage zum Gegenstand hatte, es sei nichts aufs Geratewohl geschehen. Dem Gottesdienst vom 8. September seien tief gehende Gespräche vorausgegangen, die er mit dem Prior von Taizé geführt habe:

„1. Es besteht zwischen der Communauté de Taizé und der Katholischen Kirche wahrhaftig ein gemeinsamer Glaube [‚gemeinsamer Glaube' im Text unterstrichen] an die Eucharistie. Wir haben diesbezüglich die Formulierung im Text der Dombes bedacht.

2. Wir meinten, dass eine ausgesprochene geistliche Notwendigkeit [‚geistliche Notwendigkeit' im Text unterstrichen] bestand, denn Frère Roger und mehrere seiner Brüder finden innerhalb ihrer Kirchen nicht mehr die Fülle der Eucharistie.

3. Diese Vorgehensweise wurde durch das Verlangen bestimmt, auf die Einheit zuzugehen, für die die Eucharistie ein Mittel ist, und in aller Ehrerbietung gegenüber dem „Dienstamt des Petrus", an die der Prior häufig erinnert."[61]

Am Vorabend, dem 7. September, wurden in der Abtei *Dombes* die evangelischen Pfarrer, die wie alljährlich dort mit katholischen Theologen zusammengekommen waren, zum ersten Mal eingeladen, die katholische Eucharistie zu empfangen. Ein Zeuge berichtete: „Sogleich erhob sich ein Protestant, dann ein weiterer und noch ein dritter und sagten, dass sie aufgrund der Lage, in der sie in ihrer Kirche seien, nicht nach vorne kommen könnten. Dann erhob sich Frère Max: ‚Seit 30 Jahren warten wir auf diese Erlaubnis, ich gehe zur Kommunion.'"[62] Bei jener „offenen" Eucharistiefeier empfingen 16 von 20 evangelischen Pfarrern die Kommunion. „Nach der Messe umarmten sich alle auf dem Vorplatz der Kirche und weinten vor Freude." Rom war vor vollendete Tatsachen gestellt worden und erhob Einspruch. Die eucharistische Gastfreundschaft wurde eingestellt. Ab 1977 gewährte dann Bischof *René-Alexandre Dupanloup* von Belley die Interkommunion, also auch katholischen Priestern und Mönchen den Empfang des evangelischen Abendmahls („auf diskreter Gegenseitigkeit und unter der Verantwortung jedes einzelnen gemäß seinem Gewissen", wie Pater *Etienne Goutagny* von der Abtei Dombes betonte).

Fast die ganze Communauté folgte ihrem Gründer bei dem Schritt, die katholische Kommunion zu empfangen. Wieder wurde auf Vertraulichkeit geachtet und, wie bei der Kommunion Frère Rogers, stand darüber nichts in der Presse. Bischof Le Bourgeois schickte sich an, im Februar 1973 nach Taizé zu fahren, dort die Eucharistie zu feiern und den Brüdern, „die dies wünschten"[63], die katholische Kommunion zu reichen. „Ein Telefonat Kardinal Willebrands in letzter Minute" bewegte ihn, auf den Gottesdienst zu verzichten. „In der wachsenden Gewissheit, dass ich zu Unrecht nachgegeben hatte", sagte er später, „halte ich im März 1973 eine Eucharistiefeier in Taizé, und der größte Teil der Communauté empfängt die Kommunion."[64] Der zweite Vorstoß des Bischofs von Autun erschien in Rom als „eine gewisse missbräuchliche Auslegung der offiziellen Texte über die eucharistische Gastfreundschaft".[65] Er musste nach Rom reisen und sich verständlich machen.

Frère Roger konnte von nun an den Standpunkt von Taizé als den einer „doppelten Zugehörigkeit" definieren: „Als Söhne zweier Familien sind wir die Erben einer vier Jahrhunderte alten Scheidung. Wir wollen unsere Familie väterlicherseits, die unserer Väter, also die Kirchen der Reformation, mit unserer Kirche mütterlicherseits, der katholischen Kirche versöhnen. (…) Selbst im Hinblick auf eine universale Gemeinschaft können wir nicht mit unserer Herkunftsgemeinschaft brechen. (…) Wird der Bischof von Rom in seinem Dienst an der Gemeinschaft heute die Kühnheit aufbringen, eine ‚doppelte Zugehörigkeit' zu fördern, ohne irgendjemand nahezulegen, den Glauben abzuleugnen, den die Väter ihm nach bestem Wissen und Gewissen weitergegeben haben?"[66]

Der Zeitschriftenbeitrag verfehlte nicht seine Wirkung. Henri Fesquet sprach in *Le Monde* von einem „gewagten Vorschlag". Aber die Kritik verstummte nicht.

Eine „pilgernde" Kirche

Von der tief greifenden Wende im Leben des Priors und der Communauté ahnten die Tausende Jugendlicher nichts, die nach Taizé strömten oder ab Beginn der siebziger Jahre immer öfter in und außerhalb Frankreichs mit ihm zusammenkamen. Am Sonntag, 5. November 1972, sprach er in Florenz auf Einladung der Bewegung *Mani Tese* (Die gereichten Hände), einer italienischen Organisation zu Gunsten der Dritten Welt, vor 50 000 Jugendlichen neben Dom Helder Camara und dem Journalisten und Juristen *Raoul Follereau*. Knapp zwei Wochen später war er auf Einladung des Erzbischofs von Canterbury und Primas der Anglikanischen Kirche, *Michael Ramsey*, unter den Gästen des Nationalkongresses der britischen Kirchen. Für Frère Roger war Ramsey ein Mann, der für Wagemut in der Kirche stand: „Ich begriff, dass ich mich in der Gegenwart eines Mannes befand, der fähig war, die Mauern des Lambeth-Palastes zu überspringen, seines ‚Nobelgefängnisses', wie Johannes XXIII. seinerseits den Vatikan einmal bezeichnet hatte." Am 18. November begegnete Frère Roger in St. Paul's Cathedral mehreren Tausend jungen Engländern, die aus dem ganzen Land gekommen waren. Bischof Ramsey machte alsbald einen Gegenbesuch in Taizé. Im Januar 1973 fuhr der Prior während der Gebetswoche für die Einheit der Christen nach Paris, wo sich 3000 Jugendliche aus der Hauptstadt und ihrer Umgebung in der Innenstadtkirche St. Ignatius zu einer Gebetsnacht versammelt hatten. Es war das erste Treffen in Frankreich, das die Communauté außerhalb von Taizé abhielt.

Im März war Frère Roger beim ständigen Rat der Französischen Bischofskonferenz zu Gast, um das kommende Konzil der Jugend vorzustellen. Bei seinem jährlichen Aufenthalt in Rom begegnete er ein weiteres Mal Paul VI. Er wollte „einige charakteristische Züge im Bewusstsein der zeitgenössischen jungen Generation ansprechen. Ich fragte mich: wie können wir uns diesen Strömungen stellen anstatt sie zurückzuweisen?"[67]

Von 19. bis 26. April 1973 fanden sich 18 000 Teilnehmer, die „etwa 100 Nationalitäten vertraten", zum Ostertreffen in Taizé ein. Auch fünf Jahre nach den Ereignissen vom Mai 1968 versetzte eine solche Ansammlung Jugendlicher die Behörden noch in Alarmstimmung. Der Korrespondent von *Le Monde* stellte fest: „Nicht der geringste Zwischenfall. Nicht einmal Gedränge zwischen den dampfenden Kochtöpfen, aus denen mit Schöpfkellen Tee ausgeschenkt wird. Während der Gebetszeiten genügen hochgehaltene Schilder, damit in der Nähe der Kirche Stille eintritt. Es gibt keine Kommandozentrale, obwohl hunderte Jugendliche bei den Thementreffen, der Anlaufstelle für die Ankömmlinge, in der Küche und bei der Erste-Hilfe-Station mitarbeiten. Die Selbstdisziplin dieser Menge, die nur auf den ersten Blick einen lässigen Eindruck macht, scheint sogar die Gendarmen und die Feuerwehrleute aus Cluny zu beeindrucken, die kein einziges Mal einschreiten mussten. Der Kabinettschef des Präfekten des Departements, der im Hubschrauber eingeflogen wurde und zunächst die Stirn runzelte, flog kurze Zeit später beruhigt wieder ab."[68]

Die Eröffnung des Konzils der Jugend wurde auf den 30. August 1974 festgelegt, mit „weiteren Eröffnungen (...) in Afrika, Südamerika, Asien und Nordamerika". Es sollte eine Art „Abenteuer Gottes" oder „Langer Marsch" werden. Frère Roger lag immer noch viel an diesem Symbol; er rief die anwesenden Jugendlichen und die kirchlichen Würdenträger zu einem nächtlichen Fußmarsch über den Hügel auf, im Licht kleiner und großer Kerzen und Fackeln. Es ging darum, „das Bild einer pilgernden Kirche zu erleben".

Im Mai reiste Frère Roger zum ersten Mal nach Polen. Er war eingeladen, bei der Männerwallfahrt von Piekary eine Ansprache zu halten. Jedes Jahr kommen am letzten Sonntag im Mai Zehntausende aus schlesischen Städten und Dörfern mit Bussen oder mit der Bahn dorthin und ziehen zu Fuß zu einem Marien-Heiligtum, wo sie der Erzbischof von Krakau erwartet. Das war damals Kardinal Woityła, der spätere Johannes-Paul II., der in den sechziger Jahren zweimal Taizé besucht hatte. Die nur aus Männern bestehende 150 000-köpfige Menge der Pilger bot ein beeindruckendes Bild. Der Prior besuchte anschließend Tschenstochau und Auschwitz und traf mit Jugendgruppen in Krakau und Warschau zusammen. Er nahm eine tiefe Zuneigung zu Polen mit nachhause und kehrte mehrere Male in das Land zurück.

Das Jahr 1973 endete traurig: Frère Rogers Mutter starb im Alter von 94 Jahren. Amélie Schutz-Marsauche hatte seit 15 Jahren im Haus ihrer Tochter Geneviève gelebt und nahm einen wichtigen Platz im Leben von Taizé ein. Alle bedeutenden Besucher der Communauté lud Frère Roger ein, auch sie aufzusuchen. Der *Manoir*, in dem sie im Dorf lebte, war „wie eine zauberhafte Welt", erinnert sich ein Bekannter, „ein Stück Schweiz in Burgund".[69] Der große Kamin, die schönen Möbel aus dem achtzehnten Jahrhundert, das Spinnett und die Bücher schufen eine Atmosphäre aus einer anderen Zeit. Man sprach unwillkürlich ruhig und gedämpft, was nicht ausschloss, dass lustige Anekdoten und Erinnerungen an frühere Zeiten erzählt wurden. Um fünf Uhr pflegten stets einige Brüder von Taizé vorbeizuschauen. Sie tranken Tee mit den Besuchern, die gerade da waren. Frère Rogers Mutter wurde liebevoll *Grand-maman* (Großmutter) genannt. Zum Erstaunen der Brüder fand Roger jeden Abend Zeit für einen kürzeren oder längeren Besuch bei ihr. Eine Schwester von Grandchamp beschrieb sie: „[Sie war] immer gastfreundlich. Ihre Güte zu allen war grenzenlos. Sie ist friedlich heimgegangen."[70] Am 4. Dezember trug Frère Roger schlicht in sein Tagebuch ein: „Schon mehrere Tage lang konnte

Männerwallfahrt von Piekary/Polen; unter dem Baldachin gehen Kardinal Woityla und Frère Roger; Mai 1973

man für meine Mutter nichts mehr tun: Sie nahm keine Nahrung mehr zu sich. Heute Morgen sagte sie in der Absicht, alle zu beruhigen, zu Ghislain: ‚Das Leben ist schön.' Und sie fügte hinzu: ‚Bleiben wir voll Freude.' Am Nachmittag flüsterte sie noch einmal: ‚Das Leben ist schön.' Und dann mehrmals hintereinander: ‚Jesus… es ist schön.' Das waren ihre letzten Worte. Um 20 Uhr, während wir zum gemeinsamen Gebet in der Kirche waren, ging sie in die Ewigkeit Gottes ein. Sie ist ganz sanft verloschen, der Atem verlangsamte sich einfach."[71]

Der Beerdigungsgottesdienst von Amélie Schutz-Marsauche wurde in der Kirche der Versöhnung gefeiert. Sie liegt auf dem kleinen Friedhof, der die alte romanische Kirche umgibt, gleich neben den bereits verstorbenen Brüdern. Auf dem dunklen Grabstein, den kein Kreuz schmückt, ließ ihr Sohn ihren Namen, ihre Lebensdaten und einen Satz aus der „Fröhlichen Nachricht" anbringen: „Der auferstandene Christus kommt, um im Innersten des Menschen ein Fest lebendig werden zu lassen."

In der umfangreichen Post, die der Prior erhielt, fügte Henri de Lubac seiner Beileidsbekundung einige Zeilen hinzu, in denen er „Bedenken" über das in Vorbereitung begriffene Konzil der Jugend äußerte. Frère Roger wollte ihn sogleich beruhigen: „Ich weiß nicht, was Ihre Bedenken hervorgerufen hat. Vielleicht die politischen Überlegungen des einen oder anderen Jugendlichen. Seien Sie gewiss, dass wir ganz bei der Sache sind. In diesem Winter, in dem weiterhin Jugendliche aus Nord und Süd hierher strömen, sind wir mehr denn je zum Wesentlichen gelangt. Sie sind anspruchsvoll auf ihrer Suche nach den Quellen und im Gebet."[72]

Während der immer regeren Vorbereitungen auf das Konzil der Jugend wurde der Status der Communauté de Taizé in Rom Gegenstand lebhafter Diskussionen. Nach den Vorstößen Bischof Le Bourgeois hatte der Dominikaner *Jérôme Hamer*, der beim Sekretariat für die Einheit der Christen arbeitete, im September 1972 und im März 1973 einen jeweils dreitägigen „offiziösen" Besuch in Taizé absolviert. Er konnte sich vor Ort ein Bild davon machen, in wie weit Probleme mit dem Kommunionempfang verbunden waren, der „eucharistischen Gastfreundschaft", die allen Brüdern, die sie erbaten, gewährt wurde, und der nicht auszuschließenden Interkommunion bei den Jugendtreffen. Als Dominikaner und Thomist – er wurde später Sekretär der Glaubenskongregation – wollte Hamer nicht, dass die in der „Instruktion" vom Mai 1972 festgelegten Normen für den Kommunionempfang von Nichtkatholiken überschritten würden. Bischof Le Bourgeois hatte diesbezüglich eine weniger enge Auffassung und verlangte, dass die Frage in Rom geprüft werde. Der Besuch Pater Hamers und die Zusammenkunft in Rom wurden in der Presse nicht erwähnt, und auch die Brüder von Taizé haben darüber niemals etwas verlauten lassen. Bischof Le Bourgeois hat aber einen unveröffentlichten Bericht über die Verhandlung angefertigt.[73] Sie fand am 14. Februar 1974 in den Räumen der Glaubenskongregation statt. Neben Hamer und dem Bischof von Autun nahmen drei Kardinäle daran teil: Kardinal *Franjo Šeper*, Präfekt der Glaubenskongregation, Kardinal *Gabriel-Marie Garrone*, Präfekt der Kongregation für die katholische Erziehung, und Kardinal Willebrands. Der Vertreter des Priors von Taizé in Rom, Frère Max, wurde nicht hinzugezogen.

Bischof Le Bourgeois rief seine Vorgehensweise in Erinnerung und legte die Argumente dar, die seine Entscheidungen motiviert hatten. Die sich daran anschließende Aussprache ging zunächst über die Frage der „doppelten Zugehörigkeit". Hamer äußerte „den Wunsch, Taizé möge sich endlich über eine gewisse missbräuchliche Auslegung der offiziellen Texte über die eucharistische Gastfreundschaft klar werden". Er forderte, dass diese Praxis aufgegeben werde und „die Dinge wieder auf den ursprünglichen Stand gebracht werden". Dem widersetzte sich Bischof Le Bourgeois entschieden: „Dies liefe meinem Gewissen zuwider, ich werde nichts in diese Richtung unternehmen. Wenn Sie unbedingt ein Zurück wollen, dann übernehmen Sie selbst dafür die Verantwortung und bringen Sie dies der Communauté bei!"

Es gab kein „Zurück". Bei einer weiteren Zusammenkunft im April in Taizé wurden die Gespräche über dieses Thema fortgesetzt und man kam überein, einen „Hinweis auf die Ordnungen der Kirchen“ die Kommunion bei Eucharistiefeiern betreffend, in mehreren Sprachen am Eingang der Kirche der Versöhnung anzubringen, damit bei den Treffen nicht länger ungeordnete Interkommunionen stattfänden.

Noch Jahre danach hielt Bischof Le Bourgeois nicht mit seiner Freude darüber zurück, dass die Praxis nicht abgebrochen worden war: „Ich bemerke in Taizé, dass die Jugendlichen unterschiedslos am Abendsmahlsgottesdienst wie an der Eucharistiefeier teilnehmen und auch die Kommunion empfangen. Ich wage zu behaupten, dass ihr gutgläubiges Verhalten womöglich der Sache der Einheit dient! Im Gegensatz zu dem, was verbreitetet wurde, werden sie auf den Charakter des jeweiligen Gottesdienstes hingewiesen, der im Allgemeinen katholisch und bisweilen evangelisch ist. Man ruft ihnen die Auffassung der Kirchen in Erinnerung und bittet sie, sich nach ihrem Gewissen zu verhalten. Die von Hintergedanken freie Teilnahme Jugendlicher am Gottesdienst einer jeweils anderen Kirche kann ein Zeichen dafür sein, dass sich der Heilige Geist einmischt, um die Dinge voranzubringen. Ich sage dies ganz bescheiden, weil ich befürchte missverstanden zu werden, und ganz demütig, weil wir hier vor einem Geheimnis stehen (...).“[74]

Im Frühjahr 1974 erhielt Frère Roger zum ersten Mal eine öffentliche Auszeichnung, den Tempelton-Preis. 1966 hatte er die Aufnahme in die französische Ehrenlegion abgelehnt: „Es ist heute nicht mehr zulässig, dass Männer der Kirche ihrem Dienst für Gott Ehrentitel hinzufügen. Sie können nicht mehr akzeptieren, dass ihr pastoraler Auftrag mit einer Ehre verbunden ist.“[75] Warum nahm er dann acht Jahre später eine andere Auszeichnung an? Einerseits galt der Tempelton-Preis, der ein Jahr vorher ausgelobt worden war, bereits als eine Art „Nobelpreis für Religion“. Die zwölfköpfige Jury war sehr breit zusammengesetzt: neben dem Vorsitzenden des Internationalen Gerichtshofs von Den Haag saßen zwei Anglikaner, zwei Presbyterianer, ein Buddhist und Carson Blake, nun ehemaliger Generalsekretär des Weltkirchenrats. Diese Zusammenstellung kam der offenen Geisteshaltung des Priors von Taizé entgegen. Andererseits war Mutter Teresa im Vorjahr die erste Preisträgerin. Wenn sie diesen Preis angenommen habe, meinte Roger, könne er dies ebenfalls tun.[76]

Der Preis „für seine Arbeit unter den Jugendlichen überall auf der Welt und für seine Bemühungen um Erneuerung und Versöhnung“ wurde ihm am 10. April 1974 durch den Herzog von Edinburgh im Londoner Rathaus überreicht. Der Prior teilte die damit verbundenen 34 000 Pfund Sterling auf verschiedene Jugendgruppen auf, die in England, in Nordirland und verschiedenen Ländern auf der südlichen Erdhälfte sich „auf dem Weg von Kampf und Kontemplation“ einsetzten. In einem kurzen Dankwort bekräftigte er sein „Vertrauen in die jungen Generationen, [sein] Vertrauen in die

1974 erhielt Frère Roger den Friedenspreis des deutschen Buchhandels; neben ihm der damalige Bundespräsident Walter Scheel (l.) und Bundeskanzler Helmut Kohl

Jugendlichen". „Sie werden Wege bahnen, Barrieren niederreißen, Breschen schlagen, um das ganze Volk Gottes mitzunehmen." Aber er vergaß auch die weniger Jungen nicht: „Manche Ältere fällen unerbittliche Urteile über Jüngere; und auch die Jugendlichen ergehen sich in Ablehnung der älteren Generationen. Der Bruch zwischen den Generationen läuft jedoch der Universalität entgegen. Jeder kann dabei alles verlieren: die Jugendlichen, weil sie sich menschlicher und geistlicher Erfahrungen berauben, die Älteren, weil sie sich in Verhältnisse zurückziehen, in denen sie nur noch untätig auf den Tod warten können."[77]

Anfang Mai fuhr Frère Roger nach Rom und wurde von Paul VI. in Privataudienz empfangen. Unter anderem ging es wieder um die Frage des nahenden Konzils der Jugend. Der Papst willigte ein, dazu Kardinal Willebrands zu entsenden.[78]

Eröffnung des Konzils der Jugend

Im August 1974, zwei Wochen vor seiner Eröffnung, erschien ein ausführlicher, kritischer Artikel über Taizé und das Konzil der Jugend in einer der wichtigsten katholischen Zeitschriften der damaligen Zeit. Geschrieben hatte ihn ein junger Journalist, *Jean-Claude Grenier.* Während seiner Ausbildung hatte er zum Thema gearbeitet. Nun erschien das entsprechende Buch. Es war das erste, das an Taizé und seinem Gründer Kritik übte. Es wurden nicht nur Ausrichtung und Einstellung von Taizé infrage gestellt, sondern seine Methode und die Person Frère Rogers selbst. Grenier wollte aufzeigen, dass das Konzil der Jugend, das seit mehreren Jahren vorbereitet wurde, im Endeffekt „gewissermaßen organisiert" war: „Die ‚Bewegung' ist nicht so spontan, wie es aussieht, die Einsatzbereitschaft der Jugendlichen wird in Grenser Bahnen gelenkt, unauffällig zwar, aber mit fester Hand."[79] Frère Roger, erläuterte Grenser unter Verweis auf das Tagebuch des Priors, „drängt" den Jugendlichen seine Gedanken, seine Begriffe und sein Vokabular „auf", und mache sie dabei meisterhaft glauben, sie wären nicht „ferngelenkt". Anschließend beschäftigt sich der Autor mit der Person Frère Rogers: „In Taizé schaut jeder auf diese hagere, dünnhäutige Gestalt. Während der gemeinsamen Gebete berührt die dumpfe, fast unhörbare Stimme Frère Rogers die Herzen. Er versteht sich darauf, eine Menge in Bann zu schlagen. Trotzdem oder gerade deswegen ist die Persönlichkeit des Priors ziemlich umstritten. Manche werfen ihm Sektierertum vor, eine ausgeprägte Befriedigung, als Autorität zu gelten, eine Neigung zum Theatralischen, eine Empfindsamkeit, die an Rührseligkeit grenzt."[80]

Hubert Beuve-Méry, ein langjähriger Freund von Taizé, der in Frère Roger einen stillen Vertrauten gefunden hatte, griff wenig später die Kritik einiger Journalisten und Beobachter auf: „Wenn man einmal von prinzipieller Gegnerschaft absieht, wurden die vielen mehr oder weniger zudringlichen und manchmal provozierenden Fragen zur Person von Frère Roger, zur Herkunft und Motivation der Teilnehmer oder über Mittel und Ziele des Konzils der Jugend durchaus zu Recht gestellt. Die Journalisten fragten sich, haben wir es mit einem Propheten für unsere Zeit zu tun, einem charismatischen Prediger, einem neuen heiligen Franziskus, einem Liebhaber der Natur und Freund von Kindern und Vögeln, oder lediglich mit einer unbestreitbar faszinierenden Persönlichkeit, die sich jedoch zu sehr darauf verlegt, mit Symbolen und sprachlichen Finessen zu hantieren und (...) auf allen Saiten des Gemüts zu spielen?"[81] Im Unterschied zu Grenier ist Beuve-Méry allerdings der Auffassung, die Person des Priors von Taizé übertreffe an Tiefe und Echtheit die geringfügigen Mängel und Fehler, die man an ihm wie an jeder Gründergestalt wahrnehmen könne.

Er urteilt, dass Frère Rogers Werk und der Weg, auf den er die Kirche und die Jugendlichen führen wolle, so außerordentlich seien, dass menschliches Ungenügen sie nicht beeinträchtigen könne.

Wie auch immer – am 30. August wurde das Konzil der Jugend schließlich eröffnet. Die Presse berichtete breit über das Ereignis, es erschienen an die 50 Zeitungsartikel. Mehrere Zeitungen schickten „Sonderkorrespondenten". Einer von ihnen beschrieb die einwandfreie Organisation des Treffens schon bei der Ankunft der Teilnehmer: „Weil man mit mindestens 50 000 Leuten rechnet und eine ruhige Atmosphäre gewährleisten will, in der Gebet und wirkliche Begegnungen gedeihen können, (…) kann man das Konzil nur zu Fuß erreichen (…). Ein Empfangsteam hält uns an. Vor uns liegt das Gelände des Konzils, nun beginnt das Erlebnis einfachen, aber brüderlichen Lebens. Man hält für uns einen Becher Sirupgetränk bereit, ein einladendes Lächeln, ein Textheft zum persönlichen Nachdenken oder für Gruppengespräche und einen Übersichtsplan des Geländes."[82]

Auf einem 25 Hektar großen Feld am Fuß des Hügels (es trägt im Kataster die poetische Bezeichnung *Palais Grillon,* Grillenpalast), wurden dreißig große Zelte aufgestellt. Sie dienten als Anlaufstelle für die dreißig „Wohnbereiche", die sich aus den unzähligen kleinen Zelten der Jugendlichen zusammensetzten. Gegenüber der durch ein rundes Großzelt vergrößerten Kirche der Versöhnung waren auf der anderen Straßenseite fünf weitere riesige Zelte aufgebaut worden. Sie standen sternförmig auf ein sechstes ausgerichtet, das mit einem niedrigen Holzpodium ausgestattet war und während der Gottesdienste als „Chor" der Zeltkathedrale diente. Alles konnte beschallt werden und war für Simultanübersetzungen in fünf Sprachen ausgerüstet. Zwischen 35 und 40 000 Jugendliche aus über hundert Ländern trafen ein.

Der Sonderkorrespondent von *Le Monde* verhehlte sein Staunen nicht: „Sind wir hier in einer Zirkuswelt mit buntscheckigen Zelten? Oder in einem Wüstencamp der Armee, mit fast militärisch ausgerichteten Zeltreihen? Hüten wir uns vor hinkenden Vergleichen, verwechseln wir nicht das Äußere mit dem Eigentlichen, das Zeitliche und das Geistliche. Taizé ist weder das Woodstock eines in ‚Pop-Soße' getauchten Christentums noch das Kleinkunstfestival irgendeiner antiinstitutionellen Kirche, noch das Theaterfestival einer vollkommen rätselhaften Religion aus dem Nirgendwo. Es ist nichts von alledem, und es ist auch kein Volksfest des Glaubens, wie es andere gibt mit Aufbauten, Knoblauch und Schinken (…). Wer sich umsieht, entdeckt eine leicht gewellte Landschaft mit dem Auf und Ab der Hügel und Täler, mit Wäldchen und eingefriedeten Feldern, hinter deren Mauern aus ockerfarbenen Bruchsteinen weiße Charollais-Rinder ihr Dasein fristen. Die Schönheit des Ortes, die gelassene Fülle, die von ihm ausgeht und die unwillkürlich jeden Ankömmling erfasst, das alles ist wohl wesentlich. Taizé ist nicht Stahl und Beton – Taizé ist Schönheit, Stille, Landleben."[83]

Eröffnung des Konzils der Jugend; 30. August 1974

Fünf Kardinäle, acht katholische Bischöfe, der neue Generalsekretär des Weltkirchenrats *Philipp Potter* und Vertreter der orthodoxen, anglikanischen und evangelischen Kirchen waren gekommen. Paul VI. schickte eine Grußbotschaft, die Kardinal Willebrands verlas. Frère Roger hatte einen Berufsfotografen gebeten, das Ereignis festzuhalten. Es war ein Deutscher, *Hans Lachmann.* Er stellte in Absprache mit der Communauté seine Abzüge der Presse zur Verfügung. In den kommenden Jahren begleitete er Frère Roger auf mehreren weiten Reisen.

Gemessen an seiner viereinhalbjährigen Vorbereitung war das Ereignis des Konzils sehr kurz; es dauerte kaum vier Tage. In den „Wohnbereichen" konnte man Gespräche in Kleingruppen führen. Dazu kamen vier gemeinsame Gebetszeiten, Versammlungen, die bis zu zwei Stunden dauerten und aus Gebeten, Gesängen, Musikstücken sowie Berichten Jugendlicher verschiedener Erdteile bestanden. Wie einer der Teilnehmer, der Erzbischof von Rennes, Kardinal *Paul Gouyon*, befriedigt hervorhob, gab es „nicht einmal eine gemeinsame Eucharistiefeier, um die Zweideutigkeit von Interkommunionen möglichst zu vermeiden."[84] Allerdings war mehrere Stunden lang Gelegenheit, die katholische Kommunion bzw. das evangelische Abendmahl zu empfangen, die auf Tischen „bereitgehalten" wurden.

Während des Gebets am Samstagmittag, das unter dem Thema „Arme Menschen – unterdrückte Menschen" stand, ergriff Frère Roger das Wort und machte eine unerwartete Ankündigung, „geschickt platziert", wie ein Jesuit anmerkte[85]: „Ich werde nach Chile reisen, um zuzuhören, um zu beten, um zu versuchen zu begreifen." Im Vorjahr war bei einem Staatsstreich in Chile die sozialistische Regierung *Salvador Allendes* gestürzt worden und General *Augusto Pinochet* an die Macht gekommen. Mehrere hundert Menschen wurden getötet, zahlreiche verhaftet. Die „chilenische Diktatur" war zu einem Symbol jener „Unterdrückung" geworden, die man in Taizé wie anderswo angeprangerte. Die überraschende Ankündigung Frère Rogers wurde mit enormem Beifall bedacht. Es war „das bemerkenswerteste Ereignis dieses Wochenendes", schrieben einige Zeitungen.

In der Nacht von Samstag auf Sonntag fanden drei verschiedene (katholische, evangelische und orthodoxe) Eucharistiefeiern statt. Am Sonntag las während des Morgengebets ein Jugendlicher aus Zaire den „Brief an das Volk Gottes" vor. Er war von einem Team Jugendlicher aus fünf Erdteilen in einem kämpferischen Ton verfasst worden. Die Kirche wurde aufgerufen, „auf die Mittel der Macht und die Vorteile der Kompromisse mit der Macht zu verzichten, (...) Samenkorn einer Gesellschaft ohne Klassen und Privilegierte zu werden, in der nicht mehr ein Volk über das andere herrscht, noch ein einzelner Mensch über den anderen". Die Jugendlichen wurden aufgerufen, „auf Privilegien zu verzichten" und „ihr Leben in einem verborgenen Gebet hinzugeben". Angesichts der spontanen Begeisterung, die der Brief auslöste, kamen einem Priester leichte Zweifel: „Eine durch Musik, Gesang, Warmherzigkeit und erste Beifallsstürme in Hochstimmung versetzte Menge. Ein Brief, den eine kleine Gruppe vorbereitet hat, wird vorgelesen wie ein Manifest. Ohne zunächst still darüber nachzudenken, wird eingängiges Vokabular gutgeheißen. Handelt es sich um echte Einsatzbereitschaft oder um leichtsinnige Zustimmung?“[86]

Der Prior las einen selbst verfassten, persönlich gehaltenen Text vor, „Aufbruch ins Ungeahnte“, der am Ende an alle Teilnehmer ausgeteilt wurde.[87] Frère Roger blieb darin seiner Einstellung treu, Begleiter zu sein. Sie kennzeichnete das Konzil der Jugend seit seiner Ankündigung. Er gab eine Reihe geistlicher Ratschläge, nicht in Form von Lehrsätzen oder Verhaltensanweisungen, sondern als vertrautes Zwiegespräch, das in ein Gebet mündete.

Einige Wochen vor der Eröffnung des Konzils der Jugend hatte die Katholische Arbeiterjugend Frankreichs in den Pariser Messehallen ein großes Treffen auf nationaler Ebene abgehalten, das *Objektiv 74*. 40 000 junge Erwachsene waren dort Ende Juni, Anfang Juli zusammen. Nicht nur Taizé zog also seinerzeit viele Jugendliche an. Aber es gab deutliche Unterschiede. *Georges Marchais*, damals Generalsekretär der kommunistischen Partei Frankreichs, gehörte zu den Gästen von *Objektiv 74*. Die Politisierung der katholischen Arbeiterjugend und ihr linksgerichtetes Engagement stachen von den Treffen in Taizé ab, wo auch der Innerlichkeit breiter Raum gegeben wurde.

Die Katholische Studentenjugend Frankreichs legte ebenfalls Wert darauf, sich von Taizé abzuheben. In einem Bericht, den ihr Nationalrat absegnete, hieß es damals: „Taizé ist unbestritten ein neuer Ort, ein Ort der Hoffnung angesichts einer Kirche, in der man sich nur langweilt. Zu Recht fasziniert, dass dort Ausdrucks- und Versammlungsformen aufgegriffen werden, die darauf abzielen, das Leben auf unmittelbare Weise zu ändern. Nur, geht dies dort nicht mit einer überkommenen Darlegung des Glaubens Hand in Hand? Handelt es sich dort nicht darum, der Innerlichkeit Vorrang einzuräumen, was eher zu einem sozialen oder karitativen Engagement als zu einer ernsthaften politischen Analyse der Konflikte unter den Menschen führt?“[88]

Taizé wurde im Grunde vorgeworfen, nicht politisch genug zu sein. Frère Roger hatte in der Tat das Konzil der Jugend, das eben eröffnet worden war, „als einen sich verbreiternden Fluss, als ein weitergewobenes Gewebe“ bezeichnet und festgestellt: „Die üblichen Strukturen von Versammlungen mit endlosen Abstimmungen, Anträgen, Kommissionen und publikumswirksamen Auftritten sind dafür kein Modell.“

Dieser geistliche Aufbruch beeindruckte über die Kirchen hinaus. Einige Wochen nach der Eröffnung des Konzils der Jugend, am 13. Oktober, zeichnete der Börsenverein des Deutschen Buchhandels anlässlich der Frankfurter

Buchmesse Frère Roger mit dem Friedenspreis des Deutschen Buchhandels aus, weil er „junge Menschen jeder Herkunft, aller Glaubens- und Denkrichtungen einen Weg, aus einer hoffnungslos scheinenden zu einer sinnerfüllten Existenz zu finden" hilft. Die Verleihung fand in der Frankfurter Paulskirche unter Anwesenheit von Bundespräsident *Walter Scheel* und des künftigen Bundeskanzlers *Helmut Kohl* statt. Statt einer Dankansprache vor dem offiziellen Publikum aus Persönlichkeiten der Verlagswelt, der Presse und der Politik schlug der Prior von Taizé ein Podiumsgespräch mit Jugendlichen vor. Dabei wurde nichts dem Zufall überlassen. Seine Gesprächspartner, ein Inder, zwei Deutsche und ein Nordamerikaner, waren enge Freunde und ihre Fragen wie auch die Antworten Frère Rogers gut überlegt. Frère Roger kam darauf zu sprechen, dass die Brüder in Taizé 1945 und 1946 deutschen Kriegsgefangenen geholfen hatten. Die 6000 DM Preisgeld gingen an eine Gruppe junger Portugiesen, die sich in einem Armenviertel von Porto um Straßenkinder kümmerte.

Die Entstehung der Gesänge von Taizé

Als die Eröffnung des Konzils der Jugend vorüber war, gab sich Frère Roger, wie so oft, wenn ein lange angestrebtes Ziel erreicht war, mit dem Ergebnis nicht zufrieden. Er äußerte dies nur ein einziges Mal: „Ich hatte den Eindruck, dass unter den Großzelten mehr Nebel als Licht herrschte. Die ungewohnt hohe Teilnehmerzahl und die eigens für diese Gelegenheit zusammengestellte Musik führten dazu, dass unsere Art zu beten über den Haufen geworfen wurde. Wenn sich bei einer Versammlung wie dieser das Gebet schwierig gestaltet, ist etwas schief gegangen. Das machte uns zu schaffen."[89]

Frère Roger besprach das Problem mit dem Komponisten *Jacques Berthier*. Der Organist an St. Ignatius in Paris hatte bereits Stücke für die Gottesdienste von Taizé komponiert, die zu Klassikern geworden waren. Nun galt es, neue Ausdrucksformen zu finden, die den Jugendlichen eine regere Teilnahme am Gebet und an den Gottesdiensten ermögliche. Berthier arbeitete mit Frère Robert zusammen, der die Texte aussuchte und anpasste. Eines Tages übte der Bruder mit den Jugendlichen ohne viele Mühe den lateinischen Kanon *Jubilate Deo* von *Michael Praetorius* ein. Daraufhin bat er Berthier, andere Gesänge als Kurzfassung traditioneller lateinischer Hymnen zu schreiben: ein *Magnifikat*, das *Christus vincit* usw. Diese Form wurde dann weiter ausgebaut: „Wir gingen von dem Einfall aus, Kanons zu verwenden", berichtete Jacques Berthier. „Dies erschien uns das Einfachste. Nach einer Weile sagte ich mir: Wenn man den Kanon hört, geht es letztlich um eine Abfolge von vier Akkorden, und das klingt auf die Dauer langweilig. Deshalb dachte ich, es wäre interessanter etwas zu schreiben, das ich Ostinato nannte, das heißt kleine Phrasen zu acht Takten, jeweils auf einen lateinischen Text. Dies eröffnete größere musikalische Möglichkeiten. Ein Ostinato von acht sich fortlaufend wiederholenden Takten gibt Raum, darüber Solos zu singen, Variationen und sogar weitere Melodien zuzulassen."[90]

Diese musikalische Form bewährte sich bei Dutzenden von Gesängen, die Jacques Berthier im Lauf von fast zwanzig Jahren bis zu seinem Tod komponierte. Die ruhigen, sich wiederholenden Stücke, die man sofort an ihrer einfachen Melodie erkennt, kurz, aber über unbestimmte Zeit zu singen, erwiesen sich für eine große Menschenmenge wie geschaffen. „Die Kanons, Ostinatos und Wiederholgesänge, kommen unserem Umfeld entgegen, weil sie es ermöglichen, das Sprachproblem zu überwinden", meinte dreißig Jahre später ein Bruder. „Die wenigen Worte, aus denen ein Gesang besteht, kann man sich schnell aneignen, und das erlaubt allen, unabhängig von ihrer Muttersprache einzustimmen. Weil die Melodien, die wir mit Vorliebe verwenden, einfach sind, haben sie auch einen meditativen Charakter. Dies ist beabsichtigt. Das gemeinsame Gebet in Taizé soll nicht Gefühlsausbrüchen Vorschub leisten, sondern den Jugendlichen ermöglichen, Gott zu suchen, vor allem auch zuhause, nach ihrer Rückkehr aus Taizé. (...) Da nur wenige Worte wiederholt werden, kann man den Text verinnerlichen; dies entlastet den Verstand, und allmählich dringt das gesungene Wort des Glaubens in das Herz ein. Wer ein betriebsames Leben führt, hat oft Mühe sich zu sammeln; dies fällt leichter, wenn man nur einige wenige Worte wiederholt. Durch das Mitsingen klangvoller Gesänge konnten tausende Jugendliche herausfinden, was beten heißt, und dem Gebet in ihrem Leben Raum geben. Und oft stellen die Jugendlichen dabei erstaunt fest, dass sie gerne beten."[91]

10. Kapitel

Ein „Nomade“

Ein Generaldirektor der Unesco nannte Frère Roger anlässlich einer Preisverleihung „einen Nomaden, der sein Zelt auf allen Breitengraden aufstellt“. Der ehemalige Privatsekretär Johannes XXIII., Bischof Capovilla, verglich ihn mit den „einstigen Patriarchen“, an die der Ruf erging, „auf der Welt weite Wege mit der Lampe der Hoffnung zurückzulegen“.[1] Dieses Nomadentum Frère Rogers trat nach der Eröffnung des Konzils der Jugend ausgeprägt zutage.

Roger hatte angekündigt, das Konzil werde mit weiteren „Eröffnungen“ auf den anderen Kontinenten fortgesetzt. Es galt, auf Menschen zuzugehen, die nicht nach Taizé kommen konnten, aber andernorts „Hoffnung am Leben hielten“, wie sich der Prior ausdrückte. Ab Dezember 1974 fanden eine Reihe von Treffen in Mexiko, Chile, Argentinien, Brasilien, in den Vereinigten Staaten, in Kanada und auch in verschiedenen afrikanischen und asiatischen Ländern statt. Dann war wieder das Ostertreffen in Taizé an der Reihe. „Es geht uns nicht darum, Anhänger zu gewinnen“, stellte Frère Roger klar. „Wir haben auch kein System zu verteidigen und ebenso wenig einer Sache zum Sieg zu verhelfen.“

Das erste Treffen führte von 28. bis 31. Dezember in ein Armenviertel von Guadalajara. Dort standen nicht Verpflegungs- und Unterbringungsmöglichkeiten wie in Taizé zur Verfügung; die Organisatoren wollten ohnehin, dass die Familien im Viertel und die umliegenden Kirchengemeinden die mehreren Tausend erwarteten Teilnehmer beherbergen. Frère Roger war es wichtig, dass Jugendliche aus verschiedensten Ländern des süd- und nordamerikanischen Kontinents als ein Zeichen der Solidarität anwesend waren. So sei es möglich, „auf den Gesichtern der Menschen einen Widerschein des Angesichts Gottes wahrzunehmen“.

Von Mexiko reiste Frère Roger wie versprochen nach Chile. Frère Robert begleitete ihn. Am Flughafen begrüßte sie Kardinal Henriquez. Auf das Besuchsprogramm vom 2. bis 16. Januar 1975 [2] war auch ein Besuch bei Augusto Pinochet gesetzt worden, der als Chef der Militärjunta seit September 1973 an der Macht war. Bei allem Verständnis für Dialog verzichtete der Prior von Taizé jedoch darauf. Stattdessen traf er mehrmals die Verantwortlichen des Nationalen Friedenskomitees, das der Kardinal gleich nach dem Staatsstreich gegründet hatte. Sein Leiter war der junge Priester *Christian Precht*, der schon in Taizé gewesen war. Die etwa hundert Mitarbeiter des Komitees kümmerten sich um politische Gefangene und ihre Familien; unter anderem vermittelten sie Rechtsanwälte.

Während des Aufenthalts besuchte der Prior von Taizé auch die Frau des Generalsekretärs der chilenischen kommunistischen Partei *Luis Corvalan*, der während der ersten Stunden des Staatsstreichs festgenommen worden war und in Kürze hingerichtet werden sollte. Frère Roger teilte *Lilly Corvalan* mit, dass er bei den Behörden und selbst bei Paul VI. für ihren Mann eingetreten sei. Er hatte noch nicht erfahren, dass der Erzbischof von Mailand Kardinal *Giovanni Colombo* ebenfalls den Papst sofort verständigt und überzeugt hatte einzugreifen.[3] Später wurde Corvalan auf Betreiben der Sowjetunion gegen den Dissidenten *Wladimir Bukowski* ausgetauscht.

In seinem Tagebuch schildert Frère Roger eine Nacht, die er in der Baracke einer Familie in einem Elendsviertel von Santiago verbrachte. Er erspart dem Leser keine Einzelheit des Elends vor Ort und verhehlt nicht, wie schwer es war, dort zu übernachten: „Wir schlafen alle zusammen mit den vier Kindern im selben Raum. Unsere Betten sind von den ihren durch ein paar Bretter getrennt. Eines der Kinder leidet an einer Ohrenentzündung und weint die ganze Nacht. Durch die Spalten zwischen den Brettern dringt in Stößen ein kalter Andenwind herein. Die Hunde jaulen bis zum Morgen. Nacht der Erwartung. Eine Vigil."[4]

Es gibt unzählige Aufnahmen von Hans Lachmann, die Frère Roger in den Elendsvierteln Asiens und Afrikas unter den Armen zeigen. Sie gingen durch die Presse und illustrierten Bücher und Broschüren. Frère Roger wusste zu vermitteln, wie sehr ihm diese Reisen am Herzen lagen. In den folgenden Jahren verbrachte er die Neujahrsnacht jeweils in einem armen Land der südlichen Erdhälfte. Dort entstand der „Jahresbrief", der beim jährlichen internationalen Jugendtreffen in Frankreich oder anderswo veröffentlicht wurde. Solche Gesten der Solidarität in der Zeit um Weihnachten hatten hohe Symbolkraft.

Der Prior von Taizé engagierte sich bald wieder für einen politisch Verurteilten in Afrika. Das Land Dahomey (der spätere Benin) wurde von einem nationalen Revolutionsrat marxistisch-leninistischer Ausrichtung regiert und die Kirche gnadenlos unterdrückt. Am 17. März 1975 wurden Pfarrer *Alphonse Codjo Quenum* und sechs weitere Personen durch das Revolutionsgericht wegen „politischen Verschwörung" zum Tod verurteilt. Junge Afrikaner, die zu den Ostertreffen nach Taizé gekommen waren, unterrichteten Frère Roger über das Schicksal der Verurteilten. Der Prior wandte sich unverzüglich an die Machthaber in Dahomey. Am Karsamstag, den 29. März, sandte er ein Telegramm an den Staatspräsidenten General *Mathieu Kérékou*: „Mit Tausenden in Taizé versammelten jungen Menschen aus vielen Ländern erfahren wir von den sieben Todesurteilen, von denen eines Pfarrer Quenum betrifft. Im Namen der Menschenwürde erbitten wir Begnadigung. Verletzen Sie nicht das Gewissen junger Menschen."[5] In seinem Tagebuch erwähnt Frère Roger lediglich den Text seines Telegramms. Aus anderen Quellen ist bekannt, dass Pfarrer Quenum und die anderen Verurteilten begnadigt wurden.

Für den Mai war Frère Roger ein weiteres Mal zur Teilnahme an der Wallfahrt in Piekary eingeladen, die Kardinal Woityła leitete. „Wallfahrt auf den Hügel von Piekary, westlich von Krakau: 180 000 Männer, oberschlesische Bergarbeiter. In langen Schlangen kamen sie heute früh heraufgezogen. In der Nacht hatten sie, bevor sie aufbrachen, in ihren verschiedenen Gemeinden die Kommunion empfangen und dann den Weg per Bus oder per Bahn und das letzte Stück zu Fuß zurückgelegt. Die Frauen erwarten sie heute Abend bei ihrer Rückkehr in den Pfarrkirchen."[6] Der Prior war voller Bewunderung für den Glauben und den Mut dieser Menschen: „Das polnische Volk hat eine einzigartige Sendung. In einer tausendjährigen Geschichte hat es sich einen wahren Schatz an Großmut und Ausdauer erworben. Die Festigkeit seines Glaubens stärkt die Hoffnung vieler Christen auf der ganzen Welt." Drei Jahre vor der Wahl eines polnischen Papstes erscheinen diese Worte heute wie ein damaliger Blick in die Zukunft.

Ende 1975 weilte Frère Roger wieder in Rom. Am 14. Dezember nahm er am Gottesdienst zum zehnten Jahrestag der Aufhebung der gegenseitigen Verurteilungen zwischen Rom und Konstantinopel teil. Paul VI. hatte Metropolit Meliton als Vertreter des Patriarchen von Konstantinopel zu Gast. Während der Eucharistiefeier, die in der Sixtinischen Kapelle stattfand, warf sich der Papst zu Boden und küsste dem Metropoliten die Füße, eine Geste „ohnegleichen in der Geschichte der Kirche" wie der Patriarch betonte, der in Paul VI. „den ersten Bischof der Christenheit, den Bischof von Rom, also eine versöhnende und einende Macht in der Kirche und der Welt" sah. Frère Roger dachte nicht anders.

Auf Bitten des Papstes, der ihn in Privataudienz empfangen hatte, blieb Roger in Rom und nahm auch am Weihnachtsgottesdienst teil, der zum Abschluss des Heiligen Jahres auf dem Petersplatz gefeiert wurde. Am nächsten Tag war in der italienischen katholischen Tageszeitung *Avvenire* zu lesen: „Ich bin gekommen, um den universalen Hirten, Papst Paul VI., für die Langsamkeit, mit der die Suche nach Versöhnung unter den Christen vorangeht, um Verzeihung zu bitten."[7]

Die Worte waren herausfordernd in dem Bestreben, keine Gelegenheit verstreichen zu lassen, um das angestrebte Ziel in Erinnerung zu rufen.

In Kalkutta

Längst war Taizé zum Lieblingsort einer glaubenden oder auch einer nichtglaubenden Jugend geworden, die eher auf der Suche sein wollte, als sich auf Gewissheiten auszuruhen. Den Sommer über hatte die Communauté jede Woche durchschnittlich 2000 Jugendliche zu Gast.

Beim Ostertreffen 1976 kündigte Frère Roger an, dass Mutter Teresa im August nach Taizé kommen und er im Oktober nach Kalkutta fahren werde, „um eine Zeit lang das Leben in den Sterbehäusern von Kalkutta und dann das Leben der Ärmsten in Bangladesch zu teilen". In diesen Ländern verfasste er mit einer Gruppe Jugendlicher aus verschiedenen Erdteilen einen „Zweiten Brief an das Volk Gottes". Einige Brüder lebten bereits seit zwei Jahren in einem Elendsviertel von Chittagong, der zweitgrößten Stadt in Bangladesch, andere arbeiteten zeitweilig bei Mutter Teresa mit.

Während Mutter Teresas Besuch in Taizé verfasste Frère Roger mit ihr am 16. August ein Gebet, das vor den versammelten Jugendlichen gesprochen wurde:

O Gott, Vater aller Menschen, du bittest jeden von uns, Liebe dorthin zu tragen, wo Arme erniedrigt werden, Freude dorthin, wo die Kirche entmutigt ist, und Versöhnung dorthin, wo die Menschen uneins sind, der Vater mit dem Sohn, die Mutter mit der Tochter, der Mann mit seiner Frau, der Glaubende mit dem, der nicht glauben kann, der Christ mit seinem nicht geliebten christlichen Bruder. Du bahnst uns diesen Weg, damit der zerstückelte Leib Jesu Christi, deine Kirche, Ferment der Gemeinschaft sei für die Armen der Erde und für die ganze Menschheitsfamilie.[8]

Mutter Teresa hatte großen Einfluss auf den Gründer von Taizé, der in ihr eine Frau Gottes mit unermesslichem Mitgefühl und tiefer Barmherzigkeit, eine Frau des Gebets und der Kontemplation, auch eine Art große Schwester sah – sie war fünf Jahre älter als er –, die ihm als überzeugende Autorität manchen Weg wies.

Ende Oktober 1976 reiste Frère Roger nach Indien. Sein Aufenthalt in Kalkutta war in verschiedener Hinsicht von Bedeutung. Er sammelte dort nicht nur Erfahrungen in einer Welt vollkommener Armut, sondern erlebte sich auch, gleichsam als ein Vater, weil ihm ein ganz kleines Mädchen anvertraut wurde. Jeden Vormittag ging er mit einem Bruder, der Arzt war, in eines der „Kinder-Sterbehäuser" Mutter Teresas, in denen auf der Straße aufgelesene Kinder betreut wurden. „Eine solche Erfahrung prägt für das ganze Leben. Es kam vor, dass Kinder in unseren Armen starben"[9], hält der Prior fest. Am 1. November kam es zu einer Begegnung, die sein Leben tiefgreifend veränderte: „Ein kleines Mädchen von vier Monaten mit ernstem Gesichtsausdruck zieht meinen Blick auf sich."[10] Seine Mutter war kurz nach der Geburt gestorben. Es hieß Sonaly. Schwester Fabienne, die für das Heim Verantwortliche, meinte, es werde vermutlich nicht überleben, weil es ihm an Kraft mangele, „dem Winter zu trotzen". Mutter Teresa bat Frère Roger „eindringlich, es nach Taizé mitzunehmen und dort behandeln zu lassen."[11] Ein unerhörter Vorschlag. Wie sollte eine Gemeinschaft von Männern ein Kind aufnehmen? Frère Roger kamen die zwei Dutzend Waisenkinder in den Sinn, die sie in den Nachkriegsjahren in Taizé betreut hatten. Geneviève, die sich um sie gekümmert hatte, könnte auch für dieses kleine Waisenkind da sein. Die unerwartete, inständige Bitte Mutter Teresas kam der Neigung Frère Rogers zu ungewöhnlichen Schritten entgegen. Er vertraute sich Gott an und willigte ein. Mit Unterstützung Mutter Teresas konnte er die notwendigen Formalitäten bei den indischen und französischen Behörden erledigen und kehrte mit dem gefährdeten Baby nach Frankreich zurück.

Eine andere Geste Mutter Teresas blieb ebenfalls nicht ohne Folgen. Eines Tages ließ sie einen kleinen Tabernakel aus Holz in die Wohnung der Brüder bringen. „Sie wollte, dass die eucharistischen Gaben in unserer kleinen Fraternität aufbewahrt würden. Sie wusste, dass darin eine wesentliche Quelle liegt, die Hingabe eines ganzen Lebens zu stärken."[12] Wo immer sich die Brüder für eine Weile niederlassen, befindet sich seither ein Tabernakel. Wenn Frère Roger sich in einem fernen Land aufhielt, richtete er in der Behausung eine Gebetsecke ein, wo auch die eucharistischen Gaben aufbewahrt wurden.

Frère Roger trug im allgemeinen Straßenkleidung und das weiße Gewand nur bei bestimmten Gelegenheiten, etwa in der Kirche der Versöhnung, wenn er zu den Jugendlichen sprach oder mit bestimmten kirchlichen Persönlichkeiten zusammentraf. Mutter Teresa forderte ihn nachdrücklich auf, das weiße Gewand ständig zu tragen. Frère Roger erzählte, wie sich dies zutrug: „Nachdem wir einmal einen Nachmittag lang Leprakranke aufgesucht hatten, sagte sie im Auto zu mir: ‚Ich muss sie um etwas bitten – sagen sie Ja!' Bevor ich antwortete, versuchte ich herauszufinden, worum es ging. ‚Sagen sie Ja', beharrte sie. Schließlich rückte sie mit ihrem Wunsch heraus: ‚Sagen Sie Ja dazu, ab jetzt den ganzen Tag über Ihr weißes Gewand zu tragen; in der heutigen Zeit sind solche Zeichen notwendig.'"[13] Frère Roger gab der Bitte statt. Mutter Teresa ließ durch ihre Schwestern ein weißes Gewand schneidern und nähte selbst daran mit. Das weiße Gewand gehörte von da an zum Erscheinungsbild Frère Rogers wie der weiße, blau gesäumte Sari zu dem Mutter Teresas.

In ähnlicher Weise wie die Gründerin der Missionarinnen der Nächstenliebe fand auch Frère Roger Zeichen und Symbole, um sich verständlich zu machen. Neben dem Gebetsgewand und dem Kreuzzeichen, das er oft mit dem Finger als Geste des Verzeihens anderen in die Handfläche machte, entstanden im Lauf der Jahre weitere Erkennungsmerkmale: das „Kreuz von Taizé" (ein stilisiertes Kreuz, bei dem sich die Taube des Heiligen

Bei Mutter Teresa in Kalkutta; Oktober 1976

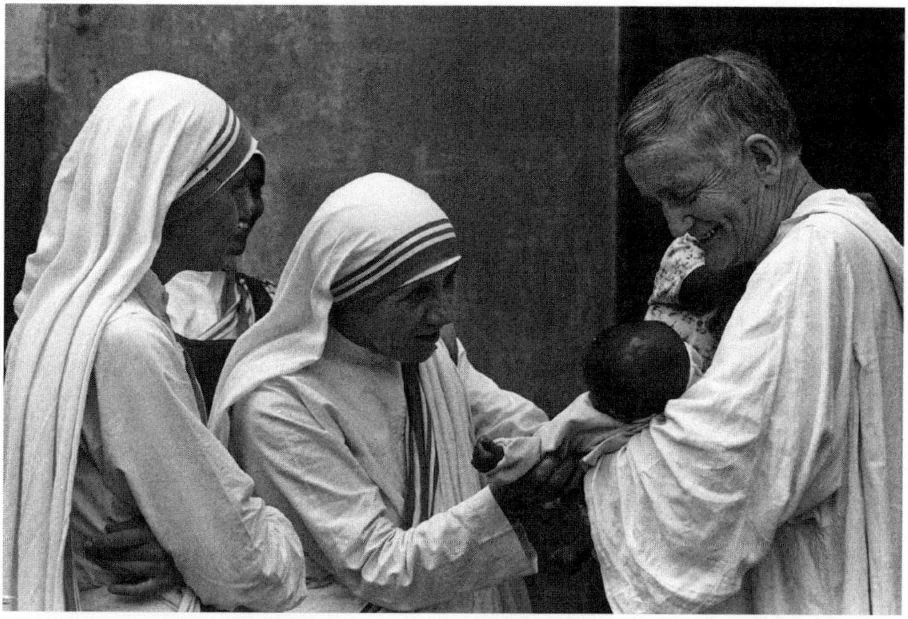

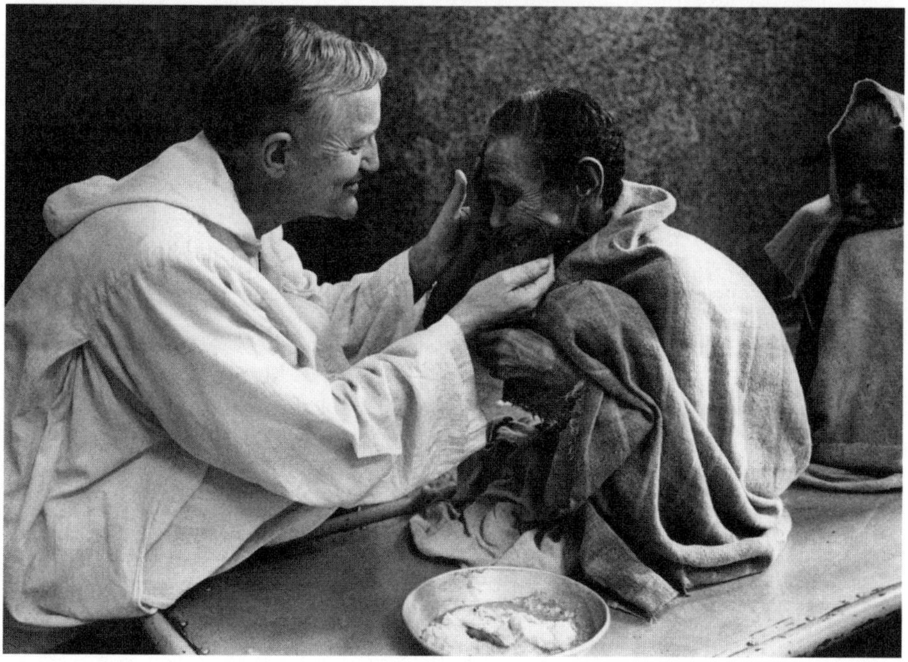

Geistes mit dem Kreuz Christi verbindet), die langen orangefarbenen Stoffbahnen, die im Chor der Kirche der Versöhnung ausgespannt sind und bei den großen internationalen Jugendtreffen die Gebetshallen in den Großstädten schmücken. Bei Mutter Teresa wie bei Frère Roger sind Symbole nicht nur moderne Kommunikationsmittel, sondern verweisen auf Höheres, Geistliches. Das weiße Gewand beispielsweise versinnbildlicht vollkommene Hingabe, innerste geistliche Suche, den steten Weg „vom Zweifel zur hellen Klarheit schlichten Vertrauens auf Gott".[14]

Frère Roger verfasste in Kalkutta zusammen mit einer Gruppe Jugendlicher aus verschiedenen Erdteilen einen zweiten „Brief an das Volk Gottes", „mitten unter Menschen, die in Verhältnissen leben müssen, die auf der Erde am weitesten verbreitet sind, in Armut." Einige junge Europäer, Nord- und Südamerikaner, Afrikaner und verschiedene Asiaten waren in das Elendsviertel von Kalkutta gereist. An den Nachmittagen erarbeiteten sie den Text.

Während seines Aufenthalts in Indien reiste Frère Roger am 13. November für eine Woche nach Bangladesch, in die Fraternität der Brüder in Chittagong: „Die Landschaft ist von unvergleichliche Schönheit, aber die Wohnverhältnisse spotten jeder Beschreibung."[15] Über ein Jahr später trug er in sein Tagebuch ein: „In einer engen Gasse ein auf dem Boden kauerndes Kind, das ein Baby auf dem Arm trägt und mit dem anderen Arm versucht, ein zweites hochzuheben. Als es beide zugleich hielt, kippte es um. Bild der unschuldig in der Kindheit erlittenen Wunden."[16] Die Begebenheit ging ihm nicht aus dem Sinn.

Warum lebten die Brüder mitten unter solchem Elend? „Wir wissen nur zu gut, wie sehr die Menschen auf der südlichen Erdhälfte Abhängigkeitsbeziehungen fürchten. Wenn wir hingehen, wollen wir ohne besondere Absicht ganz einfach mit ihnen zusammen leben (...). wir wollen keine kurzlebigen, durch Geld und gut konzipierte Lösungen aus dem Westen erbrachte Wirkungen erzielen."[17] Stattdessen soll Vertrauen geweckt, sollen lokale Initiativen unterstützt und mit allen „ein Gleichnis der Gemeinschaft" gelebt werden.

Von den Erfahrungen in den Elendsvierteln Kalkuttas und Chittagongs zehrte Frère Roger lange. Einige Zeit später schrieb er in sein Tagebuch: „Seit der Rückkehr aus Kalkutta ist das Herz von Bildern erfüllt: die Augen von ganz kleinen, auf der Straße ausgesetzten Kindern, der Blick junger leprakranker, von innerer Einsamkeit verwundeter Frauen.". Auf diesem Hintergrund sah er die Spaltungen, die in Europa wieder auf ihn warteten und die er als einen Luxus der reichen Länder ansah, mit anderen Augen: „Wie könnten wir, nachdem wir eine Zeit lang in einem Elendsviertel Asiens lebten, manche Kämpfe in Europa anders als lächerlich empfinden? Erscheinen die alten oder neuen Zerspaltungen unter Christen, das Unverständnis zwischen den Generationen nicht als Sturm im Wasserglas?"[18]

Anfang Dezember 1976 kehrte er nach Frankreich zurück. Der zweite „Brief an das Volk Gottes“[19] wurde am 5. Dezember in Paris bei einem Abendgebet in Notre Dame veröffentlicht, zu dem mehrere Tausend Jugendliche aus verschiedenen europäischen Ländern zusammenkamen. Auch einige Kirchenverantwortliche, Kardinal Marty, Kardinal König, Bischof Manziana, Vertreter der griechisch-orthodoxen und anglikanischen Kirchen sowie Vertreter der Evangelischen Kirche in Deutschland mischten sich unter sie. Der Brief richtete sich an „jung und alt“ und ermunterte zu „konkreten Schritten“ des Miteinanderteilens. Man kann Nachklänge der Mai-Ereignisse von 1968 herauslesen: „Widerstehe dem Konsumzwang: je mehr du kaufst, desto abhängiger wirst du.“ Nicht ohne eine gewisse Utopie richtet er „an die Familien, Kirchengemeinden, Gemeinschaften und an die Verantwortlichen der Kirchen die dringende Bitte, innerhalb von sieben Jahren schrittweise alles, was nicht unbedingt erforderlich ist, aufzugeben.“ Die „Siebenjahrespläne“ und die „Abgleichung der Löhne“, die im selben Brief gefordert wurden, blieben eine Wunschvorstellung. Das Gedankengut Frère Rogers mit seiner einzigartigen Weite prägt den Text aber gerade auch dort, wo er auf das Gebet als „eine Quelle, um zu lieben“ zu sprechen kommt.

Frère Roger brachte also die kleine Sonaly nach Frankreich, wobei in ihrem Reisepass bereits der Vorname Marie eingetragen war. Es war eine sorgenvolle Reise, weil die Kleine alles erbrach, was man ihr zu essen gab. In Taizé kümmerte sich eine junge Ärztin um sie. Sie bangte um das Überleben des Babys. „Jeden Tag“, schrieb damals Frère Roger, „vergehen mehrere Stunden mit der Pflege von Marie-Sonaly. Seit einem Monat, seit unserer Ankunft aus Kalkutta, schläft sie in meinem Zimmer. In Asien wäre dieses sechs Monate alte, äußerst zerbrechliche Baby bei den Krankheitserregern des Winters nicht mit dem Leben davon gekommen. Hier lebt sie, obwohl sie auch jetzt noch zu häufig erbricht und kein Gewicht zulegt. Mit dem Schlaf hat sie weiterhin Schwierigkeiten. Sie schläft nur in meinen Armen ein. Ich habe begonnen zu schreiben, während ich sie halte.“[20] Allmählich nahm das kleine Mädchen zu und wurde gesund. Frère Roger widmete sich ihr wie ein Vater. Marie-Sonaly lebte in Taizé bis sie 18 Jahre alt war, eine „Geschichte tiefer Zuneigung“ zu Frère Roger, den sie „Pate“ nannte.[21]

Als Ordensmann konnte er sie nicht adoptieren. Sie wurde von Rogers Schwester Geneviève betreut und am 18. Januar 1978, ein Jahr nach ihrer Ankunft in Frankreich, auf den Namen Marie[22] getauft. Sie wohnte in Genevièves Haus, die sie „Großmutter“ nannte, und aß jeden Sonntag bei ihrem Paten am Tisch der Communauté. Eine überraschend enge Beziehung entstand zwischen dem kleinen Mädchen und dem Ordensmann. „Es war in ihm ein Bedürfnis, Liebe und Zuneigung zu erweisen“, sagte Marie später. „Er beschützte mich wie ein Vater, und manchmal noch mehr als das.“[23]

Frère Roger hatte Stunden zugebracht, in der Nacht bei dem Kleinkind zu wachen, später spielte er stundenlang mit ihm oder erzählte eine Geschichte nach der anderen. Von Auslandsreisen brachte er Spielzeug mit. Manchmal begleitete ihn Marie auch auf einer Reise. Zweimal begegnete sie dabei Johannes-Paul II. in Rom. Sie gehörte auch zur Delegation der Kinder, die mit Frère Roger den Generalsekretär der Vereinten Nationen in Genf aufsuchten.

Marie-Sonaly besuchte weiterführende Schulen in Cluny und Mâcon, ging auf die Universität in Dijon und schloss ihr Psychologiestudium mit ausgezeichnetem Ergebnis in Lyon ab. Heute erinnert sie sich an die außerordentlichen menschlichen Vorzüge Frère Rogers: „Als ich klein war, suchte ich ihn auf, wenn mir das Herz schwer wurde. Er fand für mich immer ein Wort, das mich wieder aufrichtete. Wir haben uns niemals gestritten. Es war immer möglich, ihm zu bedeuten, dass man anderer Meinung war. Seine Fähigkeit zuzuhören und zu verstehen war unermesslich groß."

Einander ergänzen

Am 1. Februar 1977 hielt Frère Roger ein Abendgebet mit Jugendlichen im Züricher Großmünster. Es kamen so viele, dass eine zweite nahe gelegene Kirche geöffnet werden musste und durch eine Fernsprechleitung mit dem Münster verbunden wurde. Zur Sicherheit hatte die Polizei die Türen schließen lassen, als die Sitzplätze im Großmünster belegt waren. Jugendliche, die noch auf Einlass hofften, schlugen von außen gegen die Türen. „Jeder Schlag zerriss im Widerhall die Seele",[24] notierte Frère Roger. Er verlas einen Text über die Versöhnung der Christen, den er bei seinem Aufenthalt in Kalkutta zusammen mit Mutter Teresa verfasst hatte und der ein neues Verständnis von Ökumene skizziert:

„Wir danken dir, Jesus Christus, dafür, dass die katholische Kirche die Kirche der Eucharistie ist, eingewurzelt in die Worte ‚Das ist mein Leib, das ist mein Blut', damit die Menschen aus deiner anbetungswürdigen Gegenwart leben können. Wir danken dir dafür, dass die evangelischen Kirchen die Kirchen des Wortes sind, die ständig an die Kraft deines Evangeliums erinnern. Wir danken dir dafür, dass die orthodoxen Kirchen in ihrer Geschichte oft dazu geführt wurden, aus Treue in der Liebe bis zum Äußersten zu gehen."[25] Hier geht es nicht mehr um eine Ökumene der Übereinstimmung oder des kleinsten gemeinsamen Nenners, sondern um eine Ökumene des Sich-Ergänzens, wobei jede Kirche „ihr Bestes" einbringt und „das Beste der anderen" annimmt. Um einen „Rückzug auf sich selbst" zu vermeiden, sei die Annahme der besonderen Gaben der Anderen Bedingung für die Versöhnung. Dieses Anliegen Frère Rogers hat sich in der Ökumene bislang nicht durchgesetzt.

Im nächsten Monat fuhr der Prior nach Madrid und verlas am 19. März 1977 in der Heilig-Geist- Kirche in Anwesenheit des Vorsitzenden der spanischen Bischofskonferenz Kardinal *Vincente Enrique y Tarancón* einen „Brief an einen jungen Spanier". Frère Roger bat die Jugend, „niemals zurückzuschauen"[26] – *Francisco Franco* war kaum ein Jahr zuvor gestorben. Der Prior verband die geschichtliche Stunde mit der persönlichen Lage jedes einzelnen seiner Zuhörer und rief zu einer inneren, geistlichen und gleichzeitig öffentlichen, gesellschaftlichen Versöhnung auf.

Taizé war im kirchlichen Leben Frankreichs lange Zeit einzigartig. Nun wurde es immer öfter nachgeahmt. Auch andere Gemeinschaften erhoben Anspruch, das Gesicht der Kirche zu erneuern. Nach der Gemeinschaft von Boquen entstanden Mitte der siebziger Jahre in anderen Größenordnungen charismatische Gemeinschaften . Die französische charismatische Bewegung ging aus den amerikanischen evangelischen Pfingstgemeinden hervor. Diese Christen legten mehr Wert auf die Rolle und das Wirken des Heiligen Geistes im Leben der Christen. Sie praktizierten die „Geistestaufe" und betonten die Charismen, die mit ihr einhergehen: die Gabe, unbekannte Sprachen zu sprechen (Glossolalie), die prophetische Rede, die Vermittlung von Erkenntnissen und die Heilung.

Die Charismatische Erneuerung hielt ihre erste Nationalversammlung am 29. Mai 1977 in Lyon ab. 10 000 Jugendliche kamen im Sportpalast zusammen. Weder die Charismatiker noch Frère Roger betrachteten sich als religiöse Konkurrenz. Der Prior wurde eingeladen, auf der Versammlung das Wort zu ergreifen. Zur Überraschung der Zuhörer kam er wie schon bei anderer Gelegenheit auf die Notwendigkeit eines „universalen Hirten" und auf die Einheit der Kirche zu sprechen.[27] Taizé habe der Versuchung widerstanden, eine neue Kirche ins Leben zu rufen: „Mehrmals wurden wir seit dem Bestehen der Communauté de Taizé aufgefordert, eine neue Kirche zu bilden. Ein solches Unterfangen hätte aber unsere Suche nach Versöhnung, unsere Leidenschaft für die Kirche und die ökumenische Berufung Lügen gestraft. Anstatt auf die einzigartige Gemeinschaft zuzugehen, die Kirche heißt, hätte dies bedeutet, sich auf ein überholtes Verfahren einzulassen, das den Leib Christi im Lauf der Geschichte zerstückelt hat. Wir haben zu sehr unter solchen Vorgehensweisen gelitten, um sie selbst anzuwenden."

Diese Worte galten auch der Charismatischen Erneuerung als taktvolle Empfehlung, ja als Ermahnung. Ihre protestantischen Wurzeln gaben auch zu einer Warnung Anlass: „Sollten Nichtkatholiken sich vom Wunsch verleiten lassen, den Katholizismus zu protestantisieren, wäre das nicht nur wenig loyal, sondern geradezu verheerend."

Der Prior wandte sich auch immer häufiger an Regierungsverantwortliche oder Staatsmänner. Bischof *Oscar Romero* von Santiago de Maria in Salvador hatte ihm eine Dokumentation über die Verfolgungen der Kirche in seinem Land geschickt. Daraufhin schrieb Roger am 15. August an den Staatspräsidenten von El Salvador: „Viele Jugendliche wurden auf Vorfälle in der Republik El Salvador aufmerksam. (…) Diese Vorfälle verletzen das Gewissen vieler junger Christen. Im Namen der Menschenwürde appelliere ich an den christlichen Glauben, den Sie für sich in Anspruch nehmen: Unternehmen Sie alles, um solche Vorkommnisse auf dem Boden von El Salvador abzustellen! Ich vertraue auf den auferstandenen Christus, er klopft an die Tür Ihres Menschenherzens."[28]

Am 12. September 1977 legte Frère Roger während einer Rede auf dem Eucharistischen Kongress im Pescara ein deutliches Bekenntnis ab zum Vorrang des Papstes, zu seinem Dienstamt für alle Christen: „Es kommt mir darauf an, (…) zu sagen, dass Gott in die katholische Kirche die Berufung gelegt hat, Ferment der Gemeinschaft in der ganzen Menschheit zu sein. (…) Christus hat Petrus die Kirche anvertraut. Hat der universale Pastor eine andere Wahl? Ist er nicht der Pastor aller Getauften, selbst derer, die, Katholiken oder nicht, sein Dienstamt nicht verstehen? Hat er nicht eine ökumenische Pastoral zu aktualisieren, nicht nur für einen Teil, sondern für alle Getauften?"[29]

In China

Am Jahresende 1977 stand ein gewagter Entschluss: Frère Roger fuhr nach China. Zusammen mit einigen Brüdern verbrachte er zunächst den Monat November in Hongkong. Jugendliche aus verschiedenen Erdteilen erwarteten sie bereits.

„Wir fahren ohne bestimmte Vorhaben ab, um mit den Allerärmsten zu leben und durch sie ein Wort Gottes zu begreifen"[30], schrieb Frère Roger. Und nach ein paar Wochen: „Warum sind wir gekommen, um das Leben der am meisten Vernachlässigten auf dem chinesischen Meer zu teilen? Weder weil uns der Sinn danach steht, noch aus natürlicher Neigung, sondern um die Lebensbedingungen der am stärksten Geprüften in unser Leben hineinzunehmen. Es ist gefährlich, zu einer Solidarität mit den Armen aufzurufen und dabei unbeweglich zu bleiben."[31] Der Prior von Taizé und die anderen Brüder wohnten in einem „Hausboot-Viertel" auf dem chinesischen Meer. Dort lebte seit mehreren Jahren eine Fraternität der Kleinen Schwestern Jesu in einer bescheidenen Kabine auf einer großen Dschunke.[32] Sie fanden eine Pfahlbau-Baracke mit einem Wellblechdach, ohne fließend Wasser und Elektrizität. „Wenn die Flut steigt, beginnt sie sacht zu schwingen", notierte Frère Roger. Der einzige Raum war kärglich eingerichtet: zwei Petroleumlampen, ein Gaskocher und einige Schüsseln, ein paar Strohmatten und Decken auf dem Boden.

Ein junger chinesischer Priester lebte mit ihnen und feierte jeden Tag Gottesdienst. Die Eucharistie wurde wieder in einer Ecke des Zimmers aufbewahrt, unter einer Christus-Ikone, die die Brüder aus Frankreich mitgebracht hatten: „In der Armut dieses Ortes gibt es ab jetzt eine Ecke von seltener Schönheit. Unwiderstehlich zieht es uns dorthin, um zu beten.“[33]

Im Zusammenleben und in Gesprächen mit Jugendlichen verschiedenster Herkunft entstand ein weiterer „Brief an das Volk Gottes“. Diesmal trug er den Titel: „Brief des Konzils der Jugend an alle Generationen“. In der Perspektive „eines Zeitraums von sieben Jahren“ rief Frère Roger dazu auf, „Orte des Miteinander Teilens“ im Umfeld „einiger Jugendlicher oder einer Gemeinschaft, einer Familie oder eines Ehepaars, oder auch einer Einzelperson“ zu schaffen. Dabei gelte es jedoch, die „Dynamik des Vorläufigen“ – der Begriff wurde wieder aufgegriffen – beizubehalten. Es wird Wert darauf gelegt, dass solche Orte des Miteinanderteilens „weder untereinander noch mit dem Konzil der Jugend in organisierter Verbindung stehen, als ob es sich um eine strukturierte Bewegung oder eine neuen Vereinigung handelte, die Anhänger zu werben suchen.“[34]

In Hongkong lernte Frère Roger die Chinesin *Dorothy Lee* kennen. Sie kümmerte sich um Flüchtlinge aus Vietnam, Laos und Kambodscha, die nach dem Sieg der Kommunisten 1975 aus ihrer Heimat geflohen waren. Viele von ihnen hofften, nach Europa oder Amerika auswandern zu können. Anfang Dezember besuchte der Prior von Taizé mit einigen anderen Brüdern ein thailändisches Flüchtlingslager. Unter dem Eindruck des Elends der Familien, die alles verloren und keinerlei Aussicht hatten, in absehbarer Zeit in ihr Land zurückkehren zu können, entschloss sich Frère Roger kurzerhand, einige in Taizé aufzunehmen. Er vermerkte in seinem Tagebuch: „Obwohl wir beim Betreten des Lagers nicht daran gedacht hatten, wurde uns klar, dass es unbedingt notwendig ist, die Aufnahme von Witwen aus Indochina mit ihren Kindern bei uns vorzubereiten.“[35] So konnten zwei vietnamesische Frauen mit ihren Kindern nach Frankreich einreisen. Die Communauté brachte sie in Häusern im Dorf unter und unterstützte Familien, die Flüchtlinge aufnehmen wollten. Dazu wurde eine „Operation Miteinanderteilen“ auf den Weg gebracht, die „für umgesiedelte Menschen, politische Flüchtlinge, ungeachtet der Art des Regimes in ihrem Heimatland, und für Bewohner von Armutsgebieten“, Spenden sammelte.

Bei der Rückkehr der Brüder fand am 10. und 11. Dezember ein internationales Jugendtreffen im südholländischen Breda statt im Beisein von Bischöfen und Pfarrern verschiedener Konfessionen. Hier wurde der „Brief“ verlesen, der in Hongkong entstanden war und die vertrauten Themen aufgreift: „Jede Grenze, gleich welcher Art, ist unerträglich für eine neue Generation auf der ganzen Welt, die sich nach einem Stück Land der Gemeinschaft sehnt", und die Empfehlung, zu den „Quellen" des Gebets zu gehen. Zum ersten Mal stellte Frère Roger an das Ende des Textes drei selbst verfasste Gebete. Etwa 20 Jahre später erschien eine Sammlung von Gebeten und meditativen Texten für jeden Tag, „In allem ein innerer Friede".

Die häufige Abwesenheit des Priors blieb in Taizé nicht ohne Folgen. Die zunehmenden längeren oder kürzeren Reisen und die wachsende Zahl der Brüder in der Communauté machten einigen Brüdern zu schaffen. Frère Roger konnte weniger Zeit für sie aufbringen. Ein Bruder wie Jean-Luc, der über viele Jahre ständig seine Nähe gesucht hatte, verließ aus diesem Grund 1978 die Gemeinschaft und meinte: „In den letzten Jahren, die ich in Taizé verbrachte, beauftragte der Prior verschiedene Brüder damit, seine Entscheidungen weiterzugeben und auszuführen. Diese Vorgehensweise machte mir Angst. Diese Brüder könnten Härte zeigen. Der Prior bewirkte einerseits mehr, war andererseits aber weniger angreifbar, seine Entscheidungen konnten nicht mehr mit ihm besprochen werden."[36] Andere Berichte aus der damaligen Zeit bestätigen die Auswirkungen des „Nomadentums" des Priors. Die „Präsenz in der Welt", im wahrsten Sinn des Wortes, nahm bei ihm viel größeren Raum ein, so als habe sich der Gründer und geistliche Vater etwas zurückgezogen und sei dem einzelnen Bruder weniger nahe.

In Italien

Am 27. April 1978 fuhr Frère Roger mit dreizehn jüngeren Brüdern nach Bari in Apulien. Auch in Europa gab es arme Gegenden, in denen es Hoffnung zu entfachen galt. Die Wahl von Italien fiel mit den „bleiernen Jahren" zusammen, die durch den Terrorismus der Roten Brigaden und anderer revolutionärer Gruppen geprägt waren. Immer wieder kam es im Land zu Attentaten, man zählte Dutzende Entführungen. Der ehemalige Premierminister *Aldo Moro* war am 16. März von den Roten Brigaden entführt worden. Frère Roger schrieb in sein Tagebuch: „Für uns ist es, als würden Mitglieder unserer eigenen Familie geprüft. Es ist gut, zu ihnen zu fahren."[37]

Der Prior und die Brüder verbrachten knapp zwei Wochen in einem Hafenviertel mit zahlreichen Arbeitslosen: „Das Haus, in dem wir wohnen, steht seit zwanzig Jahren leer. Weder fließend Wasser noch Elektrizität noch Abflussrohre. Sobald man herumläuft, beginnt alles zu zittern. Lange Sprünge überziehen die Mauern von oben bis unten. Einige Fensterscheiben sind zerbrochen, mit Cellophanpapier ersetzt. Die sich auf das Dach windende Treppe wurde mit Holzbrettchen notdürftig zusammengeflickt. Sie hat Regen über Regen abbekommen und ist wurmstichig; es ist angeraten, dass nie mehr als einer auf einmal hinaufsteigt. Ein von Möbeln entleertes Haus entbehrt nicht der Schönheit: Wandöffnungen anstelle von Türen, einige Bänke, die das Zimmer umlaufen, in dem wir essen, in einer Ecke eine Ikone, Matratzen auf dem Boden. Die Küche könnte nicht gastfreundlicher sein, zwei Gaskocher auf dem Boden ermöglichen die Zubereitung von Mahlzeiten und temperieren das Zimmer."[38]

Vormittags arbeiteten die Brüder mit den Straßenkehrern; nachmittags sprachen sie mit dem Prior über ihre Berufung. Dreimal am Tag kamen sie zum Gebet in der Gemeindekirche zusammen. Nach einigen Tagen kamen immer mehr Gläubige dazu. Anfangs waren es lediglich „einige betagte Frauen und ein einziger Jugendlicher". Im Anschluss wurde vor dem Haus der Brüder an alle Essen ausgeteilt. Bischof *Mariano Magrassi*, ein Benediktiner, lud sie ein, das Gebet an einem Abend in den Dom zu verlegen. Noch heute werden in Bari Abendgebete wie damals gehalten. Nach dem Besuch der Brüder entstanden auch andere Initiativen. Für Frère Roger war es eine wichtige Erkenntnis, dass gerade die Kirchengemeinden die grundlegenden „Zellen" der Kirche sind. Ihnen galt von da an seine große Aufmerksamkeit.

Vor der Rückkehr nach Taizé verbrachte Frère Roger mit den jungen Brüdern einige Tage in Rom, wo ihn auch Frère Max erwartete. Gemeinsam wurden sie von Paul VI. empfangen. Sie hatten den Eindruck, dass der Papst körperlich wie seelisch sehr zu leiden hatte. Nach der Audienz sagte Frère Max zu Frère Roger: „Wir haben einen Heiligen gesehen".[39] Drei Monate später starb der Papst.

In Russland

Eine andere Reise führte Frère Roger auf Einladung des Metropoliten von Leningrad nach Russland. Bischof Nikodim war bereits in Taizé gewesen. Mit zwei Brüdern traf der Prior am 14. Juni 1978 in Moskau ein. Sie suchten bald orthodoxe Kirchen auf und waren beeindruckt von der innigen Frömmigkeit der Gläubigen, obwohl diese in ständiger Überwachung durch den Staat lebten: „Die russischen Christen sind [in ihren Kirchen] wie von der Fülle eines glühenden Eifers getragen. Ständig bekreuzigt sich jemand. Sie kommen und gehen mit tiefen Verbeugungen, um die Ikonen zu grüßen. Dieses ganze Bild, weit vom westlichen Leistungsdenken entfernt, ist wie das Flehen eines kontemplativen Volkes."[40]

Von Moskau ging die Reise nach Leningrad, das nachts in das graue Licht des Nordens getaucht war. „Eine traumhafte Nacht", notierte Frère Roger. Ein Priester geleitete sie von einer Kirche zur anderen. Bischof Nikodim bereitete ihnen einen herzlichen Empfang. „Wir wissen, dass alles, was er sagt, abgehört wird. Wir müssen darauf achten, dass er nicht in Schwierigkeiten gerät. Er nimmt uns auf einen Spaziergang durch die Straßen mit, damit wir freier sprechen können."[41] In der Dreifaltigkeitskathedrale, wo Jugendliche zu einem gemeinsamen Gebet versammelt waren, fand Frère Roger hoffnungsvolle Worte: „Wäre Christus nicht auferstanden, wären wir nicht hier, gäbe es im ganzen Land nicht das brennende Vertrauen, dass ihr habt."[42]

Zurück in Moskau konnte der Prior von Taizé dort nicht so ohne weiteres Jugendliche treffen. Angesichts der strikten Überwachung durch die Polizei griff er zu einer List. Am Pfingstsonntag fuhr er in das 70 Kilometer von Moskau entfernte Dreifaltigkeitskloster St. Sergius in Sagorsk und nahm an der von Patriarch *Pimen* gefeierten Liturgie teil. Die Jugendlichen waren vom Kommen des Gründers von Taizé verständigt worden. Kreuz und quer schlenderten sie durch den Park des Klosters. Frère Roger musste sich damit begnügen, den kleinen Gruppen, die seinen Weg kreuzten, ein Zeichen zu geben. Manchmal konnte er ihnen auf Russisch ein ermutigendes Wort zuflüstern: *Christos voskresse* (Christus ist auferstanden)! Von dieser Reise brachte er einen wichtigen Eindruck mit, der in Taizé seinen festen Platz hat: „Am Freitagabend die Kreuzikone auf den Boden legen, hingehen und seine Stirn auf das Holz des Kreuzes legen, durch ein Gebet mit dem Körper die eigenen Lasten und die anderer in Gott versenken. So den Auferstandenen begleiten, der fortwährend für alle Menschen auf der Erde, die durch Anfechtungen gehen, im Todesleiden liegt."[43]

Das Drei Päpste-Jahr

Am 6. August 1978, – die Communauté war gerade „draußen unter den Bäumen" zum Gebet versammelt – erfuhr Frère Roger den Tod Pauls VI. Sogleich „knieten wir uns von neuem nieder, um zu beten",[44] wie er in seinem Tagebuch festhielt. In den folgenden Wochen erinnerte der Prior mehrmals öffentlich an diesen Papst.[45] Nachdem er am Beerdigungsgottesdienst in Rom teilgenommen hatte, antwortete Roger auf die Frage eines italienischen Fernsehsenders, was er vom künftigen Papst erwarte: Er solle sich nicht „von starken Widerständen einschränken lassen, weder durch die alten Spaltungen der Christen auf der ganzen Welt noch durch die neuen Spaltungen". Er solle nicht „einfach den Strömungen der neuen Generation" folgen, sondern „allen ein Vater" sein und „die sich durch die Geschichte ziehende Kontinuität Christi (…) in der großen lebendigen Tradition der Kirche" aufrechterhalten.[46]

Frère Rogers Verständnis des Papstamtes als Garant von Kontinuität und Sammlung stützt sich auf eine tiefe Vorstellung von der katholischen Kirche: „Ich liebe die katholische Kirche deshalb so sehr, weil sie durch ihre

Frére Roger mit Papst Johannes Paul II.; Rom, Oktober 1978

Begrüßung zwischen Frère Roger und Joseph Kardinal Ratzinger beim Jugendtreffen 1978 in München

ganze Geschichte hindurch – selbst mit den schwierigsten Päpsten der Reformationszeit, den Borgia – zuallererst die Kirche der Eucharistie gewesen ist; sie hat die Eucharistie bis heute zu einer Quelle der Einmütigkeit im Glauben gemacht."[47]

Am 3. September nahmen der Prior von Taizé und zwei weitere Brüder am Gottesdienst zur Amtseinführung *Johannes-Pauls I.* teil. Zwei Tage später empfing der neue Papst die anwesenden Delegierten der christlichen Kirchen und Konfessionen zu Einzelgesprächen. Bischof Nikodim, der den Patriarchen von Moskau vertrat, wartete zusammen mit Frère Roger, aufgerufen zu werden. Während seines Gesprächs mit Johannes-Paul I. erlag Bischof Nikodim einem Herzinfarkt. Der Papst hatte gerade noch Zeit, ihm die Absolution zu erteilen. Um diesen unerwarteten Tod rankten sich viele Gerüchte. So wurde ohne jeglichen Beweis behauptet, der russische Metropolit habe dem Papst offenbart, früher für den KGB gearbeitet zu haben. „Ich versichere Ihnen, mein Lebtag habe ich keine trefflicheren Worte über die Kirche gehört, als die aus dem Mund des Metropoliten", erklärte Johannes Paul I. „Ich kann sie nicht wiederholen: das bleibt ein Geheimnis. Ja, sie haben mich nachhaltig beeindruckt. Er war ein orthodoxer Bischof, aber wie tief liebte er die Kirche! Ich glaube, er hat sehr für sie gelitten, weil er sich so stark für die Vereinigung einsetzte."[48]

Frère Roger schildert schlicht den Vorfall: „Er wurde geholt. Er betrat die Räume des Papstes, man hörte ein Geräusch, und wir erfuhren, dass er eben in den Armen des Papstes an einem sechsten Herzinfarkt gestorben sei. Sein Leichnam wurde in eine Kapelle überführt; Frère Max und ich blieben dort und beteten bei ihm."[49]

Am 28. September 1978 starb Johannes Paul I., ebenfalls an einem Herzinfarkt. Am 16. Oktober folgte *Johannes Paul II.* Er war für Frère Roger kein Unbekannter. Am Tag seiner Wahl mutmaßte der Prior von Taizé in seinem Tagebuch: „Stark für den Menschen von Heute eingenommen und äußerst pastoral eingestellt, wird er der Kirche Aufwind zur Universalität geben."[50] Das Pontifikat Johannes-Pauls II. bewahrheitete diese Voraussage.

Am Sonntag, den 22. Oktober, fand der feierliche Gottesdienst zur Amtseinführung auf dem Petersplatz statt. 19 nichtkatholische Kirchendelegationen und Gemeinschaften waren anwesend, unter ihnen Frère Roger und zwei Brüder. Am Nachmittag wurden die Delegationen vom neuen Papst empfangen. Frère Roger rief ihm freudig zu: „Gelobt sei Jesus Christus dafür, dass er uns einen so guten Papst gegeben hat!", worauf der Papst antwortete: „Frère Roger, kommen Sie mich oft besuchen!" Die nichtkatholischen Delegationen waren mit dem Papst in dessen Bibliothek, wo Johannes-Paul II. mit ihnen ein stilles Gebet halten wollte. Er wandte sich noch einmal herzlich an Frère Roger: „Bevor wir auseinander gehen, geben wir jetzt noch einander die Hand, als Zeichen, das wir die Versöhnung wollen. Wir wollen die

Versöhnung, nicht wahr, Frère Roger?" Der neue Papst wusste sehr genau um den persönlichen Weg des Priors zur Gemeinschaft mit der Katholischen Kirche, und seine Worte verrieten ein gewisses Einverständnis. Nun verwandelte sich der etwas protokollarische Empfang in eine geistliche Begegnung. Der Sonderkorrespondent von *La Croix* beschrieb die in einem Raum des Vatikans recht unerwartete Szene: „Johannes-Paul II. ergriff die Hände der beiden neben ihm Stehenden und bat die anderen, es ihm gleich zu tun. Zwei konzentrische Kreise bildeten sich, der eine bestand aus sitzenden, der andere aus stehenden Geistlichen. Das stille Gebet dauerte mehrere Minuten."

In Afrika

An den letzten Tagen des Jahres 1978 sollte das erste „Europäische Jugendtreffen" in Paris stattfinden. Frère Roger wollte zur Vorbereitung mit Jugendlichen aus verschiedenen Erdteilen wieder einen Text mit verschiedenen Vorschlägen zum Nachdenken verfassen. Um auch die Dritte Welt einzubeziehen, fuhr er mit Brüdern nach Afrika. Vor dem Abflug nahmen sie an einem Jugendtreffen in München teil. Der dortige Erzbischof Kardinal *Josef Ratzinger*, stellte den Liebfrauendom gerne für ein Abendgebet zur Verfügung. Er war bis auf den letzten Platz besetzt: „Wohin man blickte, Gesichter über Gesichter, selbst noch in der Kanzel, in die sich Jugendliche gesetzt hatten", hielt Frère Roger fest. „Am Ende des Gebets verlassen die Jugendlichen die Kirche nicht; sie singen die meditativen Gesänge weiter. Zusammen mit den Brüdern sind wir gegen ein Uhr morgens gegangen, da durch die offenen Türen eisige Kälte hereindrang. Doch einige Jugendliche haben bis zum Morgengrauen gebetet."[51]

In Afrika hielt sich Frère Roger zunächst im äußersten Süden auf, wo das Apartheid-Regime herrschte. Bischof *Desmond Tutu*, stets bemüht, die öffentliche Meinung im Westen und die Kirchen auf diese für die Schwarzen unerträgliche Lage aufmerksam zu machen, hatte den Gründer von Taizé eingeladen. Während seines kurzen Aufenthalts in Johannesburg besuchte Frère Roger das ausgedehnte Township von Soweto, das vom Juni 1976 bis zum Februar 1977 von Unruhen mit 500 Toten erschüttert worden war. „Mehr noch als im Materiellem liegt die Armut hier in der Rassentrennung, die eine Million Schwarze dazu zwingt, in diesem Viertel zusammenzuleben",[52] hielt Frère Roger fest. „Einem jungen Schwarzen, der eben aus dem Gefängnis entlassen wurde", hörte er lange zu und sprach ausführlich mit ihm.

Bischof Tutu hatte kurz zuvor sein Amt als anglikanischer Bischof von Lesotho niedergelegt und war Generalsekretär des südafrikanischen Kirchenrates geworden, der erste schwarze Bischof in dieser Funktion. Seine Botschaft des Friedens und der Gewaltlosigkeit verlangte den Schwarzen ab, nicht mit Gewalt auf die erlittene Ungerechtigkeit zu antworten und rief die Schwarzen wie die Weißen und auch die anderen ethnischen Gemeinschaften Südafrikas zur Versöhnung auf (*racial conciliation*).[53] Für seinen Einsatz erhielt er 1984 den Friedensnobelpreis. Frère Roger stimmte mit den Ansichten Desmond Tutus vollkommen überein; der anglikanische Geistliche besuchte in den folgenden Jahren mehrfach Taizé.

Während seines Aufenthalts in Johannesburg unterrichtete Frère Roger unter vier Augen Frère Alois, dass er sich für ihn als seinen Nachfolger entschieden habe. Der Katholik aus Deutschland war gerade 24 Jahre alt und einer der jüngsten Brüder der Communauté. Er hatte erst einige Monate zuvor sein Lebensengagement abgelegt, just an dem Tag, an dem Paul VI. verstorben war. Wie kam es zu dieser Entscheidung des Priors? Vielleicht, weil Frère Alois mit seiner Zurückhaltung und inneren Bestimmtheit Frère Roger ähnelt, wie mehrere Brüder später vermuteten. Man kann auch hier versuchen, in Frère Rogers Tagebuch zwischen den Zeilen zu lesen. Ohne auf seine Nachfolge einzugehen oder Frère Alois namentlich zu erwähnen, stellt er schon am ersten Tag seiner Afrikareise fest: „Viele Deutsche haben die Fähigkeit, mit außergewöhnlichem Können etwas ins Werk zu setzen. Und in der deutschen Seele war immer auch eine mystische Ader. Vereinen sich beide Gaben, bis sie nur noch eine einzige sind, können die Jugendlichen dieses Landes ein unvergleichliches Ferment der Versöhnung unter den Menschen sein.“[54] Auf wen die Wahl gefallen war, behielt der Prior von Taizé noch zwanzig Jahre lang für sich. Erst im Januar 1998 erfuhren alle Brüder beim jährlichen Bruderrat, dass Frère Alois ihm eines Tages nachfolgen solle.

Nach dem Aufenthalt in Johannesburg fuhr Frère Roger mit zwei Brüdern nach Kapstadt, wo sie im Crossroads Township bereits von einer singenden Menschenmenge erwartet wurden. Roger wurde gebeten, einige Worte zu sagen. Am Schluss seiner Ansprache schlug er eine symbolische Geste der Versöhnung vor, wie er in seinem Tagebuch berichtet: „Diesmal versuche ich mit einer Geste auszudrücken, wovon das Herz voll ist, und erkläre den Afrikanern: Ich möchte euch um Verzeihung bitten, nicht im Namen der Weißen, das kann ich nicht, sondern weil ihr für das Evangelium leidet und uns in das Reich Gottes vorausgeht. Ich möchte von einem zum anderen gehen, damit jeder von euch in meine Hand das Kreuzzeichen, das Zeichen des Verzeihens Christi, macht. Diese Geste wird auf Anhieb verstanden. Alle machen es, sogar die Kinder. Es scheint eine Unendlichkeit zu dauern. Spontan erklingen Auferstehungsgesänge.“[55] Polizeistreifen auf Motorrädern rasten plötzlich über dem Platz und zerstreuten die Versammlung.

Die weitere Reise führte nach Kenia. Dort wohnten die Brüder in Mathare Valley, dem größten Elendsviertel Nairobis. „Hunderttausend Menschen sind am Abhang eines kleinen Tales zusammengepfercht. Wiederholt sagte man uns, dass es ein gefährliches Viertels sei, in dem Angst, Gewalt, Alkoholismus und Diebstahl herrschen, dass es nicht möglich sei, dort zu wohnen, kein Weißer habe bisher im Inneren des Viertels gelebt."[56] Die Brüder fanden dennoch eine Hütte, die ihnen vermietet wurde. Es stellte sich heraus, dass sie mitten im Prostituierten-Viertel lag. Die je nach Jahreszeit staubige oder morastige Gasse, auf der Ziegen, Hühner und Enten herumliefen, säumte eine Reihe von Hütten aus Brettern und Wellblech. Hier wuchs weder ein Baum noch ein Grashalm. Frère Denis beschreibt ausführlich die Behausung, die einige Brüder später auf Dauer bezogen, und deren Umgebung:

„Unsere Hütte ist sechs Meter lang und sechs Meter breit. Man betritt zunächst einen Raum, der als Küche, Wohnzimmer und für die Kinder als Spielzimmer dient; dahinter liegt ein Verschlag, den wir sehr primitiv als Toilette hergerichtet haben. Links davon liegt ein anderer Raum, Schlafsaal und Kapelle zugleich. Ganz hinten hat er einen weiteren Verschlag mit einem Klapptisch am Fenster, wo man lesen oder schreiben kann, ohne ständig gestört zu werden. Eigentlich ist ‚unsere' Hütte das Mittelstück eines längeren Baus, den wir mit zahlreichen anderen Mietern teilen. Wir sind wie ein Eckstück in die dicht bevölkerte Nachbarschaft eingebaut. Und manchmal können wir bis spät in die Nacht gleichzeitig vier Radiostationen mithören, die bei unseren nächsten Nachbarn laufen. Kein Wasser, keine Elektrizität, keine Kanalisierung, immerhin kann man einige Schritte weiter an einem Wasserhahn Wasser kaufen, die Abfälle werden direkt vor unserer Tür auf die Gasse geworfen und Petroleumlampen verklären die Traurigkeit des Abends mit ihrem warmen Licht. Alles ist baufällig: die Zwischenwände morsch, die Bleche auf dem Dach abgewetzt und durchlöchert, in der Küche ein abgetretener Betonboden, sonst nur feuchte gestampfte Erde. Die Außenmauern haben so viele Ritzen, dass unser Leben von überall her einsehbar ist; nichts entkommt den neugierigen Augen. Das Zeugnis, das wir geben, ist allumfassend und jegliches ‚Privatleben' unmöglich. Genau uns gegenüber liegen auf der anderen Straßenseite öffentliche Toiletten, die vor Schmutz starren. Die Türen wurden vor langer Zeit gestohlen, eine Höhle, für Gaffer wie geschaffen. Wenn es gut geht, kommt ein oder zweimal in der Woche jemand in hohen Stiefeln und schwemmt den widerlichen Ort mit einem Schwall Wasser aus. Die Kinder benützen ihn kaum; sie stellen sich lieber im Freien hin, am liebsten auf die Stufen am Eingang, damit sie nichts vom bunten Schauspiel auf der Straße versäumen."

Die Hütte der Brüder von Taizé wurde schnell zum Anziehungspunkt. Zunächst wegen der ungewöhnlichen Anwesenheit von Weißen, aber auch durch die Gesänge beim Abendgebet, die die Kinder des Viertels anlockten. Vom ersten Tag an hatte Frère Roger in der notdürftigen Behausung wieder eine Gebetsecke eingerichtet: „Auf den gestampften Erdboden haben wir Stroh geschüttet. Es lässt die Fläche golden schimmern. Die Marienikone, das Kreuz und der Tabernakel im Stroh machen eine Zimmerecke zu einem Ort der Anbetung."[57] Die Kinder im Viertel nannten die Hütte der Brüder *Kanisa*, was auf Suaheli „Kirche" bedeutet.

Am 28. November fuhren die Brüder für einige Stunden in die Urwaldgegend, in der die Massai leben, und suchten eine Gemeinschaft der Kleinen Schwestern Jesu auf, die sich entschieden hatten, „mit den Nomaden zu Nomaden" zu werden. Die Schwestern begleiteten einen Stamm von Viehzüchtern, der von einem Weidegrund zum andern zog. Die Hütte der Ordensfrauen „ist so niedrig, dass man nicht aufrecht stehen kann. Sie besteht in einem Flechtwerk aus Zweigen, das mit Erde und getrockneten Kuhfladen bedeckt ist. Hohes, die Hütten umgebendes Strauchdickicht beschützt das Dorf vor Löwen und Panthern. Seit sieben Jahren herrscht Dürre. Die Kühe geben mit Müh und Not ein bis zwei Liter Milch am Tag. Die Männer führen sie am frühen Morgen auf weit entferntes Weideland. In einer Hütte erwartet eine vollkommen geschwächte Frau in jedem Augenblick ein Kind. Sie liegt lang gestreckt da, ein unergründlicher Blick."[58] Frère Roger bewunderte die Schwestern, weil sie fähig waren, mit fast Nichts durchzuhalten, und kam zu dem Schluss, dass die Frau dem Mann darin überlegen sei: „Einer Frau fällt es weniger schwer als einen Mann, es in einem so armen Milieu auszuhalten. Einen Mann wühlt menschliches Elend dermaßen im Inneren auf, dass es ihn manchmal umwirft. Er weiß nicht mehr, woran er ist, und ergreift auf vielerlei Weise Partei. Einer Frau gelingt es besser, in alle Milieus einzudringen. Sie wird auch eher von den Frauen und ihren Männern akzeptiert, was es ihr ermöglicht durchzuhalten."[59]

Ausnahmsweise schildert der Prior von Taizé einmal auch seine eigene Tätigkeit: „Krankheitserreger tauchen auf. Mehrere von uns sind erkrankt. Die Abfälle mitten auf der Straße, die Abwässerrinnsale, die unter freiem Himmel um die Baracke herum fließen, sind ein Tummelplatz für Ruhrbazillen. Die Brech- und Schüttelfieberanfälle beginnen meistens nachts. Wenn ich bei einem die ersten Anzeichen von Übelkeit erkenne, springe ich schnell zu ihm hin, um ihn zu versorgen, damit nicht alle wach werden. Die Seinen pflegen – ein Glück."[60]

Am 24. Dezember reiste Frère Roger zusammen mit zwei Brüdern ab. Zwei bleiben in Kenia zurück. Es gelang ihnen, mehrere Jahre hindurch eine bescheidene Fraternität der Gastfreundschaft und des Gebets im unterversorgten Viertel Mathare Valley am Leben zu halten.

Die Kirchengemeinden neu beleben

15 000 Jugendliche aus ganz Europa wurden Ende Dezember 1978 bei dem Jugendtreffen in Paris erwartet. Es sollte ein weiterer Wendepunkt in der Geschichte von Taizé werden als erstes einer langen Reihe von „Europäischen Jugendtreffen". Sie sind inzwischen zu einem festen Begriff geworden. Schauplatz ist alljährlich am Jahreswechsel eine europäische Großstadt. Die Teilnehmerzahlen wurden immer größer, Anfang der Neunziger Jahre waren es bis zu Hunderttausend.

Etwa 100 Kirchengemeinden in Paris und der Ile-de-France beherbergten die Jugendlichen, die in Notre Dame und der Innenstadtkirche St. Sulpice zu gemeinsamen Gebeten zusammenkamen. Im Chorgestühl der Kathedrale saßen die bekannten Dominikaner-Theologen Congar und Chenu. Dies war ein Zeichen der Wertschätzung und der Aufmerksamkeit, die beide Taizé entgegenbrachten; es war auch ein Zeichen der Hoffnung, die sie in die neue Form von Jugend- und Gemeindearbeit setzten, auf die sich die Communauté eingelassen hatte. Schließlich stand dieses erste Europäische Jugendtreffen außerhalb von Taizé auch für den Beginn eines neuen Weges der Communauté mit den Jugendlichen. Dabei spielte weniger die Entscheidung eine Rolle, nunmehr jährlich ein solches Treffen außerhalb von Taizé abzuhalten, sondern die klare Absicht, eng mit den Kirchengemeinden zusammenzuarbeiten. Später erläuterte Frère Roger: „1979 wurde es angesichts der steigenden Zahl der Jugendlichen nötig, das Konzil der Jugend für einige Zeit auszusetzen, damit es nicht zu einer weiteren organisierten Bewegung wurde. Wir sagten uns: Setzen wir das Konzil der Jugend auf Sparflamme, eines Tages wird es für eine begrenzte Zeit wieder auftauchen."[61]

Die beim Treffen von Paris veröffentlichten „Konkreten Akte"[62], wie die vorgeschlagenen Schritte genannt wurden, bestätigten die Jugendlichen darin, sich wieder den Kirchengemeinden zuzuwenden, die als Orte vorgestellt werden, „die die Kontinuität Christi in der Geschichte gewährleisten", als „Mikrokosmen der einzigartigen Gemeinschaft, die Kirche heißt". Den Jugendlichen wurde nahe gelegt, ihre Kirchengemeinden neu zu beleben. Kardinal Marty griff diese Vorstellung auf, als er über das Treffen in Paris sagte: „Jeder Versuch, die Hauptstadt zu evangelisieren, führt über die Pfarrgemeinde." Diese Einsicht war auch schon in manchen anderen Kreisen verbreitet.

Zur Begleitung des notwendigen „Umformungsprozesses" der „Neubelebung der Gemeinden am Ort" schlug Frère Roger vor, überall ein „einfaches, aber schön gestaltetes Gebet" einzuführen, „das meditativ und für alle leicht mitvollziehbar ist und in dem sich das Ganze Volk Gottes wiedererkennt". Modellcharakter hatten dabei die Gesänge, die im Anschluss an das Konzil der Jugend in Taizé eingeführt worden waren und die Frère Roger nun auch den Kirchengemeinden empfehlen wollte. Er sah, dass manche allzu aufs Geratewohl ausgearbeitete Formen der Liturgie das Heilige aushöhlen, das gemeinsame Gebet ins Leere laufen lassen und ausuferndes Gedankengut einführen könnten[63]: „Viele alte Menschen bedauern, dass in den Gemeindegottesdiensten die mystische Dimension zu Gunsten von wortreichen Erklärungen verloren gegangen ist. Viele Jugendliche feiern nur recht ungern Gottesdienste mit, bei denen die Reden einiger weniger zu großen Raum einnehmen“, heißt es weiter unten im Brief.

Auch auf diesem Hintergrund wurden die Gesänge von Taizé mit den bekannten Melodien Jacques Berthiers den Kirchengemeinden vorgeschlagen, „Gesänge mit manchmal nur einer einzigen Zeile, die oftmals wiederholt werden können“. In einer Fußnote heißt es: „Blätter mit meditativen und leicht lernbaren Gesängen und Kanons sind in Taizé erhältlich.“ Tatsächlich wurden die Gesänge und Melodien von vielen Kirchengemeinden und Gemeinschaften übernommen. Nach und nach wurden die Liedtexte übersetzt, und allmählich dehnte sich der Einfluss von Taizé auf die Gestaltung von Gemeindegottesdiensten und gemeinsamen Gebeten über alle Erdteile aus.

11. Kapitel

Reisen in alle Welt

Im Jahr 1979 war Frère Roger ständig unterwegs. Ab 27. Januar nahm er in der mexikanischen Stadt Puebla an der dritten Vollversammlung der südamerikanischen Bischofskonferenz teil. Er war von den Bischöfen eingeladen worden. Roger wollte nur einige Tage bleiben, entschloss sich aber rasch, an der gesamten Zusammenkunft teilzunehmen. „Die Tragweite dieser Versammlung ist zu groß. Abfahren hieße, es an Solidarität mit diesen Männern mangeln lassen, die die Absicht Gottes in ihrem Heute suchen. Die Option für die Jugendlichen und für die Armen ist für sie kein leeres Wort."[1] In der Wortmeldung, um die er gebeten worden war, erneuerte er sein Anliegen der Einheit und des Miteinanderteilens, die sich dem Aufbau von Gegensätzen verweigert: Jung gegen Alt, Reich gegen Arm, eine Rasse gegen die Andere.

„Heute ist es dringend nötig, dass alle Generationen miteinander teilen, weil neue Trennungen aufkommen, so als könnte es beispielsweise eine Kirche der Jugendlichen oder eine Kirche der Armen oder eine Kirche intellektueller oder anderer Eliten geben. In der Geschichte der Menschheit war ein Miteinanderteilen der geistlichen und der materiellen Güter niemals dringlicher, und sei es um des Weltfriedens willen. Deshalb liegt es an uns, den sehnlichen Wunsch der vielen Jugendlichen aufzugreifen, denen es bitter ernst ist, sich um ein Miteinanderteilen mit den Massen der Armen zu bemühen. An uns ist es, diese Jugendlichen zu begleiten, die andernfalls, wenn eine konkrete Antwort unsererseits ausbleibt, entweder verzweifeln und aufgeben oder einer anderen Verzweiflung anheim fallen, nämlich der Gewalt oder einer Doktrin des Teilens. Wenn wir, die wir Verantwortung tragen, uns alle dazu entscheiden, einen Plan über drei oder vier Jahre auszuarbeiten, nach dem wir alle Güter aufgeben, die für unseren Dienst nicht unabdingbar sind, würden unsere Texte durch konkrete Taten glaubwürdiger, weit über Südamerika hinaus."[2]

Der in seinem Praxisbezug – „ein Plan über drei oder vier Jahre" – etwas die Vorstellungskraft Vieler überfordernde Aufruf beweist, dass der Prior an seinen Überzeugungen festhielt. Neben der „vorrangigen Option für die Armen und die Jugendlichen" erkannte schon damals Frère Roger eine andere Thematik, die später zu einer der großen Leitlinien des Pontifikats

Johannes Pauls II. werden sollte: Die „Neuevangelisierung". Am 15. Februar trug er in sein Tagebuch ein: „In den letzten Stunden der Konferenz blieb bei allen, jenseits der Auseinandersetzungen verschiedener Tendenzen, als bleibender Eindruck das Bewusstsein dafür, Verkünder des Evangeliums mitten in Nationen mit galoppierendem Bevölkerungswachstum zu sein."[3]

Kaum aus Mexiko zurückgekehrt, brach er im März nach Spanien auf. Nach einem Jugendtreffen in Barcelona zog er sich mit jungen Brüdern für zwei Wochen nach Villanueva, einem Bergdorf im Hinterland, zurück. Es sollte die Erfahrung von Bari wiederholt werden, das Leben einer Kirchengemeinde zu teilen und gleichzeitig die jungen Brüder vor Ort für ihre Aufgaben zu rüsten. Wie alle Gründergestalten nahm auch Frère Roger auf das Leben der Menschen gestaltenden Einfluss. Über den Aufenthalt in Villanueva notierte er: „Die Rauheit des Klimas der spanischen Berge. Die Rauheit der Lebensbedingungen der Bauern dieses Dorfes, mit denen wir am Vormittag arbeiten. In diesem Dorf leben vor allem alte Leute. Die Einsamkeit der Berge macht sie auf ihrem eigenen Grund und Boden zu Menschen, die mitten in ihrem Volk wie im Exil leben."[4]

Ende Mai reiste Frère Roger nach Polen. In Kattowitz hielt er ein Abendgebet im Dom. Es war das erste Jugendtreffen, das von Taizé aus in einem mittel- oder osteuropäischen Land durchgeführt wurde. „Diese Jugendlichen", notierte Frère Roger „wissen, was es heißt, Christus zu begleiten, der bis ans Ende der Zeiten mit jedem Menschen leidet."[5]

Erneut war er zur Bergarbeiterwallfahrt nach Piekary eingeladen worden: „Selbst von der höchsten Stelle des Hügels aus ist es unmöglich, die gesamte Menge auf einmal zu überblicken." Ganz Polen stand noch unter dem tiefen Eindruck der Wahl eines Polen zum Papst, die gerade sieben Monate zurücklag. Frère Roger fand Worte, die das national geprägte religiöse Gefühl trafen: „Niemand von euch polnischen Arbeitern glaubt, er habe Einfluss auf die Entwicklung der Menschheit. Ich möchte euch sagen, dass genau das Gegenteil wahr ist. Nicht die augenscheinlich in den ersten Linien Stehenden bestimmen die Veränderungen der Welt. Schaut auf die Jungfrau Maria! Sie dachte ebenfalls nicht, dass ihr Leben für die Zukunft der Menschheitsfamilie wesentlich wäre. Wie die Mutter Gottes, seid ihr die Niedrigen dieser Welt, die die Wege einer Zukunft für alle bahnen. Euer derart treues Erwarten Gottes trägt viele andere überall auf der Erde voran. Christen Polens, ihr seid wie die Wurzeln eines hohen Baumes. Da die Wurzeln verborgen sind, könnte man meinen, sie dienten zu nichts. Doch die Menschen in anderen Ländern wissen, dass ihr Wurzeln der Kirche seid. Ja, Polen kann die ganze Menschheitsfamilie auf einen Weg der Versöhnung führen und alle Christen der Erde in einen Frühling der Kirche mitnehmen. Das ist heute die Berufung der Polen."[6] Am nächsten Tag suchte er in Warschau seine alte Bekannte Aniela Urbanowicz auf.

Am 10. Juni war Frère Roger auf Einladung der evangelischen Kirchen – einige Verantwortliche hatten an Ostern Taizé besucht – in der finnischen Stadt Turku. Der Kontrast zwischen Polen, wo „die Kirchen voller Jugendlicher" zu sein pflegten, und Finnland, „wo die Jugendlichen fast nicht mehr in die Kirchen gehen", war groß. Aber er freute sich über die Reise in den hohen Norden: „Es war der Mühe wert, bis ans Ende der Welt zu fahren, um dieses wohlwollende Volk näher kennen zu lernen. Wenn sie nach Taizé kommen, begreifen die Finnen sicher ohne weiteres, dass wir lange Zeiten der Stille im Gebet brauchen. Sie hängen an der Stille. Bei ihren Zusammenkünften kommt es vor, dass einen ganzen Abend lang nur ein paar Worte fallen. Behaupten manche."[7]

Von Finnland ging es nach Rom. Dort fand vom 17. bis 21. Juni das vierte Symposium der europäischen Bischöfe zum Thema „Jugend und Glaube" statt. Frère Roger war gebeten worden, die Jugendtreffen vorzustellen. Die Bischöfe „möchten mehr über unsere Sicht der zeitgenössischen Jugend seit etwa 15 Jahren erfahren. Diese Männer sind aufmerksam. Sie möchten begreifen, wie wir auf das Sehnen, das aus dem Bewusstsein der neuen Generationen aufsteigt, antworten. Nichts hat uns jedoch auf das vorbereitet, was wir mit den Jugendlichen leben, wir haben weder Pädagogik noch Methode. Bei Aussagen über die Jugendlichen verallgemeinern zu wollen, hieße einen leichtfertigen Weg beschreiten. Ihre Bestrebungen bleiben vielfältig und beträchtlichen Veränderungen unterworfen. Auch die nationalen Verschiedenheiten spielen eine Rolle. Finnen und Sizilianer zusammen in einer Gruppe in Taizé, das ist schon etwas!"[8]

Den vier Grundaussagen seines Redebeitrags unterliegen diskrete Ratschläge.[9] „Desillusionierung" und „Verlust des Lebenssinns" seien bei den Jugendlichen in Europa bestimmend; die Kirche werde nur glaubwürdig sein, wenn sie „den Sinn für den lebendigen Gott vermittelt, anstatt sich am Tagesgeschmack zu orientieren". Das Gebet sei die erste Quelle „an der die junge Generation neuen Mut schöpft", aber nicht jede erstbeste Gebets- und Gottesdienstform;[10] und nach wie vor gehe es um die Notwendigkeit „einer greifbaren und sofortigen Versöhnung unter den Christen". Für Frère Roger hing diese Versöhnung von drei Bedingungen ab: dass der Dienst des Bischofs von Rom als der eines universalen Hirten von allen anerkannt wird, dass „der Bischof von Rom sich mit Christen nichtkatholischer Herkunft umgibt, die mit Leidenschaft für die Einheit des Leibes Christi leben" und dass die Christen der verschiedenen Konfessionen „auf die besondere Gabe der katholischen Kirche achten, den Glauben an die anbetungswürdige Gegenwart Christi in der Eucharistie". Der wahllose wechselseitige Empfang sei „nicht einheitsstiftend". Dies war eine beachtliche Weiterentwicklung innerhalb weniger Jahre. Konnten seine persönlich gehaltenen Worte indes als Modell für alle Christen nichtkatholischer Konfession gelten? Der Vorschlag,

„dass der Bischof von Rom sich mit Christen nichtkatholischer Herkunft umgibt, die mit Leidenschaft für die Einheit des Leibes Christi leben", war gewissermaßen ein Angebot zur Mitarbeit. Frère Roger hatte es bereits zweimal ausgesprochen, einmal mit fast denselben Worten anlässlich des Dienstantritts Johannes Pauls I. („Sie sind so gütig, so demütig, so menschlich, dass wir mit mehreren Jugendlichen gerne nach Rom kämen, um ihnen zu helfen."[11]), und ein weiteres Mal nach der Wahl Johannes Pauls II. („Sie sind so menschlich, so feinfühlig, so sehr ein Mann Gottes, dass wir mit einigen Jugendlichen gerne nach Rom kämen, um ihr Dienstamt besser mittragen zu können."[12]) Sein Vorschlag wurde niemals aufgegriffen.

Die letzten Wochen des Jahres 1979 verbrachte Frère Roger wieder in Südamerika. Frère Alois begleitete ihn.[13] Im November hielten sie sich zunächst zwei Wochen in Brasilien auf und besuchten die Fraternität der Brüder in Alagoinhas. Wie immer offenbart Frère Rogers Tagebuch tiefe poetische Empfindsamkeit und Scharfsinn für die Bedürfnisse der Menschen: „Die bei weitem mehrheitlich schwarze Bevölkerung, unter der die Brüder leben, ist unvorstellbar arm. Die Leute aus dem Viertel kommen ständig ins Haus. Die Brüder sind dabei, Unterkünfte für Jugendliche zu schaffen, die für einige Tage von weither kommen.

Man glaubt sich in die äußersten Weiten einer Wüste versetzt, mit ihrem brüderlichen Zusammenleben und ihrer Gastfreundschaft als einer Oase. Ich bewundere ihre Ausdauer, ihren in der Feuerprobe der Anfechtungen erneuerten Mut. – Und da sind die drei herausgehobenen Zeiten, Höhepunkte der Tage: das gemeinsame Gebet in der kleinen Kapelle. Schönheit, mit fast nichts gestaltet. Durchbrochene Trennwände aus Bambus. Darüber das Blätterwerk eines Baums. Das Laub hängt durch das Dach herein, sein Rascheln begleitet das Gebet."[14]

Danach machten sie in Santiago de Chile Halt. Am 26. November reisten sie in die südlich gelegene Stadt Temuco, einen ganzen Tag lang. Frère Roger war voll Lob für Angelina, eine Frau, die seit neun Jahren immer wieder von Taizé nach Südamerika reiste und nun für sie eine geeignete Behausung gefunden hatte: „Wenn sie in einer ihr unbekannten Stadt eingetroffen ist, nimmt sie sich den Kalender mit den dortigen Feiertagen vor, legt den besten Termin zur Vorbereitung eines Jugendtreffens fest und besucht die Kirchengemeinden, die die Jugendlichen aufnehmen sollen. Junge und weniger junge Leute werden zum Mitmachen eingeladen, und alles kommt ins Rollen."[15]

Frère Roger blieb mit anderen Brüdern und Jugendlichen fast einen Monat lang im Armenviertel von Temuco. Sie lebten wie immer mitten unter den Bedürftigsten in einer Baracke: „Ein Raum zum Schlafen und für das Gebet. Ein kleiner Verschlag mit einem Boden aus gestampfter Erde, der als Küche dient."[16] Die Freigebigkeit der Bewohner des Viertels ging

Frère Roger sehr nahe: „Die indianische Bevölkerung ist über die Maßen gastfreundlich. In aller Frühe kommen zwei Frauen mit zwei noch warmen Broten. Obwohl sie so wenig Mehl für ihre eigenen Familien haben, haben sie dies für uns als Zeichen des Willkommens gebacken. Wir sind verlegen und können nur ganz einfach annehmen." Angesichts der religiösen Aufspaltung der Bewohner des Viertels – es gab eine katholische Holzkapelle und elf Baracken, die verschiedensten protestantischen bzw. evangelikalen Gruppierungen als Gebetshäuser dienten – träumte Frère Roger von einer Versöhnung durch das gemeinsame Gebet und in der Eucharistie: „Sollten die Jugendlichen von Temuco einen zeichenhaften Vorstoß machen? Wie, wenn sie als Katholiken abends zum Gebet in die elf Baracken gingen und diese nicht mehr Orte der Trennung wären? Und wie, wenn es ihnen möglich wäre, allen vorzuschlagen, sonntags zur katholischen Eucharistiefeier zusammenzukommen? Ist es nicht eine besondere Gabe der katholischen Kirche, im Umfeld der Eucharistie auf ein und denselben Glauben, ein und demselben Sinn bedacht zu sein?"[17]

Am 22. Dezember fuhren die Brüder nach Santiago zurück. Den Heiligen Abend verbrachten sie im Frauengefängnis der Stadt. Sie nahmen an der Christmette teil, die der Gefängnisgeistliche hielt, und aßen zusammen mit den Häftlingen. „Es gibt hier strafrechtlich verurteilte, aber auch politische Gefangene. Fast allen laufen die Tränen herunter. Manche Gesichter sind gezeichnet, andere durch einen Anflug von Heiligkeit verklärt."[18]

Von Chile aus reisten sie nach Barcelona, wo diesmal das Europäische Jugendtreffen vom 27. bis 31. Dezember vorbereitet worden war. Die gemeinsamen Gebete fanden in der Kirche Santa Maria del Mar und in den Gebäuden einer ehemaligen Schiffswerft statt. Frère Roger war bei jedem Gebet stets für eine Weile an jedem der beiden Orte.

„Versuchen, einander zu verstehen"

Zwei Wochen später war der Prior wieder in Rom. Am 17. Januar 1980 empfing ihn Johannes Paul II., der gerade aus der Synode der holländischen Bischöfe gekommen war, in Privataudienz. Die Katholische Kirche in Holland hatte noch nicht die Turbulenzen und Entzweiungen bewältigt, die sie seit vielen Jahren prägten. Frère Roger nahm an den Sorgen des Papstes für diese Kirche Anteil: „Die Arme fest auf seinem Arbeitstisch gestützt, versunken, mit angespannten Zügen, denkt Johannes Paul II. laut. Seine Worte sind genau und sachlich. In der ökumenischen Pastoral, die ihm allen gegenüber anvertraut ist, kann er nicht einfach Partei ergreifen. Er soll wissen, dass überall auf der Erde Frauen, Männer und auch Kinder mit ihm beten."[19] Frère Roger lässt durchblicken, dass er die Bemühungen Johannes Pauls II.

mittragen könne, den römischen Befugnissen in der holländischen Ortskirche Anerkennung zu verschaffen. Getreu seiner Überzeugung steht er dafür ein, dass die Gemeinschaft mit Rom eine entsprechende enge Verbindung einschließe und eine in der Öffentlichkeit ausgefochtene Kritik an den Entscheidungen und Standpunkten des Papstes unangebracht sei. Dies hindere niemand, öffentlich gewagte Vorschläge und Wunschvorstellungen hinsichtlich der Weiterentwicklung der Ökumene vorzutragen. Einige langjährige Freunde wie der Literat *Henri Guillemin* bezichtigten ihn daraufhin eines zunehmenden „Papalismus".

Es ging aber um etwas anderes. Frère Roger ertrug nicht, wenn Brüche entstanden, sei es innerhalb der Communauté, sei es mit engen Freunden (den Franziskanern zum Beispiel) oder eben auch zwischen den Kirchen bzw. innerhalb einer Kirche. Stets bemühte er sich, oft noch nach langer Zeit, wieder Verbindung aufzunehmen und zu versöhnen. Beweis dafür sind Sätze in seinem Tagebuch wie diese: „In unserer Kirche habe ich mich soeben mit Christen unterhalten, die man ‚konservativ' nennt. Nach ihnen haben sich sogenannte ‚progressive' Christen vorgestellt. Bei der Rückkehr ins Haus schrieb ich sofort Folgendes auf: Die ‚Konservativen' wie die ‚Progressiven' in gleicher Weise lieben. Sie auf keinen Fall gegeneinander ausspielen, das wäre der gemäßigte Mittelweg, der uns zu selbstgefälligen Gerechten und nicht zu Armen des Hauses Gottes machen würde. In einem spontanen Gespräch mit Pierre-Yves führten wir anschließend diese Überlegungen weiter. Wir sagten uns: Niemand kann die Tiefe ohne die Öffnung leben und umgekehrt. Es ist gut, wenn man nur die Tiefe erreichen will, doch wird man dann nicht alle Fähigkeiten zur Universalität verwirklichen, die im Menschenherzen liegen. Nur die Öffnung zu suchen, ist wichtig, doch so vorrangig sie sein mag, sie kann Feuerwerke abbrennen, die auf Dauer zu blenden beginnen. Keine Öffnung ohne Tiefe. Keine Tiefe ohne Öffnung. Werden die, die von der Öffnung angezogen werden, jene besuchen, die vor allem der Tiefe verpflichtet sind, und umgekehrt, um zu versuchen, einander zu verstehen?"[20]

Diese Überlegungen vertiefte der Prior von Taizé noch und formulierte sie einige Monate später als einen Aufruf zur Versöhnung.[21] Sein Wille zu verstehen und zu vereinen blieb bis zum Ende ungebrochen.

In der römischen Wohnung, in der sich auch Frère Max aufhielt, waren in dieser Zeit wieder Viele zu Gast: „Oft ernste Unterhaltungen, in einer Zeit, in der die bisweilen öffentlichen Streitigkeiten unter Christen weitergehen. Wie die Gemeinschaft herstellen, wenn sich bekannte Intellektuelle auf dem Marktplatz Wortgefechte liefern? Wenn man Partei ergreifen muss, um bestehen zu können, kann man sich nicht mehr halten. Was können wir ausrichten angesichts der Krankheiten dieses Leibes, der die Kirche ist? Einige, eine kleine Zahl, werden sich zu solchen Wortgefechten hinreißen lassen. Viele, der größere Teil, werden sich von diesen Streitigkeiten abkehren und sich gleichzeitig von der Kirche entfernen. In den dunkelsten Momenten, als die Kirche von den schwersten Entmutigungen betroffen war, brachen immer Schwung und neues Erwachen auf. Daraufhin vollzogen sich tief greifende Veränderungen, nicht solche, die entzweien, sondern solche, bei denen man von innen her darangeht, die Breschen aufzufüllen und das Gespaltene wieder zu verbinden."[22]

Im Frühjahr 1980 fuhr Frère Roger zum ersten Mal in den Osten Deutschlands[23], nachdem der evangelisch-lutherische Bischof *Johannes Hempel* viele Male versucht hatte, die Genehmigung für eine Einladung zu erhalten. Drei Brüder reisten mit ihm, unter ihnen Frère Marek, ein Pole, der einen Monat zuvor sein Lebensengagement abgelegt hatte. Im Vorfeld war eine zerlegbare Kreuzikone ins Land gebracht worden, die bei den gemeinsamen Abendgebeten jeweils im Chorraum der Kirchen stand. Bei der Ankunft hatten sie zwei Nachbildungen des Glasfensters der Verklärung in der Kirche der Versöhnung im Gepäck: eines für Dresden, das andere für Erfurt.

Am Abend des 9. Mai sprach Frère Roger tief bewegt in der Dresdener Kreuzkirche vor tausenden Jugendlichen, die aus dem gesamten Osten Deutschlands und sogar aus der Tschechoslowakei gekommen waren: „Ein lang erwartetes Fest: die Gesichter von Jugendlichen sehen, die wir liebten, ohne sie zu kennen. Sie hatten sich bis in die hintersten Winkel der hohen Galerien zusammengedrängt."[24]

Auf einem Foto ist eine Szene festgehalten: Frère Roger kniet im weißen Gewand in der Dresdener Kreuzkirche vor der Kreuzikone, neben ihm der katholische Bischof von Dresden-Meißen *Gerhard Schaffran*, im Bild rechts Landesbischof Hempel.

Frère Roger notierte: „[Den Bischof] berührte der Abend so tief, dass er keine Worte fand. Er erlebte ein lang erwartetes Ereignis. Spät in der Nacht brachte er mich zu sich nachhause und legte eine Schallplatte auf; im Kreis seiner Familie saßen wir lange Zeit still da und lauschten der Musik."[25]

Weil er wusste, dass sein Haus abgehört wurde, ging Bischof Hempel am nächsten Morgen mit Frère Roger in den Elbauen spazieren, wo sie frei reden konnten. Hempel bestätigte im Nachhinein, wie wichtig der Besuch war: „In der DDR-Zeit war dies ein tiefer Einschnitt der Hoffnung für viele junge Menschen. Unvergessen sind unsere Gespräche im Bischofshaus und ohne jede Zurückhaltung bei Spaziergängen an der Elbe, wo keine Polizei uns „abhören" konnte. Unvergessen bleibt für mich die Erfahrung seiner sensiblen spirituellen Offenheit für Gottes Wollen und Beauftragen."[26]

Weitere gemeinsame Gebete fanden am 10. und 11. Mai in Leipzig und Erfurt statt: „Von den beiden Tagen (...) bleibt in erster Linie die Eindringlichkeit der gemeinsamen Gebete in den katholischen und evangelischen Kirchen."[27]

Frère Roger in der Dresdener Kreuzkirche

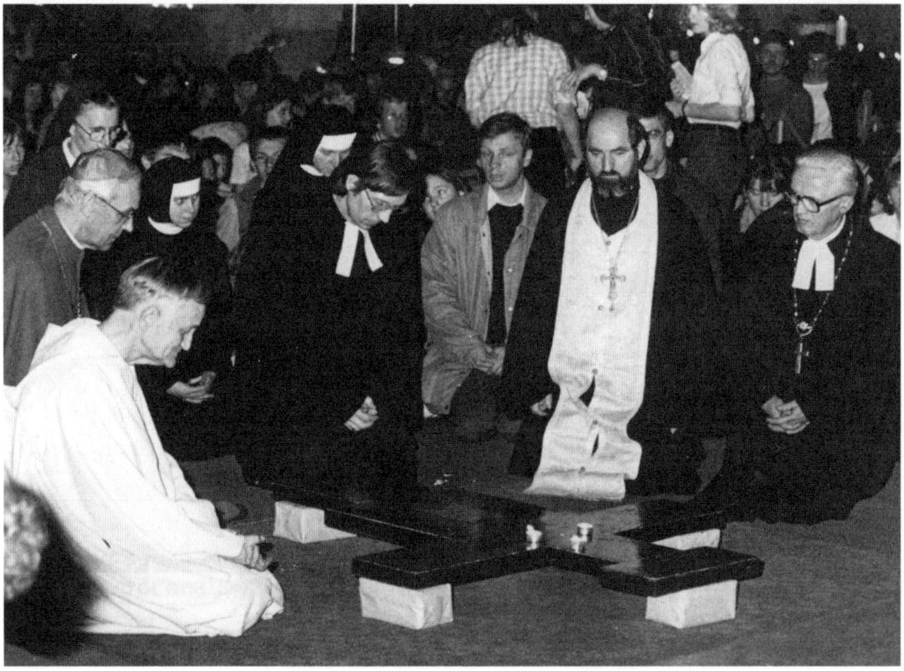

Eine andere bedeutsame Reise führte Frère Roger und einige Brüder im selben Jahr nach Nordamerika. Ein Bruder kanadischer Herkunft, Frère Emile, und der Prior verbrachten zunächst einige Tage in der Fraternität der Brüder in New York im fünften Stock eines Wohnhauses mitten in Manhattan. Das Viertel lag abseits der schönen Avenues und trug den bezeichnenden Namen *Hell's Kitchen*, „Höllenküche". Eindringlich schildert Frère Roger: „Das Mietshaus war recht und schlecht zusammengeflickt. Wir wohnen im obersten Stockwerk. Es ist schon vorgekommen, dass die Decke nachgab, man den Himmel sehen konnte und es hereinregnete. Die Leute im Haus gehen keiner festen Arbeit nach; sie schwindeln sich durch. Die Nächte im Viertel sind gefährlich. Auch durch unser Haus gellen manchmal Schreie. Eines Morgens sah einer von uns, wie Müllmänner aus einer Abfalltonne Arme und Beine zogen. Bei uns wird in regelmäßigen Abständen eingebrochen."[28]

Für den 1. Oktober war in St. Patricks Cathedral an der Ecke der 5. Avenue und der 50. Straße ein Abendgebet vorbereitet worden. Die größte, im neugotischen Stil erbaute Kathedrale der Vereinigten Staaten war an jenem Abend ganz gefüllt. Die letzten Ankömmlinge mussten hinten im Mittelgang stehen. Frère Roger freute sich, dass die Bezeichnung „Pilgerweg des Vertrauens auf der Erde" auf diesen Abend voll zutraf: „Die lange Vorbereitung, die die Brüder in den Kirchengemeinden der New Yorker Bezirke durchgeführt hatten, machte einen ungewöhnlichen Pilgerweg über einen Tag möglich. Die Leute kamen zu Fuß aus verschiedenen Vierteln an, Gruppen gingen mit Kerzen in der Hand über die Brücken."[29]

Die Reise ging mit Jugendtreffen in Washington, Ottawa, Toronto und Montreal weiter. Frère Roger begleitete den kanadischen Bruder auch zu seiner Familie in der nordkanadischen Stadt Timmins.

Ein Glaubensbekenntnis

Der Prior von Taizé, der seine Entscheidungen oft kurzfristig und auf seine innere Stimme hörend fällte, stellte auch unter Beweis, wie gut er auf Unerwartetes eingehen konnte: Ein starkes Erdbeben hatte den Süden Italiens erschüttert, nahezu 3000 Opfer gefordert und beträchtlichen Schaden verursacht. Ende des Monats sollte das Europäische Jugendtreffen in Rom stattfinden. Frère Roger entschied, eine geplante Reise zu verschieben und verbrachte einige Wochen mitten unter der leidgeprüften Bevölkerung. Am 13. Dezember traf er mit mehreren Brüdern in einem Dorf nördlich von Salerno ein. Sie wohnten dort zwei Wochen in einem Campingbus und zogen von Dorf zu Dorf, um Trost und Hilfe zu spenden. Trotz der ärmlichen Unterbringung schaffte es Frère Roger, während des Aufenthalts einen „Brief aus Italien" zu verfassen, der dann in Rom beim Jugendtreffen veröffentlicht wurde.

Das Treffen in Rom begann am 27. Dezember 1980 und dauerte fünf Tage. Es wurden 15 000 Jugendliche erwartet, tatsächlich kamen 30 000 aus ganz Europa, auch aus einigen mittel- und osteuropäischen Ländern. Auch mehrere Hundert Nordamerikaner waren angereist. Die römischen Kirchengemeinden beteiligten sich wie bei den vorhergehenden Europäischen Jugendtreffen rege und brachten die Teilnehmer in Pfarrheimen, Ordenshäusern und in Familien unter. Nach den Morgengebeten in den Gemeinden trafen die Jugendlichen mit Gemeindemitgliedern zusammen oder besichtigten die Katakomben. Die gemeinsamen Mittags- und Abendgebete wurden gleichzeitig in drei Basiliken gehalten. In den Gesprächsgruppen ging es in erster Linie um das Thema „Versöhnung der Christen".

Höhepunkt des Treffens war ein gemeinsames Gebet mit Johannes Paul II. am Nachmittag des 30. Dezember im Petersdom. Viele Jugendliche nahmen vom Petersplatz aus teil, wohin das Gebet mit Lautsprechern übertragen wurde. Der Papst wandte sich nacheinander in sieben Sprachen an die Versammelten.[30] Er stellte die Wege zu einer stimmigen Einheit der Christen heraus: „Man kann die Gemeinschaft in der Eucharistie nicht von der kirchlichen Gemeinschaft in ein und demselben Glauben trennen." Und „jede Kirche, die die apostolische Überlieferung bewahren will, soll dabei sichergehen, dass sie in Gemeinschaft mit Rom verbleibt".

Dann richtete Frère Roger eine kurze Ansprache an Johannes Paul II. Seit Beginn der siebziger Jahre hatte er die Gesamtheit der christlichen Kirchen aufgerufen, die Erfordernis eines „universalen Hirten" anzuerkennen, was die Gemeinschaft und Versöhnung fördere. Nun zögerte er nicht, Johannes Paul II. mit „Geliebter Heiliger Vater" anzureden.[31] Welchen Weg hatte der Prior in den 30 Jahren seit der deutlichen Kritik an Pius XII. nach der Verkündigung des Dogmas der Aufnahme Mariens in den Himmel zurückgelegt! Während dieser Ansprache legte Frère Roger ein Glaubensbekenntnis ab, das er in der Folgezeit oft wiederholte: „Wie meine Großmutter habe ich, ohne für irgend jemanden zum Symbol der Ableugnung zu werden, meine eigene Identität darin gefunden, dass ich zutiefst in mir die Glaubensströmung meines evangelischen Ursprungs mit dem Glauben der katholischen Kirche versöhne."

Diese überraschende Erklärung fand seinerzeit wenig Beachtung. Sie wird bis heute unterschiedlich, ja gegensätzlich ausgelegt. Einige meinen, es handle sich um eine persönlich gehaltene Formulierung des Begriffs der „doppelten Zugehörigkeit", die Frère Roger seit 1973 öffentlich für sich in Anspruch nahm. Andere erinnern daran, dass Roger, wenn auch ohne sich darüber zu verbreiten, seit 1972 die katholische Eucharistie empfing und betrachten jenes Glaubensbekenntnis als ein weiteres Zeichen seiner katholischen Einstellung.

Frère Roger sprach seinerzeit in Rom einerseits von der „Glaubensströmung meines evangelischen Ursprungs“ und andererseits vom „Glauben der katholischen Kirche“. Verbirgt sich dahinter ein verhaltenes, dem oft behutsam umschreibenden Stil Frère Rogers entsprechendes Eingeständnis, dass sich beides in seinem Herzen und in seinem Sinn nicht mehr die Waage hielt?

Ein schwieriges Jahr

Auch im Jahr 1981 reihten sich viele Reisen aneinander. Am 14. März war Frère Roger zu einem Abendgebet mit Jugendlichen in Lissabon. Am Ostersonntag, 19. April, kündigte er eine baldige Reise nach Istanbul an, bei der er Patriarch *Dimitrios* aufsuchen wolle, sowie zwei weitere Europäische Jugendtreffen, von 18. bis 22. Dezember 1981 in London und von 28. Dezember 1981 bis 2. Januar 1982 in Rom. Der Papst hatte telegrafisch mitgeteilt, wie sehr er sich über ein weiteres Jugendtreffen in Rom freue.

Es kam etwas dazwischen. Am 13. Mai wurde Johannes Paul II. auf dem Petersplatz Opfer eines lebensgefährlichen Attentats. Einige Tage später flog Frère Roger nach Warschau; die Reise war seit mehreren Monaten geplant. Die Lage im Land hatte sich zugespitzt. Der 94-jährige Kardinal *Stefan Wyszyński*, der den polnischen Widerstand gegen den Kommunismus seit langen Jahren verkörperte, war todkrank. General *Wojciech Jaruzelski*, gerade drei Monate zum Premierminister und Verteidigungsminister ernannt, sah mit wachsender Unruhe auf die Bürgerrechtsbewegung und die Gewerkschaft Solidarnosc mit ihrer Symbolfigur *Lech Wałesa.*

Als der Prior am 28. Mai in Warschau eintraf, war Kardinal Wyszyński soeben verstorben. „Man brachte uns sogleich an den Ort, wo er aufgebahrt war. Als wir die riesige Menge mit leiderstarrten Gesichtern sahen, die an ihm vorüberzog, konnten wir ermessen, welche Bedeutung dieser Mann Gottes gehabt hatte. Er war mutig und hat niemals nachgegeben, er war das Symbol des polnischen Widerstands.“[32]

Das Gebet, bei dem Frère Roger am Samstagabend in einer überfüllten Kattowitzer Kirche mit Jugendlichen zusammentraf, wurde bis spät in die Nacht geführt. Am Sonntag war Roger wieder in Piekary. Insgesamt fast 200 000 schlesische Bergarbeiter waren gekommen. „Von oben sah man, dass der ganze Hügel mit Menschen übersät war“, schrieb Frère Roger. Der Krakauer Bischof, Kardinal *Franciszek Macharski*, der die Wallfahrt leitete, sprach mit fester Stimme: „Er bewies unwahrscheinlichen Mut und ungewöhnliche Offenheit. Tosender Applaus unterstrich seine Worte über die

Freiheit." Frère Roger kündigte an, er werde dem verletzten Papst, den er am nächsten Tag aufsuche, aus Polen einen Blumenstrauß mitbringen. Roger verbrachte noch ein paar Stunden mit den Jugendlichen aus verschiedenen mittel- und osteuropäischen Ländern, die unauffällig am Treffen in Kattowitz teilgenommen hatten. Nach der Wallfahrt fuhr er zu den Beerdigungsfeierlichkeiten Kardinal Wyszynskis nach Warschau.

Am Tag darauf flog er nach Rom. Der Gesundheitszustand des Papstes war noch sehr ernst, Frère Roger konnte ihn nur allein für einige Augenblicke besuchen. „Als ich das Zimmer betrat, streckte Johannes Paul II. mir die Arme entgegen und legte sie um mich. Blass und mitgenommen lag er in seinem Bett. Hätte ich gewusst, wie geschwächt er war, hätte ich es nicht gewagt, aus Polen fernmündlich um einen Besuch zu bitten. Die Butterblumen lagen auf seinen Knien. Ich machte einige Bemerkungen über sein Land. Er hörte aufmerksam zu. Dann sagte er Worte, die von einem Menschen kamen, der lange über den Tod nachgedacht hatte. Und er schloss: „Fahren Sie fort, machen Sie weiter."[33]

Während der langwierigen Genesung musste der Papst seine Tätigkeit über mehrere Monate einschränken. Deshalb verzichtete Frère Roger darauf, das Europäische Jugendtreffen über den Jahreswechsel in Rom durchzuführen.

Er unternahm weitere kurze Reisen, unter anderem in den Osten Deutschlands und nach Jugoslawien. Über seinen ersten Aufenthalt in der Tschechoslowakei, in die bisher die Brüder ohne jedes Aufsehen gefahren waren, schrieb Frère Roger: „1981 ließ mich der mutige [damalige Prager Erzbischof] Kardinal *František Tomašek* wissen, ich solle trotz aller Hindernisse nach Prag kommen. Die Auflagen bringen uns auf den Gedanken, einen zweitägigen Besuch in Form eines Pilgerwegs von einer Kirche zur anderen vorzubereiten, auf dem wir mit möglichst Vielen zusammenkommen können. Wir Brüder gehen zu einer Stelle in der Kirche, an der alle nach dem Empfang der Kommunion oder des Abendmahls vorbeikommen. Ich hatte gelernt, auf Tschechisch zu sagen: ‚Der Friede sei mit dir.' Die Jugendlichen kommen langsam vorüber, und es ist möglich, mit jeder und jedem kurz zu verweilen. Manche wollen mir einen Zettel zustecken; ich muss ihn zurückweisen, weil alles überwacht wird. Man spürt die Angst, die ihnen im Nacken sitzt. Es ist undenkbar, auch nur ein einziges Wort an alle zu richten, aber wir können zusammen mit ihnen schweigen."[34] Dieses Mal war Frère Roger nicht im weißen Gewand, sondern in Straßenkleidung unterwegs.

Am 13. Dezember ließ General Jaruzelski über Polen das Kriegsrecht verhängen und richtete einen „Militärischen Rat zur Nationalen Errettung" ein. Der Staatsstreich führte zu fast 6000 Verhaftungen. Es war Frère Roger nicht mehr möglich, wie geplant an Weihnachten nach Warschau zu fahren. Er regte eine Kollekte an, um Medikamente und andere Sachspenden nach Polen schicken zu können. Der „Brief aus Warschau“, an dem er bereits gearbeitet hatte, wurde beim Europäischen Jugendtreffen in London veröffentlicht.

Die vielen Reisen Frère Rogers in alle Welt und seine besonderen Beziehungen zur katholischen Kirche hinderten ihn nicht, weiterhin herzliche Beziehungen zu ökumenischen und evangelischen Institutionen zu pflegen. Bei jedem Europäischen Jugendtreffen bat er auch den Generalsekretär des Weltkirchenrats, eine Grußbotschaft zu senden.

1982 verabschiedete die „Kommission für Glaube und Kirchenverfassung“ des Weltkirchenrats bei ihrer Tagung im peruanischen Lima einen wichtigen Text: *Taufe, Eucharistie und Amt*. Die französische Fassung des ausführlichen Dokuments war von Frère Max erstellt worden, der die „ständige Kommission“ leitete, die den Text mit viel Geduld ausgearbeitet hatte. Theologen verschiedener christlicher Konfessionen, auch katholische, hatten sich an der Arbeit beteiligt, die sich über mehrere Jahre hingezogen hatte.

Sie war der Versuch, eine „Übereinstimmung im Glauben“ – so der Untertitel des Dokuments – unter drei Grundaspekten der christlichen Lehre darzulegen. In 52 Abschnitten wurden „bedeutsame theologische Übereinstimmungen“ formuliert, die zwischen den christlichen Kirchen über die Lehre der Taufe, der Eucharistie und des Amtes bestehen. Frère Roger hatte die Konvergenzökumene mit Zusammenkünften in Taizé unterstützt und ermöglichte, dass das Schreiben bei *Les Presses de Taizé* erschien.[35] Er war aber nicht an der Erstellung und Verbreitung des Textes beteiligt.

Auch in den Beziehungen zu den evangelischen Kirchenverantwortlichen in Frankreich, war Roger bemüht, keinen Bruch herbeizuführen und dennoch unabhängig zu bleiben. Mehrere Brüder von Taizé waren nach wie vor Mitglieder in den drei Kommissionen des Kirchenbunds „Gerechtigkeit und Gefangenenseelsorge“, „Kirchengesang“ und „Ökumenische Fragen“.

Im September 1982 trafen Ratsmitglieder des Kirchenbunds mit Frère Roger und einigen anderen Brüdern zusammen. Die Gespräche bezogen sich auf: „Die evangelischen Wurzeln der Communauté“, ihre derzeitige Rolle in der ökumenischen Bewegung und, Gegenstand lebhaftester Debatten, die „Beharrlichkeit“, mit der Taizé daran erinnerte, dass ein „universaler Hirte“ erforderlich sei. Es gelang zwar nicht, über den letzten Punkt Einigung zu erzielen, aber es wurde vereinbart, „dass der Dialog fortgesetzt werden müsse, wenn auch nicht unbedingt auf institutionalisierter Ebene“.[36]

Was Taizé Anfang der siebziger Jahre vollzogen hatte – die Niederlegung der Zugehörigkeit zum Kirchenbund und die Regelung der Verbindung mit dem Heiligen Stuhl – war von den Amtsträgern des französischen Protestantismus hingenommen worden. Sie kamen nicht umhin, „den wichtigen Platz und die Sonderstellung, die die Communauté de Taizé in Frankreich und im Ausland einnimmt“ zu würdigen.

„Pilgerweg des Vertrauens“

Die Woche vor Weihnachten verbrachte Frère Roger bei christlichen Familien in Beirut, die unter dem Bürgerkrieg gelitten hatten, und suchte die Patriarchen der verschiedenen Ostkirchen auf. Er übergab ihnen einen Text mit dem Titel „Brief aus den Katakomben. Ein Aufruf an die Kirchen“, der auf „Weihnachten 1982“ datiert war.[37] Diesen Text, der „nach und nach möglichst vielen Kirchenverantwortlichen“ weltweit überreicht werden sollte, hatte Frère Roger unter Verwendung von „Anregungen von Jugendlichen aus Nord, Süd, Ost und West und von den Brüdern“ verfasst. Im Unterschied zu vorhergehenden Texten wurde dieser allein von Frère Roger verantwortet und erhob nicht den Anspruch, für das Konzil der Jugend zu sprechen. Diese Bezeichnung wurde nicht mehr verwendet, stattdessen war von einem neuen Vorhaben die Rede, das viele gerne mittragen wollten: Ein „weltweiter Pilgerweg der Versöhnung“, der bald in „Pilgerweg des Vertrauens auf der Erde“ umbenannt wurde. Der „Aufruf an die Kirchen“, „Land der Lebenden, Land der Versöhnung und Land der Einfachheit“ zu werden, wurde von den kirchlichen Amtsträgern lediglich mit höflichen bis freundlichen Worten bedacht.

Zu den ersten konkreten Schritten des „Pilgerwegs“ gehörte eine Initiative, die „als Beitrag zum Aufbau des Weltfriedens“ gedacht war. Anlässlich eines Abendgebets, das im April 1983 in Madrid stattfand, suchte Frère Roger in Begleitung von sechs Kindern verschiedener Nationalität den Botschafter der Sowjetunion und anschließend den Botschafter der Vereinigten Staaten auf. Er übergab ihnen einen Aufruf, der sich an ihre Staatsoberhäupter *Juri Andropow* und *Ronald Reagen* richtete. In einer Zeit großer Spannungen zwischen beiden Ländern trat Frère Roger für den Frieden und für „eine gleichmäßige Verteilung der materiellen Güter zwischen den armen und den reichen Gebieten der Erde“ als Bedingung für den Frieden ein.[38] Er war entschlossen, noch weiter zu gehen. „Er wird alles tun“, hieß es in der Einleitung des Aufrufs, „um die Präsidenten Andropow und Reagan sowie Premierministerin *Margret Thatcher* in London und Staatspräsident François Mitterrand in Paris aufzusuchen.“

Keine dieser Begegnungen fand jemals statt. Immerhin führte der Prior zahlreiche persönliche Gespräche mit François Mitterrand. Es ist kein Geheimnis, dass Mitterrand jedes Jahr am Pfingstsonntag mit einigen Freunden und Familienmitgliedern auf den Felsen von Solutré stieg, eine Art Wallfahrt an eine der Stätten, wo er als Widerstandskämpfer gewesen war. Danach speiste er in Cluny zu Mittag und übernachtete bei einem ehemaligen sozialistischen Abgeordneten in der Nähe von Cormatin. Am nächsten Tag pflegte Mitterrand einen Besuch in Taizé zu machen, verweilte einen Augenblick in der Kirche der Versöhnung und sprach mit Frère Roger. Über den Inhalt der Gespräche ist nichts bekannt. Mitterand äußerte sich über den Prior von Taizé: „Er tut mir gut". Obwohl kein praktizierender Christ, vielleicht gar nicht gläubig, war Mitterrand in den letzten Jahrzehnten seines Lebens auf einer rastlosen metaphysischen Suche. Ohne Frage fand er in Taizé einen fruchtbaren Ort für Fragestellungen und in Frère Roger den offenen, von Eigeninteressen ungetrübten Zuhörer, dessen er bedurfte.[39]

1980 wurde von Taizé aus versucht, ein erstes Jugendtreffen in Ungarn abzuhalten. Die Vorbereitung war schwierig: „Es war nicht möglich, Texte zu vervielfältigen, und so beschränkte sich die Vorbereitung auf persönliche Kontakte. Sie erstreckte sich über zwei Jahre mit ständigen Besuchen. Jugendliche, die aus Taizé geschickt und von jungen Wienern unterstützt wurden, halfen den Ungarn, möglichst viele Leute zu erreichen. Die [kommunistische] Regierung bekam es mit der Angst zu tun und man gab zu verstehen, dass ein Jugendtreffen dieser Größenordnung nicht geduldet werde."[40] Das Treffen wurde daher abgesagt. Frère Roger verzichtete aber nicht darauf, nach Budapest zu fahren. Die Menschen konnten sich in drei Kirchen der Stadt versammeln, in der einen am Samstagabend, in der zweiten am Sonntagvormittag und in der dritten am Sonntagabend. Der Prior von Taizé durfte dabei zwar kein Wort an die Gläubigen richten und auch kein allen zugängliches Gebet leiten, ging aber jeweils nach der Kommunion bzw. nach dem Abendmahl von einem zum andern und grüßte jedes Mal auf Ungarisch mit *Krisztus feltamadt* (Christus ist auferstanden)!"[41]

Im Herbst 1983 kam Mutter Teresa ein weiteres Mal nach Taizé. Beim gemeinsamen Gebet wurde am 23. Oktober ein von ihr zusammen mit Frère Roger verfasster „Aufruf" verlesen: „Wir sind uns beide bewusst: Weite Zonen der Erde sind von geistlichen Wüsten überzogen. Man stößt dort auf Jugendliche, die von menschlicher Verlassenheit und einem alles durchdringenden Zweifel geprägt sind, wie er von inneren Brüchen, die sie bis in ihre Tiefe erfassen, ausgelöst wird. (...) Der Abbruch von Beziehungen hat sie unschuldig in ihrer Kindheit oder frühen Jugend verwundet. Daraus erwachsen Skepsis und Mutlosigkeit: Wozu überhaupt leben? Hat das Leben noch einen Sinn? In Kalkutta gibt es sichtbare Sterbehäuser, doch in den westlichen Gesellschaften befinden sich viele Jugendliche in wahren unsichtbaren Sterbehäusern. (...) Es gibt auch alte Menschen, die ihr Leben in der Vereinsamung beenden müssen. Obwohl sie materiell versorgt sind, ist es, als bliebe ihnen kein anderer Ausweg, als auf den Tod zu warten." Der Text endet mit der Bitte: „Sucht Jesus, den Lebenden", und mit einem Vorschlag zur Versöhnung: „Tragen wir die Liebe Jesu zu den Vereinsamten, den Traurigen, den Kranken, den Niedergedrückten."[42]

Einige Wochen später fuhr Frère Roger mit vier Brüdern nach Haiti und lebte fast einen Monat lang in einem Elendsviertel von Port-au-Prince. Dann verbrachten sie einige Tage im anderen Teil der Insel, der Dominikanischen Republik. Während dieses Aufenthalts zog sich der Prior eine Infektion zu, die nach seiner Rückkehr eine Augenoperation nötig machte. Er war mittlerweile fast 70 Jahre; die Kräfte ließen nach.

In Haiti, damals noch unter der Diktatur *Jean-Claude Duvaliers*, verfasste Frère Roger inmitten schreienden Elends und einer „klaffenden Leere" einen „Brief aus Haiti". Er schlug den Menschen in Haiti wie in der westlichen Welt konkrete Engagements vor. Zum Beispiel sollte jede Wohnung „eine Stätte des Mitleidens unter den Menschen, eine kleine kirchliche Gemeinschaft" werden und einen Ort haben, der zum Gebet einlädt. Die Eltern sollten „ihren Kindern bevor diese die Wohnung verlassen oder schlafen gehen, ein Kreuzzeichen auf die Stirn machen".[43]

Der Brief wurde während des Europäischen Jugendtreffens verlesen, das von 28. Dezember 1983 bis 1. Januar 1984 in Paris stattfand. Diesmal gab es auch ein gemeinsames Gebet mit Kardinal *Jean-Marie Lustiger* in Notre Dame.[44] Tagsüber waren statt großer Versammlungen Zusammenkünfte in kleinerem Rahmen vorgesehen, „um gemeinsam zu beten, um sich mit dem Leben der Kirchengemeinden vertraut zu machen, um benachteiligte Menschen in Paris kennen zu lernen". Zweimal am Tag kamen alle in Notre Dame und den Innenstadtkirchen Saint-Germain-des-Prés und Saint Sulpice zusammen. Frère Roger war während der Gebetszeiten wieder von einer Kirche zur anderen unterwegs.

Das siebte Europäische Jugendtreffen fand vom 28. Dezember 1984 bis 1. Januar 1985 in Köln statt. Frère Roger hatte sich bei einem Aufenthalt mit zwei Brüdern in Mauretanien, wo sie einige Zeit unter den Menschen der Sahelzone lebten, geistlich darauf vorbereitet. Er brachte von dort einen „Brief aus der Wüste" mit, der beim Treffen ausgeteilt wurde und bereits behandelte Themen weiter vertieft, „das Vertrauen des Herzens", „die Stille des Herzens" und „die Kühnheit eines Ja zu Christus". Dazu kommen neue Vorschläge zur Umsetzung. Frère Roger warnt dabei umsichtig vor einem Einsatz gegen Armut und Leid, bei dem sich Christen ausschließlich von „moralischen oder sozialen" Beweggründen leiten ließen. Die Christen, schrieb er, müssten auch „Zeichen setzen" für die „Ewigkeit Gottes". Was das Gebet anlangt, so gelte es nicht „eine Stille um jeden Preis zu erwirken, indem man in sich eine Art Leere hervorruft, Vorstellungen und Gedanken zum Verstummen bringt. Im Gebet durchstreifen den Geist Gedanken und Bilder. Vielleicht sind sie für das innere Gleichgewicht nötig. Wird das Gebet einer Technik unterworfen, die zum Rezept oder zum System gerät, baut der Mensch auf Projektionen des Selbst."[45]

Am 2. März hielt Frère Roger auf Anregung des Erzbischofs von Lyon, Kardinal *Albert Decourtray*, ein Abendgebet in der Kathedrale. Bis zu diesem Zeitpunkt war der Prior von Taizé, der an so vielen Jugendtreffen überall auf der Welt teilgenommen hatte, seltsamerweise noch nicht zu einem solchen Abend in Lyon gewesen. 2000 Jugendliche kamen in die Kathedrale, die sich für einen Abend auf den „meditativen, herzlichen und mystischen Stil von Taizé"[46] einstellten. Das Dunkel in der Kirche wurde von den Teelichtern, die den Pfeilern entlang aufgestellt waren, kaum erhellt. Neben den Gesängen und Gebeten waren nachdenkliche Worte Frère Rogers zu hören.

Am 2. Juli fuhr Frère Roger nach Genf und hatte dort eine seit Monaten geplante Unterredung mit dem Generalsekretär der Vereinten Nationen *Javier Peres de Cuellar.* „In Begleitung von Kindern verschiedener Erdteile" überreichte der Prior von Taizé dem Generalsekretär „Vorschläge Jugendlicher, wie die UNO ein Vertrauen stiftendes Organ zwischen den Völkern sein kann". Fotos zeigen Frère Roger mit Kindern aller Rassen; er hat ein Baby auf dem Arm und die neunjährige Marie weicht ihrem Paten nicht von der Seite.

Ende 1985 bereitete Taizé zum ersten Mal ein „Interkontinentales Jugendtreffen" auf der südlichen Erdhälfte vor. Die Wahl fiel auf die südindische Stadt Madras, weil dort zahlreiche Christen leben und sich der Überlieferung nach im dortigen Dom das Grab des Apostels Thomas befindet. Das Treffen wurde in Zusammenarbeit mit der indischen Katholischen Bischofskonferenz und den evangelischen Kirchen vorbereitet. Von 27. Dezember 1985 bis 1. Januar 1986 trafen 10 000 Jugendliche aus verschiedenen Gegenden Indiens, asiatischen Ländern und anderen Erdteilen in Madras mit Frère Roger zusammen. Da es kein Kirchengebäude gab, das eine so große Menge fassen konnte, wurde ein weit ausladender „Pandal" errichtet, ein Bau aus Bambusrohren und Blättern von Kokospalmen, wie er bei indischen Festen Verwendung findet. Jeden Tag versammelten sich dort die Jugendlichen, nachdem sie sich in den Stadtvierteln in Kleingruppen getroffen hatten. Die Worte Frère Rogers, die Gebete und Gesänge wurden simultan in 25 Sprachen übersetzt.

Gleichzeitig waren Jugendliche zum Europäischen Jugendtreffen in Barcelona zusammen. Frère Roger fuhr noch vor Ende des Treffens in Indien dorthin und brachte einen „Brief aus Madras" mit, der dort verlesen wurde.

Nach dem Jugendtreffen von Madras kamen zunehmend Jugendliche aus dem indischen Subkontinent in Gruppen zu dreimonatigen Aufenthalten – die Zeitspanne eines Touristenvisums – nach Taizé und halfen dort bei den Jugendtreffen mit.

Der Weltjugendtag

Manche halten Frère Roger für den „Inspirator des Weltjugendtags“[47], der seit 1986 jeweils in einem anderen Land Jugendliche aus der ganzen Welt um den Papst versammelt. Das trifft so nicht zu.

1983/1984 wurde ein außerordentliches Heiliges Jahr als Jahr der Erlösung begangen, das im April 1984 mit besonderen Festtagen abgeschlossen wurde, zu denen auch ein dreitägiges „Jubiläumsfest der Jugend“ gehörte. Frère Roger war zu dieser Jugendbegegnung eingeladen, eine besondere Würdigung seiner Pionierarbeit im Jugendapostolat. Der erste Weltjugendtag fand zwei Jahre später statt. Die Idee reifte langsam.[48] Am Ende des Jubiläums ermunterte Johannes Paul II. die Jugend der Welt zu einem weiteren Treffen am Palmsonntag des kommenden Jahres in Rom. 1985 trafen sich dazu 250 000 Jugendliche aus über 60 Ländern. Das Treffen fiel in das von den Vereinten Nationen ausgerufene „Internationale Jahr der Jugend“. Aufgrund des großen Zuspruchs kündigte Johannes Paul II. am 20. Dezember an, dass nunmehr abwechselnd in den Bistümern mit den Bischöfen und als weltweite Versammlung mit dem Papst ein „Weltjugendtag“ durchgeführt werde. Am Erfolg der beiden Treffen in Rom sei „eine neue Erwartung von Seiten der Jugendlichen aller Erdteile an die christliche Religion und auch die Katholische Kirche“ abzulesen.[49]

Letztlich reichen die Ursprünge des Weltjugendtages nach Polen zurück. Als Erzbischof von Krakau lernte Karol Woityła „Licht und Leben“ kennen, die bedeutendste kirchliche Bewegung in Polen: „Ich war dieser Bewegung sehr verbunden und versuchte ihr auf jede Art zu helfen. Ich verteidigte die ‚Oasen‘-Treffen gegen die kommunistischen Machthaber, ich unterstützte sie materiell und nahm selbstverständlich an ihren Treffen teil. (…) Ich schätzte diese tiefe Erfahrung sehr und nahm sie mit nach Rom. Auch hier versuchte ich, sie fruchtbar werden zu lassen, indem ich viele Gelegenheiten wahrnahm, Jugendliche zu treffen. Der ‚Weltjugendtag‘ ist in gewissem Sinn aus dieser Erfahrung hervorgegangen.“[50]

Wenn auch den Weltjugendtag und die Jugendtreffen von Taizé dasselbe Anliegen verbindet, nämlich Jugendlichen Mut zu machen, ein geistlich erfülltes Leben zu führen, und beide einander ähneln (hohe Teilnehmerzahlen junger Erwachsener und Teilnehmer aus vielen Ländern), so gibt es doch deutliche Unterschiede in der Gestaltung. Höhepunkt des Weltjugendtags sind die Gebetswache mit dem Papst in einer Art Dialog und die sonntägliche Eucharistiefeier. Bei Jugendtreffen von Taizé haben neben den großen gemeinsamen Gebeten die kleinen Gesprächsgruppen mit einer Vielzahl von Themen und die Beteiligung am (Gottesdienst-)Leben der verschiedenen Kirchengemeinden der einzelnen Städte einen wichtigen Stellenwert.

12. Kapitel

Im Dienst der Versöhnung

Im Oktober 1986 kam Papst Johannes Paul II. auf seiner dritten Frankreichreise für einen kurzen Zwischenhalt nach Taizé. Es war ein historischer Besuch, mit dem der Papst seine Wertschätzung zeigen wollte.[1] Er wurde in Zusammenarbeit mit der Diözese Lyon vorbereitet, dem Hauptziel der Reise. Am Sonntag, den 5. Oktober, traf Johannes Paul II. mit Verspätung in Taizé ein. 5000 Jugendliche erwarteten ihn. Auf einem kleinen Podium standen ein schlichter Sessel und ein Mikrophon. Frère Roger begrüßte Johannes Paul II. mit einer kurzen Ansprache, in der er seine „Dankbarkeit" und sein „Glück" äußerte, ihn zu Gast zu haben. In seiner Antwort gebrauchte der Papst ein Bild, das später immer wieder aufgegriffen wurde: „Der Papst ist nur vorübergehend hier. Doch man kommt nach Taizé wie an den Rand einer Quelle. Der Reisende hält ein, löscht seinen Durst und setzt den Weg fort."[2] Johannes Paul II. lud, wie seit langem auch Frère Roger, die Jugendlichen ein, die Kirche nicht im Stich zu lassen: „Gebt euch nicht damit zufrieden, untätig zu kritisieren oder darauf zu warten, dass die Personen oder Institutionen besser werden. Geht auf die Kirchengemeinden, die Personalgemeinden, die verschiedenen Bewegungen und Gemeinschaften zu und bringt ihnen geduldig die Kraft eurer Jugend und die Gaben, die ihr empfangen habt."

Danach begab sich Johannes Paul II. in einen Raum unter der Kirche, wo ihn die Brüder der Communauté erwarteten. Ein Satz in seiner vorbereiteten Ansprache fasst die Geschichte von Taizé und seine heikle Lage zusammen: „In ihrer einzigartigen, eigentümlichen und in gewissem Sinn sogar vorläufigen Berufung kann eure Communauté Erstaunen hervorrufen und auf Unverständnis und Argwohn stoßen." „Vorläufige Berufung", hieß das nicht, dass für Johannes Paul II. die Communauté de Taizé ihren Weg zur vollen Gemeinschaft mit der Kirche weitergehen solle? „Ihr werdet, da bin ich ganz sicher, Wege finden, auch weiterhin für den Willen des Herrn verfügbar zu sein", betonte er.[3]

Diesen Schlüsselgedanken hatte der Prior von Taizé schon 1965 in seinem weit verbreiteten Buch „Die Dynamik des Vorläufigen" ausgeführt und ein Jahr später noch einmal an anderer Stelle aufgegriffen: „In Taizé wird das, was uns von anderen unterscheidet, womöglich eines Tages verschwinden müssen. Unsere Gottesdienste wirken hin auf eine Einmütigkeit im Glauben und nähren eine starke Hoffnung (...). Und trotzdem, sind unsere gottesdienstlichen Formen nicht ein Provisorium, dazu bestimmt, am Tage der sichtbaren Einheit zu verschwinden? Wer im Provisorium lebt, erfährt, dass er seinen Weg zur Einheit mit neuer Kraft gehen kann. Schlechthin bedrohlich wäre es, wenn wir an uns selbst Genüge fänden, einen entdeckten Schatz wieder unter Verschluss brächten und wenn wir so auf Jahrhunderte hinaus Strukturen schafften, die, einmal überholt, zur Isolierung beitrügen und nicht zur Kommunikation. (...) Gibt es Versöhnung ohne Verzichtleistungen auf beiden Seiten? Am Tage der sichtbaren Einheit wird sicher ein Teil von uns selbst absterben müssen."[4]

Um in der Frage weiterzukommen, die der wechselseitige Kommunionempfang aufwarf, wurde in Taizé noch in den achtziger Jahren die Praxis eingeführt, gesegnetes Brot auszuteilen, wie es Kardinal Ratzinger als Präfekt der Glaubenskongregation in einem Zeitschriftenbeitrag 1986 empfohlen hatte[5], ohne freilich die Treffen in Taizé zu erwähnen. Im Hinblick auf Verhältnisse, die dem Empfang der Katholischen Eucharistie hinderlich sind (wiederverheiratete Geschiedene, nichtkatholische Gläubige, die an einer katholischen Messe teilnehmen), legte der künftige Benedikt XVI. damals nahe, wieder die alte Praxis des gesegneten Brotes aufzugreifen. So bestünde die Möglichkeit, an die Gläubigen, die die Katholische Eucharistie nicht empfangen können, ein Stück gesegneten Brotes auszuteilen als Zeichen brüderlicher Gemeinschaft. So könne wahlloser Kommunionempfang unterbleiben. Bis heute informiert ein Hinweis in sechs Sprachen am Eingang der Kirche der Versöhnung die Besucher:

Die katholische Eucharistiefeier findet sonntags um 10 Uhr und werktags in der Krypta um 7.15 Uhr statt. Am Ende des Morgengebets besteht die Möglichkeit, die in der Eucharistiefeier konsekrierten Gaben zu empfangen; sie werden von Brüdern ausgeteilt. Der Tabernakel befindet sich neben der Marienikone.

Wer aus den Kirchen der Reformation kommt, hat die Gelegenheit, jeden Tag am Ende des Morgengebets das Abendmahl zu empfangen; es wird beim Kreuz rechts neben der Auferstehungsikone von Jugendlichen ausgeteilt. Es finden regelmäßig evangelische Abendmahlsgottesdienste statt.

Die Göttliche Liturgie für die Orthodoxen wird zu den Zeiten gefeiert, in denen ein orthodoxer Pfarrer anwesend ist.

Am Ende des Morgengebets stehen an verschiedenen Stellen in der Kirche Jugendliche mit kleinen Körben und teilen gesegnetes Brot aus. Jeder kann es zu sich nehmen: wer sich nicht für vorbereitet hält, die Gegenwart Christi in der Eucharistie zu empfangen, wer nicht getauft ist, die Kinder, alle, die aus verschiedenen Gründen nicht zur Kommunion gehen.

Nach dem Besuch des Papstes in Taizé wurde Frère Roger in Polen erwartet. Er machte einen Zwischenhalt in Ost-Berlin und nahm dort an einem Abendgebet teil. Junge Christen waren in die beiden größten Kirchen der Stadt gekommen, die evangelisch-lutherische Marienkirche am Alexanderplatz und die katholische Hedwigskathedrale. Frère Roger, der Berliner Bischof *Gottfried Forck* und der Berliner Erzbischof Kardinal *Joachim Meisner* gingen von einer Kirche zu anderen, um mit allen zu singen und zu beten.

Dann reiste der Prior nach Warschau, wo ihm die katholische Fakultät „für seine Arbeit für die Versöhnung der Christen und der Menschheitsfamilie und für die Zuneigung, die er von jeher den jungen Polen entgegenbringt" die Ehrendoktorwürde verlieh. In seiner Ansprache betonte der Primas von Polen, Kardinal *Józef Glemp*: „Frère Roger vertritt eine Ökumene, die nicht lediglich Annäherung, mehr oder weniger formale Vereinigung der getrennten Konfessionen ist. Der ökumenische Auftrag Frère Rogers reicht viel tiefer, er hat zum Ziel, Gottes Fülle durch die Fülle des Menschen hindurch zu enthüllen. Denn der Mensch ist es, der innerlich gebrochen und gespalten ist. Wenn wir zu einer wahren Ökumene gelangen wollen, müssen wir zunächst den Menschen einen, ihn innerlich zusammenfügen."[6] An die Feier in der Akademie schloss sich ein gemeinsames Gebet mit Tausenden Jugendlichen in der Allerheiligenkirche an.

Von 1. bis 3. Mai 1987 fand eine neue Art von Jugendtreffen statt. Von Bedeutung war nicht die Zahl der Teilnehmer – es waren nur einige Tausend –, sondern der gewählte Ort, Ljubljana (Laibach) im heutigen Slowenien. Vier Jahre nach dem Fehlschlag in Budapest gelang es von Taizé aus zum ersten Mal, ein Ost-West-Treffen in einem kommunistischen Land durchzuführen. Es kostete einige Mühe, das Einverständnis der Machthaber zu erhalten.

Seit dem ersten kurzen Besuch Frère Rogers 1962 in Jugoslawien waren die Brüder auf zahlreichen Reisen, von denen nichts in die Öffentlichkeit drang, auch in diesem Land hinter dem Eisernen Vorhang unterwegs gewesen. Ein Ergebnis davon war nun das erste größere Treffen dort. Tausend Jugendliche aus Westeuropa konnten sich mit Tausenden Jugendlichen aus ganz Jugoslawien und verschiedenen anderen kommunistischen Ländern, auch aus dem Osten Deutschlands treffen. Es folgten weitere Zusammenkünfte dieser Art mit stets wachsender Teilnehmerzahl.

Konversion und Priesterweihe von Frère Max

Auf den letzten Tag dieses Treffens, den 3. Mai 1987, fiel ein einschneidendes und schmerzliches Ereignis, das ein Jahr lang der Öffentlichkeit verborgen blieb: Frère Max wurde in Neapel zum Priester geweiht. Seit langem war er nicht mehr häufig in Taizé gewesen. Die Gründe dafür waren seine

Ernennung zum Vertreter des Priors in Rom, zahlreiche Auslandsaufenthalte im Rahmen seiner Ämter bei der Kommission für Glauben und Kirchenverfassung, sein persönliches Arbeitspensum und seine theologischen Studien. Er hatte immer wieder längere Zeit in Neapel verbracht, wo er mehrfach an der theologischen Fakultät Gastvorlesungen hielt und sich mit dem dortigen Kardinal *Corrado Ursi* befreundete.

Die Entscheidung, zum Katholizismus überzutreten und um die Priesterweihe zu bitten, war kein plötzlicher Entschluss, sondern die Folge einer langwierigen geistlichen Entwicklung und lebenslangen theologischen Reflektion. „Meine gesamte ökumenische Arbeit hat mich allmählich dazu geführt, die Katholische Kirche als Mutterkirche anzusehen. Ich kann sagen, dass ich seit langem Katholik war und mit meiner Überzeugung niemals hinter dem Berg hielt."[7] „Paul VI. hatte auf meinen Werdegang großen Einfluss", schrieb er an den Autor, „sowohl durch sein ausgewogenes theologisches Denken als auch durch seine ökumenische Offenheit. Mit ihm ist in mir die Überzeugung gereift, dass sämtliche positiven Beiträge der Reformation durch das Zweite Vatikanische Konzil, unter Berichtigung dessen, was zu berichtigen war, in den Katholischen Glauben aufgenommen wurden."[8]

Sein Sekretär und Mitstreiter Matthias Richter war schon vor ihm zum Katholizismus übergetreten und zum Priester geweiht worden. „Allmählich wurde mir vieles klar", schreibt Frère Max, „und eines Tages hatte ich auf einer Rückreise aus Rom in der Bahn die Gewissheit: ‚Auch ich werde katholischer Priester.'"[9] Der Kardinal weihte ihn wenige Tage bevor er auf seine Erzdiözese resignierte. Die Priesterweihe fand im engsten Kreis statt, nicht wie üblich im Dom von Neapel, sondern im Heiligtum der *Madonna del Buon Consiglio.* Frère Roger und einige Frère Max nahe stehende Personen wurden in Kenntnis gesetzt.

Dem Vernehmen nach war das Ereignis für Frère Roger und die meisten Mitglieder der Communauté sehr schmerzlich. In einem Zeitschriftenbeitrag, den Frère Roger und Frère Max 1946 gemeinsam geschrieben hatten, hieß es: „Jeglicher Übertritt von einer Kirche zur anderen, selbst wenn er tief durchlebt wird und gefordert ist, löst stets in bestimmten Kreisen gewisse Spannungen aus und belastet in den meisten Fällen den Weg der Christen zur Einheit."[10]

Nach einem Jahr erst wurde das Geschehen bekannt und führte in ökumenischen Kreisen zu einiger Verwunderung. Am 30. April 1988 erschien in der spanischen katholischen Wochenzeitung *Ecclesia* eine kurze Notiz. Die Communauté gab daraufhin eine Pressemitteilung heraus, die am 11. Mai in *La Croix* und *Le Monde* abgedruckt wurde. Ohne Frère Max' Entscheidung zu kommentieren wurde klargestellt, dass er weiterhin Mitglied der Communauté sei: „Seit 1972, seit 16 Jahren, gehören katholische

Priester zu den Mitgliedern der Communauté de Taizé. Es ändert nichts an ihrer Zugehörigkeit zur Communauté, dass sie Priester sind.“[11]

Nach Frère Max' Tod erwähnte der Dominikaner René Beaupère taktvoll die damals für viele schmerzliche Überraschung: „Seine engsten Freunde können kaum glauben, dass dieser Vorgang, der sich nach seinem Willen ‚unauffällig' und ‚allein dem Evangelium verpflichtet' vollziehen sollte, seinen Mitarbeitern und besten Freunden monatelang verborgen blieb. Frère Max hat nicht erkannt, dass seine Handlungen – und insbesondere diese – aufgrund seines Bekanntheitsgrades von gesamtkirchlichem Belang waren und ein schwerer Schlag auf dem Gebiet der ökumenischen Entwicklung. So musste er, so mussten wir, in einer tiefen, niemals aufgekündigten Freundschaft gemeinsam das Leid eines gewissen Unverständnisses tragen und uns bemühen, verletztes Vertrauen zu heilen.“[12]

Am 9. September 1988 veröffentlichte die Gruppe *des Dombes* auf ihrer Jahresversammlung eine verlegen und leicht bitter klingende „Erklärung“: „Wir bedauern, dass dieser Vorgang ohne einfühlsame Rücksicht auf die christliche Konfession erfolgte, zu der der Betreffende gehörte (Max Thurian war Pfarrer der reformierten Kirche und bleibt Bruder von Taizé) und ohne die nötige Würdigung seiner Persönlichkeit (Max Thurian bekleidete eine wichtige Stellung im Ökumenischen Rat der Kirchen).“[13]

Freiheitsbewegung in Mittel- und Osteuropa

Nachdem mit dem Jugendtreffen in Ljubljana eine Bresche geschlagen worden war, suchte Frère Roger nach Gelegenheiten, diese auszuweiten. In manchen mittel- und osteuropäischen Ländern machten sich bereits Freiheitsbewegungen bemerkbar, Christen wurden aber weiterhin behindert und unterlagen mannigfaltigen Verboten. Auch 1988 wurde Frère Roger noch die Genehmigung verweigert, in Prag in einer Kirche zu sprechen. Er konnte dort immerhin an einem vorbereiteten gemeinsamen Gebet in einer Innenstadtkirche teilnehmen. In der Menge befand sich an jenem Abend ein gewisser *Vaclav Havel*. „Eben aus dem Gefängnis entlassen, rechnete er in keiner Weise damit, dass er zwei Jahre später als Staatspräsident 24 000 Jugendliche aus ganz Europa willkommen heißen würde, die an einem von Taizé aus vorbereiteten Treffen teilnahmen.“[14]

Zur Tausendjahrfeier der Taufe Russlands im Juni 1988 lud der Patriarch Frère Roger nach Moskau ein. Die letzte Reise dorthin lag zehn Jahre zurück. Seither hatten sich die Verhältnisse im Land verändert. Die von *Michail Gorbatschow* eingeleitete Politik der Perestroika ließ allmählich bestimmte Freiräume zu, Behörden und Polizei hatten das gesellschaftliche Leben aber immer noch unter strenger Kontrolle. Der Aufenthalt sollte ursprünglich vier Tage dauern. Aber der Prior von Taizé und seine Begleiter blieben schließlich fast zwei Wochen in Russland. „Die orthodoxe Kirche empfing uns herzlich", schrieb Frère Roger. „Es war spürbar, dass unsere kleine Communauté sehr geschätzt wurde."[15] Zusammen mit einem anderen Bruder wurde er zum Konzil der russischen Bischöfe eingeladen, das im Dreifaltigkeitskloster St. Sergius zusammengetreten war. Die Liturgie der Versammlung beeindruckte ihn: „Die Gesänge waren von unvergleichlicher Ausdruckskraft, eine Erfahrung der Gegenwart Gottes, die Freude des Heiligen Geistes, sichtbar unter den Menschen." Von jeher faszinierten ihn orthodoxe Gottesdienste: „Wir lieben in Taizé die orthodoxe Kirche aus ganzem Herzen, aus ganzer Seele. Die Schönheit der Gesänge, der Weihrauch, die Ikonen, offene Fenster auf die Wirklichkeit Gottes, die Symbole und Gesten der seit Jahrhunderten in der Gemeinschaft von Christen gefeierten Liturgie, alles ruft dazu auf, die ‚Freude des Himmels auf der Erde' wahrzunehmen. Der Mensch wird in seiner Ganzheitlichkeit davon berührt, nicht nur sein Verstand, sondern auch sein Empfinden, ja sein Körper."[16]

Die Christen in Russland waren auch unter den Verfolgungen und trotz der offiziellen materialistischen und atheistischen Propaganda ihrem Glauben treu geblieben. Eines Tages zog die Übersetzerin in Moskau aus ihrer Handtasche ein Neues Testament auf Russisch, dass ihr die Großmutter gegeben hatte. „Wer könnte jemals erschöpfend sagen, was unzählige betagte Frauen in Russland im Lauf der schwierigen Jahre an die jüngeren weitergegeben haben?"

Am Ende des Aufenthalts zeigten orthodoxe Kirchenverantwortliche Roger ein Exemplar der „Bibel der Tausendjahrfeier", der ersten russisch-orthodoxen Bibelausgabe in den 70 Jahren seit der Revolution. Das Patriarchat durfte sie nur in 5000 Exemplaren verlegen, eine lächerliche Auflagenhöhe angesichts der Bedürfnisse im Land. Frère Roger erwähnte, dass er in den sechziger Jahren eine Million Exemplare des Neuen Testaments für die südamerikanischen Länder auf Spanisch drucken ließ und später noch einmal eine halbe Million auf Portugiesisch für Brasilien. Seine Gesprächspartner meinten: „Wir bräuchten nicht eine Million, sondern 20 Millionen Bibeln!"

Dies ging Frère Roger nicht mehr aus dem Sinn. Nach Zustimmung der russischen Behörden und mit Einverständnis des Moskauer Patriarchats begann die Communauté mit der Drucklegung einer Million Exemplare des Neuen Testaments der Jubiläumsbibel im Taschenbuchformat. Die Aktion wurde durch Spenden finanziert, die katholische und evangelische Christen aus verschiedenen westeuropäischen Ländern leisteten. Einige Monate später brachten neun Lastwagen jeweils 115 000 Ausgaben nach Leningrad, Minsk, Kiew und Moskau.[17] Noch lange Zeit danach trafen Dankbriefe aus verschiedenen Regionen des der Sowjetunion in Taizé ein.

Von 28. April bis 1. Mai 1989 kam es zu einem zweiten „Ost-West Treffen" in der südungarischen Stadt Pécs (Fünfkirchen). Der Bischof der Stadt, *Jozsef Cserhati*, gleichzeitig Sekretär der ungarischen katholischen Bischofskonferenz, hatte die Communauté eingeladen, ein Jugendtreffen in seiner Diözese durchzuführen. Was sechs Jahre zuvor in Budapest noch verhindert werden konnte, gelang nun in Pécs. Die kommunistischen Regierungen in Mittel- und Osteuropa begannen zu wanken, der Eiserne Vorhang bekam die ersten Löcher, bald sollte die Berliner Mauer fallen. In den Tagen nach dem Treffen konnte man auf der ganzen Welt die Aufsehen erregenden Bilder verfolgen, als der Stacheldraht an der österreichisch-ungarischen Grenze durchgeschnitten wurde. 20 000 Jugendliche aus Ungarn, den östlichen Nachbarländern, darunter 1100 aus dem Osten Deutschlands und auch aus verschiedenen westeuropäischen Nationen kamen noch Pécs. Frère Roger griff ein Wort Johannes XXIII. auf: „Wir werden nicht herauszufinden versuchen, wer recht und wer unrecht gehabt hat. Wir sagen einfach: Versöhnen wir uns." Er kündigte an, dass das Europäische Jugendtreffen am Jahreswechsel zum ersten Mal in einem Land Mittel- und Osteuropas stattfinden werde. Die Wahl war auf Breslau gefallen. Dort fand das Treffen vom 28. Dezember 1989 bis Januar 1990 mit 50 000 Teilnehmern statt.

Im gleichen Jahr erhielt Frère Roger den renommierten Internationalen Karlspreis, den die Stadt Aachen seit 1950 jährlich einer Persönlichkeit verleiht, die zur Annäherung zwischen den europäischen Ländern beigetragen hat. Wie immer wurde er an Christi Himmelfahrt im Kaisersaal der Stadt übergeben mit Urkunde, Medaille und einem Preisgeld von 5000 DM. Das Komitee begründete seine Wahl: „Frère Roger und seine Communauté setzen heute die geistliche Tradition Europas fort, wie sie durch Benedikt von Nursia und Franz von Assisi gestaltet und dann von den Ordensgemeinschaften und den katholischen und evangelischen Gemeinden aufgenommen wurde". Es war der Auffassung, dass „der von Taizé angestrebte Ausgleich zwischen den Konfessionen ein Vorbild sein kann, um den Spannungen ein Ende zu bereiten und ein friedliches Zusammenleben in ganz Europa zu schaffen, nicht nur auf religiöser, sondern auch auf politischer Ebene". Die Feier wurde im deutschen Fernsehen live übertragen.

Einige Monate später würdigte Frère Roger seinerseits eine bekannte Persönlichkeit. Am 6. August 1989 starb Hubert Beuve-Méry, der Gründer der Zeitung *Le Monde*, dem er seit 30 Jahren freundschaftlich verbunden war. In *Le Monde* nannte er ihn einen „Vordenker": „Wenn wir das ganze Jahr über in Taizé mit Jugendlichen aus allen Erdteilen und darüber hinaus Jugendtreffen in Ost- wie in Westeuropa Treffen abhalten, verdanken wir dies nicht zuletzt seiner breit angelegten Sicht Europas und seinen konstruktiven Fähigkeiten."[18]

Ende Dezember wurde in Rumänien das Ceausescu-Regime gestürzt, das über 20 Jahre an der Macht gewesen war. Die Revolution verlief in einer aufgeheizten Atmosphäre und forderte, im Gegensatz zur gleichzeitigen „Samtenen Revolution" in der Tschechoslowakei, über tausend Opfer. Einige Tage nach den Ereignissen entschied sich Frère Roger, mit zwei Brüdern nach Rumänien zu reisen. Es zog ihn, wie so oft, unwiderstehlich zu Menschen, die litten, in Angst lebten und wieder Hoffnung schöpften. „Wir tauschten uns mit Jugendlichen aus"[19], heißt es lakonisch auf den wenigen Seiten, die Frère Roger der Reise widmete. Später berichtete er über ein Gespräch, das er mit einem jungen Rumänen geführt hatte: „In jenen schlimmen Tagen hatte er aus Liebe zur Freiheit für sein Volk sein Leben aufs Spiel gesetzt. Er sagte mir, er sei sich im Klaren: Ohne Versöhnung gibt es keine Zukunft, in der man sich als Mensch verwirklichen kann, keine Zukunft für ein Volk, keine Zukunft für den Aufbau Europas."[20]

Das Ende des kommunistischen Regimes in Mittel- und Osteuropa und die damit verbundene Reisefreiheit veränderte den Alltag in Taizé einschneidend. Junge Katholiken und Protestanten und nicht zuletzt Orthodoxe strömten aus diesen Ländern nach Taizé. Die Communauté stellte fest, „dass die Zahl der Jugendlichen, die nach Taizé fahren, sich verdoppelt hat".[21] Die Kirche der Versöhnung wurde durch ausladende Vorbauten mit flachen Giebeln vergrößert. Auf die schlichte holzverkleidete Erweiterung wurden Zwiebeltürmchen gesetzt, wie sie bei orthodoxen Kirchen üblich sind. Die Anbauten sind von der eigentlichen Kirche durch bewegliche Zwischenwände getrennt, wodurch der Raum für die gemeinsamen Gebete je nach Bedarf verändert werden kann. Nach wie vor herrscht die „Dynamik des Vorläufigen". Während des Sommers wurde nun jede Woche zwei- oder dreimal auch ein orthodoxer Gottesdienst gefeiert.[22]

Am 21. September 1988 überreichte am Pariser Sitz der UNESCO Generaldirektor *Federico Major* Frère Roger den „UNESCO-Preis für Friedenserziehung". Er wird seit 1981 verliehen und würdigt „eine außergewöhnliche Tätigkeit, die in hohem Maße die öffentliche Meinung und das Gewissen der Menschen zu Gunsten des Friedens aufrüttelt". In seiner Ansprache bezeichnete Major den Gründer von Taizé als einen „Wanderer", einen „Nomaden", der „unermüdlich und unbeschwert sein Zelt an allen Breitengraden aufstellt" und es zugleich versteht, Taizé zu einen Anziehungspunkt für die Jugend zu machen, „gewiss nicht um ihnen auf alle Fragen eine Antwort oder Rezepte für ein besseres Leben und schon gar nicht Lehrsätze" zu vermitteln, „sondern eine bestimmte Art zuzuhören, auszutauschen und nachzudenken, die es ihnen ermöglicht, auf eigenständige Weise den Sinn ihres Daseins herauszufinden."[23] Frère Roger erhielt eine kleine, den Frieden darstellende Statue des katalanischen Bildhauers *Apelles Fenosa* und einen Scheck über 60 000 Dollar.

Von 30. Dezember 1988 bis 4. Januar 1989 fand das elfte Europäische Jugendtreffen erneut in Paris statt. Zur Ankündigung des Ereignisses hatte *Le Monde* Frère Roger um einen Beitrag gebeten, der am 24. Dezember erschien.[24] Ein weiteres Mal behandelte der Prior von Taizé seine Lieblingsthemen „Vertrauen" und „innerer Friede" in einer dichten, eindringlichen Sprache, die sich mehr an das Herz als an den Verstand richtete, in einem zeitlosen Text mit kurzen, poetisch verdichteten Wendungen. Frère Roger hätte ihn ohne weiteres schon 20 oder 30 Jahre zuvor schreiben können.

33 000 Jugendliche hatten sich auf den Weg nach Paris gemacht, darunter ein großer Anteil aus Mittel- und Westeuropa, aus Jugoslawien, Polen und Ungarn. Jeden Tag versammelten sie sich zu zwei gemeinsamen Gebeten, diesmal in Notre Dame und vier weiteren Pariser Innenstadtkirchen. Die übrige Zeit verbrachten sie in Kleingruppen zum Thema „Inneres Leben und Solidarität mit den Menschen" und mit Besuchen an „Orten der Solidarität und der Hoffnung", in der Krankenhaus- oder Gefängnisseelsorge, bei kirchlichen karitativen Einrichtungen, in Initiativgruppen für die „Vierte Welt", bei der Heilsarmee und in katholischen und evangelischen Kirchengemeinden. Frère Roger, und einmal auch Federico Major, sprachen an den Abenden, mit Direktübertragung in die fünf Kirchen. Sie ermutigten die Jugendlichen „sich gemeinsam darum zu bemühen, die Erde bewohnbar zu machen, indem wir für eine gerechtere Verteilung des Reichtums und für die gegenseitige Achtung der Kulturen eintreten".

Frère Rogers Briefe aus Prag und von den Philippinen

Von 28. Dezember 1990 bis 2. Januar 1991 kamen 90 000 Jugendliche in Prag zusammen. Frère Roger veröffentlichte einen „Brief aus Prag", indem er die vielfach unbekannt gebliebenen Akteure der Befreiungsbewegung in Mittel- und Osteuropa würdigte: „Unzählige Menschen gaben ihr Bestes, um Sauerteig des Vertrauens zwischen einzelnen und zwischen Völkern zu sein. Sie erhoben sich unter den Menschen als Zeichen des Ungeahnten. Sie bauten sich in Stunden unbegreiflicher Anfechtung auf."[25]

Johannes Paul II. hatte einige Monate vorher während einer apostolischen Reise in die Tschechoslowakei zu „einer neuen Einheit Europas" aufgerufen, die auf dem Christentum beruhe, das „an der Wurzel der europäischen Kultur" stehe: „Wenn das geschichtliche Gedächtnis Europas nicht über die Ideale der Aufklärung hinausreicht, wird die neue Einheit auf oberflächlichen und ungefestigten Grundlagen stehen."[26] Im „Brief aus Prag" griff Frère Roger auf seine ganz eigene Weise die europäische Vision Johannes Pauls II. von einer „Neuevangelisation", die geistlichen Boden gutmachen solle, auf. Dessen Vorstellung wurde damals in manchen katholischen Kreisen heftig kritisiert. Der Prior von Taizé lud die Jugendlichen ein, das Evangelium zu befolgen und sich den „Gaben des Heiligen Geistes" zu öffnen.

Vaclav Havel, mittlerweile der erste Präsident der demokratischen Tschechoslowakei, pflichtete ihm in seinem Grußwort zum Prager Jugendtreffen bei: „Als ich erfuhr, dass 80 000 junge Europäer die Botschaft von Taizé, eine Botschaft der Liebe und des Friedens, nach Prag bringen werden, war ich tief bewegt. So reiht sich unsere Hauptstadt nach Paris, Rom, London, Barcelona, Köln, Breslau und anderen Städten in das geistliche Geflecht ein, das diese Städte weben mit ihren Domen, ihren Bewohnern und dem gemeinsamen Glauben, die sie verbinden. Diese Verflechtung, zerbrechlich und stark zugleich, bildet Europa. Unsere Zeit tiefgreifender Umwälzungen führt uns zu einer umfassenden Veränderung unseres Lebens, einschließlich im geistlichen Bereich. Sie drängt uns, den wahren Sinn des Lebens zu suchen, ohne die Opfer zu scheuen, die dazu notwendig sind. In diesem Augenblick hilft uns der ‚Pilgerweg des Vertrauens', die Quellen des Glaubens und jene neuen geistlichen Werte zu suchen und zu finden, die im Laufe von Jahrzehnten totalitärer Herrschaft verloren gegangen sind."[27]

Einige Wochen später, im Februar 1991, reiste Frère Roger auf die Philippinen, zu einem von Taizé aus vorbereiteten Jugendtreffen in Manila. Er wollte bei den Jugendlichen, die dort mutlos geworden waren und oft keine Arbeit fanden, neues Vertrauen wecken. Zugleich war er beeindruckt, wie groß die Einsatzbereitschaft und der Glaube dieser Jugendlichen waren. Er stellte seinen auf den Philippinen entstandenen Jahresbrief unter das Motto „Eine Liebe, der Freiheit entspringt". Er wurde am Jahresende beim Europäischen Jugendtreffen in Budapest verlesen. Die Zusammenkunft in Ungarn dauerte von 30. Dezember 1991 bis 1. Januar 1992. Zehntausende, in Sport- und Messehallen als improvisierten Gebetsräumen versammelt, hörten, wie Frère Roger zu einer „vorrangigen Option für die Versöhnung" aufrief: „Eine der dringenden Aufgaben der nächsten Jahre ist es, die Versöhnung dorthin zu tragen, wo in nah und fern die Wunde des Hasses brennt, ja, alles zu unternehmen, um neuen Bruderkriegen zuvorzukommen."[28]

Eine genaue Beobachterin des Phänomens Taizé, die Philosophin *Marguerite Léna* schrieb über den „Brief aus den Philippinen": „Wer mit den Geistlichen Übungen Ignatius' von Loyola vertraut ist, findet hier die Spur eines klassischen Weges der Umkehr. Der Brief beginnt damit, wieder den unbedingten Vorrang der Liebe, die Gott schenkt, herauszustellen, lädt dann jeden ein, im Empfang dieser Liebe die Heilung der eigenen Freiheit zu erkennen, bevor man sich auf jenes ‚Ja von Ewigkeit' einlässt, dass es ermöglicht, sich in die Nachfolge Christi zu begeben und die Werke der Liebe zu tun."[29] Marguerite Léna geht feinsinnig auf den Stil Frère Rogers ein, der in diesem Text wie in den anderen Jahresbriefen lieber in der Form von

Fragen als in der Befehlsform schreibt, der die Gegenwartsform verwendet, „die das Mögliche bezeichnet und es erstrebenswert macht", oder die Zukunftsform, „die dem vorhandenen Elan einen Weg bahnt und der Unschlüssigkeit eine Frist zu ihrer Heilung einräumt". Die Pädagogik der Begleitung, an der Frère Roger so viel lag, zeigt sich auch im literarischen Genre, für das er sich entschieden hat, um seine Gedanken zu vermitteln: Er schreibt „Briefe", nicht Reden, er wendet sich an seinen Leser wie an einen Gesprächspartner, den er mit Du anredet. Und dabei verwendet er, wie Léna auffällt, „keine Fachausdrücke, schreckt nicht vor Wiederholungen zurück und bedient sich zeitweilig der Kraft der Poesie." Am 2. Februar 1990 verlieh die Katholische Fakultät der Universität Löwen Frère Roger die Ehrendoktorwürde.

50 Jahre Taizé

Am 20. August 1990 jährte sich zum fünfzigsten Mal der Tag, an dem Frère Roger nach Taizé gekommen war. Lange hatte er sich geweigert, diesen Tag mit einer besonderen Feier zu begehen. Auf den fünfundzwanzigsten Jahrestag hatte er seinerzeit immerhin die Einweihung des Orthodoxen Zentrums gelegt. Für den fünfzigsten Jahrestag – er fiel in das Jahr, in dem er 75 Jahre alt wurde – machte er eine weitere Ausnahme. Die Besuche des Generalsekretärs des Weltkirchenrats *Emilio Castro* im August und Kardinal Decourtrays im September sowie zwei Abendgebete mit besonderer Danksagung am 1. und 8. September gerieten zu kleinen Jubiläumsfeiern. Johannes Paul II. sandte eine auf den 17. August datierte längere Grußbotschaft. Der Papst erinnerte an seinen Besuch in Taizé und an „die Zuneigung, die ich für Ihre Communauté hege, das Vertrauen, das ich ihr entgegenbringe, und die Anforderungen, die an sie gestellt sind, um immer tiefer den Willen des Herrn zu erkennen und zu erfüllen".[30]

Es erstaunt weniger, dass die Communauté bis heute besteht, als dass sie in der Lage war und ist, sich immer wieder zu erneuern, auf Neues einzustellen und Jahrzehnte hindurch Menschen anzuziehen, die sich ebenfalls laufend verändern. „Darin liegt ein geistiges Abenteuer, das Dimensionen angenommen hat, mit denen wir niemals gerechnet hatten. Wir sind voll Staunen, heute wie gestern", gestand Frère Roger.[31]

Die Gründe für die Anziehungskraft von Taizé variierten seit seinem Bestehen je nach den Gegebenheiten. Die Ökumene-Begeisterten, die Taizé Ende der fünfziger Jahre und Anfang der sechziger Jahre aufsuchten, waren anders als die Jugendlichen vor und nach 1968, die in Taizé einen Ort der Begegnung und Freiheit, der Nicht-Zugehörigkeit sahen. In den ausgehenden achtziger und den neunziger Jahren führten das „Ende der

Stundengebet in der Kirche der Versöhnung

großen Theologien“ und eine gewisse Ernüchterung zu einer Suche nach Anhaltspunkten. Die Grenzen und Fehlschläge mancher pastoraler Bemühungen in der Kirche veranlassten die junge Generation, die weniger zur Kirche ging, sich Taizé zuzuwenden. Aus diesem Grund wurden Kirchenverantwortliche, immer wieder auf Taizé aufmerksam.

So verbrachte der Erzbischof von Canterbury, *George Carey*, von 23. bis 29. August 1992 mit tausend jungen Anglikanern aus englischen Diözesen, aber auch aus Südafrika, Hongkong und Taiwan eine Woche in Taizé. Er berichtet über seinen Aufenthalt in einem Buch, das kontrovers aufgenommen wurde.[32] Im Jahr zuvor war er zum Primas der anglikanischen Kirche gewählt worden. Seit dem Antritt seines Dienstes war Carey auf Reisen quer durch England tief betroffen von „der durchgehenden Unfähigkeit der Kirche, Jugendliche zu erreichen und zu formen“. Er stellte die „Kälte“ und „Lieblosigkeit“ der anglikanischen Gottesdienste infrage, „die Verdunkelung christlicher Ideale“ und fehlende Zeiten der Stille bei mit Worten überladenen Pflichtveranstaltungen. Carey kam als Pilger nach Taizé: „Am angenehmsten war zweifellos, dass ich keine besondere Rolle als Leiter hatte: Ich war einfach da, mit den Jugendlichen, um einen gemeinsamen Pilgerweg mitzugehen.“ Er erlebte tagtäglich die Einfachheit des Lebens, die Gesänge, die Zeiten der Stille während der Gebete, die durchscheinende Freude und auch die Art, wie es die Brüder verstanden, „das Christentum anziehend“ zu machen. Er war beeindruckt von Frère Roger, der in der Lage war, anderen „eine neu gestaltete, verwandelte Welt“ zu erschließen. Bereits am ersten Tag stellte der anglikanische Primas fest: „Die Spaltungen unter Christen sind eine Last, die ich trage, sie müssen geheilt werden. Ich glaube an die Versöhnung mit der katholischen Kirche und möchte sie noch zu meinen Lebzeiten erleben.“ Nach seiner Rückkehr nach England befürwortete er gleichwohl vor den Instanzen seiner Kirche den Beschluss, Frauen zum Priesterdienst zuzulassen, was von der katholischen Kirche als zusätzlicher Grund der Trennung und weiteres Hindernis für die Versöhnung angesehen wurde. Frère Roger erwähnt mit einigen Zeilen den Aufenthalt des Erzbischofs von Canterbury und zollt ihm Bewunderung.[33] Aber die (o. g.) Entscheidung innerhalb der anglikanischen Kirche, die am 11. November fiel, erwähnt er nicht. Solche Unterlassungen haben ihm manche zum Vorwurf gemacht. Es fiel ihm nicht schwer, sich über gute Worte und Herzlichkeit von jeder Seite zu freuen; im Fall, dass einmal etwas zu missbilligen war, äußerte er sich nur ganz selten in der Öffentlichkeit.

Zu einem anderen wichtigen Besuch kam es im Mai 1994. 14 Bischöfe der evangelisch-lutherischen Kirche in Schweden verbrachten drei Tage in

Taizé, um gemeinsam zu beten und Gespräche zu führen. Frère Roger hielt nicht ohne Stolz fest: „Zum ersten Mal unternahmen alle Bischöfe der schwedischen Kirche gemeinsam eine Auslandsreise."[34] Ein Foto erinnert an das Ereignis; die 14 schwedischen Bischöfe, mit römischem Kragen oder im Pullover, haben einen lächelnden Frère Roger im weißen Gebetsgewand in ihre Mitte genommen.

Von 30. August bis 2. September 1992 kamen hunderte Franziskaner aus der ganzen Welt mit ihrem Generaloberen in Taizé zusammen. Frère Roger und eine größere Anzahl von Brüdern beantworteten ihren Besuch mit einer Wallfahrt nach Assisi. 20 Jahre nach dem Weggang der Franziskaner waren dies ein Zeichen guten Einvernehmens.

Am 20. November 1992 wurde Frère Roger in Straßburg der Robert-Schuman-Preis verliehen. Er wird zweijährlich einer Persönlichkeit zuerkannt, die durch ihre Tätigkeit zum Aufbau Europas beigetragen hat. In den vorhergehenden Jahren hatten ihn unter anderen der portugiesische Staatspräsident *Mário Soares*, Kardinal *Paul Poupard* oder der ungarische Premierminister *József Antall* erhalten. Seine Entscheidung begründete das Komitee damit, die Communauté sei zu einem „Modell der Versöhnung und des Friedens in den Augen Jugendlicher auf der ganzen Welt" geworden und Frère Roger habe „mit seiner beispielhaften Art, politische und religiöse Schwierigkeiten zu überwinden, die Hoffnung gefestigt, dass die in Europa bestehenden Gegensätze überwunden werden können."

Der Preis wurde durch die Französin *Catherine Lalumière* überreicht, Generalsekretärin des Europarats und vordem sozialistische Ministerin. In ihrer ausführlichen Ansprache beglückwünschte sie Taizé für das „gesamteuropäisches Wirken" und das Werk der Versöhnung zwischen den Völkern Europas, über alle Unterschiede in Kultur und Glauben hinweg. Sie endete mit einem eindringlichen Aufruf: „Frère Roger, Europa braucht Sie, Ihre Ideen, Ihre Kraft. (…) Das Europa der Institutionen, der internationalen Organisationen, der Staaten, der Staatsmänner, der Politiker, der Geschäftsleute, der Armeen, der Mächtigen…, aber auch das Europa der Völker, der einfachen Leute, der Armen – und das sind nicht wenige –, alle diese Europa brauchen Menschen wie Sie, die nichts anderes als ihr Herz und ihren Glauben haben."[35]

Für den 28. Dezember 1992 bis 2. Januar 1993 wurde das 14. Europäische Jugendtreffen in Wien vorbereitet. Johannes Paul II. und der neue Generalsekretär der Vereinten Nationen *Boutros-Ghali*, sandten ermutigende Botschaften. Jahr für Jahr und verstärkt nach dem Fall des Eisernen Vorhangs machten diese Treffen Jugendliche aus Ost und West miteinander vertraut. Marguerite Léna glaubt, dass Frère Roger dabei die Rolle eines „Fährmanns" zufiel: „Den Jugendlichen, denen der Zugang zum geistlichen

Gedächtnis Europas oft fehlt, bietet die Communauté de Taizé eine Liturgie an, bei der das Erbe der Ostkirche wie der Westkirche wieder zur Geltung kommt. Sie verleitet die Jugendlichen weder zu militantem Auftreten noch zu Ideologien, sondern öffnet ihnen einen Raum des Vertrauens und der Verantwortlichkeit.“ Léna sieht, dass in den Europäischen Jugendtreffen „eine gewisse Vorstellung von Europa Form annimmt (...), ein Europa, das sich weniger um die Überalterung seiner Bevölkerung sorgt als auf die Kraft seiner Jugend baut; das mehr auf den Reichtum seines geistlichen Erbes achtet als auf den Streitwert seiner Spaltungen; das weniger eifersüchtig über seine Identität wacht als ungeduldig auf die Begegnung mit anderen Teilen der Menschheit brennt“.[36]

Die Communauté kam weiterhin auch Ländern zu Hilfe, die grausam zu leiden hatten. Als in Bosnien fünf Jahre lang ein schrecklicher Bürgerkrieg tobte, waren von 1993 bis 1997 jeden Sommer Kinder aus diesem Land in Taizé zu Gast.

„In allem ein innerer Friede“

Im Oktober 1994 begegnete Frère Roger Mutter Teresa ein letztes Mal in Rom. Sie waren beide eingeladen, an der Bischofssynode zum Thema „Das geweihte Leben“ teilzunehmen, zu der hunderte Bischöfe aus der ganzen Welt und Vertreter von Ordensgemeinschaften zusammenkamen. Frère Roger war als außerordentlicher Gast anwesend. Er stand weder auf der Liste offizieller „Hörer“ bzw. Vertreter katholischer Männer- oder Frauengemeinschaften noch war er unter den acht „Hörern aus anderen christlichen Kirchen“ aufgeführt. Taizé und sein Gründer hatten immer einen „vorläufigen“, einen Ausnahmestatus.

Im Mai 1995 reiste der Prior auf Einladung südafrikanischer Kirchen, der anglikanischen, katholischen und methodistischen, ein weiteres Mal nach Johannesburg. Dort hatte sich die Lage seit seinem letzten Besuch sehr verändert. Das Apartheidsystem war überwunden und *Nelson Mandela*, Symbolfigur der Anti-Apartheid, neuer Staatspräsident. Er sandte eine Botschaft, in der er Frère Roger und die Communauté willkommen hieß, die „seit langer Zeit so vielen Jugendlichen Südafrika freundschaftlich verbunden sind“. Sein Grußwort hielt sich weitgehend an den Stil Frère Rogers: „Ich ermutige die junge Generation, die beim Aufbau eines neuen Südafrikas eine wichtige Rolle zu spielen hat, zu der Bereitschaft, Verantwortung zu übernehmen und nicht ungeduldig zu werden oder zu verzweifeln. Dann kann diese Generation ein Sauerteig der Hoffnung für viele Jugendliche überall auf der Welt sein, die sich bemühen, Vertrauen in der Menschheitsfamilie zu bilden.“[37]

1995 erschien ein weiteres Buch Frère Rogers, *En tout la paix du cœur* (*In allem ein innerer Friede*). Anders als die Vorgänger enthält es eine Sammlung von Texten zur Betrachtung für jeden Tag des Kalenderjahres. In jeweils vier bis fünf Zeilen ist formuliert, was für Frère Roger das Wesentliche des christlichen Glaubens ausmacht: Vertrauen, Freude, Einfachheit und Barmherzigkeit. Für die Sammlung wurden auch etwa hundert Gebete ausgewählt – Roger schrieb jeden Tag eines und heftete es an eine Korkplatte in seinem Zimmer – eine Art geistlicher Blumenstrauß.

Von 23. bis 29. Juni nahm Roger an einem wichtigen ökumenischen Treffen in Graz teil. Es war die von Vertretern verschiedener christlicher Kirchen in Europa organisierte Zweite Europäische Ökumenische Versammlung unter dem Vorsitz des Prager Erzbischofs und Präsidenten des Rates europäischer Bischofskonferenzen, Kardinal *Miloslav Vlk*, und des Präsidenten der Konferenz Europäischer Kirchen, Dekan *John Arnold*, kamen 700 offiziell Delegierte. Zum Thema „Versöhnung – Gabe Gottes und Quelle neuen Lebens" wurden sechs Unterthemen behandelt: Suche nach der sichtbaren Einheit zwischen den Kirchen; Dialog mit den Religionen und Kulturen; Einsatz für soziale Gerechtigkeit; Engagement für die Versöhnung in und zwischen den Völkern; Neue Praxis ökologischer Verantwortung; Gerechter Ausgleich mit anderen Weltregionen.

Frère Roger war mit der Communauté de Taizé und seinem persönlichen Werdegang längst eine Symbolfigur jener „Versöhnung", zu der die Versammlung aufrief. Er war eingeladen, das Wort zu ergreifen, und veröffentlichte in *Le Monde* einen Artikel, der im Wesentlichen seinen Redebeitrag enthält.[38] Außerhalb des offiziellen Tagungsteils wirkte Graz laut einem Bericht in derselben Zeitung eher wie ein „neues Babel": „Die ökumenische Versammlung teilte sich in eine Vielzahl von Debatten, Foren, Theatervorführungen, Konzerten, Ausstellungen, Gottesdienste und Bibelarbeiten auf. Ohne Zensur noch Tabus. Man diskutierte über die Rechte sexueller Minderheiten in den Kirchen ebenso wie über Wirtschaftsmodelle oder alternative Energien. (...) Christliche Homosexuellenvereine betätigen sich neben Tierschützern und Frauenrechtlerinnen." Am Ende der Versammlung wurde ein „Schlussdokument" veröffentlicht, in dem Taizé als eines der Symbole für „ökumenische Initiativen" aufgeführt wurde, die sich „neben den formellen ökumenischen Strukturen" entwickelt haben.[39]

Frère Roger verbrachte mit seiner Schwester Geneviève und Marie-Sonaly einige Tage in den Bergen, als sie von Mutter Teresas Tod am 5. September 1997 erfuhren. Der Prior reiste mit zwei Brüdern nach Kalkutta und nahm an der Beerdigung teil. „Trotz des traurigen Anlasses freute er sich darüber, noch einmal nach Indien und nach Kalkutta zu kommen.

Er wohnte am selben Ort wie 1976, beteiligte sich wieder am Leben im Stadtviertel und konnte Einige treffen, die er vor vielen Jahren kennen gelernt hatte. Er war bei derselben Familie untergebracht, täglich fand in ihrem Haus ein Abendgebet statt.“[40] Seit ihrer ersten Begegnung – die 21 Jahre zurücklag – waren sich Frère Roger und Mutter Teresa geistlich immer näher gekommen. Sie hatten zusammen Gebetstreffen geleitet, drei Bücher veröffentlicht und ein viertes in Planung.[41] An ihrer Bahre fühlte Frère Roger, dass sie beide die „Gewissheit“ hatten, „dass es die Gemeinschaft in Gott ist, die uns drängt, das Leid der Menschen zu lindern. Ja, wenn wir Menschen in Not und Bedrängnis beistehen, begegnen wir Christus. Er hat es selbst gesagt: „Was ihr den Geringsten meiner Brüder tut, das tut ihr Christus, das tut ihr mir.“[42]

Nach dem 20. Europäischen Jugendtreffen, das Ende 1997 zum zweiten Mal in Wien stattfand, stand in Taizé der alljährliche Bruderrat an. Frère Roger hatte sich entschlossen, während dieser Tage Frère Alois als Nachfolger zu benennen. Vielleicht, weil es gerade zwanzig Jahre her war, dass er ihn *in pectore* dazu ausersehen hatte, vielleicht auch, damit es vor seinem Tod alle Brüder erfahren sollten – er war immerhin fast 83 Jahre alt. Zwanzig Jahre hatte der Prior Zeit, seinem Nachfolger das nötige Rüstzeug mitzugeben und sich von seiner Festigkeit und Treue zu überzeugen. Bis dahin war der Name in einem verschlossenen Umschlag aufbewahrt worden. Kein Bruder nahm öffentlich zu dieser Wahl Stellung.

Am 24. Dezember 1999, dem Beginn des Heiligen Jahres 2000, öffnete Johannes Paul II. die Heilige Pforte im Petersdom. Das ganze Jahr strömten Pilger aus aller Welt nach Rom. Die Communauté de Taizé wurde eingeladen, jede Woche ein Abendgebet für Jugendliche in der bekannten Jesuitenkirche *Il Gésu* zu halten. Sie liegt im Stadtzentrum, ist ein Meisterwerk des Barocks und gleichzeitig ein Symbol der Größe Roms. Selbst in den großen Sommerwochen fuhren jeweils zwei Brüder für einen Tag nach Rom.

Von 15. bis 20. August fand in Rom der 15. Weltjugendtag statt. Taizé und Frère Roger trugen dazu bei. Die Communauté kümmerte sich um die Kirche *Santa Maria in Ara Coeli* auf dem Kapitol. Im Heiligtum des von den Römern tief verehrten *Santo Bambino* erklangen die charakteristischen Gesänge von Taizé. Am 19. August wurde in Tor Vergata südlich von Rom die traditionelle Gebetswache gehalten, auf die am nächsten Tag eine Messe mit dem Papst folgte. In drückender Hitze nahmen etwa zwei Millionen Jugendliche an der Abschlussveranstaltung teil. Frère Roger war dabei; eine Presse-Agentur vermerkte: „Als er wegging, war er sichtlich ermüdet, aber glücklich.“[43]

Für Taizé hatte das Jahr 2000 mit dem Europäischen Jugendtreffen in Warschau begonnen. Das folgende Jahrestreffen fand mit 80 000 Jugendlichen, zur Hälfte aus den mittel- und osteuropäischen Ländern, in Barcelona statt. Der Papst, der Patriarch von Konstantinopel, der Patriarch von Moskau, der Primas der anglikanischen Kirche und der Generalsekretär der Vereinten Nationen entsandten Grußbotschaften. Im „Brief an die Jugendlichen", der für dieses Treffen entstanden war, rief der Prior von Taizé auf, sich zu engagieren und „alles zu tun, um in Gemeinschaft zu leben und den Frieden in der Welt aufzubauen".

2001, am 23. März, begegneten sich Frère Roger und Johannes Paul II. unter vier Augen: zwei Kirchenmänner, beide körperlich geschwächt, aber noch immer bestrebt, sich dem „geistlichen Niedergang in Europa" zu stellen.

Im selben Jahr veröffentlichte Frère Roger *Dieu ne peut qu'aimer* (*Gott kann nur lieben*). Mit einfachen Worten, knapp, aber voll Poesie und ohne auf zeitliche Abfolge zu achten, schildert er Ereignisse oder Begegnungen, die sich ihm eingeprägt haben. Der Titel verrät eine Grunderfahrung, in der Frère Roger eine Zusammenfassung des „gesamten Glaubens" sah: „Gott kann nur lieben und unablässig sucht er den Menschen." In einem Beitrag, der einige Zeit später erschien, nahm der Prior von Taizé diesen Gedanken auf: „Das Leid kommt nicht von Gott. Gott ist nicht der Urheber des Bösen, er will weder menschliches Elend, grausame Unfälle oder Kriege. Gott ist daran unschuldig. Gott ist die Unschuld. Die Vorstellung, dass Gott den Menschen mit Strenge zur Strecke bringen will, zählt zu den größten Glaubenshindernissen."[44]

Nach dem Anschlag vom 11. September in den Vereinigten Staaten stand das Europäische Jugendtreffen, das von 28. Dezember 2001 bis 1. Januar 2002 in Budapest stattfand, im Zeichen des Verzeihens. Der Prior von Taizé lud die Jugendlichen ein, „Wege des Vertrauens bis in die Nächte der Menschheit zu bahnen". Er rief zur Versöhnung auf. Ohne einzelne Gruppierungen zu benennen, bezog sich Frère Roger dabei ganz konkret auf ethnische oder religiöse Spaltungen – in Europa und besonders in mittel- und osteuropäischen Ländern. Ein ukrainischer Gruppenleiter meinte: „Es hat mich beeindruckt, wie sehr die Ukrainer in Budapest ein Herz und eine Seele waren. Die Barrieren, die uns zu trennen pflegen, waren gefallen. Wir kamen aus verschiedenen Kirchen und Gegenden, aber wir verstanden uns und fühlten uns vereint. Auf dem Rückweg durch die Karpaten zeigte sich dies, als wir in einem Schneesturm stecken blieben. Angesichts der schweren Zerrissenheit in unserem Land sind wir dankbar für dieses Geschenk vom Treffen in Budapest."[45]

Letztes Wiedersehen mit Papst Johannes Paul II.

Herzliches Gespräch mit Walter Kardinal Kasper

„Förmlich" katholisch

Bis zuletzt verkörperte Frère Roger nicht den Lehrmeister, sondern den Glaubenden, der andere Glaubende oder „Gottsucher" an seiner Erfahrung teilhaben lässt und sich nicht scheut, eigene Schwächen und Zweifel ebenso anzusprechen wie eigene Erkenntnisse. Dies geschah in seinen Briefen, wo er von „wir" spricht und damit seinen Lesern nahe kommt. In seinem „Brief an die Jugendlichen", Ende 2002 deutete er an, dass auch er Zeiten des Zweifels, geistlicher „Dürre" kennt: „Bleiben wir nicht stehen, wenn unser persönliches Gebet armselig und unsere Worte unbeholfen erscheinen. Gehört es nicht zur tiefen Sehnsucht unserer Seele, Gemeinschaft mit Gott zu erfahren? (...) Und das Unerhoffte tritt ein. Die langen, kaum erhellten Nächte liegen hinter uns. Mag uns der Weg manchmal auch durch Dunkelheit führen – es muss uns nicht schwächen, sondern kann uns innerlich aufbauen. Es lockt uns, von einer Entdeckung zur nächsten zu gehen."[46]

Fotografien vom Jugendtreffen Ende 2002 in Paris zeigen Frère Roger in Notre Dame. Er sitzt im Hauptschiff mitten unter den Jugendlichen, zusammen mit ihnen dem Chor zugewandt. Er erscheint gebeugt von der Last der Jahre. Wie immer, wenn er sich nun in der Öffentlichkeit zeigt, trägt er über dem weißen Gebetsgewand ein breites beiges Tuch als Schutz vor Kälte.

Am 13. Mai 2003 starb Pater Voillaume in Aix-en-Provence. Mit seinen fast 90 Jahren konnte Frère Roger nicht mehr an seiner Beerdigung teilnehmen. Ein Bruder vertrat die Communauté beim Gottesdienst und verlas eine herzliche Grußbotschaft des Priors, in der dieser behutsam seine gelassene Erwartung des Todes andeutete: „Christus voll Erbarmen, du lässt uns in Gemeinschaft mit allen sein, die uns vorausgegangen sind und uns ganz nahe bleiben, insbesondere mit dem geliebten Pater Voillaume. Schon schaut er das Unsichtbare. Wie sie, bereitest du auch uns darauf vor, einen Strahl deiner hellen Klarheit zu empfangen."

Von 28. Dezember 2004 bis 2. Januar 2005 fand das Europäische Jugendtreffen in Lissabon statt. Es war das 27. und letzte, an dem Frère Roger teilnahm. Das Ereignis fiel mit dem Tsunami zusammen, der in Indonesien und den angrenzenden Ländern sehr viele Opfer forderte. So trat das ursprüngliche Thema „Eine Zukunft in Frieden" bei den Gesprächen immer wieder hinter die Frage nach dem Leiden und dem Unglück zurück. Jeden Abend wurde eigens für die Opfer gebetet. „Wir beten in Gemeinschaft mit den Opfern der Katastrophe in Asien", sagte Frère Roger, „ und bitten den Heiligen Geist, die Völker Asiens in ihrem schweren Leid zu trösten". Er sprach mit leiser Stimme nachdenkliche Worte, die in etwa 20 Sprachen übersetzt wurden. Alle Teilnehmer waren in portugiesischen Familien untergebracht, die ganz selbstverständlich ihre Gäste zu den Abendgebeten begleiteten. „Zum ersten Mal", sagte Frère Emile, der das Treffen mit vorbereitet hatte und für die Medienarbeit zuständig war, „sahen wir ein derartiges Gemisch aus allen Generationen – Kinder, Jugendliche aus ganz Europa und alte Menschen."[47] Solche Gemeinschaft zwischen den Generationen konnte Frère Roger nur gefallen, der schon zur Zeit des Konzils der Jugend daran erinnert hatte, die alten Menschen nicht zu vernachlässigen. Die Fotografien aus den Tagen in Lissabon zeigen ihn gebeugt, gebrechlich, aber mit wachen, sanften Augen.

Am 8. April 2005 nahm Frère Roger am Beerdigungsgottesdienst für Papst Johannes Paul II. teil. Es war seine letzte Reise, zum letzten Mal war er außerhalb der Communauté in der Öffentlichkeit zu sehen. Bald ging ein Foto um die Welt, das bei vielen Erstaunen hervorrief: Frère Roger empfängt im Rollstuhl aus den Händen Kardinal Ratzingers die Kommunion. Der Lyoner Kardinal Philippe Barbarin fragte nach dem Gottesdienst Kardinal Walter Kasper, „weshalb Frère Roger öffentlich die heilige Kommunion gereicht worden war". Er sei „förmlich katholisch", habe dieser geantwortet.[48] Zunächst wurde von Seiten des Heiligen Stuhls und auch in Taizé keine öffentliche Erklärung abgegeben. So blieb die Frage in der Schwebe, was zu widersprüchlichen Behauptungen führte. War Frère Roger katholisch geworden? Der Leiter des Pressesaals des Heiligen Stuhls sah sich genötigt, mit einer offiziellen Erklärung den Kommunionempfang zu rechtfertigen, ein außergewöhnlicher Vorgang. Seine Antwort in vollem Wortlaut:

1. Die Zulassung von Frère Roger zur heiligen Kommunion war nicht vorgesehen; eine Verkettung von Umständen führte dazu, dass der Prior von Taizé sich vor dem Zelebranten [Kardinal Ratzinger] in einer Personengruppe befand, die auf den Empfang der heiligen Eucharistie wartete. Es war in der gegebenen Situation unmöglich, ihm das Allerheiligste Altarsakrament zu verweigern. Er stimmt, wie bekannt, dem Glauben der katholischen Kirche zu.

2. Im Kloster Taizé wird keine Interkommunion praktiziert, Frère Roger ist klar dagegen. Nichtkatholiken wird das allerheiligste Altarsakrament nicht gereicht. Frère Roger teilt voll den Glauben der Katholischen Kirche bezüglich der heiligen Eucharistie. Sein Fall ist ein besonderer und kann nicht verallgemeinert werden.[49]

Trotz seines sich verschlechternden Gesundheitszustandes konnte Frère Roger ein letztes Buch abschließen, das den Titel *Pressens-tu un bonheur* (Eine Ahnung von Glück) trägt. Die Brüder halfen ihm auch diesmal bei der Auswahl der Texte. Wieder wechseln sich, zeitlich nicht geordnet, betrachtende Texte und Lebenserinnerungen ab. Manche Berichte aus seinem Leben sind schon in anderen Büchern wörtlich oder leicht abgeändert zu finden. Ähnlich wie die kurzen, sich wiederholenden Gesänge von Taizé wurden Frère Rogers Bücher mehr und mehr zu einer Art Patchwork, wo in kurzen Kapiteln immer wieder dieselben ihm wesentlichen Wahrheiten behandelt werden.

Frère Roger war sein Leben lang ein Mann Gottes, aber er lehnte sich dagegen auf, eingeordnet zu werden. Er hatte sich auf einen Weg begeben, dessen Ende er nicht kannte. Er wollte auf die Anliegen der jungen Generation eingehen und dabei stets eher zuhören als belehren. Er wollte mit seinem Leben kein Muster, aber ein Vorbild des Friedens und der Versöhnung sein. Der Verzicht, Anweisungen zu geben, sei seine Kraft, sei die Stärke seiner Intuition gewesen, sagen seine Bewunderer; seine Gegner und manche seiner Kritiker halten jedoch gerade dies für seinen maßgeblichen Fehler.

Dass Taizé seit über vierzig Jahren durch Zehntausende Jugendliche kontinuierlich anerkannt wird, lässt sich jedenfalls nur durch „eine außerordentliche Vielfalt an Klangfarben, an geistlichen, gefühlsbetonten, beziehungsfähigen, ethischen, ästhetischen, interkulturellen, festlichen und anderen mehr" erklären, „über die die Tastatur von Taizé verfügen muss, um solche Anziehungskraft auszuüben."[50]

Im August 2005 wurde der zwanzigste Weltjugendtag in Deutschland durchgeführt. 700 000 Jugendliche aus aller Welt trafen zwei Tage vor Papst Benedikt XVI. in Köln, Düsseldorf und Bonn ein. Den Brüdern von Taizé wurden zwei Kirchen anvertraut (St. Agnes in Köln und das Bonner Münster). Frère Roger war drei Monate zuvor 90 Jahre alt geworden. Er war nicht mehr in der Lage, selbst dabei zu sein. Am 13. August versicherte er Benedikt XVI. in einem Schreiben seiner „tiefen Gemeinschaft", er hoffe auf eine Audienz in naher Zukunft: „Sobald ich mich besser fühle, werde ich darum ersuchen, mit ihnen in Rom zusammenzukommen, um ihnen zu sagen, wie sehr unsere Communauté de Taizé in Gemeinschaft mit dem Heiligen Vater auf dem Weg sein will."[51] War dies ein ausdrückliches Anliegen des Gründers von Taizé oder ein weiterer Schritt, um die Communauté, die er gegründet hatte, noch enger in die „einzigartige Gemeinschaft, die die Kirche ist" einzubinden? Es gibt dazu keinen Hinweis.

Weltjugendtag in Köln; August 2005

Frère Rogers Tod

Am Mittwoch, den 16. August, befand sich Frère Roger zum Abendgebet mitten unter 2500 Jugendlichen in der Kirche der Versöhnung. Es war fast auf den Tag genau 60 Jahre, dass er in Taizé eingetroffen war. Während das bekannte Eingangslied *Rendez grâce au Seigneur* (Dankt dem Herrn) gesungen wurde, erhob sich unter den in seiner nächsten Nähe Sitzenden eine junge Frau, als wolle sie sich von ihm segnen lassen. Als sie vor ihm stand, zog sie unvermittelt ein Messer und stach ihn unter lauten Schreien zweimal in den Hals. Sie wurde sofort von einigen Jugendlichen festgehalten und ins Freie gebracht. Frère Roger wurde in die Sakristei getragen, während ein Bruder einen weiteren Gesang anstimmte, den die vielen Menschen mitsangen, so dass keine Panik entstand. Viele hatten gar nicht erfasst, was geschehen war. Eine Viertelstunde später, noch während des Gebets, gab Frère François bekannt: „Er ist gestorben". Es trat eine beeindruckende Stille ein, einige Brüder weinten, aber das Gebet wurde fortgesetzt.

Die Mörderin war schnell identifiziert: Es handelte sich um die 36-jährige Rumänin *Luminita Solcan*. Sie kam aus Iasi, im Nordosten Rumäniens, und litt seit mehreren Jahren an Depressionen und Schizophrenie. Sie wollte Ordensfrau werden, zunächst in Rumänien, dann in der Schweiz, in Frankreich und sogar in Ägypten. Aufgrund ihrer Geistesverfassung wurde sie jedes Mal abgelehnt. Der Sprecher des Erzbischofs von Iasi wusste: „Sie war seit mehreren Jahren unter psychiatrischer Aufsicht und in Behandlung. Sie war auch bei der Polizei bekannt, weil sie wiederholt nicht nachvollziehbare Anzeigen erstatten wollte."[52]

Sie war ein erstes Mal nach Taizé gekommen, um mit Frère Roger zu sprechen. Der Prior konnte sie wegen seines Gesundheitszustands aber nicht empfangen. Daraufhin fixierten sich ihre wahnhaften Vorstellungen auf ihn. Am 14. August flog sie von Bukarest nach Frankreich. Am folgenden Tag kaufte sie in Cluny ein Messer. Damit tötete sie Frère Roger einen Tag später.

Während des Weltjugendtags in Köln würdigte Benedikt XVI. Frère Roger: „Ich möchte an dieser Stelle auch meinerseits des großen Wegbereiters der Einheit, Frère Roger, gedenken, der auf so tragische Weise aus dem Leben gerissen wurde. Ich habe ihn seit langer Zeit persönlich in herzlicher Freundschaft gekannt. Er hat mich oft besucht, und – wie ich schon in Rom sagen konnte – am Tag seiner Ermordung habe ich einen Brief von ihm erhalten, der mir zu Herzen gegangen ist, weil er seine Weggemeinschaft mit mir betonte und mir ankündigte, dass er bald zu Besuch kommen will. Nun besucht er uns von oben her und spricht zu uns. Ich denke, wir sollten ihm, seinem geistlich gelebten Ökumenismus von innen her zuhören und uns jetzt erst recht von diesem Zuspruch zu einem wahrhaft verinnerlichten und vergeistigten Ökumenismus führen lassen."[53]

Die Nachfolge vollzog sich ohne Aufhebens. Frère Alois, vor nunmehr 27 Jahren dafür ausersehen, war zu dieser Zeit in Köln. Er erfuhr abends vom Tod des Gründers, machte sich sogleich auf den Rückweg und traf am frühen Morgen in Taizé ein. Beim Morgengebet „nahm er wortlos Frère Rogers Platz ein. Kinder saßen um ihn, als wäre nichts geschehen. Das Gebet begann. Am Ende umarmte Frère Alois beim Hinausgehen jeden einzelnen Bruder. Das war alles. Der Übergang war vollzogen. Ohne Konklave, ohne Ansprachen, ohne Amtseinführung.“[54]

Man könnte die katholische Herkunft des neuen Priors als weitere Etappe einer „Katholisierung“ von Taizé verstehen. Man könnte auch seine deutsche Herkunft als Folge der engen Verbindungen sehen, die von Taizé aus schon seit langem mit den Kirchen in Deutschland bestanden. Frère Alois würde solche Begründungen gewiss zurückweisen. Es war die Art der Gebete, die ihn 1970 als Sechzehnjährigen in Taizé beeindruckte. Das Stundengebet dreimal am Tag schien ihm der erste Auftrag von Taizé zu sein.

Der Leichnam Frère Rogers war bis zum Tag der Beerdigung im Chor der Kirche der Versöhnung aufgebahrt. Am Dienstag, den 23. August, um 14.00 Uhr hielt Kardinal Kasper, Vorsitzender des Päpstlichen Rates zur Förderung der Einheit der Christen, in der Kirche der Versöhnung mit 12 000 Menschen eine Eucharistiefeier. Frère Alois gedachte zu Beginn der Mörderin; der untröstlichen Familie der jungen Frau hatte er Blumen überbringen lassen. Es war ein katholischer Gottesdienst, bei dem der anglikanische Bischof *Nigel McCulloch* als Vertreter des Erzbischofs von Canterbury, der evangelisch-lutherische Bischof *Wolfgang Huber*, Vorsitzender der Evangelischen Kirche in Deutschland, und Pfarrer *Jean-Arnold de Clérmont*, Vorsitzender des Protestantischen Kirchenbundes Frankreichs die Lesungen aus der Bibel übernahmen. Es war dem einen oder anderen evangelischen Pfarrer auf persönliche Nachfrage hin nahegelegt worden, vom augenfälligen Empfang der ausgeteilten katholischen Eucharistie Abstand zu nehmen, was einige nicht verstehen konnten bzw. als „katholische“ Inbesitznahme kritisierten. Am Ende des Gottesdienstes stimmten ein Erzpriester des Moskauer Patriarchats und der rumänisch-orthodoxe Bischof Mark einen Auferstehungsgesang an, während Kinder durch die Kirche zogen und die an alle verteilten Kerzen entzündeten.

Nach dem Gottesdienst trugen vier Brüder den schlichten Holzsarg zum Dorffriedhof. Einige Kinder gingen hinter dem Sarg. Darauf folgten der neue Prior und der lange Zug der Brüder in ihren weißen Gewändern. Der Gründer von Taizé wurde im Schatten der alten romanischen Kirche beerdigt, neben den Gräbern seiner Mutter und der verstorbenen Brüder der Communauté.

In einem seiner letzten Bücher schrieb Frère Roger: „Ich weiß, dass in das Herz Friede einzieht, wenn man begreift, dass der Tod keine Vollendung ist: Er gibt den Weg in ein Leben frei, in dem Gott unsere Seele für immer in sich aufnimmt. Es wird mir freilich schwer fallen, meine Brüder zu verlassen, die vielen Jugendlichen oder weniger junge Menschen zurückzulassen, deren Eingebungen Lichter in meinem Leben waren. Es wird mir schwer fallen, Marie zu verlassen, das viermonatige Mädchen, das Mutter Teresa mir in die Arme gelegt hat (...). Dem Evangelium entnehmen wir aber, dass Gott will, dass wir glücklich sind."[55]

„Gott will, dass wir glücklich sind"! Liebe, Vertrauen, Güte, waren die grundlegende Botschaft Frère Rogers. Aus theologischer Sicht tun sich Fragen auf, die sich Frère Roger nicht stellte. Ist das Leben eines Christen lediglich Einwilligung in das Gute? Ist es nicht auch ein – zunächst innerer – Kampf gegen die Erbsünde und ihre Folgen? Genügt der Weg des Vertrauens und des Gebets, um zum Heil zu gelangen? Der Philosoph Paul Ricœur, der Taizé über fünfzig Jahre sehr nahe stand und viel über diese Fragen nachdachte, deutete das Besondere an Frère Roger und Taizé so: „Was ich in Taizé suche? Ich würde sagen, eine Erprobung dessen, was ich zutiefst glaube: dass das, was man gemeinhin ‚Religion' nennt, etwas mit Güte zu tun hat. Die Traditionen des Christentums haben dies ein wenig vergessen. Es gibt eine Art Einengung, Beschränkung auf die Schuld und das Böse. Ich unterschätze dieses Problem keineswegs; es hat mich über mehrere Jahrzehnte sehr beschäftigt. Aber ich kann nicht umhin, eines nachzuvollziehen: So radikal das Böse ist – es ist nicht so tief wie die Güte. Und wenn die Religion, die Religionen einen Sinn haben, dann den, den Bodensatz an Güte der Menschen freizulegen, ihn dort zu suchen, wo er vergraben ist."[56] Die Analyse des Philosophen wirft wiederum Fragen auf: Waren und sind Frère Roger und Taizé die einzigen, die auf diesen Weg verweisen? Welchen Einfluss hatten und haben sie auf das Leben der Gesellschaften und der Kirchen? Eine vollständige und vergleichende Geschichte von Taizé könnte hier erste Antworten geben.[57]

Dieses Buch hat sich im Wesentlichen darauf beschränkt, den einzigartigen, unnachahmlichen Werdegang eines Menschen zu verfolgen, der sich wie jede und jeder mit seiner Herkunft und seiner Familiengeschichte auseinandersetzen musste, um seinen eignen Weg zu finden. Ein Glaubender, der in den strengsten waadtländischen Calvinismus hineingeboren und an seinem Lebensende als „förmlich" katholisch angesehen wurde. Eine Gestalt der Kirchengeschichte, die in der zweiten Hälfte des zwanzigsten Jahrhunderts versuchte, „über innere und äußere Begrenztheiten hinauszuwachsen", die Fehlschläge hinnehmen und Rückzüge antreten musste. Ein Mann Gottes, der, ohne sich je als Meister zu betrachten, ein Lebenszeugnis gab, das nicht unumstritten war, aber Generationen prägte und prägt.

Beisetzung in Taizé; 23. August 2005

Anmerkungen

Einleitung Seite 16–20

1 Marie de Hennezel, „Frère Roger und François Mitterrand", *Le Monde*, 19. August 2005.
2 Marguerite Lena, „Une parabole de communion", in: *Etudes*, Juli–August 1992, zitiert nach *Taizé au vif de l'espérance*, Bayard, S. 11.
3 LS 41f. Der kleine „Inquisitor" wird nicht genannt.
4 Der erste Artikel, der diese Begegnungen erwähnt, erschien in *Le Monde* vom 27. Oktober 1960.
5 Er legte das über der zivilen Kleidung getragene weiße Gewand nur auf manchen Reisen in der südlichen Erdhälfte ab, um den klimatischen Bedingungen Rechnung zu tragen.
6 Brief Kardinal Barbarins an den Autor vom 23. Februar 2007. Mit dieser Einschätzung gilt es die Frage zu behandeln, die Léon Brunschwicg in seinem klassischen, aber vergessenen Buch *Héritage de mots, héritage d'idées* stellt. Manchmal haben die verwendeten Worte unterschiedliche Bedeutung je nach dem, wer sie verwendet – das ist eine Binsenwahrheit –, aber sie haben auch unterschiedliche Bedeutung je nach dem, in welcher Epoche sie verwendet werden. Bei näherer Untersuchung zeigen sich „Antagonismen", „Sinnverschiebungen", die so man nicht vermutet hätte, und der Philosoph oder Geschichtsgelehrte muss sie ausloten „mit dem Gebot, den zentralen Punkt zu treffen, oder muss seine Betrachtung einstellen".

1. Kapitel Seite 21–37

Das Pfarrer-Register befindet sich in der *Bibliothèque des pasteurs de Neuchâtel* und eine Datensammlung über die Pfarrer im Archiv des Kantons Waadt in Lausanne.

Die meisten Informationen über die Studien und die Ereignisse während der Studienzeit Frère Rogers in Lausanne stammen aus dem Archiv der Freien Evangelischen Kirche, das im Archiv des Kantons Waadt aufbewahrt wird.

1 In der Geburtsurkunde wird der Name „Schütz" geschrieben. Frère Roger hat in seinen Aufzeichnungen längere Zeit den Umlaut beibehalten und ihn dann abgelegt. Später fügte er den Mädchennamen seiner Mutter – Marsauche – hinzu. Wir verwenden den Umlaut nicht.
2 BW 59f.
3 Einwohnermelderegister der Stadt Alès, 1864, Geburtsurkunde Nr. 668.
4 *Agenda pastoral des Eglises protestantes de Suisse*, Basel, 1914, S. 34f.
5 Louis Marsauche, *La Confédération helvétique d'après sa constitution ou Etudes d'économie sociale et politique,* Neufchâtel, Librairie Delachaux & Niestlé 1890.
6 Mit diesem Gesetz wurde in Frankreich das bis heute geltende Prinzip des Laizismus eingeführt. Es galt wegen der neutralen Haltung des Staates für alle Konfessionen: keine staatliche Unterstützung der Kirchen, kein Religionsunterricht an staatlichen Schulen, kirchliche Gemeinden und Gemeinschaften sind bloße Vereine.
7 Louis Marsauche, *La Réforme à Montdidier, 1547–1760,* Argenteuil, imprimerie Worms, 1902, S. 22.
8 Im Kanton Waadt waren aus einem Konflikt, der sich im Zusammenhang mit der Machtübernahme durch die Radikalen im Waadtland entwickelt hatte, zwei reformierte Kirchen hervorgegangen, die sich zum Teil recht unterschiedlich verhielten. Sie unterschieden sich weniger theologisch als durch ihr Verhältnis zum Staat und vereinigten sich erst in den sechziger Jahren des zwanzigsten Jahrhunderts wieder.
9 *Règlement de 1'Eglise nationale évangélique,* imprimerie Charles Pache, Lausanne, 1910, art. 222.
10 FE 44.
11 AU 72.
12 FR 12.
13 BW 60.
14 Ebenda.
15 KK30.
16 Jean Jaquenod, *La Reine ou Taizé ne nous appartient plus,* Sierre, Editions à la Carte, [2]1999, S. 40.
17 AG 26f.
18 Aussage von Frau Schutz, in I. Restropo, *Taizé, Una busqueda de comunion con Dios y con los hombres,* Salamanca, Edicioncs Sigueme, 1975, S. 21.
19 Ebenda, S. 23.
20 Georges Schutz, mündlich.
21 VF 40.
22 VF 40f.
23 BW 51.

24 AU 111.
25 KK 45.
26 AG 47.
27 AG 68.
28 Kathryn Spink, *Frère Roger. Gründer von Taizé,* Freiburg Basel Wien, Herder, S. 51f.
29 In *La Vie,* Ausgabe vom 25. August 2005.
30 KK 97.
31 „Ein Gespräch mit Frère Roger", in Rex Brico, *Frère Roger et Taizé. Un printemps dans l'Eglise,* Cerf, 1982 S. 104.
32 GL 32; AG 11f.
33 GF 74f.
34 AG 39.
35 FE 46.
36 VF 23f.
37 LS 27.
38 GF 45.
39 AU 25.
40 Restropo, *Taizé,* S. 25 .
41 GL 88.
42 Brico, *Gespräch,* S. 102.
43 GF 41.
44 Offb 2,10.

2. Kapitel Seite 38–52

1 Die Informationen über Rogers Krankheitsjahre stammen im Wesentlichen aus einem langen Brief, den Charles Schutz am 9. Oktober 1935 an die Lausanner Freie Theologische Fakultät schrieb (Archiv des Kantons Waadt).
2 LS 11; BW 175; AG 87.
3 AG 65.
4 Brief von Charles Schutz an Philippe Bridel vom 3. September 1935 (Archiv des Kantons Waadt).
5 Jean Jaquenod. *La Reine...,* S. 35.
6 Für den Inhalt vgl. Anmerkungen in verschiedenen Tagebüchern der siebziger Jahre und Restrepo, *Taizé,* S. 103f.
7 BW 38.
8 André Dhôtel, *Jean Paulhan,* Editions La Manufacture. 1986, S. 9.
9 Brico, *Gespräch,* S. 103f.
10 AU 92.
11 Restrepo, *Taizé,* S. 30.
12 Brico, *Gespräch,* S. 106.
13 Brief von Charles Schutz am 9. Oktober 1935 an die Lausanner Freie Theologische Fakultät (Archiv des Kantons Waadt).
14 Restrepo, *Taizé,* S. 32.
15 Restrepo, *Taizé,* S. 31.
16 Restrepo, *Taizé,* S. 32.
17 Anders bei Spink, *Frère Roger,* S. 42.
18 *Sous les cèdres,* 1938–1939, Nr. 1, S. 1–2.
19 *Sous les cèdres,* 1938–1939, Nr. 3, S. 6.
20 Matthieu Arnold, *La Faculté de théologie protestante de l'université de Strasbourg de 1919 à 1945,* Association des publications de la faculté de théologie protestante, Strasbourg, 1990, S. 88.
21 Wilfred Monod, *Après la journée. Souvenirs et visions. 1867–1937,* Grasset, 1938, S. 332f.
22 Monod, *Après la journée.* S. 336.
23 Monod, *Après la journée.* S. 337f.
24 Arnold, *Faculté,* S. 122.
25 *Sous les cèdres,* 1938–1939, Nr. 4–5, S. 13f.
26 Arnold, *Faculté,* S. 197.
27 W. A. Visser't Hooft, *Le Temps du rassemblement. Mémoires,* Seuil, 1975, S. 133.

3. Kapitel Seite 53–81

1 Georges Schutz, mündlich am 28. Mai 2007.
2 *Notes explicatives,* Lyon, imprimerie Neveu, 1941, S. 1f.
3 *Notes explicatives,* S. 3.
4 Restrepo, *Taizé,* S. 35f
5 Sœur Marguerite de Beaumont, *Du grain à l'épi... Recueil de souvenirs,* Communauté de Grandchamp/Le Mont-sur-Lausanne, Editions Ouverture, 1995, S. 115.
6 AG 12.
7 FR 18.
8 Mgr Lebrun, *Les Humbles Débuts de Taizé,* Imprirnerie de Taizé, 1968, S. 3.
9 José-Luis Gonzalez-Balado, *Le Défi de Taizé,* Seuil, 1977, p. 46–47.
10 „Calvinists in cowl", Time, 2. August 1948.
11 „La Cornmunauté de Cluny", *Verbum Caro,* September 1948, S. 113.
12 Maurice Villain, „Taizé. Les semailles et la moisson", *Le Figaro,* 28. August 1965.
13 Brico, *Gespräch,* S. 107.
14 BW 40.
15 Visser't Hooft, *Temps,* S. 96.
16 Etienne Fouilloux, „Couturier en débat avec les siens", *Unité des chrétiens,* Nr. 43, Juli 1981, S. 17.
17 „La mort de l'abbé Couturier", *Réforme,* 11. April 1953; „Témoignage", in *Paul Couturier, apôtre de l'unité chrétienne, Paragraph* Lyon, E. Vitte, 1954; „Souvenirs sur l'abbé Couturier, apôtre de l'Unité », *Ecclesia,* Nr. 154, Januar 1962, S. 176–180.
18 „Le Monastère invisible", *SŒPI,* 18. Mai 1941.
19 AG66.
20 KK 23.
21 GL 63.
22 Georges Casalis. «En guise dc conclusion», in *Les Clandestins de Dieu. CIMADE 1939–1945, herausgegeben von* Jeanne Merle d'Aubigné et Violette Mouchon, Fayard, 1968, S. 203.

23 Brief von Frère Roger an Paul Couturier vom 6. April 1941, in Maurice Villain, *L'Abbé Couturier,* Casterman, 1957, S. 178.

24 Brief zitiert in „Souvenirs sur l'Abbé Couturier", S. 177.

25 Communauté de Cluny, *Notes explicatives,* Lyon, imprimerie G. Neveu & *Cie,* 1941.

26 Frère Max, *(Una vita per l'unità, Gespräche* mit Antonio Ugenti, Casale Monterrato, Ed. Piemme, 1991, S. 12.

27 Richard Pasquier. *Verbum Caro,* Nr. 34, 1955.

28 Lettre de Pasquier an Frau C. Chatelana vom 3. Oktober 1930, Diözesanarchiv Fribourg.

29 „Raisons et principes de notre mouvement. Thèses", maschinengeschriebenes Manuskript, Diözesanarchiv Fribourg.

30 Brief in „Témoignage", S. 169.

31 Etienne Fouilloux, *Les catholiques et l'unité chrétienne du xixe au xxe siècle,* Le Centurion, 1982., S. 498.

32 Brief von Pater Xavier Roüast an den Autor vom 28. Februar 2007.

33 AU 70; GL 13.

34 Henri Tincq, „Frère Roger", *Le Monde,* 18. August 2005.

35 „Une communauté d'intellectuels protestants", *La Vie protestante,* 6. November 1942.

36 „La Communauté de Cluny. Communauté d'intellectuels protestants", *Le Semeur vaudois,* Novembre 1942.

37 „Es ist der Name Cluny, der uns bedauerlich erscheint. So nennt sich, wie man uns sagt, der Ort, an dem die junge Gemeinschaft evangelischer Intellektueller ihr erstes Haus gefunden hat. Sehr gut. Diese Tatsache reicht jedoch nicht aus, um einer Bewegung, die in unserer Reformierten Kirche eingewurzelt sein will und sich auf den Katechismus von Heidelberg beruft, den Namen einer monastischen Ordensgemeinschaft zu geben, die im Mittelalter eine große Ausstrahlung hatte und derer sich jeder kultivierte Mensch erinnert. ‚Cluniazensischer Geist', ‚cluniazensische Freude' und ‚cluniazensische Kunst' sind Begriffe, die eine präzise geschichtliche, kirchliche und geistliche Bedeutung haben; niemand ist berechtigt, sie zu verdrehen und zu verfälschen, sei es auch unabsichtlich. (...) Man bekämpft die unerhörte geistliche Verwirrung unserer Zeit in ungeeigneter Weise, wenn man von einem mit Missverständnissen belasteten Wortschatz ausgeht." *La vie protestante* vom 20. November 1942.

38 Restrepo, *Taizé,* S. 44.

39 de Beaumont, *Du grain à l'épi...,* S. 116f.

40 Zitiert bei Fabien Gaulué, „La Communauté de Taizé: maturation d'un haut lieu chrétien de socialisation européenne" in *Croyance religieuse, morale et éhique dans le processus de construction européenne.* La Documentation francaise, 2002.

41 Die Arbeit blieb unveröffentlicht. Zwei maschinengeschriebene Exemplare befinden sich in der Bibliothek der *Cèdres* in Lausanne, aus denen im Folgenden zitiert wird.

42 „Keinesfalls können Ehelosigkeit und Armut als Lebensengagement eingefordert werden, keine kirchliche Autorität hat das Recht, den heiligen Geist durch ein ewiges Gelübde zu binden." (These XV)

43 Karl Barth, *Les Communautés chrétiennes dans la tourmente,* Neuchâtel/Paris, Editions Delachaux ct Niestlé, 1943.

44 Philippe Wavre, „Consécration pastorale", *La Vie protestante,* 28. Juli 1944.

45 Bericht einer „Équipe d'ouvriers métallurgistes" im Vorwort zu *Introduction à la vie commuautaire,* Genf, Editions Labor et Fides/ Paris, Editions „Je sers", 1944. S. 10.

46 Vorwort von Lucien Tronchet zu *Introduction à la vie communautaire,* S. 12.

4. Kapitel Seite 82–103

1 *Introduction à la vie commuautaire,* Genf, Editions Labor et Fides/ Paris, Editions „Je sers", 1944, 110 Seiten. Es folgen eine Reihe von Zitaten.

2 J. Gribomont, „Psychologie et doctrine d'un mouvement liturgique réformé: la communauté de Cluny", *La Maison-Dieu,* Nr. 19, 1949, S. 39.

3 In *Introduction à la vie commuautaire* wird das ökumenische Anliegen, das Taizé bald charakterisiert, nur einmal kurz gestreift: „Seit neunzehn Jahrhunderten bietet die große christliche Gemeinschaft, die universale Kirche, der mystische Leib Jesu Christi das Schauspiel einer menschlichen Gesellschaft ohne tiefe Einheit, ein Skandal, der sich insbesondere in den konfessionellen Spaltungen zeigt. Der Leib Christi ist zerrissen, und dieser Zustand beunruhigt uns gar nicht oder nur sehr wenig!" (S. 15).

4 Jean-Marie Paupert, *Taizé und die Kirche von morgen,* Rex Verlag Luzern, 1969, S. 74.

5 E. Franchepré, „Un ‚monastère' protestant", *La Croix,* 14. August 1947.

6 Bescheid des Gemeinderats von Taizé vom 26. Mai 1946, zitiert bei J. Dorin, *Au fil du temps. Taizé et son héritage,* Bourg-en-Bresse, Musnier-Gilbert Editions, 2004, S. 175.

7 Spink, *Frère Roger,* S. 88.

8 Archiv des Internationalen Komitees des Roten Kreuzes (Genf), C SC, Frankreich, VIIIe région militaire. Die Soldaten waren

zum Teil in Deutschland in amerikanische Kriegsgefangenschaft geraten und erst später den Franzosen überstellt worden.

9 „Frère Roger im Gespräch mit Jugendlichen", in *Frère Roger. Ansprachen anlässlich der Verleihung des Friedenspreises,* Börsenverein des Deutschen Buchhandels, Frankfurt am Main, 1974,32f.

10 Brief von Frère Max an Abbé Couturier vom 31. Oktober 1944, zitiert nach Fouilloux, *Les Catholiques,* S. 499.

11 „L'Eucharistie, sacrement de l'Unité". *Catholicité,* Januar 1946. S. 30–32.

12 Brief von Msgr. Pelin an Msgr. Rouche vom 12. April 1945, Diözesanarchiv Lyon.

13 Berichtet von Pater Matura in einem Brief an den Autor vom 17. Juni 2007.

14 Maurice Villain, *L'Abbé Paul Couturier.* Casterman, 1957, S. 164.

15 Brief von Kardinal Gerlier an Bischof Lebrun vom 17. April 1945, maschinengeschrieben, Diözesanarchiv Lyon.

16 Brief von Msgr. Roncalli an Bischof Lebrun vom 25. Mai 1945, veröffentlicht in *Les Humbles Débuts,* S. 8.

17 Brief, zitiert in „Témoignage", in *Paul Couturier, apôtre de l'unité chrétienne.* Lyon, E. Vitte, 1954, S. 169–171).

18 BW 96.

19 Archiv des Kantons Waadt, *Dossier ATS Charles Schutz.*

20 Franz J. Leenhardt, Vorwort zu Max Thurian, *Joie du Ciel sur la Terre. Introduction à la vie liturgique,* Delachaux et Niesté, 1946, S. 7.

21 Brief von Visser't Hooft an Frère Max von 30. Januar 1946, Archiv des Weltkirchenrats.

22 Antwort, zitiert in *Les Humbles Débuts,* S. 9.

23 „Communautés anglicans", *Verbum Caro,* Nr. 3, 1949.

24 Brief an Abbé Couturier vom 17. Juni 1947, zitiert bei M. Villain, *L'Abbé Paul Couturier,* S. 185.

25 Jean de Saussure, „Témoignage", in *Paul Couturier,* S. 155.

26 Pierre Belle, „Finot Albert", in *Dictionnaire du monde religieux dans la France contemporaine.* Band 5, Les Protestants, Beauchesne, 1993, S. 202f.

27 Von E. Franchepré, s.o. Fußnote 51.

28 Brief von Frère Max an Herbert W. Newehl vom 2. Juli 1947, Archiv des Weltkirchenrats.

29 Brief von Frère Max an Herbert W. Newehl vom 4. November 1947, Archiv des Weltkirchenrats.

30 Brief von Bischof Lebrun an Msgr. Roncalli vom 1. Dezember 1947, zitiert in *Les Humbles Débuts,* S. 10. Bei der genannten Zahl sind sicher auch Bewerber berücksichtigt, die später nicht Brüder von Taizé wurden und Mitglieder der „Grande Communauté", die in Taizé weilten. Erst 1948 schlossen sich drei weitere Brüder fest den vier anderen an.

31 „Note confidentielle au sujet de la Communaute protestante dite de ‚Cluny' á Taizé (Saône-et-Loire)" vom 10. März 1948, Diözesanarchiv Lyon.

32 Brief von Frère Roger an Bischof Lebrun vom 24. März 1948, veröffentlicht in *Les Humbles Débuts,* S. 13.

33 Aussage von Kanonikus Dutroncy, zitiert in „Suite de la note confidentielle du 10 mars 1948", Schriftstück vom 22. Mai 1948, Diözesanarchiv Lyon.

34 So auch José-Louis Gonzalez-Balado, Rex Brico und Kathryn Spink in ihren Büchern über Taizé.

35 Brief von Pater Villain an Bischof Charrière vom 13. Juni 1948, Diözesanarchiv Fribourg.

36 *Time,* 2. August 1948.

37 Brief von Frère Max an Visser't Hooft vom 6. Juli 1948, Archiv des Weltkirchenrats.

38 Restrepo, *Taizé,* S. 50.

39 Bericht, zitiert in der „Note confidentielle" des Bischofs von Autun vom 22. Mai 1948, Diözesanarchiv Lyon.

40 Max Thurian, „La Communauté de Cluny", *Verbum Caro,* Nr. 7, September 1948. S. 120.

41 „La Communauté de Cluny", S. 118.

42 „Constitution de la Grande Communauté", 17 Seiten, maschinengeschrieben, Privatarchiv.

43 „La Communauté de Cluny", S. 117.

44 Brief von Kleinem Bruder Noël an die Kleinen Brüder vom 5. August 1948, zitiert in René Voillaume, *Charles de Foucauld et ses premiers disciples. Du désert arabe au monde des cités,* Bayard Editions/Centurion, 1998. S. 377.

45 Brief von Kleiner Schwester Magdeleine de Jésus, *Du Sahara au monde entier,* Nouvelle Cité, 1981, S. 281.

46 Fouilloux, *Les catholiques,* S. 785.

47 Erklärung des Heiligen Offiziums vom 5. Juni 1948, *La Documentation catholique,* 20. Juni 1948, Spalte 809.

48 Karl Barth in Amsterdam, zitiert bei Fouilloux, *Les catholiques,* S. 795.

49 „L'Eglise romaine et l'œcuménisme. A propos de ‚L'avertissement" du Saint-Office du 5 juin 1948", *Verbum Caro* 2 (1948). S. 184–189; überarbeitet und erweitert in *Unité chrétienne et tolérance religieuse,* Editions du Temps présent, 1950, S. 182–210.

5. Kapitel, S. 104–121

1 Brief von Kardinal Gerlier an Msgr. Montini vom 1. März 1949, Diözesanarchiv Lyon, maschinengeschriebene Abschrift.

2 „Voyage à Rome de Roger Schutz et Max Thurian“, fünfseitiger maschinengeschriebener Bericht von Frère Max, datiert auf den 20. Februar 1950, Archiv des Weltkirchenrats.
3 Charles Boyer, *Le Mouvement œcumenique. Les faits. Le dialogue*, Rome, Presses de l'Université grégorienne, 1976, S. 229.
4 Vgl. Yves Chiron, *Paul VI.*. Editions Via Romana, 2008.
5 Brief von Frère Max an Kardinal Gerlier vom 8. April 1949, Diözesanarchiv Lyon.
6 FE 121f; GF 51.
7 *Introduction à la vie commuautaire,* S. 42.
8 Vgl. „Vertrauen wie Feuer“, S. 42
9 Vgl. die Darstellung von Maurice Magnificat in seiner Diplomarbeit, *Taizé, son expérience et ses images,* Lyon III, 1976, S. 21–24.
10 AG 15f.
11 *Regel* (Ausgabe 1962, Herderbücherei 365), 73f.
12 Erst mehrere Monate später rechtfertigt ein Beitrag in *La Vie protestante* (10. Februar 1950) – ohne über die Feier zu berichten – die von den Brüdern von Taizé eingegangenen Verpflichtungen: „Sie machen aus der Ehelosigkeit weder eine Tugend noch ein Gesetz (...) Sie machen aus der freiwilligen Armut keine Leistung (...) des Ordenslebens, des einer Regel unterstellten Lebens, sie sehen in einer Lebensordnung mit geistlichem Studium, Meditation und Gebet kein Verdienst.“
13 *Service œcumenique de presse et d'information,* 27. Mai 1949.
14 Interview in *La Croix*, 15. Februar 1969.
15 Zitat bei Florence de Saussure, *Eric. Taizé,* Lyon, Lignes de vie, Privatdruck, 2007, S. 14.
16 Jaquenod, *La Reine,* S. 19.
17 VF 63.
18 AG67.
19 Auskunft in einem Gespräch mit dem Autor am 28. April 2007.
20 Frère Robert, „Taizé music... A history“, *Pastoral Music,* Februar–März 1987, S. 19.
21 Rundfunkansprache an Weihnachten 1949, *La Documentation catholique*. 15. Januar 1950, Spalte 70.
22 Instruktion des Heiligen Offiziums vom 20. Dezember 1949 (*Acta Apostolicae Sedis,* 31. Januar 1950), *La Documentation catholique,* 12. März 1950, S. 329–335.
23 Brief von Frère Max an Kardinal Gerlier vom 18. April 1950, Diözesanarchiv Lyon. Weiter unten bittet er den Kardinal, „Pius XII. und Msgr. Montini unseren lebhaften Dank für die klare und wertvolle Erklärung des römischen Standpunkts bezüglich der Ökumene zu übermitteln“.
24 „Rapport des pasteurs Schutz et Thurian sur leur second voyage à Rome“, Archiv des Weltkirchenrats.
25 Visser't Hooft hatte Frère Max und Frère Roger gebeten, in Rom vorzubringen, „welchen Skandal in Indien, in heidnischer Umgebung, Prozessionen mit der Marienstatue von Fatima darstellen.“
26 Brief von Msgr. Veuillot an Kardinal Gerlier vom 25. Juni 1950, Diözesanarchiv Lyon.
27 Brief von Frère Roger und Frère Max an Kardinal Gerlier vom 23. Juni 1950, Diözesanarchiv Lyon.
28 Brief von Msgr. Chevrot an die Communauté de Taizé vom 25. Juli 1950, zitiert nach Henri de Lubac, „La vie et les travaux de Mgr Chevrot“, *La Documentation catholique,* Nr. 1336, 18. September 1950, Spalte 1174.
29 Notiz nach der Audienz vom 16. Oktober 1950, zitiert nach Fouilloux, *Les catholiques,* S. 922, Fußnote 290.
30 Spink, *Frère Roger,* S. 99.
31 *Verbum Caro,* Nr. 17, 1951.
32 *Le Monde,* 7. Dezember 1950.
33 Emile Poulat, *Les Prêtres-ouvriers. Naissance et fin,* Cerf, 1999 (2. Auflage), S. 539.
34 Interview mit *La Vie catholique* vom 28. August 1974.
35 *Regel* 1962, 38.
36 *La Confession,* Neuchâtel, Delachaux et Niestlé, „Collection Communauté de Taizé“, 1953, mit einem Vorwort von Marc Boegner.
37 Restrepo, *Taizé,* S. 55. Der Autor datiert das Pfarramt irrtümlich erst auf 1953 und die folgenden Jahre.
38 Gespräch von Marcel Brissaud mit dem Autor am 15. Januar 2007.
39 Carlo Carretto, *Une année au Sahara. Journal de noviciat. 1954–1955,* Médiaspaul/ Editions Pauline, 1992. S. 25.
40 de Saussure, *Eric. Taizé,* S. 18.
41 „La mort de l'abbé Couturier“, gezeichnet mit „R.S“, *Réforme,* 11. April 1953.
42 Etienne Fouilloux, „Couturier en débat avec les siens“, *Unité des chré*tiens, Nr. 43, Juli 1981, S. 19.
43 *La Règle de Taizé,* Bonneville, imprimerie Charles Plancher, 1954, 75 Seiten.
44 Brico, *Gespräch*.
45 Jaquenod, *La Reine,* S. 22.
46 BW 68.
47 *Choisir d'aimer. Frère Roger de Taizé. 1915–2005,* Les Presses de Taizé 2006, S. 8.
48 Auskunft von Schwester Pierrette, Kommunität von Grandchamp, vom 23. Januar 2007.
49 *Petit historique du Tiers Ordre del'Unité,* Grandchamp, undatiert, S. 7.

50 Auszug aus dem Protokoll der Versammlung des Nationalrates von 12. Oktober 1954, Archiv des Weltkirchenrats.
51 Auszug aus dem Protokoll der Versammlung des Nationalrates von 18. Januar 1955, Archiv des Weltkirchenrats.
52 Auszug aus dem Protokoll der Versammlung des Nationalrates von 10. Oktober 1955, Archiv des Weltkirchenrats.
53 „Eglise et Communauté", Erklärung, verlesen am 29. November 1956, Archiv des Weltkirchenrats.
54 „Témoignage", in „Paul Couturier", S. 173
55 Brief von Frère Roger an Yves Congar vom 13. Februar 1954, in François Leprieur, *Quand Rome condamne,* Plon/Cerf, 1989, S. 113f.
56 Vorwort von Professeur Jean Guyotat zu Jaquenod, *La Reine,* S. 5.

6. Kapitel Seite 122–149

1 Frère Eric, zitiert nach de Saussure, *Eric. Taizé,* S. 24.
2 Brief von Frère Roger an Kardinal Gerlier vom 21. Januar 1957, Diözesanarchiv Lyon.
3 Brief von Bischof Lebrun an Kardinal Gerlier vom 17. August 1957, Diözesanarchiv Lyon.
4 Brief von Frère Roger an Kardinal Gerlier vom 24. September 1957, Diözesanarchiv Lyon. Antwort des Kardinals von 30. September (maschinengeschriebene Abschrift), Diözesanarchiv Lyon.
5 Laurent Greilsamer, *Hubert Beuve-Méry (1902–1989),* Fayard, 1990, S. 538.
6 *Réforme,* 21. Dezember 1957.
7 Der Text wurde nichtsdestoweniger in die Unterlagen aufgenommen. *Actes du 51ᵉ synode de l'Eglise de France (1958),* S. 45.
8 Brief an Visser't Hooft vom 28. Juli 1958, Archiv des Weltkirchenrats.
9 Brief von Frère Roger an Visser't Hooft vom 29. November 1958, Archiv des Weltkirchenrats.
10 Brief von Visser't Hooft an Frère Roger vom 25. September 1958, Archiv des Weltkirchenrats.
11 Lebrun, *Les Humbles Débuts,* S. 13.
12 Brief an Kardinal Gerlier vom 18. Oktober 1958, Diözesanarchiv Lyon.
13 Brief an Kardinal Gerlier vom 23. Oktober 1958, Diözesanarchiv Lyon.
14 Brief an Kardinal Gerlier vom 29. Oktober 1958, Diözesanarchiv Lyon.
15 Versehentlich oder aus Bescheidenheit meinte Frère Roger, Kardinal Gerlier habe die Initiative ergriffen, sie bei dem eben gewählten Johannes XXIII. einzuführen (vgl. *Eine Ahnung von Glück*, S. 83).
16 Heinrich A. Mertens (Hg.), *Ich bin Joseph euer Bruder,* Recklinghausen, 1959, S. 93.
17 AG 84.
18 Aussage von Msgr. Louis Capovilla, in *Choisir d'aimer,* S. 76.
19 Yves Congar, *Mon Journal du Concile,* Cerf, 2002, Band 1, S. 8.
20 Brief an Visser't Hooft vom 29. November 1958. Archiv des Weltkirchenrats.
21 Peter Hebblethwaite, *Jean XXIII, le pape du Concile,* Le Centurion, 1988, S. 354. Die offizielle Fassung wich etwas davon ab, wie der Autor nachweist.
22 Vortrag am fünfzigsten Gründungstag der internationalen Bewegung katholischer Intellektueller *Pax Romana* (13. Juli 1971), *La Documentation catholique,* 1.–15. August 1971, S. 749.
23 „La Communauté de Cluny", S. 115.
24 *Le Monde,* 11. Februar 1959.
25 *Le Monde,* 24. Februar 1959.
26 Wesentliche Passagen in Balado, *Défi,* S. 68f.
27 VF 37.
28 Brief von Kardinal Gerlier an Frère Roger vom 1. März 1959, Abschrift im Diözesanarchiv Lyon.
29 Brief an Visser't Hooft vom 6. Oktober 1959, zitiert in Philippe Chenaux, „Le Conseil œcumenique des Eglises" in *A la veille du concile Vatican II,* Louvain, Bibliothèque de la faculté de théologie, 1992, S. 208.
30 Zitiert nach „La vocation de Taizé : œcumenisme et présence au monde", *SŒPI,* 27. November 1959.
31 Vgl. „Warten auf das Ereignis Gottes. Aktualisierung der Regel von Taizé", 1970, Verlag Herder, Freiburg Basel Wien, S. 72f.
32 Communauté de Taizé, *Rapport confidentiel sur une invitation de Taizé par l'Eglise anglicane* (eine maschinengeschriebene Seite, mit Anmerkungen von Frère Max), Archiv des Weltkirchenrats.
33 Communauté de Taizé, *Historique de Taizé,* (3 maschinengeschriebene Seiten), undatiert [1960], Diözesanarchiv Fribourg.
34 Brief von Frère Roger an Visser't Hooft vom 27. August 1960, Archiv des Weltkirchenrats.
35 Am 20. August 1959 beklagt sich Bischof Lebrun bei Kardinal Gerlier, nicht „durch Taizé von dem geplanten Treffen verständigt worden zu sein" und meint, „dass die geplante Versammlung nicht ohne einen Bescheid des Heiligen Offiziums abgehalten werden kann". Diözesanarchiv Lyon.
36 Brief von Kardinal Ottaviani an Frère Roger vom 12. April 1960. Abschrift im Diözesanarchiv Fribourg.
37 Brief von Frère Roger an Bischof Charrière vom 21. Juli 1960, Diözesanarchiv Fribourg.

38 Brief von Bischof Lebrun an Bischof Charrière vom 22. September 1960, Diözesanarchiv Fribourg.
39 Brief von Frère Roger an Visser't Hooft vom 27. August 1960, Archiv des Weltkirchenrats.
40 Brief von Frère Roger an Visser't Hooft vom 27. September 1960, Archiv des Weltkirchenrats.
41 Brief von Frère Roger an Visser't Hooft vom 2. Februar 1963, Archiv des Weltkirchenrats.
42 Brief von Bourguet an Visser't Hooft vom 4. November 1960, Archiv des Weltkirchenrats.
43 „Rapport de M. le pasteur Marc Boegner", *La Revue réformée,* Nr. 44, 1960, S. 23.
44 *Réforme,* 5. November 1960, und *Le Christianisme au XXe siècle,* 24. November 1960.
45 Magnificat, *Taizé,* S. 106
46 Brief an Visser't Hooft vom 15. Februar 1960, Archiv des Weltkirchenrats.
47 Brief von Visser't Hooft an Frère Roger vom 2. Dezember 1960, Archiv des Weltkirchenrats.
48 „De Cluny à Taizé. Sur les sentiers de l'Unité" ; der Beitrag erschien später in dem Sammelband *Dialogue avec les précurseurs,* Aubier-Mentaigne, 1962.
49 „En vue du concile", in *Documentation catholique.* 1. Januar 1961, Spalte 103ff.
50 *Christianisme au XXe siècle,* 2. Februar 1961.
51 *Christianisme au XXe siècle,* 16. Februar 1961.
52 *Le Messager social. Journal protestant romand,* 10. März 1961.
53 Brief von Westphal an Frère Max vom 28. Februar 1961, Abschrift im Archiv des Weltkirchenrats.
54 Brief vom 30. März 1961, Diözesanarchiv Fribourg.
55 Brief vom 29. Juli 1961, Archiv des Weltkirchenrats.
56 Brief vom 2. September 1961, Diözesanarchiv Lyon.
57 „Le prieur de Taizé s'explique", *Réforme,* 11. März 1961.
58 Brief von Pfarrer Aubry an Bischof Charrière vom 11. Dezember 1961, Diözesanarchiv Fribourg.
59 Joseph Gelineau, „L'Office de Taizé", *La Croix,* 23. Februar 1962.
60 Yves Congar, „Prière pour un homme chrétien", *Témoignage chrétien,* 23. Februar 1962.
61 In *La Documentalion catholique,* 5. Juni 1960, Spalten 693ff.
62 GL71.
63 Balado, *Défi,* S. 70.
64 Frère Alois, „Forty years of friendship and trust with Taizé", in *Ecclesia. Oikoumene. Politike,* Festschrift für Bischof Damaskinos, Athen, 2007, S. 101.
65 Maria Prusak, „D'une maison ouverte en Pologne à la maison commune de l'Europe", in *Taizé, au vif de l'espérance,* Bayard, 2002, S. 131.
66 AG 91.
67 Brief von Michel Doiteau an den Autor vom 16. April 2007.
68 Im Internet unter www.asf-ev.de.
69 Magnificat, Taizé, S. 115.
70 *Réforme,* 11. August 1962.
71 Brief von Frère Roger an Visser't Hooft vom 12. Februar 1963, Archiv des Weltkirchenrats.
72 GF 122.
73 „Lettre de la Communauté de Taizé à des religieux", in *La Documentation catholique,* 16. September 1962. Spalten 1209–1212.
74 *Réforme,* 12. Januar 1963. Der Text des Beitrags sowie die Bebilderung stammt von Brüdern der Communauté. Vgl. Dorin, *Taizé;* Jean Dorin, später Bürgermeister von Taizé, gehört zu den Mitbegründern der Genossenschaft.
75 Die Landwirtschaft bestand zunächst vor allem in der Milchwirtschaft. Dann kam immer mehr Ackerland für den Anbau von Getreide und anderen Feldfrüchten hinzu. Frère Alain wurde mit der Verwaltung und Buchhaltung der Genossenschaft betraut. Später ging die Communauté in ihrem Verzicht noch weiter. Sie gab das Eigentumsrecht an den Feldern zu Gunsten der Genossenschaft auf und behielt nur zwei Anteile von seinerzeit 500 französischen Francs (etwa 75 Euro), was dem erforderlichen Mindestanteil eines Mitglieds entspricht.

7. Kapitel, S. 150–173

1 Zitiert nach Antoine Wenger, *Vatican II. Première session,* Editions du Centurion, 1963, S. 188.
2 Vortrag von P. Cornelis, Redaktionsekretär der Zeitschrift *Unitas, l'Homme nouveau,* am 4. Februar 1962.
3 GL 72.
4 Zitiert nach Etienne Fouilloux, „Des observateurs non catholiques", in *Vatican II commence... Approches francophones,* Löwen, Bibliothek der theologischen Fakultät. 1993, S. 238. Vgl. Thomas E. Stansky, „Paul VI and the delegated observers/guests to Vatican Council II" in: *Paolo VI e l'ecumenismo,* Brescia. Instituto Paolo VI/Rome, Edizioni Studium, 2001, S. 118–158.
5 Dom Helder Camara, *Lettres conciliaires (1962–1965),* Cerf, 2006, Bd. 1. S. 207–208.
6 Camara, *Lettres, S. 92*

7 Marie-Dominique Chenu, *Notes quotidiennes au Concile,* Cerf, 1995, S. 70.
8 Frère Roger „Le pape qui aima Taizé", *Le Monde,* 2. September 2000.
9 Siehe die beiden unterschiedlichen Sichtweisen von Andrea Riccardi, „La tumultueuse ouverture des travaux" in *Histoire du concile Vatican II,* Cerf/ Oeeters, 1998, Bd. II. S. 27–31 und Mgr. Agostino Marchetto, *Il Concilio Vaticano II. Contrappunto per la sua storia,* Libreria editrice Vaticana, 2005.
10 Congar, *Journal,* Bd. 1, S. 9.
11 *Réforme,* 27. Oktober 1962.
12 Congar, *Journal,* Bd. 1, S. 195f.
13 Hans Küng, Erkämpfte Freiheit. Erinnerungen, München 2002, S. 367
14 Hilari Raguer, „Physionomie initiale de l'assemblée" in *Histoire du concile Vatican II,* Bd, II, S. 218.
15 Fouilloux, „Observateurs", S. 250.
16 Henri de Lubac, Carnets du concile, Cerf, 2007, Band I, S. 127.
17 Stransky, *Paul VI.,* S. 139.
18 Congar, *Journal,* Bd. 1, S. 253.
19 Fouilloux, „Observateurs", S. 259.
20 In einem Interview mit der Zeitung *Saône-et-Loire Dimanche,* 30. Dezember 1962.
21 Im brasilianischen Episkopat gab es auch wichtige Vertreter einer „Minderheit" des Konzils, die sich gegen progressive Tendenzen wandten, wie der Erzbischof von Diamantina, Geraldo de Proença, und der Bischof von Campos, Antonio de Castro Meyer.
22 Heute das luxuriöse *Grand Hotel Palazzo Carppegna.*
23 Antwort Dom Helder Camaras vom 25. September 1960 auf den durch eine der Vorbereitungskommissionen des Konzils, der Kommission der Bischöfe und Bistumsleitungen, versandten Fragebogen; zitiert nach Camara, *Lettres, S. 24.*
24 Camara, *Lettres, S. 70.*
25 „Témoignage", Beitrag von Frère Roger in *Une journée avec Dom Helder Camara,* Desclée de Brouwer, 1970, unpaginiert.
26 Camara, *Lettres, S. 183.*
27 Mgr Auguste Jauffrès, *Carnets conciliares,* Aubenas, Maison Sainte-Marthe, 1992, S. 43f.
28 Douglas Horton, *Vatican Diary 1962,* zitiert nach Fouilloux, „Observateurs", S. 254.
29 „Témoignage" in *Une journée.*
30 Interview mit der Monatszeitschrift *Fêtes et Saisons,* Januar 1965.
31 „Die Orthodoxen in Lateinamerika, die kaum auf Spenden angewiesen sind, haben den Wunsch geäußert, ihren Religionsangehörigen in Griechenland zu helfen", ergänzt *Le Monde,* 22. Januar 1963.
32 Brief von Leslie E. Cooke an Frère Roger, 23. Januar 1963, maschinengeschrieben, Archiv des Weltkirchenrats.
33 Brief von Frère Roger an W. Visser't Hooft, 2. Februar 1963, Archiv des Weltkirchenrats.
34 Brief von Frère Roger an W. Visser't Hooft, 10. Mai 1963, Archiv des Weltkirchenrats.
35 Im Januar 1964 erließ Frère Roger einen neuen Aufruf für die Operation Hoffnung, zusammen mit dem französischen Schriftsteller François Mauriac.
36 BW 114.
37 Berichtet bei Congar, *Journal,* Bd. 1, S. 468.
38 GL 74.
39 Vortrag zum fünfzigsten Gründungstag von *Pax Romana* (13. Juli 1971), *La Documentation catholique,* Nr. 1591, 1. August 1971, S. 749.
40 Zitiert nach Spink, *Frère Roger,* S. 107.
41 Zitiert nach Henri Tincq, „Cinquante ans d'histoire d'une communauté monastique. Le demi-siècle de Taizé", *Le Monde,* 6. September 1990.
42 Brief von Frère Roger an W. Visser't Hooft, 27. März 1963, Archiv des Weltkirchenrats.
43 Interview in *La Croix,* 9. April 1963. Ähnlich differenziert äußerte sich zur damaligen Zeit der Wiener Kardinal Franz König.
44 GL 78. Bischof Nikodim spielte eine umstrittene Rolle bei der Entsendung russisch-orthodoxer Beobachter zum Konzil (vgl. Antoine Wenger, *Les trois Rome,* Desclée de Brouwer, 1991, S. 98, und Jean Madiran, L'Accord de Metz, Via Romana, 1006).
45 *La Croix,* 17. April 1963.
46 de Beaumont, *Du grain à l'épi…,* S. 187.
47 Mgr de Courrèges, Bulletin catholique du diocèse de Montauban, 24. Oktober 1963.
48 Camara, *Lettres,* S. 208.
49 Jauffrès, *Carnets,* S. 97.
50 Timiadis, „Observateur" in *Paolo VI,* S. 365.
51 Camara, *Lettres,* S. 223.
52 Lubac, Carnets, Band II, S. 260. Frère Max veröffentlichte damals sein Buch *Marie, Mère du Seigneur, figure de l'Eglise,* Les Presses de Taizé, 1962.
53 Beitrag von Frère Roger, „Concile et dynamique de la patience" (Das Konzil und die Dynamik der Geduld), *La Documentation catholique,* 15. März 1964, Spalte 397.
54 Auskunft von P. Thaddée Matura an den Autor, 2. April 2007.
55 Brief von Fr. Jean-Bosco an P. Thaddée Matura, 1. Juli 1964.
56 P. Luis Coolen, *Rencontres de plénitude,* Selbstverlag, Brüssel, 1966, S. 121.
57 Congar, *Journal,* Bd. 2, S. 132.
58 Im Dezember 1963 hatte Kardinal Ottaviani Frère Roger zu einem Besuch in seinem

Waisenhaus im römischen Stadtteil Trastevere eingeladen (Lubac, *Carnets*, Bd. 2, S. 58).
59 Camara, *Lettres*, Bd. 2, S. 763f.
60 *Lumen Gentium*, Drittes Kapitel, Art. 21.
61 Camara, *Lettres*, Bd. 2, S. 535.
62 Ebenda.
63 Lubac, *Carnets*, Bd. 2, S. 332.
64 Congar, *Journal*, Bd. 2, S. 209.
65 „Précisions sur les collaborations protestantes (à destination exclusive de quelques autorités protestantes, pour information)" (Nähere Angaben über die Zusammenarbeit mit Protestanten – ausschließlich für einige protestantische Amtsträger zur Information bestimmt), mit dem Hinweis: Vertraulich, nicht zur Veröffentlichung, 1965, Archiv des Weltkirchenrats.
66 Dom Helder Camara, der an der Pressekonferenz teilgenommen hatte, schrieb am nächsten Tag voll Überschwang: „Gestern hat mein Bruder Roger von Taizé in einer glanzvollen ökumenischen Geste Lateinamerika die erste Million Ausgaben des Neuen Testaments in spanischer Übersetzung überreicht." (Lettres, Bad. 2, S. 1047).
67 Bruno Chenu, „L'essentiel de l'essentiel", in *Taizé au vif de l'espérance*, Bayard, 2002, S. 7.
68 DV 88f.
69 DV 75.
70 DV 96.
71 *La Croix*, 31. August 1965; *Le Monde*, 31. August 1965.
72 Auskunft von Damaskinos an den Autor, 26. Juni 2007.
73 Jürgen Kassing, „Bei P. Damaskinos im Centre Orthodoxe zu Taizé (1967 bis 1969)" in *Ekklesia, Oikumene, Politike*, Athen, S. 337–341.
74 *La Documentation catholique*, 3. Oktober 1965, Sp. 1725–1727.
75 Auskunft von Matura an den Autor, 2. April 2007.
76 Roger Schutz, Max Thurian, *Das Wort Gottes auf dem Konzil*, Herderbücherei 289, 1967. Sie wurden auch gebeten, das erste Kapitel der Konstitution Dei Verbum in der großen lateinisch-französischen Ausgabe des Konzils zu kommentieren, Vatican II, La Revelation divine, Bd. 2, S. 463–474.
77 Congar, *Journal*, Bd. 2, S. 418.
78 John R. H. Moorman. „Observs and guests of the council" in *Vatican II by those who were there*, London, Geoffrey Chapman, 1986, S. 166.
79 Congar, *Journal*, Bd. 2, S. 498.
80 *La Croix*, 4. November 1965.
81 Lubac, *Carnets*, Bd. 2, S. 466.

8. Kapitel Seite 174–204

1 Jaquenod, *La Reine*, S. 35.
2 Gespräch mit Professor Guyotat vom 10. September 2007 und mit Dr. Yves Edel vom 27. Oktober 2007.
3 Es wäre wünschenswert, dass eines Tages eine Gesamtausgabe des Tagebuchs Frère Rogers veröffentlicht wird. Sie wird zugleich eine außergewöhnliche Quelle für das Leben der Kirche im Zwanzigsten Jahrhundert und über den einzigartigen Werdegang eines Christen sein. Es ist aber wohl noch zu früh, dieses Dokument der Öffentlichkeit vorzulegen.
4 Jaquenod, *La Reine*, S. 37.
5 FE 11.
6 15. Januar 1971: „In der Post ist ein Brief von Peter Rutishauser. Er teilt uns das Ergebnis seiner Operation mit: ein bösartiger Tumor. Er möchte nur noch ein paar Jahre arbeiten können." (KK 61)
7 FE 23.
8 FE 25.
9 GF 93f.
10 Der Religionssoziologe Fabien Gaulué analysiert die Jugendtreffen in Taizé ab dem Jahr 1966 als „Rückeroberungsstrategie": „Die allmähliche Verwandlung von Taizé in ein riesiges Jugendforum, die man während dieser Jahre miterlebte, scheint uns weniger auf eine große spontane Sammlungsbewegung zurückzugehen, mit der es recht und schlecht fertig zu werden galt, sondern auf eine Strategie zur Rückeroberung des geschwächten Einflusses auf die Institutionen, um einen ökumenischen Antrieb neu zu beleben, den man ernsthaft gefährdet sah."
11 *La Croix*, 27., Januar 1966.
12 *La Croix*, 16., Juni 1966.
13 Instruktion *Matrimonii Sacramentum* (18. März 1966), *La Documentation catholique*, 3. April 1966, Sp. 577–584; Erklärung Frère Rogers in *Le Monde*, 22. März 1966. Andere (evangelische) Reaktionen in *La Documentation catholique*, 19. Juni 1966, Sp. 1098–1102.
14 *Le Monde*, 24. März 1966 und *La Croix*, 3. April 1966.
15 Brief von Marie-Thérèse Lacroix, Chronistin der Kongregation, an den Autor vom 29. Mai 2007. Marie Maertens, eine der Schwestern, die über 30 Jahre in Taizé wohnte, berichtet in zwei Interviews in der Monatszeitschrift *Panorama*, Nr. 172, Juni 1983 und in der Monatszeitschrift *Vermeil*, Nr. 148, Januar 1995.
16 Brief Dom Bernard Christols (zehnter und letzte Abt der Abtei *Dombes*) an den Autor vom 14. März 2007.

17 Brief von Frère Max an de Lubac vom 15. April 1966, Archiv Henri de Lubac.
18 La Croix, 29. Mai 1966. Der Artikel de Lubacs wurde dem Buch *Das Wort Gottes auf dem Konzil* ab der zweiten Auflage als Vorwort beigegeben.
19 Annie Perchenet, *Renouveau communautaire et unité chrétienne. Regards sur les communautés anglicanes et protestantes*, Mame, 1967, S. 380.
20 *La Croix*, 26. März 1966.
21 *La Croix*, 7. April 1966.
22 *Bulletin d'informations protestantes*, 11. Oktober 1966.
23 *La Croix*, 9. August 1966.
24 Wenger, *Les trois Rome*, S. 230.
25 Frère Emile, „L'accueil des jeunes à Taizé", *La Documentation catholique*, 16. Juni 1996, S. 570.
26 Einige der zahlreichen Presseberichte: *La Croix*, 4. und 6. September 1966, *Le Monde*, 6. September 1966, *Informations catholiques internationales*, 15. September 1966, *Informations protestantes*, Oktober 1966
27 Brief von Frère Roger an Blake, 22. Juli 1966, Archiv des Weltkirchenrats.
28 Vortrag Kardinal Beas in *La Documentation catholique*, 2. Oktober 1966, Sp. 1727–1728.
29 Der Berichterstatter von *Informations catholiques internationales* sprach ebenfalls von der Versuchung zu einem „Aufsehen erregenden Vorstoß" (15. September 1966), nahm aber nichts dergleichen wahr: „Letztendlich unternahmen sie nichts und akzeptierten die Schlussfolgerungen Kardinal Beas."
30 Wenger, *Les trois Rome*, S. 231.
31 „Ardente patience" (Mit brennender Geduld), Beitrag von Frère Roger in *La Documentation catholique*, 19. Februar 1967, Sp. 356.
32 „Directoire pour l'exécution de ce que le IIe Concile du Vatican a promulgué concernant l'œcumenisme", *La Documentation catholique*, 18. Juni 1967, Sp. 1088.
33 *Pour la communion des Eglises. L'apport du groupe des Dombes. 1937–1987*, Le Centurion, 1988, S. 24–27.
34 *La Croix*, 7. September 1966.
35 FE 73f.
36 *Réforme*, 11. Januar 1967.
37 Robert Serrou, „Sur une colline de Bourgogne. Taizé le premier monastère de l'unité", *Paris Match*, 11. März 1967.
38 Jean-Marie Paupert, *Taizé und die Kirche von morgen*, Rex-Verlag, 1969, zitiert nach der französischen Ausgabe, *Taizé et l'Eglise de demain*, Fayard, 1967, S. 253.
39 „Notes on a meeting held in Geneva on 9 january 1967 between representatives of the Taizé Comunity and the WCC staff". Archiv des Weltkirchenrats.
40 Brief von Frère Roger an Blake, 24. Februar 1967, Archiv des Weltkirchenrats.
41 Ebenda.
42 Brief von Frère Max an Blake, 16. April 1967, Archiv des Weltkirchenrats.
43 Brief von Westphal an Blake, 21. Februar 1967, Archiv des Weltkirchenrats.
44 Schließlich wurde eine Zusammenarbeit vereinbart: ab März 1969 wird ein Bruder der Communauté, Frère Christophe, in Genf als Assistent von SODEPAX geführt (gemeinsamer Ausschuss des Weltkirchenrats und der katholischen Kirche für Gesellschaft, Entwicklung und Frieden). Er arbeitet in dieser Funktion bis zu seinem frühen Tod 1973.
45 Frère Emile, „L'accueil...", S. 570.
46 Aimé Savard, *Informations catholiques internationales*, 15. September 1967. Aimé Savard war Sonderberichterstatter von *Le Monde*; er veröffentlichte zwei Beiträge über das Ereignis (2. und 6. September).
47 *La Croix*, 2. September 1967.
48 *Informations catholiques internationales*, 15. September 1967. Bischof Le Bourgeois, der bei diesem zweiten Jugendtreffen anwesend war, bestritt diese Feststellung in einem ausführlichen Brief, der in weiten Teilen am 23. September 1967 in *Le Monde* abgedruckt wurde.
49 „Les difficultés de œcumenisme. II. L'intercommunion", *France Catholique*, 29. Januar 1968.
50 GF 112.
51 Er weist den Leser darauf hin: „Sie sind meist nicht datiert und stehen auch in keiner chronologischen Reihenfolge. Die Auswahl erfolgte im Hinblick auf die verschiedenen angesprochenen Themenkreise." (S. 12).
52 GF 118f
53 Coolen, *Rencontres*, S. 186. allerdings sind die Zahlen übertrieben: 2000 bis 3000 Jugendliche nahmen an den acht Treffen teil. Selbst wenn man einige Hundert oder Tausend Unangemeldete hinzufügt, erreicht man nicht die Zahl von „Zehntausenden" Jugendlichen im Sommer 1968 in Taizé.
54 *Aujourd'hui*, Nr. 23, Oktober 1968.
55 Bericht über Uppsala 1968, Genf, Weltkirchenrat, 1969.
56 GF 114.
57 FE 26.
58 *La Documentation catholique*, 2. Februar 1969, S. 147.
59 Bei diesem Abendgebet kam es zu einem Zwischenfall. Junge Angehörige einer Gruppierung, die sich „Revolution in der Kirche" nannte, stürmten mit dem Ruf „Befreit Cardonnel" die Kirche. Cardonnel war ein unangepasster Dominikaner, dem von seinen Provinzial und in der Diözese

Paris von Kardinal Marty ein Bußschweigen auferlegt worden war (Näheres vgl. *La Documentation catholique*, 16. März 1969, S. 297). Frère Roger gab den Protestierenden drei Minuten Redezeit in der Kirche und zog sich später mit ihnen zur Fortsetzung des Gesprächs in einen Gemeinderaum zurück.
60 FE 26.
61 FE 49.
62 Interview für *Fêtes et saisons*, Februar 1971.
63 G. Tesserin, „Cardinali e vescovi oratoriani lungi i secoli", *Annales oratorii*, Heft 2, 2003, S. 188f.
64 FE 49.
65 Brief von Frère Roger an Blake, 6. April 1969, Archiv des Weltkirchenrats.
66 Emilio Cavaterra, *Il Prefetto del Sant'Offizio. Le opere i giorni del cardinale Ottaviani*, Mailand, Musia, 1990, S. 112f.
67 *La Vie catholique*, 17. September 1969.
68 Interview mit *La Croix*, 21. Januar 1970.
69 *La Croix*, 19. September 1969.
70 FE 73.
71 Kassing, „Bei P. Damaskinos...", S. 341.
72 Kardinal Marty, *Chronique vécu de l'Eglise de France*, Gespräche mit Jean Bourdarias, Le Centurion, 1980, S. 221.
73 zitiert nach Balado, *Défi*, S. 58.
74 *La Croix*, 30. Mai 1969. Ein weiterer, späterer Artikel von Frère Max ist weniger bekannt. Er erläutert darin, dass die neue katholische Messfeier von „manchen evangelischen Kommentatoren" kritisiert wird, weil sie sich weiterhin auf die Opferlehre und die der Realpräsenz stützt.
75 Jean Madiran hat die verschiedenen Schriftstücke dieser Debatte und die Briefe Frère Rogers in einem ausführlichen Beitrag veröffentlicht; „Tirer au clair la position de Taizé", *Itineraires*, Nr. 143, Mai 1970, S. 182–201.
76 FE 85.

9. Kapitel, Seite 205–235

1 Brief von Frère Roger an E. C. Blake vom 14. Januar 1970, Archiv des Weltkirchenrats.
2 Gespräch mit der Tageszeitung *La Croix*, 21. Januar 1970.
3 FE 89.
4 Auskunft von P. Thaddée Matura an den Autor am 2. April 2007, ohne nähere Angaben.
5 FE 85.
6 Auskunft von P. Thaddée Matura an den Autor am 2. April 2007, unter Verweis auf einen Bericht in *Le Monde* vom 21. Mai 1970.
7 GL 77
8 La Croix 12. März 1970
9 Sœur Marguerite de Beaumont, *Du grain à l'épi... Recueil de souvenirs*, Grandchamp/Le Mont-sur-Lausanne, Editions Ouverture, 1995, S. 200.
10 Brief von Frère Roger an E. C. Blake vom 14. April 1970, Archiv des Weltkirchenrats.
11 Cardinal Marty, *Chronique vécue de l'Eglise de France, entretiens avec Jean Boudarias*, Le Centurion, 1980, S. 220.
12 Maurice Manificat, Taizé: son expérience et ses images, thèse soutenue à l'Université Jean-Moulin-Lyon III, 1976, S. 365.
13 Ansprache vor dem Angelus am Sonntag, 19. April 1970, *La Documentation catholique*, 3. Mai 1970, S. 413.
14 *Le Monde*, 2. April 1970. Ich DE
15 Brief aus Taizé, Mai 1970
16 *Brief aus Taizé*, Mai 1970
17 *Brief aus Taizé*, Juni 1970
18 Ein Besuch Dom Helder Camaras im Mai 1970 in Taizé stand für diese Sorge um die „Stimmenlosen". Aus Anlass seines Besuchs wurden mehrere portugiesische Einwandererfamilien aus der Gegend zu einem Essen mit dem brasilianischen Bischof eingeladen.
19 *Fêtes et Saisons*, April 1971, S. 20.
20 „Taizé hat niemals eine Bewegung aufgebaut, ebenso wenig wird es jemals eine Theologie von Taizé, jemals eine Spiritualität von Taizé geben. Taizé ist nur der Name einer monastischen Familie, die zahlenmäßig klein bleiben wird." Gespräch für die katholische Monatszeitschrift *Fêtes et Saisons*, April 1971.
21 BW 87f.
22 Brief von Frère Roger an E. C. Blake vom 25. März 1971, Archiv des Weltkirchenrats.
23 *La vie catholique*, 21. April 1971.
24 Pressemitteilung der Communauté nach dem Ostertreffen 1971, zitiert nach *La Documentation catholique*, 2. Mai 1971,S. 435.
25 „Aufruf Frère Rogers an die Jugendlichen", zitiert nach *La Documentation catholique*, 2. Mai 1971,S. 435f.
26 P. Gian Paulo Salvini, *Preti che ‚abbandonano', preti che ‚ritomano'*, in: *La Civiltà Cattolica*, 21. April 2007, S.148–155.
27 Louis Coolen, *Rencontres de plénitude*, Brüssel, 1996, Selbstverlag, S. 189.
28 *La Croix*, 23. Juni 1971.
29 *La Documentation catholique*, 1.–15. August 1971, S. 749–750. Ergänzt in der Ausgabe vom 19. September 1971, S. 847. Das maschinengeschriebene Manuskript ging verloren. Es wurde – nach Angabe von P. Jean Gueguen vom 7. Mai 2007 – aus dem Fahrzeug entwendet, das Frère Roger nach Freiburg brachte.

30 Aimé Savard, *Informations catholiques internationales*, 1. September 1971.
31 Der Vortrag Frère Rogers wurde im Osservatore Romano gutgeheißen. In der Ausgabe vom 19./20. Juli 1971 werden die „Finesse" und „Präzision" betont, mit der der Prior von Taizé „eine katholische These wie die der Funktion für die Einheit des sichtbaren Oberhaupts der Kirche" behandelt habe.
32 AG 86f.
33 *Osservatore Romano*, August 1971, *La Documentation catholique*, 19. September 1971. In einem offiziösen Kommentar verglich das Sekretariat für die Einheit der Christen den Vertreter von Taizé mit dem „Kurator", den die großen Ordensgemeinschaften beim Vatikan haben und mit dem „ständigen Gesandten" Kanonikus Smithe, den die Anglikanische Kirche seinerzeit Zeit beim Papst hatte (*La Croi x*, 11. August 1971).
34 AG 87.
35 Mit dem Hinweis: „Aus Anlass dieser Ernennung erinnert die Communauté de Taizé daran, dass seine Mitglieder nicht länger ihre Familiennamen verwenden, sondern sich mit ihrem Vornamen begnügen." *Le Monde*, 18. November 1971.
36 KK 105.
37 AG 87f.
38 Vorwort zu Frère Max Buch *Mariage et célibat*, Neuchâtel, Delacheaux et Niestlé, 1964.
39 Botschaft Frère Rogers an das Holländische Pastoralkonzil vom Januar 1971, *La Documentation catholique*, 15. Februar 1970, S. 173.
40 Die Botschaft an Paul VI. wurde bereits am 13./14. Dezember 1971 im *Osservatore Romano* veröffentlicht. Sie wurde weltweit in der Presse zitiert.
41 Brief, veröffentlicht in *Informations catholiques internationales*, 1. Februar 1972.
42 *Informations catholiques internationales*, 15. März 1972.
43 P. Thaddée Matura, Gespräch mit dem Autor am 2. April 2007.
44 Abschlussbericht von 1992, zitiert bei Coolen, *Rencontres*, S. 199.
45 P. Thaddée Matura, Gespräch mit dem Autor am 2. April 2007.
46 Serge Guilmin, „Taizé: entre Prophétie et concile", in: *Horizons protestants*, Nr. 4, April 1972.
47 Henri Fesquet, „Le concile de l'espoir, comme une bouteille à la mer", 29. November 1973.
48 AU 21.
49 Frère François, „Par-dessus des murailles", *La Croix*, 2. September 2005.
50 FE 45.
51 FE 122.
52 FE 76. Seinerzeit überlegte Frère Max in dieselbe Richtung: „Ist nicht der Zeitpunkt gekommen, den Zugang zur [katholischen] Eucharistie allen Getauften zu gewähren, die fest an die wirkliche Gegenwart Christi im Memorial seines Opfers glauben?" (*Le Figaro*, 24. Januar 1972)
53 Groupe des Dombes, *Vers une même foi eucharistique?*, Les Presses de Taizé, 1972, S. 28.
54 Kardinal Charles Journet, „L'accord du Groupe des Dombes sur la doctrine eucharistique", *Nova et Vetera*, Januar–März 1972; Prère Cyrille Argenti, « Commentaire d'un orthodoxe sur l'accord du Groupe des Dombes concernant l'Eucharistie", *Unité des chrétiens*, April 1974; Père Christophe Dumont, „Eucharistie et ministères, à propos des accords des Dombes", *Istina*, April–Juni 1973.
55 Sekretariat für die Einheit der Christen, *Instruktion über besondere Fälle der Zulassung anderer Christen zur eucharistischen Kommunion in der katholischen Kirche*, 1. Juni.1972.
56 Interview mit Frère Alois, *La Croix*, 6. September 2006.
57 Gespräch mit P. Jean Gueuguen vom 13. Mai 2007.
58 Brief vom Bischof Séguy an den Autor, 19. Januar 2006.
59 Brief von Kardinal Barbarin an den Autor vom 23. Februar 2007.
60 Interview mit Frère Alois, *La Croix*, 6. September 2006.
61 Bischof Armand Le Bourgeois, „Rencontre à Rome de Mgr Le Bourgeois avec le Secrétariat pour l'Unité des chrétiens et la Congrégation pour la doctrine de la foi, le 14 février 1974", drei maschinengeschriebene Seiten, Privatarchiv.
62 Etienne Goutagny, „Histoire du Groupe des Dombes", unveröffentlichter Vortrag, 2005, S. 3f.
63 Le Bourgeois, „Rencontre...", S. 1.
64 Le Bourgeois, „Rencontre...", S. 2.
65 Die Formulierung stammt von P. Hamer, damals Sekretär der Kongregation für die Glaubenslehre. Bischof Le Bourgeois zitiert sie in der oben genannten Aufzeichnung.
66 Frère Roger, „Signes d'unanimité parmi les hommes (Zeichen der Einmütigkeit unter den Menschen)", *Unite des chrétiens*, Nr. 11, Juli 1973, S. 20–21. der Gedanke und der Ausdruck tauchen bereits in seinen Tagebuch-Band „Kampf und Kontemplation" unter dem 27. Dezember 1971 auf (S. 154).
67 AG 88.
68 Robert Solé, „Dix-huit jeunes à Taizé", *Le Monde*, 24 April 1973..
69 Gespräch mit Dr. Yves Edel, 29. Oktober 2007.

70 de Beaumont, *Du grain,* S. 207.
71 AU 83.
72 Brief von Frère Roger an de Lubac, undatiert (Dezember 1973). Archiv Henri de Lubac. Sein Brief endet mit einem Gruß, der eine tiefe Zuneigung des Priors von Taizé zu dem großen Theologen verrät: „Ich bin Ihnen von Herzen zugetan".
73 Bischof Armand Le Bourgeois, „Rencontre à Rome de Mgr Le Bourgeois avec le Secrétariat pour l'Unité des chrétiens et la Congrégation pour la doctrine de la foi, le 14 février 1974", drei maschinengeschriebene Seiten, Privatarchiv.
74 Mgr A. Le Bourgeois, *Un évêque français. Entretiens avec Jean-Philippe Chartier,* Desclée de Brouwer, 1986, S. 151.
75 LS 103.
76 In den folgenden Jahren nahm er fünf weitere renommierte Preise an.
77 Balado, *Défi,* S. 20.
78 *Le Figaro,* 7. Mai 1974.
79 Jean-Claude Grenier, *Taizé. Une aventure ambiguë,* Cerf, 1975, S. 71.
80 Jean-Claude Grenier, *Informations catholiques internationales,* 15. August – 1. September 1974, S. 18–23.
81 „Taizé oder die Versöhnung" In: *Taizé und das Konzil der Jugend. Vom ersten zum zweiten Brief an das Volk Gottes,* Herderbücherei 543, S. 106
82 „Taizé, le concile des jeunes", *Réforme,* 14. September 1974.
83 Pierre Georges, „Comme un foyer qui remonte à sa source", *Le Monde,* 3. September 1974.
84 *La Vie diocésaine de Rennes,* 21. September 1974. Kardinal Gouyon war Erzbischof von Rennes und Vorsitzender der Bischofskommission für die Einheit der Christen.
85 Père Patrick Langue, „A Taizé, dans l'esprit des Béatitudes", *Cahiers de l'actualité religieuse et sociale, Nr.* 85, 1. Oktober 1974, S. 531.
86 Langue, „A Taizé...", S. 534.
87 Der Text wurde zwei Jahre später im gleichnamigen Tagebuch-Band veröffentlicht.
88 Bericht der christlichen Studentenjugend (14. April 1973), zitiert nach Robert Solé, „L'an prochain à Taizé", *Le Monde,* 25. April 1973. Ein Verantwortlicher der christlichen Studentenjugend, Christophe Roucou, äußerte sich ähnlich: „Taizé, ein Fragezeichen auf dem Weg engagierter Christen", *Promesses,* April 1973, S. 29–31.
89 Brico, *Gespräch,* S. 117.
90 „Jacques Berthier. Un serviteur de la musique liturgique", in: *Célebrer,* Nr. 236, Januar 1994, S. 9.
91 Frère Emile, „L'accueil des jeunes à Taizé", *La Documentation catholique,* 16. Juni 1996, S. 571.

10. Kapitel Seite 236–258

1 Erinnerung von Erzbischof Loris Capovilla in: *Choisir d'aimer. Frère Roger de Taizé. 1915–2005,* Les Presses de Taizé, S. 76
2 Die Reise wird teilweise im Tagebuch-Band „Einer Liebe Staunen" geschildert. Es gibt noch andere Quellentexte.
3 Giovanni Colombo, *Riordando G.B. Montini,* Brescia, Instituto Paolo VI. Rome, Edizioni Studium. 1989, S. 60–61.
4 LS 38.
5 LS 50.
6 LS 56.
7 Avenire, 27. Dezember 1975
8 LS 102, vgl. AG 43.
9 GL 86.Die Reise wird teilweise im Tagebuch-Band „Einer Liebe Staunen" geschildert. Frère Roger hat sie auch in später Büchern erwähnt. Andere Quellentexte kommen dazu.
10 LS 105.
11 GL 86, vgl. ES 135 und AG 67.
12 AG 50.
13 AG 50f.
14 Frère Roger, „Du doute à la clarté", *La Vie,* 25. August 2005.
15 LS 116.
16 BW 122.
17 LS 117.
18 BW 9.
19 *Brief aus Taizé,* Januar 1977
20 BW 10.
21 Bericht in *La Vie,* 25. August 2005
22 Briefe von Marie Strugala (Louïs-Marsauche) an den Autor vom 30. Juli und 26. August 2007. Frère Roger wollte ihr in Kalkutta den Vornamen seiner Großmutter mütterlicherseits, Marie-Louise, geben. Der indische Beamte trug versehentlich Marie als Vornamen und Louise als Familiennamen ein. Später wurde der Familienname in Louïs-Marsauche abgeändert. Seit ihrer Hochzeit trägt sie den Namen ihres Mannes.
23 Bericht in *La Vie,* 25. August 2005
24 BW 18.
25 *La Documentation catholique,* 10. Februar 1977, S. 195. Anmerkungen von Frère Roger dazu S. 195f.
26 BW 24.
27 Am Tag zuvor hatte er dieselbe Ansprache in der Lausanner Kathedrale gehalten, während eines Wortgottesdienstes anlässlich des 50. Jahrestages der ersten Weltkonferenz für „Glauben und Kirchenverfassung".
28 BW 40f.
29 BW 42.
30 BW 52. Der Tagebuch-Band enthält einen längeren Bericht über die Reise nach Asien.

31 BW 57.
32 Aus Hongkong schrieb Frère Roger einige begeisterte Zeilen an ihre Gründerin, Kleine Schwester Madeleine von Jesus: „Gepriesen sei Bruder Charles [Charles de Foucauld], der Heilige Zeuge Christi! Gepriesen seien Kleine Schwester Madeleine und alle Kleinen Schwestern Jesu, Dienerinnen Gottes, Ihr alle, die Ihr sucht, kämpft, euch dem betrachtenden Gebet widmet, vor der anbetungswürdigen Gegenwart Christi in der Eucharistie verweilt." Archiv der Kleinen Schwestern Jesu.
33 BW 53.
34 *Brief aus Taizé*, Januar 1978
35 BW 58.
36 Jaquenod, *La Reine*, S. 29
37 BW 72. Frère Roger schildert den Aufenthalt in Bari in diesem Tagebuch-Band; Frère Emile in „L'accueil...". Es gibt weitere Quellentexte.
38 BW 73.
39 *Une vita per l'unità*, Gesprächsbuch mit Frère Max von Antonio Ungenti, Casale Montferrato, 1991, S. 23.
40 BW 82. Einige Episoden dieser Reise sind hier wiedergegeben; vgl. GL 109f und FR 97–100.
41 FR 67.
42 BW 82.
43 BW 54.
44 BW 84.
45 Drei dieser Äußerungen in *La Documentation catholique*, 24. September 1978, S. 816.
46 BW 86.
47 BW 87.
48 Zitiert bei Antoine Wegner, *Le Cardinal Villot (1905–1979)*, Desclée de Brouwer, 1989, S. 236.
49 Gl 79f.
50 BW 95. Danach wird über die Privataudienz vom 22. Oktober berichtet.
51 BW 106.
52 BW 107. Einige Berichte über diese afrikanische Reise stehen in diesem Tagebuch-Band, vgl. auch AG 52–54. Eine andere Quelle ist das Buch von Frère Denis, *Kanisa. Une fraternité en bidonville*, Les Presses de Taizé, 1988.
53 *About Desmond Tutu*, The Desmond Tutu Peace Center, Kapstadt.
54 BW 106f.
55 BW 108f.
56 BW 109.
57 BW 110.
58 BW 109f.
59 BW 110.
60 BW 112.
61 Brico, *Gespräch*, S. 117.
62 *Brief aus Taizé*, Februar 1979.
63 Frère Max bringt ausführliche kritische Anmerkungen über dieses Phänomen in seinem Buch *Tradition et renouveau dans l'Esprit*, Les Presses de Taizé, 1977.

11. Kapitel, Seite 259–276

1 BW 123f.
2 Zitiert nach *La Documentation catholique*, 2./16. September 1979, S. 781.
3 BW 125f.
4 BW 135.
5 VF 15.
6 Zitiert in VF 15f.
7 VF 23.
8 VF 24f.
9 Vollständiger Text in *La Documentation catholique*, 2./16. September 1979, S. 779–782.
10 Frère Roger erneuerte seine Kritik an der Säkularisierung und Ideologisierung des Gebets: „In den letzten 20 Jahren hielten es einige für nötig, die Orte des Gebets zu säkularisieren, um sie den Gegebenheiten des Alltagslebens näher zu bringen, oder auch, um ungemein wortreich die Liturgie zu erklären. Wir stellen fest, dass die Jugendlichen eine ganz andere Erwartung an die Gottesdienste in den Kirchen haben. Sie sind darauf angewiesen, gleich beim Betreten solcher Orte etwas von den greifbaren Wirklichkeiten des Reiches Gottes erahnen zu können."
11 Als Zitat in der Erklärung von Frère Roger vom 29. September 1978, *La Documentation catholique*, 15. Oktober 1978, S. 858.
12 Erklärung von Frère Roger vom 16. Oktober 1978, *La Documentation catholique*, 5. November 1978, S. 908.
13 Mehrere Episoden dieser Reise werden in *Vertrauen wie Feuer* geschildert (S. 49ff).
14 VF 47f.
15 VF 38.
16 VF 48f.
17 VF 53.
18 GL 54.
19 VF 63f.
20 BW 133f.
21 „Es ist nicht möglich, die Traditionsverbundenen und die Fortschrittsverbundenen gegeneinander auszuspielen, das wäre der gemäßigte Mittelweg, der uns zu selbstgerechten Menschen macht: Es ist nicht möglich, die Tiefe ohne die Öffnung zu leben und umgekehrt. Wenn man nur die Tiefe lebt, erreicht man nicht alle Fähigkeiten zur Universalität, die im Menschenherzen liegen. Wenn man nur die Öffnung lebt, so vorrangig das sein mag, kommt es lediglich zu Feuerwerken, die auf die Dauer blenden." *Taizé, Informations*, 14. Mai 1980.
22 VF 64.

23 Auszüge aus dem Reisetagebuch in „Vertrauen wie Feuer“ (S. 78ff) und in „Eine Ahnung von Glück“ (S. 93ff).
24 VF 79.
25 FR 55.
26 Beileidsbrief Bischof Hempels an die Brüder nach Frère Rogers Tod, August 2005, zitiert nach Regine Kuntz-Veit (Hg.), *Frère Roger – Die Güte des Herzens. Begegnungen der Versöhnung durch die Gemeinschaft von Taizé*, Kreuz Verlag Stuttgart, 2005, S. 179.
27 VF 79.
28 VF 97.
29 VF 98f.
30 Die Ansprache wurde veröffentlicht in *La Documentation catholique*, 1. Februar 1981, S. 106–109.
31 Text veröffentlicht in VF113 und in *Brief aus Taizé*, Februar 1981.
32 AG 70.
33 AG 73.
34 FR 71f.
35 Kommission Glaube und Kirchenverfassung, *Taufe, Eucharistie und Amt*, auf Französisch gemeinsam veröffentlicht von den Verlagen Le Centurion und Les Presses de Taizé, 1982.
36 Pressemitteilung des Kirchenbundes vom 25./26. September 1982.
37 *Brief aus Taizé*, Februar 1983.
38 Beilage zum *Brief aus Taizé*, Juni in 1983.
39 Aurélie Lebelle, „Lieux de recueillement et de spiritualité: une passion de pèlerin“, *La Lettre* Nr. 17, Oktober 2006, Institut François Mitterand.
40 Zsikt und Anna Balint, „Taizé et l'Europe de l'Est“, in *Taizé au vif de l'esperance*, Bayard, 2002, S. 117.
41 *Choisir d'aimer*, S. 106f.
42 *Brief aus Taizé*, Dezember 1983.
43 *Brief aus Taizé*, Februar 1984.
44 *Paris Notre-Dame*, wöchentliches Mitteilungsblatt der Erzdiözese Paris. Nr. 8, 6. Januar 1984.
45 *Brief aus Taizé*, Januar–Februar 1985
46 Jeanine Paloulian, „Taizé-sur-Rhône“, Le Progrès, 4. März 1985.
47 Pierre Barnérias, *Frère Roger. Un silence révolutionnaire*, eine Filmproduktion von Voir et dire/ France 2/ Jour du Seigneur, 2007.
48 Frère Roger schrieb: „Mit Mutter Teresa waren wir 1984 vom Heiligen Stuhl zur Eröffnung des ersten Weltjugendtag nach Rom eingeladen.“ (*Le Monde*, 19. Oktober 2003). Die ersten Weltjugendtage fanden allerdings 1986 auf Diözesanebene und erst 1987 auf Weltebene statt.
49 Kardinal Eduardo Pironio, „Lettres aux évêques“, zitiert bei Marie-Noëlle Gourgeon, *Les journées mondiales de la Jeunesse en 1997 à Paris. La communication d'une institution religieuse: l'Eglise catholique*, Diplomarbeit (DEA, Universität Jean-Moulin, Lyon III), 1999, S. 64.
50 Johannes-Paul II., *Levez-vous! Allons!*, Plon/ Mame, 2004, S. 93–95.

12. Kapitel Seite 277–302

1 Vgl. die Aussage von Frère Emile auf DVD *Jean-Paul II. à Lyon*, von Jeanine Palouliane, TLM-RCF, 2006.
2 Sämtliche Ansprachen in: *Brief aus Taizé*, November Dezember 1986.
3 Weiter sagte der Papst: „Hört ihr auf die Kritik oder die Vorschläge von Christen verschiedener Kirchen und christlichen Gemeinschaften, um dann das Gute zu behalten, setzt ihr den Dialog mit allen fort, ohne jedoch zu zögern, eure Erwartung und eure Vorhaben zum Ausdruck zu bringen, so werdet ihr die Jugendlichen nicht enttäuschen und dazu beitragen, dass das von Christus gewollte Bemühen mit dem Ziel, die sichtbare Einheit in der vollen Gemeinschaft ein und desselben Glaubens wiederzufinden, nicht erlahmt.“
4 *Warten auf das Ereignis Gottes. Die Regel von Taizé*, HerderBücherei 365, 81f.
5 Joseph Ratzinger, „Zum Fortgang der Ökumene“, *Theologische Quartalschrift*, Nr. 166, 1986, S. 243–248.
6 Maria Prusak, „D'une maison ouverte en Pologne à la maison commune de l'Europe“, in *Taizé, au vif de l'espérance*, S. 135–136.
7 Frère Max, *Una vita*, S. 31.
8 Brief von Frère Max an den Autor vom 29. Juni 1992.
9 Frère Max, *Una vita*, S. 32.
10 „L'Eucharistie, sacrement de l'Unité“, *Catholicité*, Januar 1946, S. 30.
11 *La Croix*, 11. Mai 1988.
12 René Beaupaire, „Frère Max“, *Chrétiens en marche*, Nr. 52, Oktober–Dezember 1996, S. 1.
13 *La Documentation catholique*, 2. Oktober 1988, S. 943. Frère Max beteiligte sich nicht mehr an den Arbeiten der *Groupe des Dombes*, kam aber ein Jahr vor seinem Tod für einen Tag zur Tagung im September 1995. Er starb am 15. August 1996 und wurde in Taizé begraben.
14 Balint, „Taizé et l'Europe de l'Est“, S. 118.
15 AG 95. Dort ein längerer Bericht.
16 AG 98.
17 *Le Monde*, 26. März 1989.
18 „Sa dernière visite à Taizé“ (Sein letzter Besuch in Taizé), *Le Monde*, 9. August 1989. Hubert Beuve-Méry hatte Frère Roger noch

im Juni besucht. Es war seine letzte Reise. Beim Gottesdienst zu seiner Beerdigung sagte Frère Roger: „Den Jugendlichen gegenüber gab er folgende Frage zu bedenken: Wie können wir allem, was zwischen den Generationen und natürlich auch zwischen den Völkern Vertrauen aufbaut, in gleicher Weise Aufmerksamkeit schenken? (...) Er hatte verstanden, was es für uns scheinbar unvorbereitete Männer bedeutete, auf unseren Hügel Jahr für Jahr Jugendliche aus so vielen Nationen in steigender Zahl zu Gast zu haben. Er verstand unsere Bemühungen, gemeinsam mit den Jugendlichen zu den Quellen des Glaubens zu gehen und gleichzeitig bis zum Einsatz für zwischenmenschliche Solidarität. (...) Jetzt, wo er nicht mehr ist, begreife ich noch deutlicher, wie sehr wir auch weiterhin, immer wieder neu seiner Nähe, seiner Zuwendung, seiner Fähigkeiten bedürfen." (*Sirius*, Sonderdruck der Redaktion *Le Monde*, o. J.)

19 AG 104.
20 Frère Roger, „L'âme de l'Europe" (Die Seele Europas), *Le Monde*, 22. Dezember 1994.
21 *Choisir d'aimer*, S. 139.
22 Frère Alois, „Forty years of friendship and trust with Taizé", in *Ekklesia. Oikoumené. Politike*, Athen, 2007, S. 104.
23 Ansprache Federico Mayors am 21. September 1988, UNESCO, DG/88/35.
24 „Le temps de la confiance" (Zeit, zu vertrauen), *Le Monde*, 24. Dezember 1988.
25 *Brief aus Taizé*, Februar–März 1991.
26 „Le Voyage de Jean Paul II. en Tchécoslovaquie (21 et 22 avril)", *La Documentation catholique*, 3. Juni 1990, S. 535–558.
27 Das vollständige Grußwort Vaclav Havels wurde veröffentlicht in *Brief aus Taizé*, Februar–März 1991.
28 *Brief aus Taizé*, Februar–März 1992.
29 Marguerite Léna, „Une parabole de communion", *Etudes*, Juli–August 1992.
30 *L'Osservatore Romano*, 22. August 1990.
31 Zitiert nach Henri Tincq, „Cinquante ans d'histoire d'une communauté monastique. Le démi-siècle de Taizé", *Le Monde*, 6. September 1990.
32 George Carey, *Spiritual journey*, London, Mowbray, 1994.
33 GL 75f.
34 GL 76.
35 Die Ansprache Catherine Lalumières „L'Europe a besoin de vous!" ist veröffentlicht in *Taizé, au vif...*, S. 237–242.
36 Marguerite Léna, „Taizé et l'Europe", *Le Monde*, 25. Dezember 1992.
37 Vollständiges Grusswort in *Brief aus Taizé* August–September 1995.
38 „Du doute à la clarté d'une réconciliation", *Le Monde*, 2. Juli 1997.
39 Zweite Europäische Ökumenische Versammlung (EÖV2), Schlussdokument 3, „Zum Beispiel treffen sich Tausende von jungen Menschen aus dem Norden, Süden, Osten und Westen Europas in Taizé (...), um miteinander zu singen, zu meditieren, zu beten und miteinander zu diskutieren." www.cec-kek.org
40 „Taizé und Indien", www.taize.fr
41 Die Texte der drei Bücher wurden nicht gemeinsam verfasst, wie manchmal behauptet, sondern bis auf einige Ausnahmen von je einem/einer der Beiden geschrieben.
42 AG 54.
43 Mitteilung des katholischen Nachrichtendienstes *Zenit*, Tagesausgabe vom 23. März 2001.
44 „Confiance dans les nouvelles générations", *Le Monde*, 31. Dezember 2002.
45 *Brief aus Taizé*, April–Mai 2002.
46 *Brief aus Taizé*, Februar–März 2003.
47 *La Croix*, 3. Januar 2005.
48 Brief von Kardinal Barbarin an den Autor vom 23. Februar 2007.
49 Pressemitteilung des Leiters vom 9. Juli 2005.
50 Fabien Gaulué, „La Communauté de Taizé: maturation d'un haut lieu chrétien de socialisation européenne", in *Croyances religieuses, morales et éthiques dans le processus de construction européenne, La Documentation française*, 2002.
51 Der Brief wurde in der französischen Ausgabe des *Osservatore Romano* vom 23. August 2005 veröffentlicht.
52 Le Monde, 20. August 2005.
53 Ansprache beim Ökumenischen Treffen in Köln zwischen Papst Benedikt XVI. und Vertretern der christlichen Kirchen und kirchlichen Gemeinschaften, 19. August 2005.
54 Henri Tincq, „Frère Alois de Taizé, par la grâce de Roger", *Le Monde*, 29. September 2005.
55 GL 42.
56 Paul Ricœur, „Was ich in Taizé suche", in Kuntz-Veit, *Frère Roger*, S. 38–42.
57 Olivier Landron zitiert in seinem Buch *Les Communautés nouvelles: Nouvaux visages du catholicisme français* (Cerf, 2004, S. 42–44) ein Dutzend katholischer französischer Gemeinschaften und Gruppierungen, deren Gründer in den 1960er und 1970er Jahren regelmäßig Taizé besuchten und davon inspiriert oder beeinflusst wurden.

Quellen

Bücher von Frère Roger, aus denen zitiert wurde:

DV Dynamik des Vorläufigen, Herderbücherei Band 274, 1967
GF Die Gewalt der Friedfertigen, Herderbücherei Band 421, 1972
FE Ein Fest ohne Ende, Herderbücherei Band 472, 1973
KK Kampf und Kontemplation, Herderbücherei Band 493, 1974
AU Aufbruch ins Ungeahnte, Herderbücherei Band 614, 1977
LS Einer Liebe Staunen, Herderbücherei Band 819, 1980
BW Blühen wird deine Wüste, Herderbücherei Band 1100, 1984
VF Vertrauen wie Feuer, Herderbücherei Band 1194, 1985
GL Gott kann nur lieben, Herder Edition Taizé, 2002
AG Eine Ahnung von Glück, Herder Edition Taizé, 2006
FR Taizé – Frère Roger, Herder Edition Taizé, 2006

Die Ausgaben der verschiedenen Fassungen der „Regel von Taizé" bzw. der „Quellen von Taizé" werden an den entsprechenden Stellen im Text nachgewiesen.

Personenregister

Bildnachweis

Bund/Bohm: 266 u.
Foto Vatican: 155 l., 196, 251 o., 295 o.
Keystone: 131
KNA-Bild: 190 u.
Lachmann, Hans: 191 o., 231 o.
La Vie: 241 o. und u.
Leutenegger, Sabine: 190 o., 191 u., 288 o. und u., 303 o.
Privat: 43, 44, 57, 91, 137, 141, 146, 155 r., 225, 228,231 o., 251 u., 266 o., 295 u., 299, 303 u.
Schneiders, Toni: 130